Das Zahlenbuch

Lehrerband

von

Albert Berger
Marlene Fischer
Marlies Hoffmann
Maria Jüttemeier
Gerhard N. Müller
Erich Ch. Wittmann

programm mathe 2000
von
Prof. Dr. E. Ch. Wittmann
und Prof. Dr. G. Müller

Mathematik im 2. Schuljahr

Ernst Klett Grundschulverlag
Leipzig Stuttgart Düsseldorf

Inhalt

Einführung

1. Konzeption des Unterrichtswerkes „Das Zahlenbuch"

„Das Zahlenbuch" beruht wie alle Entwicklungen des Projekts „mathe 2000" auf einigen wenigen Grundprinzipien zur Stofforganisation, zum Lernen, Üben und Beurteilen. Diese Prinzipien sind von sehr großer praktischer Bedeutung, weil sie einen gezielten und ökonomischen Einsatz der Kräfte von Lehrern und Schülern ermöglichen. Im folgenden sollen sie daher ausführlich erläutert werden.

1.1 Konzentration des Stoffes auf die tragenden Grundideen

Laut Stundenplan stehen dem Hauptfach Mathematik im Schuljahr ca. 160 Unterrichtsstunden zur Verfügung. Das ist ein relativ enger zeitlicher Rahmen, wenn man noch berücksichtigt, daß ein Teil der Stunden aus unterschiedlichsten Gründen ausfällt oder nicht effektiv genutzt werden kann. Oberstes Gebot der Stofforganisation muß daher eine Konzentration auf die Grundideen der Arithmetik, der Geometrie und des Sachrechnens sein, die für die *Umwelterschließung* und für ein Verständnis der *Fachstruktur* unerläßlich sind. Die in der Tabelle auf Seite 5 aufgelisteten Grundideen der Arithmetik reichen bis ins 6. Schuljahr und setzen sich dann in Grundideen der Algebra fort. Die Grundideen der Geometrie sind für die Klassen 1 bis 10 angelegt. Die anwendungsbezogenen Grundideen von Arithmetik und Geometrie sind in der Tabelle zum Themenbereich „Größen und Sachrechnen" zusammengefaßt, wodurch deutlich wird, daß die *Fachstrukturen* von „Arithmetik" und „Geometrie" und die *Sachstrukturen* von „Größen und Sachrechnen" wechselseitig aufeinander bezogen werden müssen: *Strukturorientierung* und *Anwendungsorientierung* sind zwei Seiten ein- und derselben Medaille.

Alle Grundideen werden von Klasse 1 an nach dem *Spiralprinzip* entwickelt, d.h. der Unterricht greift sie immer wieder auf, vertieft sie und führt sie weiter.
Z.B. wird die Idee „Zahlreihe" im 1. Schuljahr durch die „Zwanzigerreihe" verkörpert, die sich in den folgenden Schuljahren zur „Hunderterreihe", zum „Tausenderstrahl" und schließlich zum „Zahlenstrahl" erweitert.
Entsprechend ist die Idee „Zehnersystem" im 1. Schuljahr durch das „Zwanzigerfeld", im zweiten durch die „Hundertertafel", im dritten und vierten durch das „Tausenderbuch", das „Millionbuch" und die Stellentafel realisiert.
Auch die Geometrie ist *lehrgangsartig* aufgebaut. Z.B. findet sich die Idee „Koordinaten" im 1. Schuljahr im Straßensystem des fiktiven Dorfes „Eckenhausen", das im zweiten Schuljahr weitergeführt wird und im dritten und vierten Schuljahr in das ganzzahlige Koordinatengitter übergeht. Dieses bildet dann in der Sekundarstufe I die Grundlage für das Koordinatensystem.

Mit der Erarbeitung inhaltlicher Lernziele, insbesondere der grundlegenden Wissenselemente und Fertigkeiten, ist die Förderung der folgenden *allgemeinen Lernziele (Grundfähigkeiten)* organisch verbunden, die dem Mathematikunterricht bis zum Abitur zugrundeliegen:

1. Fähigkeit, reale Situationen in die Sprache der Mathematik zu übersetzen, mathematisch zu lösen und das Ergebnis für die reale Situation zu interpretieren (*Mathematisieren*).
2. Fähigkeit, Situationen experimentierend zu erforschen, Beziehungen und Strukturen zu entdecken, Strukturen zu erfinden (*Entdecken*).
3. Fähigkeit, mathematische Sachverhalte zu begründen (*Argumentieren*).
4. Fähigkeit, Beobachtungen, Überlegungen, Begründungen, Einschätzungen zu mathematischen Sachverhalten mündlich und schriftlich auszudrücken (*Darstellen*).

Die Kenntnis von Wissenselementen und Fertigkeiten schafft eine gute Basis für die Förderung allgemeiner Lernziele. Umgekehrt wirken sich die Fähigkeiten des Mathematisierens, Entdeckens, Argumentierens und Darstellens positiv auf das Erlernen

Grundideen der Arithmetik

1. Zahlreihe
Die natürlichen Zahlen bilden eine Reihe, von der Abschnitte beim Zählen durchlaufen werden.

2. Rechnen, Rechengesetze, Rechenvorteile
Mit den natürlichen Zahlen kann man nach bestimmten Gesetzen mündlich, halbschriftlich und schriftlich vorteilhaft rechnen. Der Zahlbereich wird später unter Beibehaltung der Rechengesetze erweitert durch Bruchzahlen und negative Zahlen.

3. Zehnersystem
Das Zahlsystem ist dekadisch gegliedert, wobei sich die Tausenderstruktur periodisch wiederholt. Außerdem ist der Zehner in zwei Fünfer gegliedert.

4. Rechenverfahren
Schriftliche Rechenverfahren führen das Rechnen mit Zahlen auf das Rechnen mit einstelligen Zahlen zurück (Ziffernrechnen). Diese Verfahren sind automatisierbar und können von Rechengeräten übernommen werden.

5. Arithmetische Gesetzmäßigkeiten und Muster
Mit Zahlen kann man aufgrund bestimmter Eigenschaften und Beziehungen Gesetzmäßigkeiten, Formeln, Muster („Strukturen“) erzeugen, deren tiefere Zusammenhänge in arithmetischen Theorien systematisch entwickelt werden (Algebra, Zahlentheorie, Kombinatorik).

6. Zahlen in der Umwelt
Zahlen lassen sich vielfältig verwenden als Anzahlen, Ordnungszahlen, Maßzahlen, Operatoren und Codes.

Grundideen der Geometrie

1. Geometrische Formen und ihre Konstruktion
Der dreidimensionale Anschauungsraum wird von Formgebilden unterschiedlicher Dimension bevölkert (Punkten, Linien, Flächen und Körpern), die sich auf vielfältige Weise konstruktiv erzeugen lassen.

2. Operieren mit Formen
Geometrische Gebilde lassen sich bewegen (verschieben, drehen, spiegeln...), verkleinern, vergrößern, zerlegen, überlagern..., wodurch viele Beziehungen entstehen.

3. Koordinaten
Zur Lagebeschreibung von Punkten können auf Linien, Flächen und im Raum Koordinatensysteme eingeführt werden, welche die Grundlage für die analytische Geometrie und für die graphische Darstellung von Funktionen bilden.

4. Maße
Längen, Flächen, Volumina und Winkel lassen sich nach Vorgabe von Maßeinheiten messen. Aus vorgegebenen Maßen lassen sich andere nach verschiedenen Formeln berechnen (z. B. Inhaltsformeln).

5. Geometrische Gesetzmäßigkeiten und Muster
Geometrische Gebilde und ihre Maße können in vielfältiger Weise in Beziehung gesetzt werden, so daß Gesetzmäßigkeiten und Muster („Strukturen“) entstehen, deren tiefere Zusammenhänge in geometrischen Theorien systematisch entwickelt werden (euklidische Geometrie der Ebene und des Raumes, kombinatorische Geometrie usw.).

6. Formen in der Umwelt
Reale Gegenstände können mit Hilfe geometrischer Begriffe (angenähert) beschrieben werden. In der Technik werden Verfahren entwickelt, um geometrische Formen herzustellen, die bestimmten Zwecken genügen. Künstler setzen geometrische Formen zur Weckung ästhetischer Empfindungen ein.

7. Übersetzung in die Zahl- und Formensprache
Sachsituationen lassen sich mit Hilfe arithmetischer und geometrischer Begriffe in die Zahl- und Formensprache übersetzen, mit Hilfe arithmetischer und geometrischer Verfahren lösen und aus der Lösung können praktische Folgerungen gezogen werden.

Grundideen von Größen und Sachrechnen

von Wissenselementen und Fertigkeiten aus. Insofern sind beide Typen eng aufeinander bezogen. Ein grundlegender Unterschied muß aber sorgfältig beachtet werden: Während sich bei inhaltlichen Lernzielen (z.B. Einspluseins, Einmaleins, Rechenverfahren) *vorzeigbare* Erfolge in einem *begrenzten* Zeitraum erzielen lassen, stellen sich sichtbare Fortschritte bei den allgemeinen Lernzielen *nur langfristig* und auch nur dann ein, wenn mit Geduld und Beharrlichkeit fortgesetzt an ihnen gearbeitet wird. Eine solche gezielte Arbeit ist besonders wichtig, wenn die Eingangsvoraussetzungen der Kinder in Bezug auf das Entdecken, Beschreiben und Begründen von Strukturen sehr niedrig sind, was in einem ungünstigen Umfeld häufig vorkommt, ja die Regel ist. Es ist nur natürlich, wenn in diesem Fall viele Kinder im Hinblick auf die Förderung allgemeiner Lernziele zunächst hoffnungslos überfordert erscheinen. Daraufhin aber die Anlässe für das Entdecken, Beschreiben und Begründen von Strukturen zurückzunehmen, wäre der falsche Weg. Gerade bei schulschwachen Kindern müssen Phasen, in denen anscheinend keinerlei Fortschritte festzustellen sind, bewußt einkalkuliert und durchgestanden werden. Es liegt in der Natur der Sache, daß Mängel im Erfassen von Sachsituationen, im Entdecken, Beschreiben und Begründen von Strukturen bei vielen Kindern über lange Zeit natürliche Begleiterscheinungen des Lernens sind.
Zur gezielten Förderung der allgemeinen Lernziele haben wir in unser Konzept *Schnüffelaufgaben* (Symbolfigur: „schnüffelnder Igel") und materialbezogene *Denkaufgaben* aufgenommen. Sie sollen die Kinder in besonderer Weise zum Experimentieren, Überlegen und Sprechen anregen. Da es verschiedene Lösungsansätze und -wege gibt und die Kinder sich schrittweise an die Lösung „heranschnüffeln" können, sind diese Aufgaben für *alle* Kinder zugänglich.

1.2 Aktiv-entdeckendes und soziales Lernen

Dieses didaktische Prinzip gründet sich auf aktivistische Lerntheorien, z.B. die genetische Psychologie des Schweizer Psychologen Jean Piaget. Im nordrhein-westfälischen Mathematiklehrplan wird es folgendermaßen beschrieben:

> „Den Aufgaben und Zielen des Mathematikunterrichts wird in besonderem Maße eine Konzeption gerecht, in der das Mathematiklernen als ein konstruktiver, entdeckender Prozeß aufgefaßt wird. Der Unterricht muß daher so gestaltet werden, daß die Kinder möglichst viele Gelegenheiten zum selbsttätigen Lernen in allen Phasen eines Lernprozesses erhalten:
> – von herausfordernden Situationen ausgehen; die Kinder zum Beobachten, Fragen, Vermuten auffordern
> – ein Problem oder einen Problemkomplex herausstellen; die Kinder zu eigenen Lösungsansätzen ermutigen; Hilfen zum Selbstfinden anbieten
> – Ergebnisse mit bisherigem Wissen auf vielfältige Art in Verbindung bringen, Ergebnisse mehr und mehr so klar und kurz wie möglich darstellen, evtl. gedächtnismäßig verankern; die Kinder zum selbständigen Üben ermuntern
> – über den Wert des neuen Wissens und über die Art seiner Aneignung sprechen (Rückbesinnung), dabei die Kinder auffordern, sich neue, verwandte Sachverhalte zu erschließen
> Die Aufgabe des Lehrers besteht darin, herausfordernde Anlässe zu finden und anzubieten, ergiebige Arbeitsmittel und produktive Übungsformen bereitzustellen und vor allem eine Kommunikation aufzubauen und zu erhalten, die dem Lernen aller Kinder förderlich ist."

Das aktiv-entdeckende und soziale Lernen läßt sich nicht in einem kleinschrittigen Unterricht verwirklichen, in dem der Stoff Parzelle für Parzelle vermittelt wird und die Lösungswege sowie die äußere Form der Lösung anhand von Musteraufgaben festgelegt sind. Vielmehr benötigt man *ganzheitliche Themen* mit einer reichhaltigen mathematischen oder realen Struktur, mit denen sich die Kinder länger beschäftigen können. Nur in solchen Ganzheiten gibt es Anlässe zum Entdecken, Beschreiben und Begründen von Beziehungen. Markante Beispiele für thematische Ganzheiten sind das Einspluseins und das Einmaleins.

Lernen in Ganzheiten ist für die Kinder nicht etwa schwerer, sondern leichter, wie die englische Psychologin Margaret Donaldson festgestellt hat:

> „Es scheint eine weit verbreitete Meinung zu sein, man dürfe Kinder anfangs nicht mit der Komplexität eines Stoffgebietes konfrontieren, da sie derart komplizierte Sachverhalte unmöglich bewältigen könnten. Ich teile diese Ansicht nicht. Die Ursache für diesen Irrtum liegt m. E. darin, daß zwei grundverschiedene Dinge nicht auseinandergehalten werden, nämlich eine ganzheitliche, grobe Übersicht über das Stoffgebiet einerseits und die Beherrschung aller seiner Einzelheiten andererseits. Die Kinder benötigen natürlich geraume Zeit, um alle möglichen Einzelheiten zu lernen. Es ist aber keine Frage, daß ihnen das leichter fällt, wenn sie über die Gesamtheit der zu erwartenden Lernaufgaben richtig vorinformiert sind."

Dieses Argument gilt auch für schulschwache Kinder. Man darf nicht übersehen, daß diesen Kindern in der Regel eine geeignete Anregung aus ihrer sozialen Umgebung fehlt. Die kleinschrittige Erarbeitung isolierter Stoffparzellen würde für diese Kinder eine Fortsetzung ihrer verarmten Lernumgebung in der Schule bedeuten. Dadurch würden sie noch weiter behindert. Viel mehr gedient ist auch diesen Kindern mit reichhaltigen Themenstellungen, bei denen sie im sozialen Kontakt mit leistungsstärkeren Kindern aktiv werden können und dadurch viele Anregungen erhalten. Hier liegt die tiefere Erklärung für die allen Lehrern bekannte Erfahrung, daß „die Guten die Schwachen mitziehen". Gezielte Fördermaßnahmen für schulschwache Kinder werden durch den ganzheitlichen Ansatz keineswegs überflüssig. Dieser Ansatz vergrößert aber die Erfolgschancen.
Ganzheitliche Themen, wie z. B. das Einmaleins, werden nicht in einem einzigen Durchgang, sondern *in mehreren Durchgängen* erarbeitet und sind daher *Rahmenthemen*. Die Behandlung hat im ersten Durchgang den Charakter einer „Einführung", geht dann in „Übung" und später in „Anwendung" und „Erkundung" über. Im Stoffverteilungsplan ist die spiralige Behandlung von Rahmenthemen klar zu erkennen. Die Behandlung eines jeden Rahmenthemas in mehreren Durchgängen erlaubt ein zügiges Vorgehen. Der Nachdruck liegt zunächst auf der ganzheitlichen Erfassung des Themas. Von Durchgang zu Durchgang werden etwaige Lücken immer mehr geschlossen und die Einzelheiten immer besser beherrscht. Der Unterricht tritt somit nicht auf der Stelle, sondern bleibt für die Kinder stets anregend.
Ganzheiten weisen über sich hinaus, sie wollen wachsen. Daher werden die Kinder immer wieder Grenzüberschreitungen vornehmen. Dies ist zugelassen und sogar erwünscht, da der Unterricht immer auch die „Zone der nächsten Entwicklung" anpeilen soll, ohne daß Grenzüberschreitungen schon thematisiert werden müßten.
In der Natur von ganzheitlichen Sachthemen liegt es, daß sie Querverbindungen mit dem Sach-, Sprach- und Kunstunterricht herstellen. Dieser fächerübergreifende Charakter entspricht voll den Zielen der Grundschule.

Damit der auf aktiv-entdeckendes und soziales Lernen gerichtete ganzheitliche Ansatz möglichst weitgehend zur Geltung kommen kann, sind im „Zahlenbuch" in der Regel mehrere Seiten thematisch zusammengefaßt. Außerdem liegt die Betonung nicht auf der Vermittlung von Begriffen und Verfahren, sondern auf der Anregung von *Schüleraktivitäten*, die den Kindern Freiheit für eigene Initiativen lassen. *Bei der Einführung in eine Seite oder Doppelseite muß der Lehrer daher hauptsächlich dafür sorgen, daß die Schüler verstehen, worum es geht.* Natürlich müssen den Schülern auch bestimmte Sprechweisen, Schreibweisen und zeichnerische Darstellungsformen vorgegeben und erklärt werden. Das Auffinden und Aufschreiben von Lösungen im Rahmen der Vorgaben muß aber so weit wie möglich den Schülern überlassen bleiben.

Dabei dürfen und sollen Schüler ihre eigenen Wege gehen. Die Devise für den Lehrer muß sein: *So wenige Vorgaben wie nötig, so viele Freiheiten wie möglich.*
Im Rahmen des aktiv-entdeckenden und sozialen Lernens muß langfristig die *Bewußtheit der Schüler für ihr Lernen besonders gefördert werden.* Hier liegt die vielleicht bedeutsamste Erziehungsaufgabe des Lehrers überhaupt. Kinder streben nicht von sich aus zu einer vorausschauenden, bewußten Wahrnehmung der Lernaufgaben und zu einer überlegten Steuerung ihres Lernens, sondern müssen von Erwachsenen dazu angeregt werden. Diese Aufgabe verlangt wie die Arbeit an den allgemeinen Lernzielen viel Geduld und Beharrlichkeit, weil sich der Erfolg bei der Mehrheit der Schüler naturgemäß nur langfristig einstellt. Jeder Fortschritt der Schüler in der bewußten Steuerung von Lernaktivitäten bedeutet für den Lehrer eine Entlastung. *Insofern liegt es auch im eigenen Interesse des Lehrers, die Bewußtheit der Schüler zu fördern.*
Die zunehmende Selbststeuerung des Lernprozesses schließt auch den immer selbständigeren Umgang der Schüler mit dem „Zahlenbuch" ein. Je größer der Anteil der Schüler wird, die Teile des Buches weitgehend selbständig bearbeiten, desto mehr Zeit steht dem Lehrer für die gezielte Förderung schwächerer Schüler zur Verfügung.

1.3 Sparsamkeit in Demonstrations-, Arbeits- und Darstellungsmitteln

Es steht heute unzweifelhaft fest, daß Anschauungs- und Arbeitsmittel weder unmittelbare noch unmißverständliche didaktische Wirkungen ausüben. Vielmehr müssen sich Kinder erst in sie einarbeiten. Dies kostet erhebliche Zeit. Angesichts des engen Zeitrahmens verbietet es sich daher, eine große Zahl von Materialien heranzuziehen. Eine willkürliche Auswahl kann allerdings auch nicht in Frage kommen. „mathe 2000" hat das Problem der Auswahl von Demonstrations- und Anschauungsmitteln auf folgende Weise gelöst: *Genau diejenigen Materialien werden gewählt, welche die mathematischen Grundideen am besten verkörpern.* Da diese Grundideen den gesamten Unterricht durchziehen, ist gewährleistet, daß auch die entsprechenden Materialien über ein ganzes Schuljahr durchgehend benutzt werden können. Durch den ständigen Gebrauch ist die beste Chance gegeben, daß die Veranschaulichungen der Zahlen in *verinnerlichte Vorstellungen* übergehen und eine feste Grundlage für denkendes Rechnen bilden.
Aus den gleichen Gründen schränkt das „Zahlenbuch" auch die Auswahl zeichnerischer und symbolischer Darstellungsweisen auf die wirklich grundlegenden, die weiterführende Bedeutung haben, ein. Besondere Aufmerksamkeit wird hier Diagrammen zur Ordnung von Daten geschenkt: Tabellen, Listen, Bäumen und Flußdiagrammen.

Im Sinne des aktiv-entdeckenden und sozialen Lernens sind konkrete Materialien, zeichnerische und symbolische Darstellungen nicht als Hilfsmittel der Belehrung, sondern als *Hilfen für das Lernen* aufzufassen. Schüler sollen daher lernen, sie nach *eigenem Ermessen* für ihre Zwecke einzusetzen.

In traditionellem Verständnis wird das Rechnen *Stoffabschnitt für Stoffabschnitt* von der Ebene „Handlung", über die Ebene „Bild" bis auf die symbolische Ebene gehoben. Das „Zahlenbuch" folgt dagegen dem „Prinzip der fortschreitenden Schematisierung", d. h., das *gesamte* Rahmenthema (z. B. Multiplikation und Einmaleins) wird erst mit Material „unterfüttert", und die Kinder stützen sich bei ihren Rechnungen über weite Strecken auf Material. Jedes Kind löst sich in dem Maße dort von den Stützen, wo es sie nicht mehr benötigt, kann aber jederzeit zu ihnen zurückkehren, wenn es hilfreich erscheint, etwa bei neuen Aufgabenstellungen. Wir halten es für einen falschen Ehrgeiz, symbolische Notationen von Rechnungen früh einzuführen und zu forcieren, weil wir der Meinung sind, daß sich Verfrühungen später schädlich auswirken können. *Das Rechnen beruht auf sicheren Zahl- und Operationsvorstellungen. Diese sollen sich erst einmal in Ruhe entwickeln.*

1.4 Produktives Üben

Dem Üben kommt im Unterricht mit Recht die größte Bedeutung und der größte Raum zu. Deswegen enthält auch das „Zahlenbuch“ überwiegend Übungen. „Üben“ ist aber nicht gleich „Üben“. Das aktiv-entdeckende Lernen fordert ein breites Spektrum von „produktiven“ Übungstypen, das von einführenden Übungen über strukturierte Übungen bis hin zu Automatisierungsübungen reicht.

Im Gegensatz zu einem willkürlich zusammengestellten „Päckchen“ bildet eine *strukturierte Übung* eine mehr oder weniger *beziehungsreiche Ganzheit*, bei der die einzelnen Rechnungen sich in den Lösungen und den Ergebnissen gegenseitig stützen (Päckchen mit Pfiff). Bei dem Vergleich der Ergebnisse können die Schüler den „Pfiff“ erkennen und werden dazu angeregt, die Aufgaben miteinander zu vergleichen und Beziehungen herzustellen. Wenn die Aufgaben am Anschauungsmaterial nachvollzogen werden, ergibt sich eine Begründung der Beziehungen. Auf diese Weise ist eine für die Entwicklung von mathematischem Verständnis sehr gute Kontrolle gegeben. Damit die Kinder die Struktur nicht blind zur Ermittlung der Resultate ausnutzen können, empfiehlt es sich, „Störungen“ einzubauen.

„Päckchen mit Pfiff“ kann man leicht selbst bilden: Man braucht Aufgaben nur nach einem bestimmten Prinzip gesetzmäßig abzuwandeln.

Eine Besonderheit des „Zahlenbuchs“ sind außer „Päckchen mit Pfiff“ weitere *Übungsformate, die auf einer mathematischen Struktur beruhen*:

- Zahlenmauer,
- Zahlenhaus,
- Zauberdreieck und Zauberquadrat,
- Rechendreieck,
- Rechenkette.

Das Prinzip der Sparsamkeit von Mitteln findet bei Übungsformaten von neuem Anwendung: Ausgewählt werden einige wenige grundlegende, vielfach variable Übungsformate statt eines Vielerlei von Übungsformen, die jeweils neu eingeführt werden müßten, nur vorübergehende Bedeutung hätten und damit nur Ballast wären.

Die Forderung nach ganzheitlichem Lernen schließt nicht aus, daß sich das *Üben* innerhalb eines Themas *zunächst verstärkt auf einfache Aufgaben* richtet und daß gewisse schwierige Punkte *vorübergehend* gesondert geübt werden. Dies ist bei gezielten Fördermaßnahmen in der Regel der Fall. Wichtig ist aber, daß dabei der Sinnzusammenhang nicht verloren geht.

Auch im Rahmen des aktiv-entdeckenden Lernens ist die *Automatisierung* von Wissenselementen und Fertigkeiten *unabdingbar*. Da sich die Kinder aber nicht beliebig viel merken können, muß auch hier genau überlegt werden, welche Wissenselemente und Fertigkeiten wirklich grundlegend sind, und diese müssen dann gezielt geübt werden. Für das „Zahlenbuch“ wurde daher der Blitzrechenkurs des „Handbuchs produktiver Rechenübungen“ übernommen. Da das Blitzrechnen *mündlich* geübt werden muß, ist es nicht in das Schülerbuch, sondern in den Lehrerband eingearbeitet (siehe die didaktischen Hinweise zum Blitzrechenkurs).

1.5 Natürliche Differenzierung

Bei der üblichen „äußeren“ bzw. „inneren“ Differenzierung wird eine Lerngruppe (Jahrgang oder Klasse) in Teilgruppen aufgespalten, die unterschiedlich schwere Aufgaben erhalten und/oder sie auf unterschiedlichen Niveaus und mit unterschiedlichen Mitteln lösen. Dies ist eine *Differenzierung vom Lehrer aus*, da er den Kindern die Aufgaben und die Bearbeitungsform zuweist. Im Sinne des aktiv-entdeckenden und sozialen Lernens bietet sich darüber hinaus eine *Differenzierung vom Kind aus (natürliche Differenzierung)* an: Die gesamte Lerngruppe erhält ein ganzheitliches Themenange-

bot, das naturgemäß Aufgaben unterschiedlicher Schwierigkeitsniveaus umfaßt. Die einzelnen Kinder wirken *nach ihren Fähigkeiten* bei der Lösung mit. Gerade für schulschwache Kinder ist dies außerordentlich wichtig: Dadurch, daß sie die Freiheit haben, über die benutzten Hilfsmittel, die Rechenwege und die Form der Lösung selbst zu entscheiden, können sie ihre Lernvoraussetzungen selbst optimal einbringen und werden so am besten vorankommen.
Bei diesen offeneren Formulierungen können die Schüler von ihrem sicheren Wissen aus an ihre augenblicklichen Grenzen gehen. Es empfiehlt sich auch, Arbeitsaufträge offen zu formulieren, d. h., die Schüler Aufgaben aus einem bestimmten Aufgabenbereich selbst auswählen zu lassen.

1.6 Einführung in Rahmenthemen

Für die meisten Rahmenthemen bringen die Kinder Vorkenntnisse und Vorerfahrungen mit. Wenn in der Didaktik trotzdem von „Einführung" gesprochen wird, heißt dies nur, daß der *systematische Unterricht* sich *erstmalig* mit einem solchen Thema befaßt. Der sinnvolle Einstieg in ein Rahmenthema besteht in einer *Standortbestimmung*. Durch geeignete Aufgabenstellungen (Ortungsaufgaben) ist den Kindern zunächst einmal Gelegenheit zu geben, ihr vorhandenes Wissen freizügig anzuwenden und zu demonstrieren, *bevor das Buch aufgeschlagen wird*. Der Unterricht kann von hieraus nach dem „Prinzip der fortschreitenden Schematisierung" weitergeführt werden.
Bei der Bearbeitung der relativ offenen Ortungsaufgaben tritt kaum ein Wettbewerb auf, weil sich die Beiträge der Kinder im Sinne einer natürlichen Differenzierung gegenseitig ergänzen. Die Kinder werden so ermutigt, aus sich herauszugehen. Es kommt zu einer Resonanz ihres Handelns, Denkens und Fühlens mit dem Thema. Dadurch wird ihr Selbstvertrauen aufgebaut und ihr Interesse geweckt.
Jean Piaget hat durch zahlreiche Studien nachgewiesen, daß Kinder am effektivsten lernen, wenn man ihnen Gelegenheit gibt, neue Anforderungen von ihrem jeweiligen Wissensstand aus anzupacken, *auch wenn* dieser lückenhaft, fehlerbehaftet oder unvollkommen ist. Nach Piaget kann es der Lehrer den Kindern gar nicht abnehmen, die Instrumente ihres Denkens *selbst* weiterzuschmieden und weiterzuentwickeln, selbst wenn er es wollte. Bestenfalls kann er *Hilfe zur Selbsthilfe* leisten. Es bleibt dem Lehrer also gar nichts anderes übrig, als das Vorwissen der Kinder trotz aller Mängel *positiv* zu sehen und eine *positive Erwartungshaltung* einzunehmen.

1.7 Lern- und Erfolgskontrolle

Vom Standpunkt des aktiv-entdeckenden Lernens wird die beste Kontrolle *während des Lernprozesses* einerseits durch freien Rückgriff auf Arbeitsmittel, andererseits durch Beziehungen innerhalb ganzheitlicher Themen gewährleistet, weil sich dabei Lösungen und Ergebnisse gegenseitig stützen und die Kinder zum denkenden Rechnen angehalten werden. Wenn dagegen beziehungslose Päckchen vorgelegt werden, bei denen jede Aufgabe für sich gelöst und durch *Kontrolle von außen* überprüft werden muß (z. B. durch Prüfzahlen, Lösungsschlüssel usw.), werden die Kinder dazu verleitet, die Verantwortung für die Richtigkeit ihrer Rechnungen abzugeben. Sie produzieren ohne große Anstrengung Ergebnisse und lassen den Prüfmechanismus oder den Lehrer die Richtigkeit feststellen. Schon Wilhelm Oehl hat auf die Fragwürdigkeit dieser Fremdkontrolle hingewiesen und überzeugend dargelegt, daß es langfristig viel sinnvoller ist, die Kinder zu einer bewußten Nutzung von Beziehungen zu erziehen (Oehl, Der Rechenunterricht in der Grundschule. Hannover: Schroedel 1967, S. 33–36).
Die Kinder können die ersten Jahre des Mathematikunterrichts, in denen der Lernstoff noch einigermaßen überschaubar ist, sicherlich auch ohne Beachtung von Beziehungen zwischen Aufgaben durchlaufen. Notfalls lernen sie das Einspluseins und Einmaleins einfach auswendig. In den späteren Jahren, wenn der Lernstoff komplexer wird,

stellen sich die Grenzen dieses Vorgehens aber schnell ein. Auch bei der Lernkontrolle erweist sich also das Hinwirken auf Verständnis und Selbststeuerung als langfristig besser.
Die Zahl der Kontrollen *am Ende von Lernprozessen* sollten u. E. auf das zulässige Minimum reduziert werden. Lernzielkontrollen sollten so konstruiert sein, daß das volle Spektrum der Anforderungen von Wissenselementen und Fertigkeiten über reproduktive Anwendungen bis hin zu selbständigen Denkleistungen abgedeckt wird. Der Lehrerband enthält für jedes Schuljahr Kopiervorlagen, die als Muster für die Abprüfung von Grundwissen dienen können.
Aktiv-entdeckende und soziale Arbeitsformen bieten natürlich auch vielfältige Möglichkeiten, um *mündliche Leistungen* einschätzen zu können. Hierbei sollte besonders darauf geachtet werden, inwieweit die Kinder nicht nur individuelle Leistungen zeigen, sondern durch ihre Beiträge auch das Lernen in der Klasse fördern (Kooperationsfähigkeit).

2. Übersicht über Band 2 des „Zahlenbuchs"

In diesem Abschnitt wird erstens der Inhalt von Band 2 des Schülerbuches mit den benötigten Arbeitsmitteln vorgestellt. Weiter wird ein grober Überblick über die wichtigsten Rahmenthemen des zweiten Schuljahrs gegeben, der die Struktur des Inhaltsverzeichnisses unterstützen und übergreifende didaktische Aspekte hervorheben soll. Mit der Auflistung des Inhalts wird schließlich auch ein Vorschlag zur Verteilung des Stoffes auf 10 Abschnitte von je 4 Wochen (= 40 Schulwochen) unterbreitet.

2.1 Inhaltsverzeichnis des Schülerbuches

Unser Vorschlag zur Stoffverteilung ist eine *Empfehlung*, die durch den natürlichen Aufbau der Arithmetik nahegelegt wird. Wie ersichtlich, werden die Rahmenthemen in mehreren Durchgängen nach dem Spiralprinzip behandelt. Das 1. Halbjahr steht dabei im Zeichen von „Orientierung und Einführung"; das 2. Halbjahr im Zeichen von „Vertiefung und Ergänzung" (siehe auch die Kurzfassung der Stoffverteilung im didaktischen ABC). Die Verteilung ist flexibel. Eventuell kann mit der systematischen Behandlung des Einmaleins am Mal-Plan im 1. Halbjahr begonnen werden. Das „Zahlenbuch" ist ein *flexibles Angebot von Möglichkeiten*, das keineswegs in vollem Umfang und auch nicht in der vorgegebenen Seitenfolge genutzt werden muß. Schwerpunktbildung und Lerntempo müssen sich jeweils am Lernprozeß der Kinder orientieren.

2.2 Demonstrations- und Arbeitsmittel

Die Anschauungsmittel sind so ausgewählt worden, daß die Grundideen der Arithmetik im Rahmen des 2. Schuljahrs am besten verkörpert werden.

Dem Schülerbuch liegen folgende Arbeitsmaterialien bei:
- *Hunderterfeld* mit Zahlwinkel und Einmaleinswinkel
- *Einmaleins-Plan* in DIN A 3
- *Tangram-Spiel* (in zwei verschiedenen Größen): das kleine für die Geometrie im Schülerbuch S. 28–29, das große zum Ausschneiden für das Denkspiel D 6

Auf der Schülerbuch-Rückseite findet sich eine farbige Abbildung der *Einmaleins-Tafel*. Vom ersten Schuljahr her sollten die Schüler außerdem noch *Wendeplättchen* zur Verfügung haben.
Damit das Hunderterfeld stets greifbar ist, empfiehlt es sich, sofern möglich, eine Kopie mit einer Klarsichtfolie auf jeden Arbeitstisch zu kleben. Die Originale behalten die Schüler zu Hause.

Die o. g. Arbeitsmittel bilden die notwendige Grundausstattung für den Mathematikunterricht des 2. Schuljahrs, die noch durch die russische Rechenmaschine und durch Rechengeld ergänzt werden kann. Die Unterrichtsarbeit wird aber erleichtert, wenn einige oder im Idealfall alle Arbeitsmittel auch als *Demonstrationsmittel im Großformat* zur Verfügung stehen. Kinder können dann Arbeitsaufträge, Aufgabenstellungen und Erklärungen, die der Lehrer am Demonstrationsmaterial gibt, sofort am eigenen Material bruchlos nachvollziehen und auch ihre am eigenen Material erarbeiteten Lösungswege und Überlegungen mit Hilfe des Demonstrationsmaterials der ganzen Klasse vorstellen.
Folgende Ausstattung mit Demonstrationsmitteln ist für das 2. Schuljahr optimal:

Folien für den Overheadprojektor
- *Hunderterfeld* (10 cm x 10 cm wie Schülerversion) *mit Zahlwinkel und Einmaleinswinkel* (Beilage im Schülerbuch und Kopiervorlage 6)
- *Hundertertafel* (10 cm x 10 cm) (Kopiervorlage 8)
- *Hunderterquadrat* (10 cm x 10 cm) (Kopiervorlage 8)

Alle drei Folien können von den Vorlagen kopiert oder mit Permanent-Stift gezeichnet werden. Mit einem wasserlöslichen Stift kann man bequem auf ihnen arbeiten.

Materialien für die Magnettafel (1 m x 1 m)
- *Hundertertafel* (jedes Feld 5 cm x 5 cm)

1	2	3	4	5	6	7	8	9	10
11	12	13	14	15	16	17	18	19	20
21	22	23	24	25	26	27	28	29	30
31	32	33	34	35	36	37	38	39	40
41	42	43	44	45	46	47	48	49	50
51	52	53	54	55	56	57	58	59	60
61	62	63	64	65	66	67	68	69	70
71	72	73	74	75	76	77	78	79	80
81	82	83	84	85	86	87	88	89	90
91	92	93	94	95	96	97	98	99	100

– *Hunderterstrahl* (1 m)

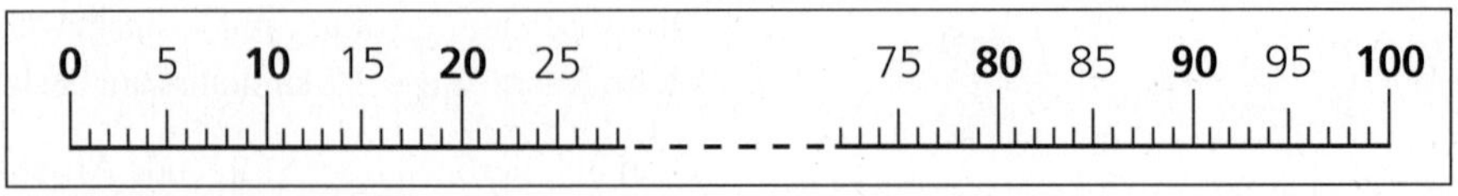

– *Wendeplättchen* (rot/blau, Ø 4 cm, wie im 1. Schuljahr verwendet)
– *Rechengeld für die Magnettafel*

Weitere Zahldarstellung
– *Russische Rechenmaschine*
Dieses bewährte Material ist eine Art bewegliches Hunderterfeld.
– *Einmaleins-Plan*
– *Einmaleins-Tafel*

Die Einmaleins-Tafel kann ähnlich wie die Einspluseins-Tafel auf einem großen Bogen Tonpapier aufgezeichnet werden, wobei man die Farbgebung der Felder durch die Farbe der eingetragenen Aufgaben ersetzen kann (rote Felder rot beschriften, blaue blau, ..., weiße Felder schwarz). Nach Möglichkeit sollte man die Schüler an der Herstellung beteiligen.
Etwas mühsamer, aber sehr lehrreich ist die gemeinsame Herstellung eines Einmaleins-Plans, der im übrigen keineswegs perfekt ausfallen und auch nicht alle Details wiedergeben muß (vgl. hierzu die didaktischen Hinweise zu den Seiten 52/53).

Im „programm mathe 2000" des Klett-Verlages sind folgende Demonstrations- und Arbeitsmaterialien erhältlich:
– *Einmaleins-Plan*, ca. 90 cm x 120 cm, stabiles Kunststoffpapier Klett-Nr. 18805
– *Einmaleins-Tafel*, ca. 90 cm x 120 cm, stabiles Kunststoffpapier Klett-Nr. 18806
– Beide Poster sind zusammen mit der Einspluseins-Tafel als Sammelpack erhältlich Klett-Nr. 188080
– Begleitheft zu allen drei Postern Klett-Nr. 188081
– *Wendeplättchen* für die Schüler, blau/rot, aus dickem Karton, Ø 16 mm, 50 Stück in Kartonschachtel Klett-Nr. 19905
– *Wendeplättchen* zur Demonstration, blau/rot, doppelseitig magnetisch, Ø 40 mm, 100 Stück Klett-Nr. 199059

2.3 Didaktische Hinweise zu den Rahmenthemen

Die langfristige Entfaltung der in Abschnitt 1.1 aufgeführten Grundideen wird dadurch unterstützt, daß die Themen der einzelnen Schülerbuchseiten einigen wenigen Rahmenthemen untergeordnet sind, die das ganze Schuljahr umgreifen.
Den weitaus größten Raum nehmen natürlich die Rahmenthemen zur *Arithmetik* ein, gefolgt von den Rahmenthemen zu *Größen und Sachrechnen* und zur *Geometrie*. Es ist aber zu beachten, daß die Geometrie die erstgenannten Bereiche vielfältig durchdringt. Z. B. kann man einige Themen ohne Bezug auf geometrische Operationen und Formen nicht verständlich unterrichten, und auch Übungen mit Plättchen und Punktmustern benötigen einen geometrischen Hintergrund. Im „Zahlenbuch" wird die Geometrie aus den unter 1.1 genannten Gründen besonders gepflegt. Als inhaltsunabhängiges Rahmenthema kommt noch die Fortsetzung der *Denkschule* mit 10 schlichten, materialbezogenen Aufgaben hinzu.
Die Rahmenthemen stehen in enger Beziehung zu den schuljahrsübergreifenden Grundideen der Arithmetik, der Geometrie und des Sachrechnens. Dadurch ist gewährleistet, daß sie im 2. Schuljahr nahtlos fortgesetzt werden. Die Auffrischung des Rechnens im 1. Schuljahr in den ersten ungefähr vier Wochen des zweiten Schuljahrs schafft daher einen guten Ausgangspunkt für die Erarbeitung des neuen Stoffes. Die

Kontinuität wird noch verstärkt durch die Weiterführung grundlegender Übungsformate und des Blitzrechenkurses. Die wichtigste Blitzrechenübung des 1. Schuljahrs, das Einspluseins, wird im Anschluß an die Wiederholungsphase als Trimmkurs „1 + 1" auf den Fußleisten der Seiten 13, 18, 21, 23 kontinuierlich wiederholt. Den krönenden Abschluß des Einspluseins bildet der „1 + 1-Marathon" (Kopiervorlage 27).
Im folgenden wird eine grobe Übersicht über die einzelnen Rahmenthemen des 2. Schuljahrs und ihre Behandlung im Unterricht gegeben. Es empfiehlt sich, die folgenden Hinweise am Schülerbuch nachzuverfolgen, da dies die praktische Arbeit mit dem Werk sehr erleichtert.

2.3.1 Arithmetik im 2. Schuljahr

Es handelt sich um folgende Rahmenthemen:
- *Orientierung im Hunderterraum* (S. 8–18)
- *Halbschriftliche Addition und Subtraktion im Hunderterraum* (S. 30–33, 38–41, 44–45, 66–67, 70–76)
- *Multiplikation und Einmaleins* (S. 46–49, 52–55, 58–63, 78–81, 108)
- *Division* (S. 62, 86–89)
- *Zahlen und Muster* (S. 90–94, 98–101)
- *Ausblick auf den Tausenderraum* (S. 102–103)

Didaktische Hinweise zu den Rahmenthemen

Hunderterraum

Nach dem „Prinzip von der Zone der nächsten Entwicklung" ist bereits im 1. Schuljahr immer wieder die Grenze über den Zwanzigerraum hinaus in den Hunderterraum überschritten worden. Im 2. Schuljahr wird analog zu der ganzheitlichen Einführung des Zwanzigerraumes der (nach oben offene!) Hunderterraum erschlossen. Auf der Ebene der Anschauungsmittel setzen sich das Zwanzigerfeld in das *Hunderterfeld* und die *Hundertertafel*, die Zwanzigerreihe in die *Hunderterreihe* und den *Hunderterstrahl* fort.

Am Anfang der Behandlung steht das Bündeln in Zehner, das auf den Seiten 8–9 innerhalb eines Sachkontextes (Bäckerei) erarbeitet wird.
Auf den Seiten 11–18 werden die verschiedenen Anschauungsmittel erforscht und verschiedene Zahldarstellungen miteinander koordiniert, wobei der Anzahl- und der Zählzahlaspekt im Vordergrund stehen. Einfache additive und multiplikative Zerlegungen des Hunderters dienen mit zur Orientierung. Der Hunderterraum und die grundlegende Unterscheidung von *Zehnern* und *Einern* stellen sich dabei von Seite zu Seite äußerlich anders dar. Nach dem Prinzip von der fortschreitenden Schematisierung erfolgt die Orientierung im Hunderter durchweg anschauungsgebunden, wobei auf Seite 14 die ikonische Darstellung mit *Zehnerstrich* und *Einerpunkten* als Verkürzung der Darstellung am Hunderterfeld neu hinzukommt:

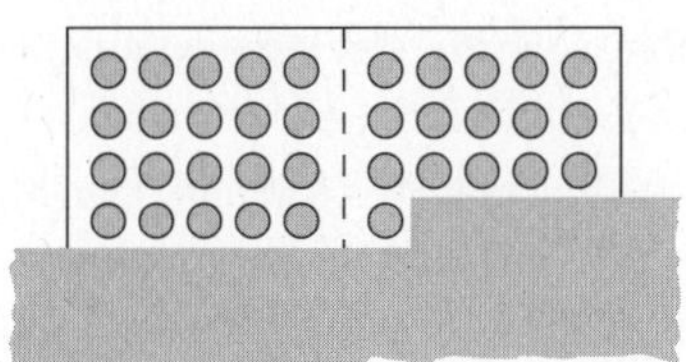
Zahlwinkel

Z	E
3	6

Als Hilfe für die *strukturierte Zahlerfassung* behält die „Kraft der Fünf" auch im 2. Schuljahr ihre Bedeutung bei. Sie tritt besonders am Hunderterfeld und der ikonischen Darstellung hervor. Wie im 1. Schuljahr ist die strukturierte Zahlerfassung auch im 2. Schuljahr Grundlage für das *denkende Rechnen*, insbesondere für den verständnisvollen Umgang mit halbschriftlichen Rechenstrategien. Sie muß daher ständig im Vordergrund stehen.

Vom Standpunkt des aktiv-entdeckenden Lernens sind Anschauungsmittel *Handlungsfelder für die strukturierenden Aktivitäten* der Lernenden. Es genügt daher nicht, daß die Schüler das Hunderterfeld, die Hundertertafel usw. einfach betrachten und Fakten über Zahlen daraus ablesen. Vielmehr müssen sie zu Operationen angeregt werden (operatives Prinzip):

Wie ändert sich eine Zahl, wenn der Zahlwinkel auf dem Hunderterfeld nach rechts/links, nach unten/oben, diagonal bewegt wird?
Zu welchen Zahlen gelangt man, wenn man sich auf der Hundertertafel oder der Hunderterreihe nach einem bestimmten Gesetz bewegt?
Wie heißen die Zahlen auf den Nachbarfeldern einer Zahl auf der Hundertertafel? Wieviel fehlt bis zum nächsten Zehner? Bis 100? usw.

Im Laufe der Auseinandersetzung mit den Anschauungsmitteln gehen diese Operationen und die daraus gewonnenen Einsichten immer mehr in die *Vorstellung* der Schüler über und erlauben ihnen, vorausschauend und flexibel im Kopf zu rechnen.
Der Hunderterraum wird auf den Seiten 19–27 auch noch von verschiedenen *Sachkontexten* (Geld, Metermaß, Stunde/Minuten) her beleuchtet, wodurch das Verständnis für den Hunderterraum und die anwendungsbezogenen Zahlaspekte, insbesondere den Maßzahlaspekt, weiter vertieft wird.
Wie ersichtlich wird der Hunderterraum auf 20 (!) Seiten (Seite 8–27) *in mehreren Durchgängen* erarbeitet. Es wäre verfehlt anzunehmen, man müsse bei dem ersten Durchgang und den weiteren Durchgängen jeweils so lange verweilen, bis *möglichst alle* Kinder die entsprechende Darstellung des Hunderters in allen Einzelheiten erfaßt haben. Dies würde zu unnötigen Verzögerungen führen. Für Kinder, die am Anfang noch Lücken aufweisen, bestehen im Verlauf der weiteren intensiven Arbeit im Hunderter noch genügend Möglichkeiten, die Lücken zu schließen. Es ist sogar sinnvoll, die verschiedenen Darstellungsweisen des Hunderters zügig einzuführen, weil sie nur in ihrer Gesamtheit eine Erfassung dieses Bereiches ermöglichen. In dieser Hinsicht unterscheidet sich der ganzheitliche Ansatz grundlegend von der traditionellen Methode, bei welcher ein Stoffgebiet Schritt für Schritt behandelt und ein Abschnitt erst dann abgehakt wird, wenn er bei (möglichst) allen Kindern (einigermaßen) „sitzt".
Bereits bei den Orientierungsübungen werden die Schüler *mündlich* rechnen und sie dürfen es auch. Es wird aber bewußt darauf verzichtet, das Rechnen in dieser Phase schon zu thematisieren, mit bestimmten Sprechweisen zu verbinden oder gar schriftlich notieren zu lassen. Der Nachdruck liegt am Anfang ganz auf der *Förderung sicherer Zahlvorstellungen* unter den verschiedenen Zahlaspekten und auf vielseitigen anderen mathematischen Aktivitäten.

Halbschriftliche Addition und Subtraktion

Das additive Rechnen im Hunderterraum (und im 3. Schuljahr im Tausenderraum) ist typischerweise *halbschriftlich*, d. h. Rechnungen werden unter Verwendung von Rechengesetzen (Rechenvorteilen) in leichtere Teilaufgaben zerlegt, Rechenschritte und Teilergebnisse mehr oder weniger ausführlich schriftlich festgehalten. Die Ergebnisse entstehen Zahl für Zahl, nicht wie beim schriftlichen Rechnen Ziffer für Ziffer.
Nach traditionellem Verständnis ist das halbschriftliche Rechnen lediglich Durchgangsstation zum schriftlichen Rechnen. Im „Zahlenbuch" dagegen wird es als *eigenständiger Rechentyp* angesehen, der wegen seiner engen Verflechtung mit den Rechengesetzen eine elementare Form der Algebra darstellt. Man kann ohne Übertreibung sagen, daß eine Betonung der Grundideen des halbschriftlichen Rechnens und des Einmaleins im 2. Schuljahr die Weichen für ein Verständnis der Mittelstufenalgebra stellt.

Da beim halbschriftlichen Rechnen Flexibilität angesagt ist, kann es keine Normalverfahren wie beim schriftlichen Rechnen geben. Mit den Schülern werden vielmehr mehrere Strategien erarbeitet, die sie *nach eigener Vorliebe* einsetzen und notieren können.

Folgende Hauptstrategien kann man unterscheiden, wobei der Rechenweg jeweils unter einem Trennstrich notiert ist:

Addition

Zehner plus Zehner, Einer plus Einer

Beispiel: $\underline{38 + 45} = 70 + 13 = 83$
$30 + 40$
$8 + 5$

Zehner dazu, dann Einer dazu (oder umgekehrt)

Beispiel: $\underline{38 + 45 \quad} = 78 + 5 = 83$ $\qquad$ $\underline{38 + 45 \quad} = 43 + 40 = 83$
$38 + 40 + 5$ $\qquad$ $38 + 5 + 40$

Vereinfachen

Beispiel: $\underline{38 + 45} = 83$
$40 + 43$

Subtraktion

Zehner minus Zehner, Einer minus Einer

Beispiel: $\underline{96 - 57} = 40 - 1 = 39$
$90 - 50$
$6 - 7$

Erst Zehner weg, dann Einer weg (oder umgekehrt)

Beispiel: $\underline{96 - 57 \quad} = 46 - 7 = 39$ $\qquad$ $\underline{96 - 57 \quad} = 89 - 50 = 39$
$96 - 50 - 7$ $\qquad$ $96 - 7 - 50$

Vereinfachen

Beispiel: $\underline{96 - 57} = 39$
$99 - 60$

Ergänzen

Beispiel: $\underline{96 - 57} = 3 + 36 = 39$
60
96

Jede dieser Strategien gibt *Handlungsketten* des Addierens bzw. Subtrahierens wieder, die man mit beweglichem Material (Rechengeld, russische Rechenmaschine) konkret durchführen kann. Insofern sind sie anschaulich sehr gut zu begründen. Besonders bei der Subtraktion muß man darauf achten, daß die Schüler die Zahlen und das Rechenzeichen sauber von links nach rechts interpretieren: 86 - 57 bedeutet in der Sprache des 1. Schuljahrs „Lege 86, nimm 57 weg".

Im 2. Band des „Zahlenbuchs" werden sowohl bei der Addition als auch bei der Subtraktion jeweils die beiden erstgenannten Strategien thematisiert. Die Strategie „Vereinfachen" wird an Beispielen illustriert. Die Subtraktionsstrategie „Ergänzen", die Grundlage für die schriftliche Subtraktion ist, wird auf das 3. Schuljahr verschoben.

Addition und Subtraktion werden jeweils analog behandelt: Die halbschriftlichen Strategien werden zunächst an Beispielaufgaben *mit Hilfe von Anschauungsmitteln und ohne schriftliche Notation des Rechenwegs* eingeführt (Addition Seite 30–33, Subtraktion Seite 38–41) und integriert geübt (Seite 44–45), wobei Aufgaben besonders betont werden, die für das Einmaleins wichtig sind (z. B. 70 - 14, 35 - 7, 35 + 7 usw.). In einem zweiten Durchgang (Seite 66–67 bzw. Seite 70–71) werden die *Rechenwege* bewußt gemacht und notiert. Die Notation ist aber für das *weitere* Rechnen nicht zwingend. Nach der Devise „So viele Freiheiten wie möglich, so wenige Festlegungen wie nötig" bleibt es den Schülern selbst überlassen, in welchem Umfang sie Rechenschritte und Teilergebnisse aufschreiben wollen. Die Erfahrung zeigt hier deutlich, daß die Fehlerquote steigt, wenn Schüler auf bestimmte Rechenwege oder Notationen festgelegt werden.

Das Sprechen über Rechenwege ist allerdings unverzichtbar. Dabei muß die Grundidee des halbschriftlichen Rechnens deutlich werden: Eine Aufgabe (mathematisch: ein Term) wird über einen oder mehrere Zwischenschritte in die Endform überführt, wie es den Regeln der Algebra entspricht. Dabei wird das Kopfrechnen eingesetzt.

Beispiele: $38 + 45 = 70 + 13 = 83$

$268 + 55 = 273 + 50 = 323$

$(x+y)^2 - (x-y)^2 = x^2 + 2xy + y^2 - (x^2-2xy+y^2)$

$= x^2 + 2xy + y^2 - x^2 + 2xy - y^2 = 4xy$

Von Zwischenschritt zu Zwischenschritt wird jeweils ein Teil der Rechnung ausgeführt und die im weiteren noch auszuführende Rechnung wird notiert. Dieser algebraische Weg der *schrittweisen Termumformung* ist, wenn er verstanden worden ist, eine äußerst große Hilfe für ein übersichtliches, kontrolliertes Rechnen in der gesamten weiteren Schullaufbahn. Den Schülern sollte dieser Weg schon im 2. Schuljahr angeboten werden. Es muß aber, wie oben schon angemerkt, den Schülern auf dieser Klassenstufe überlassen bleiben, ob und inwieweit sie das Angebot nutzen.

Besondere Aufmerksamkeit verlangt die Strategie „Zehner minus Zehner, Einer minus Einer" bei der Subtraktion. Falls der zu subtrahierende Einer kleiner oder gleich dem vorhandenen Einer ist, verläuft diese Strategie völlig glatt:

$\underline{65 - 42} = 20 + 3 = 23$

$60 - 40$

$5 - 2$

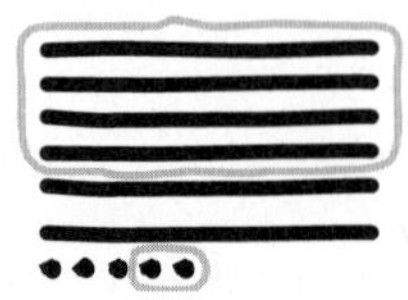

Ist dagegen der zu subtrahierende Einer größer als der vorhandene, tritt eine Komplikation auf:

$\underline{65 - 48} = 20 - 3 = 17$

$60 - 40$

$5 - 8$

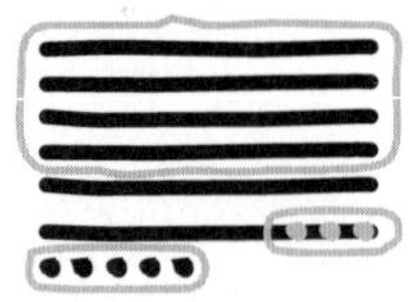

Von 60 kann man 40 subtrahieren und erhält 20. Von 5 soll man 8 subtrahieren. Diese Anweisung kann nur teilweise ausgeführt werden: Man nimmt 5 weg und muß dann *noch 3 wegnehmen*, was nur durch „Anknabbern" eines Zehners möglich wird.

Wie weiter oben schon festgestellt, ist diese Rechnung am Material (z. B. an der russischen Rechenmaschine) ganz genau nachvollziehbar und damit einsichtig. Trotzdem muß man davon ausgehen, daß eine Reihe von Kindern mit dieser Strategie Schwierigkeiten haben wird.

Bei dieser Problematik bleibt entweder nur die „Flucht nach hinten" oder die „Flucht nach vorne". Ersteres bedeutet, die Strategie „Zehner minus Zehner, Einer minus Einer" aus dem Unterricht auszuklammern und nur die Strategie „Zehner weg, dann Einer weg" sozusagen als Normalverfahren zu behandeln. Die Erfahrung zeigt aber, daß dieser Weg keine Lösung ist. Die Strategie „Zehner *plus* Zehner, Einer *plus* Einer" ist im Bereich der Addition unverzichtbar, da sie für die schriftliche Addition benötigt wird. Es läßt sich aber schlechterdings nicht verhindern, daß die Schüler diese Strategie *von sich aus* analog auf die Subtraktion übertragen. Sie rechnen z. B. 86 - 29 folgendermaßen: 80 - 20 = 60 und 9 - 6 = 3, also 86 - 29 = 63. Wie statistische Untersuchungen zeigen, kommt dieser Fehler relativ häufig vor.

Wie im „Handbuch produktiver Rechenübungen" Band 1, Seite 85–86, haben wir uns im „Zahlenbuch" für die „Flucht nach vorne" entschieden, obwohl wir uns bewußt sind, daß auch sie keinen Königsweg darstellt: Die Strategie „Zehner minus Zehner, Einer minus Einer" wird eingehend thematisiert (Seite 70), indem Aufgabenpaare wie 67 - 23 und 63 - 27 einander gegenübergestellt werden. Bei dem Vergleich der bildlichen Darstellungen und der Lösung an der Rechenmaschine zeigt sich aber der Unterschied: In einem Fall bleiben Einer *übrig* und müssen zu den Zehnern gerechnet werden (Rechenzeichen +). Im anderen Fall *fehlen* Einer, ein Zehner muß „angeknabbert" werden (Rechenzeichen –). Im übrigen ist es den Schülern freigestellt, ihren Rechenweg zu wählen. Diese Strategie ist also keineswegs verpflichtend. Wir bleiben damit auch bei dieser Schwierigkeit im Rahmen des auf Einsicht und Selbststeuerung gerichteten Lernens, das auf lange Sicht gesehen die besseren Resultate zeitigt.

Multiplikation und Einmaleins

Bereits beim Mini-Einmaleins im 1. Schuljahr und bei der Orientierung im Hunderter ist das Wörtchen „mal" als verkürzte Bezeichnung für eine Addition von zwei oder mehreren gleichen Summanden verwendet worden. Im Sinne der fortschreitenden Schematisierung kann daher bei der Einführung der Multiplikation schnell zum Malpunkt übergegangen werden (Seite 46–47).

Wie die Addition und Subtraktion im 1. Schuljahr wird das Einmaleins durch einen Sachkontext eingeführt: Malaufgaben in der Küche (S. 46) und im Kinderzimmer (S. 47). Dabei treten die Aufgaben naturgemäß quer über alle Reihen weg auf. Es wäre künstlich, sich hier nur auf bestimmte Reihen beschränken zu wollen. Dieser ganzheitliche, lebensnahe Zugang beherrscht die Behandlung des Einmaleins vom Anfang bis zum Schluß. *In mehreren Durchgängen* wird jeweils das gesamte Einmaleins auf immer höheren Stufen der Schematisierung erarbeitet. Dies steht im Gegensatz zur traditionellen Behandlung, bei der man Reihe für Reihe vorgeht.
An diesen ersten Durchgang, die Betrachtung multiplikativer Sachsituationen (Seite 46–47), schließt sich als zweiter Durchgang die Darstellung von Malaufgaben als *Punktmuster am Hunderterfeld mit dem Malwinkel* an (S. 48–49). Die Darstellung von Malaufgaben als Punktmuster wurde nicht von ungefähr zugrundegelegt. Unter allen möglichen Darstellungen ist sie die aussagekräftigste.

1. Die Multiplikation ist am Punktmuster auf einen Blick als verkürzte Addition *gleicher* Summanden ersichtlich. Die Punkte stehen ja genau untereinander.
2. Die wichtigen Rechengesetze sind in Punktmuster sozusagen direkt eingebaut. Durch Zusammenfassen der Punkte in Zeilen bzw. Spalten ergibt sich das *Kommutativgesetz*: Tauschaufgaben sind ergebnisgleich.

Beispiel:

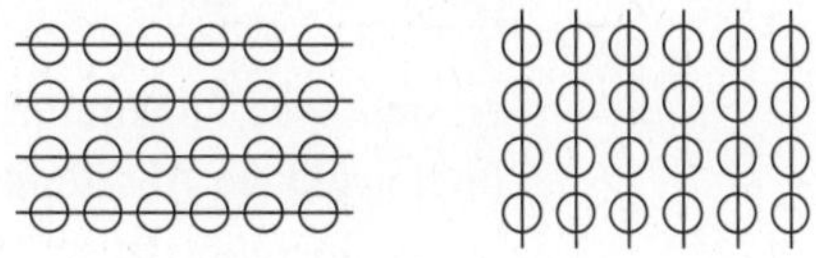

4 · 6 = 6 · 4

Durch eine oder zwei Geraden läßt sich ein Punktmuster dem *Distributivgesetz* entsprechend in zwei oder vier Felder zerlegen.

Beispiel:

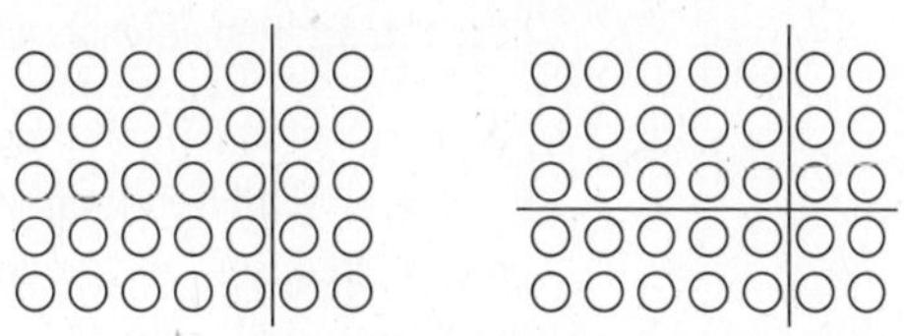

5 · 7 = 5 · 5 + 5 · 2   5 · 7 = 3 · 5 + 3 · 2 + 2 · 5 + 2 · 2

Mit Hilfe der „Kraft der Fünf" (25er-Einteilung des Hunderterfeldes) kann das Ergebnis *jeder* Einmaleinsaufgabe durch Addition dem Distributivgesetz entsprechend berechnet werden (S. 48), wobei es keine Rolle spielt, ob die Kinder direkt oder umständlich zum Ziel gelangen. Wichtig ist, daß sie Malaufgaben anschaulich darstellen und miteinander vergleichen. Zwanglos stoßen sie dabei auf leichte Aufgaben: „2 mal", „mal 2", „10 mal", „mal 10" und „5 mal" (= Hälfte von „10 mal"). Auch werden Tauschaufgaben als ergebnisgleich erkannt.

Dem dritten Durchgang durch das Einmaleins (Seite 52–55, 58–59) liegt der *Einmaleins-Plan*, kurz *Mal-Plan*, zugrunde, in dem alle Einmaleinsreihen systematisch dargestellt sind. Jeder Reihe sind drei Streifen zugeordnet, oben ein Zahlenband mit Fünferzäsur zur Einordnung der Ergebnisse, in der Mitte eine gegliederte Punktreihe, unten ein Zahlenband, in das die Ergebnisse der Kernaufgaben (1 mal, 2 mal, 5 mal, 10 mal) eingetragen sind, die man als „kurze Reihe" bezeichnet. Aus diesen vier Ergebnissen lassen sich *alle anderen* Ergebnisse der Reihe durch Addition und Subtraktion ermitteln.

Beispiel: Achterreihe: $\cdot 8$

Kurze Reihe: *8, 16, 40, 80*

Herleitung der anderen Malaufgaben aus den Aufgaben der kurzen Reihe:

$$3 \cdot 8 = 2 \cdot 8 + 1 \cdot 8 = \mathit{16} + \mathit{8} = 24$$

$$4 \cdot 8 = 5 \cdot 8 - 1 \cdot 8 = \mathit{40} - \mathit{8} = 32$$

$$6 \cdot 8 = 5 \cdot 8 + 1 \cdot 8 = \mathit{40} + \mathit{8} = 48$$

$$7 \cdot 8 = 5 \cdot 8 + 2 \cdot 8 = \mathit{40} + \mathit{16} = 56$$

$$8 \cdot 8 = 10 \cdot 8 - 2 \cdot 8 = \mathit{80} - \mathit{16} = 64$$

$$9 \cdot 8 = 10 \cdot 8 - 1 \cdot 8 = \mathit{80} - \mathit{8} = 72$$

Die Ergebnisse der Kernaufgaben kann man sich leicht merken: „1 mal" und „10 mal" sind trivial, „2 mal" ist als Verdopplungsaufgabe bereits aus dem 1. Schuljahr bekannt und „5 mal" ist aus „10 mal" mit der Blitzrechenfertigkeit „Halbieren (von reinen Zehnern)" zu berechnen. Die kurzen Reihen sind also fast „geschenkt". Wenn man noch bedenkt, daß die Berechnung der anderen Einmaleinszahlen aus den kurzen Reihen „leichte Plus- und Minusaufgaben" sind, die ebenfalls im Blitzrechnen geübt werden, ist mit dem Mal-Plan die Grundlage für ein sehr ökonomisches Einprägen des Einmaleins gelegt.

Der Mal-Plan steht in engster Beziehung zum Hunderterfeld. Wenn man nämlich ein (zweidimensionales) Punktmuster „linearisiert", z. B.

entsteht eine Punktreihe. Umgekehrt ergibt sich aus einer Punktreihe durch Zerlegen in gleichlange Abschnitte und Übereinanderstapeln der Abschnitte ein Punktmuster. Diese Operation ist später für die Erarbeitung der Division als Umkehrung der Multiplikation wichtig. Aus diesem Grund eignet sich der Mal-Plan auch zur Vorbereitung der Division, wie noch auszuführen ist.
Am Mal-Plan lassen sich ausgehend von den kurzen Reihen die Ergebnisse aller anderen Aufgaben ablesen. Das ist der Kern dieses Arbeitsmittels.

Auf den Seiten 52–53 finden sich entsprechende Aktivitäten für die untereinander verwandten leichten Reihen (Zweier-, Fünfer-, Zehnerreihe), auf den Seiten 54–55 für die Dreier-, Sechser- und Neunerreihe (untereinander verwandt), auf den Seiten 58–59 für die Vierer- und Achterreihe (untereinander verwandt) und die isoliert stehende Siebenerreihe. Alle Reihen werden auf den Seiten 60–61, 63 im Zusammenhang geübt, wobei weitere interessante Beziehungen auftreten.

Der vierte Durchgang zum Erlernen des Einmaleins fußt auf der *Einmaleins-Tafel*, kurz *Mal-Tafel*, einer ganzheitlichen Aufstellung aller Einmaleins*aufgaben*, in der die Kernaufgaben sowie zusätzlich die Quadratzahlaufgaben farbig hervorgehoben sind. Mit Hilfe der Mal-Tafel wird die operative Struktur des Einmaleins im Zusammenhang erneut verdeutlicht und die ökonomische Automatisierung des Einmaleins weiter vorbereitet. Für die Kinder ist es ermutigend zu sehen, daß von den 100 Aufgaben des Einmaleins nach Abzug des Mini-Einmaleins und der Kernaufgaben bei Beachtung des Vertauschungsgesetzes nur noch die 18 Aufgaben

$6 \cdot 3,\ 7 \cdot 3,\ 8 \cdot 3,\ 9 \cdot 3$

$6 \cdot 4,\ 7 \cdot 4,\ 8 \cdot 4,\ 9 \cdot 4$

$6 \cdot 6,\ 7 \cdot 6,\ 8 \cdot 6,\ 9 \cdot 6$

$7 \cdot 7,\ 8 \cdot 7,\ 9 \cdot 7$

$8 \cdot 8,\ 9 \cdot 8,\ 9 \cdot 9$

gelernt werden müssen.

Vor der Automatisierung stehen allerdings noch intensive strukturierte Übungen (Seite 78–81), für welche die Mal-Tafel eine reich sprudelnde Quelle darstellt.

Der fünfte und letzte Durchgang in der Behandlung des Einmaleins ist die *Automatisierung*, die in den letzten Wochen des 2. Schuljahrs beginnt und wegen der Wichtigkeit des Einmaleins bis weit in das 3. Schuljahr fortgesetzt werden muß. Die Blitzrechenübung B 9 „Einmaleins" sieht dem Aufbau des Einmaleins entsprechend eine Automatisierung von den Kernaufgaben aus vor. Sie wird zu Beginn des 3. Schuljahrs in einem Trimmkurs „1x1" analog zum Trimmkurs „1+1" intensiv wiederholt.

Wenn man die traditionelle Behandlung des Einmaleins mit dem ganzheitlichen Ansatz des „Zahlenbuchs" vergleicht, mag es auf den ersten Blick den Anschein haben, als stelle letzterer für die Kinder höhere Anforderungen. Dies ist aber überhaupt nicht der Fall. „Ganzheitlich" heißt ja nicht, daß sich die Kinder sofort alle Einmaleinsaufgaben *einprägen* sollen. Im Gegenteil: Das Einmaleins wird *in fünf Durchgängen* erarbeitet. Dies läßt Raum für individuelle Lernprozesse und gibt schulschwachen Kindern die Chance, Lücken kontinuierlich zu schließen. Während der ersten drei Durchgänge stehen zudem intensiv genutzte ganzheitliche Anschauungsmittel zur Verfügung, die helfen, Ergebnisse zu ermitteln. Die Kinder dringen dabei in die Struktur des Einmaleins ein, werden sich der leichten Kernaufgaben bewußt und lernen, sich die anderen Aufgaben von den Kernaufgaben her ökonomisch zu erschließen. Das *Einprägen des Einmaleins* erfolgt genau wie in der traditionellen Behandlung *schrittweise*, allerdings nicht Reihe für Reihe, sondern von den Kernaufgaben aus unter Benutzung von Beziehungen. Da das Einmaleins bereits im 1. Schuljahr mit dem Mini-Einmaleins beginnt, konsequent auf Anschauungsmittel gegründet wird und die Automatisierung bis weit in das 3. Schuljahr (Trimmkurs „1x1") reicht, stellt der ganzheitliche Ansatz eine sehr gründliche Erarbeitung des Einmaleins dar, die den Kindern viel Zeit läßt, es zu lernen.

Division

Bei der Division folgen wir wieder dem Prinzip der fortschreitenden Schematisierung. Ausgangspunkt sind Vorkenntnisse und Vorerfahrungen der Kinder zum Teilen (Verteilen/Aufteilen). Erstmalig angesprochen wird die Division als Umkehrung der Multiplikation im Zusammenhang mit dem Mal-Plan (S. 62). Sie ergibt sich dort ganz zwanglos, weil man mit den Sprüngen der Tiere unterschiedliche Aufgaben verbinden kann.

Beispiel: a) Das Känguruh (7er-Reihe!) springt 4 mal. Wohin gelangt es?
Antwort: $4 \cdot 7 = \mathit{28}$
b) Das Känguruh will auf die Zahl 63 kommen. Wie oft muß es springen?
Antwort: $63 = \mathit{9} \cdot 7$. Beim Nachvollzug der 9 Sprünge sieht man, daß 7 in 63 genau 9 mal enthalten ist.

Mit Hilfe des Mal-Planes lassen sich auf diese Weise auch Divisionsaufgaben mit Rest erarbeiten (S. 89). Die Handlung des Teilens steht im Kontext eines Klassen- bzw.

Schulfestes erneut im Vordergrund (S. 86–88). Aufteilungs- und Verteilungsaufgaben mit Plättchen werden nachgelegt und dienen als Stütze für das Symbol „:“ und die Sprechweise „durch“.
Die Erfahrung zeigt auch bei der Division, daß eine verfrühte *formale* Behandlung schädlich ist. Wir lassen uns daher im „Zahlenbuch“ mit der Formalisierung der Division Zeit. Den Kindern fällt diese Rechenart umso leichter, je besser sie das Einmaleins beherrschen. Für die Automatisierung des Einmaleins wird unbedingt noch das 1. Halbjahr des 3. Schuljahrs benötigt. Daher wird auch die Division im 3. Schuljahr wiederholt und in Verbindung mit dem Einmaleins nochmals ausführlich behandelt.

Zahlen und Muster

Das Entdecken, Beschreiben und Begründen von Gesetzmäßigkeiten ist ein durchgehendes Leitmotiv des aktiv-entdeckenden Unterrichts, wie sich besonders an Übungsformaten zeigt. Im „Zahlenbuch“ gibt es aber auch eigene Abschnitte, in denen solche „Zahlenmuster“ in größerem Umfang thematisiert werden.

Auf den Seiten 74–75 wird im Kontext „Ostern“ wieder das *kombinatorische Zählen* behandelt. Im 1. Schuljahr ging es darum, die Anzahl der Nester mit einer vorgegebenen Zahl von Eiern und möglichen Farben zu bestimmen. Nun soll mit Hilfe eines *Baumes* systematisch herausgefunden werden, wie viele verschiedene Hasen es gibt, wenn die Ohren, der Kopf und der Körper jeweils braun oder weiß sein dürfen, bzw. wie viele geschmückte Eier es geben kann, wenn das Ei und das Schmuckband jeweils blau, rot oder gelb sein dürfen. Dieser Kontext liefert darüber hinaus eine *kombinatorische Interpretation der Multiplikation.*
Auf den Seiten 90–94 werden Zahlmuster des 1. Schuljahrs weitergeführt: „Zauberquadrate“ und „Gerade/ungerade Zahlen“. Auf S. 91 werden aus Plättchenmustern die Folgen der *Quadratzahlen* und der *Dreieckszahlen* hergeleitet und zueinander in Beziehung gesetzt. Begründungen (Beweise) für die Beziehungen auf den Seiten 91–93 ergeben sich durch systematisches Operieren mit Plättchenmustern. Z. B. lassen sich je zwei aufeinanderfolgende Dreieckszahlenmuster *immer* zu einem Quadratzahlenmuster zusammensetzen, womit bewiesen ist, daß die Summe je zweier aufeinanderfolgender Dreieckszahlen immer eine Quadratzahl ist:

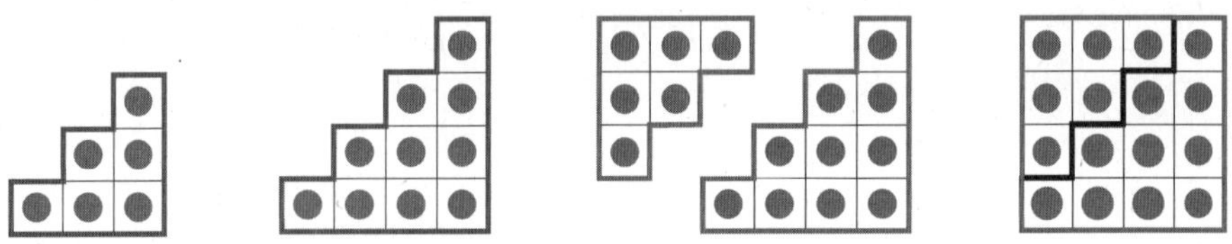

6 10 6 + 10 16

Es ist für die Förderung des mathematischen Denkens äußerst wichtig einzusehen, daß sich die Fähigkeit, gedanklich Beweise zu führen, genauso auf das überlegte Operieren mit konkretem Material stützt wie das denkende Rechnen.
In diesem Zusammenhang wird erneut deutlich, daß bereits in der Grundschule das *volle Spektrum mathematischer Grundfähigkeiten* in einer für Kinder zugänglichen Form entwickelt werden kann. Die im didaktischen ABC aufgelisteten allgemeinen Lernziele sind in der Tat schuljahr- und stufenübergreifend.

Ausblick auf den Tausender

Die systematische Erarbeitung der Tausenderstruktur mit Hilfe des Tausenderbuches muß dem dritten Schuljahr vorbehalten bleiben. Gleichwohl ist es für die Kinder wichtig, am Ende des 2. Schuljahrs bewußt über 100 hinauszublicken („Zone der nächsten Entwicklung“). Das „Zahlenbuch“ beschränkt sich auf den Seiten 102–103 darauf, den *zweiten* Hunderter zur Erforschung anzubieten. Die Kinder sollen sich überzeugen, daß er analog zum ersten Hunderter aufgebaut ist. Von hier aus gelingt dann der Transfer auf die weiteren Hunderter.

Anmerkung zum Blitzrechenkurs

Im nächsten Abschnitt des Lehrerbandes findet sich ein Blitzrechenkurs mit *10 Automatisierungsübungen* für das 2. Schuljahr, der diejenigen Wissenselemente und Fertigkeiten abdeckt, die später gedächtnismäßig sofort abrufbar sein müssen. Durchschnittlich ist dies eine Übung pro Schulmonat. Die Übungen können aber nicht starr auf die Monate verteilt werden, sondern sind je nach Verlauf der Lernprozesse anzusetzen. Einzelne Übungen werden im Schülerbuch angesprochen.

2.3.2 Geometrie im 2. Schuljahr

Bei diesem Bereich lehnen sich die Rahmenthemen stärker als bei der Arithmetik an die in 1.1 aufgelisteten Grundideen an:

- *Herstellen von Formen* (S. 25, 34–35, 42–43, 84)
- *Operieren mit Formen* (S. 28–29, 64–65, 84)
- *Maße* (S. 22, 85)
- *Koordinaten* (S. 96–97)

Die Grundidee „Geometrische Gesetzmäßigkeiten und Muster" ist auch im 2. Schuljahr in die Grundideen 1 bis 4 integriert. Die einzelnen Themen setzen entsprechende Themen des 1. Schuljahrs nahtlos fort, wie es einem Lehrgang entspricht.

Didaktische Hinweise zu den Rahmenthemen

Herstellen von Formen

Auf die Herstellung von räumlichen, flächigen und linienförmigen Gebilden wird im „Zahlenbuch" großer Wert gelegt, weil die Eigenschaften dieser Gebilde dadurch am besten „begriffen" und verstanden werden. Auf Seite 25 geht es darum, zu Gegenständen der Umwelt durch Umfahren mit dem Bleistift den Grundriß zu zeichnen und vorgegebene Umrisse passenden Gegenständen zuzuordnen. Auf Seite 34 wird ein *Würfel* aus Kantenstreifen, auf Seite 43 eine würfelförmige Geschenkschachtel aus einem Netz hergestellt. Dadurch wird die Kanten-/Flächenstruktur dieses Körpers deutlich. Seite 35 zeigt die maschinelle Herstellung von Backsteinen (*Quadern*) aus einem Strang. Würfel und Quader werden zum Bau komplexerer Gebilde (größere Würfel, Mauern) verwendet, was eine Besonderheit dieser Körper, nämlich ihre lückenlose Aneinandersetzbarkeit, aufzeigt. Im Zusammenhang mit dem Mini-Projekt „Bald ist Weihnachten" (Seite 42) basteln die Kinder aus 20 Kugeln als Weihnachtsgeschenk das „Tut-ench-Amun-Puzzle" (vgl. den Bau einer 20er-Pyramide im 1. Schuljahr).
Auf Seite 84 sollen die Kinder aus Faltpapier *rechteckige* und *quadratische* Fliesen herstellen und damit verschiedene Fliesenmuster erzeugen. Dabei wird die lückenlose Zusammensetzbarkeit auch dieser Formen deutlich. Das Nachzeichnen der Muster im Heft ist eine gute Schulung für die Erfassung und Fortsetzung von Gesetzmäßigkeiten.

Operieren mit Formen

Diese Grundidee wird im 2. Schuljahr in zwei Kontexten intensiv verfolgt. Das altchinesische Legespiel *Tangram* (Seite 28–29, siehe Beilage zum Schülerbuch) fordert die Kinder heraus, sieben geometrische Formen immer wieder neu zusammenzusetzen, so daß schematische Darstellungen der verschiedenartigsten Gegenstände und Lebewesen entstehen. Durch das Denkspiel D 6 „Lege schlau" ist diese Aktivität im 1. Schuljahr gut vorbereitet worden. Mit dem Tangram kann man auch abstrakte geometrische Formen auslegen. Dies ist der Inhalt des Denkspiels D 6 (vgl. Abschnitt Denkschule). Auch der zweite Kontext, *Spiegel*, ist bereits im 1. Schuljahr angesprochen worden. Während dort mehr das freie Operieren mit dem Spiegel im Vordergrund stand, geht es im 2. Schuljahr darum, aus einer Vorlage mit dem Spiegel vorgegebene Bilder zu erzeugen: „Aus ... mache ..." (S. 64/65). Die Schüler müssen mit ihrem Taschenspiegel jeweils so lange probieren, bis das gewünschte Bild erscheint. Natürlich steht es ihnen auch frei, selbst Bilder zu erzeugen. Auf Seite 84 werden aus Formen Fliesenmuster (Parkette) gelegt.

Maße

Im 1. Schuljahr haben die Kinder mit dem Meterstab (ohne Unterteilung) gemessen. Im 2. Schuljahr wird nun der Meterstab in kleinere Einheiten (cm) unterteilt (S. 22). Aus einem 1 m langen Papierstreifen werden durch zweimaliges Halbieren die Unterteilungen 25 cm, 50 cm, 75 cm gefunden, die mit Hilfe eines Lineals in Zentimeter zu unterteilen sind. Auf Seite 85 lernen die Kinder, Strecken vorgegebener Länge zu zeichnen und vorgegebene Strecken zu messen.

Koordinaten

Der Kontext „Eckenhausen" des 1. Schuljahrs wird nochmals aufgegriffen (Seite 96–97). Dabei werden längere Wege betrachtet, und die Wege werden zusätzlich mit Hilfe von Himmelsrichtungen beschrieben. Insbesondere sollen die Kinder entdecken, wann ein durch Himmelsrichtungen beschriebener Weg ein Rundweg ist, und sie sollen begründen, woran das liegt. Diese Aktivität ist ein Beispiel für das Entdecken, Beschreiben und Begründen eines geometrischen Musters.

2.3.3 Größen- und Sachrechnen im 2. Schuljahr

Dieser Bereich ist wesentlich heterogener als die beiden Inhaltsbereiche Arithmetik und Geometrie, weil die Wirklichkeitsbezüge der Mathematik sehr komplex sind. Man kann die folgenden Rahmenthemen unterscheiden, die sich wie im 1. Schuljahr hauptsächlich an die wichtigen Größenbereiche anlehnen:

- *Zahlen und Formen in der Umwelt* (S. 10, 24–25, 60, 73)
- *Geld* (S. 19–21, 36–37, 68–69, 82–83)
- *Länge* (S. 22, 56–57, 77)
- *Zeit* (S. 26–27, 50–51, 61, 105)
- *Legen und Überlegen* (S. 4, 21, 104)
- *Praktische Geometrie* (S. 15, 34–35, 42, 43, 64, 65, 84, 85, 95, 97)

Diese Rahmenthemen überschreiten vielfach die Fachgrenzen zum Sach-, Sprach- und Kunstunterricht. Im „Zahlenbuch" wird angestrebt, sie nicht in zersplitterten Einzelaufgaben, sondern möglichst in größeren Sachzusammenhängen und möglichst lebensnah zu behandeln.

Didaktische Hinweise zu den Rahmenthemen

Zahlen und Formen in der Umwelt

Die im Schülerbuch angegebenen Beispiele für die Verwendung von Zahlen und geometrischen Formen in der Umwelt sind in allererster Linie Anregungen für die Kinder, ihre eigene Umgebung bewußter wahrzunehmen. Es ist eine bekannte Tatsache, daß man gewisse Dinge oft erst dann sieht, wenn man durch geeignete Anregungen auf sie aufmerksam gemacht worden ist. Auf der Seite 25 finden sich in diesem Sinn geometrische Formen und deren Umrisse, auf den Seiten 10, 24, 60 und 73 Zahlen, jeweils aus der Natur und der vom Menschen gestalteten Umwelt.

Geld

Die Behandlung des „Größenbereichs Geld" lehnt sich z. T. eng an die Arithmetik an. Auf Seite 19–21 werden im Anschluß an die Einführung des Hunderterraums Geldbeträge bis 100 DM und Münzbeträge bis 100 Pf behandelt, auf Seite 36–37 wird im Anschluß an die Einführung der Addition mit Geld gerechnet. Durch diese enge Beziehung soll erreicht werden, daß sich das reine Zahlenrechnen und das Rechnen mit Geldwerten gegenseitig stützen.

Eine Vertiefung des Umgangs mit Geld wird im weiteren mit Sachkontexten angestrebt: Bestellung und Abrechnung von Schulgetränken (S. 68), Gebühren (S. 69), Eiscafé (S. 82), Einkaufen im Bio-Hof (S. 83).

Länge

Durch Herstellung eines Metermaßes und durch Meßübungen (Seite 22) lernen die Kinder die Maßeinheit 1 cm kennen. Praktische Anwendungen des Metermaßes finden sich auf Seite 56–57, wo die Kinder ihre eigenen Konfektionsgrößen (Bekleidung, Schuhe, Handschuhe) bestimmen können, und auf Seite 77 im Zusammenhang mit dem Wachstum von Pflanzen (Baumschutzordnung, Wuchshöhe von Blumen).

Zeit

Auch bei diesem Größenbereich geht es einerseits darum, die Kenntnisse aus dem 1. Schuljahr (Einteilung des Tages in Stunden und des Monats in Tage) weiterzuführen und auszudifferenzieren. Auf Seite 26–27 wird im Zusammenhang mit der Einführung in den Hunderter die Einteilung einer Stunde in 60 Minuten und die Angabe der Uhrzeit in Stunden und Minuten besprochen. Im Zusammenhang mit dem Einmaleins (Fünferreihe) werden diese Erkenntnisse vertieft (Seite 61). Auf Seite 50 geht es um den zeitlichen Ablauf der Tage einer Woche (Stundenplan), auf Seite 51 um den Jahreskalender (Beispieljahr 2000).
Die existentielle Bedeutung der Zeit für das Leben des Menschen über größere Zeiträume wird auf Seite 105 unter der Überschrift „Alle werden älter“ angesprochen. Dieser Kontext fordert die Kinder auf, ihre eigene Altersentwicklung zu der ihrer Eltern und Großeltern in Beziehung zu setzen.

Legen und Überlegen

Die umfassende Behandlung von Sachaufgaben kann erst im 3. Schuljahr einsetzen, wenn die Kinder Texte einigermaßen flüssig und sinnerschließend lesen können. Bereits im 1. und noch mehr im 2. Schuljahr können Kinder aber an Beispielen verstehen, daß es bei einer Sachaufgabe um eine Übersetzung einer realen Situation in die Sprache der Mathematik geht (Grundidee 7). Zur Sprache der Mathematik gehören aber nicht nur Fachausdrücke und Symbole, sondern auch konkrete Darstellungen (Plättchen) und zeichnerische Darstellungen. Plättchen und Skizzen sind bei manchen Aufgaben sogar viel effektiver als Symbole.
Der Kerngedanke bei der Lösung einer Sachaufgabe besteht darin, die Aufgabe zu „modellieren“, d. h. sie a) (mit Material) *nachzuspielen* oder b) *aufzuzeichnen* (Skizze) oder c) (mit Symbolen) *kurz aufzuschreiben* und dann aufgrund der gewählten Darstellung erst einmal zu *überlegen*, wie man rechnen muß (vgl. Aufgabe 4 auf Seite 99).

Unter dem Stichwort „Legen und Überlegen“ wurden im 1. Schuljahr kleine Sachaufgaben mit Material (Plättchen, Geld) *nachgespielt* und gelöst, wobei großer Wert auf die operative Abwandlung von Aufgaben gelegt wurde. Dieses „Legen und Überlegen“ wird im 2. Schuljahr konsequent weitergeführt: Auf S. 21 bei Aufgaben mit Geld, auf S. 104 bei Aufgaben mit Anzahlen im Hunderterraum. Zeichnerische und symbolische Darstellungen zur Lösung von Sachaufgaben finden sich im 2. Schuljahr nur in Ansätzen, z. B. auf S. 99, Aufgabe 4.
Im 2. Schuljahr sind Textaufgaben in vielfacher Form in die Behandlung der anderen Größenbereiche integriert (z. B. S. 4).

Wir verzichten bei der Behandlung von Sachaufgaben bewußt auf das Schema „Frage, Rechnung, Antwort“, weil es Kinder von der Entwicklung eigener Lösungswege ablenken kann. Der Erfolg beim Sachrechnen hängt noch mehr als der Erfolg in der Arithmetik davon ab, daß Kinder frühzeitig lernen, mathematische Überlegungen selbständig zu entwickeln.

Praktische Geometrie

Im „Zahlenbuch“ wird nicht nur die „reine“, sondern auch die praktische Geometrie besonders gefördert, wobei neue Wege eingeschlagen werden.

Im 1. Band wurden praktische Anwendungen der Kugelform (Glaskugeln, Kugellager, Eiskugeln) vorgestellt. Der 2. Band konzentriert sich entsprechend auf die *Würfel- und Quaderform* (Seite 34–35). Weitere Anwendungen finden sich auf den Seiten 64/65 (Spiegel) und 84 (Bodenfliesen).
Die „Knotenschule“ wird mit dem *Kreuzknoten* (S. 15), dem *Packerknoten* (S. 43) und dem *Spierenstich* (S. 97) fortgesetzt. Alle drei Knoten dienen zum Verbinden zweier Schnüre bzw. der zwei Enden einer Schnur. Der Kreuzknoten, der von Chirurgen zum Nähen von Schnitten verwendet wird, ist durch die Schuhschleife aus dem 1. Schuljahr bestens vorbereitet. Er ist nichts anderes als eine Schuhschleife „ohne Schleifen“.

Auch das Thema „Pläne“ wird fortgesetzt. An die Stelle eines Stuhlkreises tritt im 2. Schuljahr der etwas komplexere Sitzplan im Klassenzimmer (S. 95). Dabei müssen die Schüler den Plan wieder mit einem Bild des Klassenzimmers in Beziehung setzen. Besonders betont werden in diesem Zusammenhang Lagebeziehungen (rechts/links, vor/hinter usw.).

Anmerkung zu den Mini-Projekten

Der 2. Band des „Zahlenbuchs“ enthält die Mini-Projekte „Bald ist Weihnachten“ (S. 42–43) und „Zahlen aus der Klasse“ (S. 106), bei denen unterschiedliche Aktivitäten zusammengefaßt sind. Diese Mini-Projekte sind in besonderem Maße fächerübergreifend und handlungsorientiert, und sie weisen klare Fachbezüge auf, was wir für einen Vorteil halten.

2.3.4 Denkschule

Die „Denkschule“ des „Zahlenbuchs“ umfaßt pro Schuljahr 10 schlichte, materialbezogene Aufgaben, die zu den inhaltlichen Themen in nur losem Bezug stehen. Die einzelnen Aufgaben können der Reihe nach unter dem Motto „Denkaufgabe des Monats“ in Randzeiten des Unterrichts vorgestellt werden. Es genügt dabei völlig, die Aufgabenstellung verständlich zu machen, die Kinder mit dem richtigen Material zu versorgen, was nicht viel Zeit kostet. Die Kinder werden sich dann in Freiarbeit und Freizeit selbständig damit beschäftigen. Nach einiger Zeit kann man sie über ihre Lösungen und Erfahrungen berichten lassen, wofür wiederum Randzeiten des Unterrichts herangezogen werden können.
Bei der Auswahl der Denkaufgaben wurde einerseits darauf geachtet, daß ein möglichst breites Spektrum von Denkstrategien abgedeckt wird, andererseits, daß leistungsstärkere Kinder schwächere nicht dominieren können. Es handelt sich überwiegend um Aufgaben *ohne Wettbewerbscharakter*. Sie lassen sich von einzelnen Schülern oder Gruppen bearbeiten. Die vielfältigen Lösungswege garantieren dabei sehr hohe Erfolgschancen.

Die Spiele verlangen in der Regel, eine Folge zielgerichteter Operationen zu finden und sich diese einzuprägen. Bei wiederholter Durchführung spüren die Kinder, daß sie der Lösung immer näher kommen, und sie werden dadurch ermutigt, bis ans Ziel weiterzuarbeiten. Da bereits gefundene Lösungen bei jedem Durchgang neu rekonstruiert werden müssen und dabei viele Varianten möglich sind, haben die Denkspiele einen hohen Aufforderungscharakter zur wiederholten Durchführung.
Es ist kein Problem, wenn einige Kinder bei einzelnen Spielen zunächst unbeteiligt bleiben oder nur zuschauen. Spiele, auch Denkspiele, stecken auf Dauer an, und im übrigen kann bereits das Zuschauen lehrreich sein.

Die „Denkschule“ ist im übernächsten Abschnitt des Lehrerbandes dargestellt.

Blitzrechenkurs für das 2. Schuljahr

Didaktische Hinweise zum Blitzrechenkurs

Vorab sei noch einmal angemerkt,
- daß im Zusammenhang mit der Wiederholung des Rechnens vom 1. Schuljahr auch das Blitzrechnen des 1. Schuljahrs wiederholt werden muß,
- daß die wichtigste Blitzrechenübung des 1. Schuljahrs, das Einspluseins, auf den S. 13, 18, 21 und 23 in Form eines Trimmkurses „1+1" besonders aufgegriffen wird.

Die folgenden 10 Übungen dienen zur Automatisierung derjenigen Wissenselemente und Fertigkeiten, die für das Rechnen im 2. Schuljahr grundlegend sind. Jede Übung wird in zwei Phasen behandelt:
Grundlegungsphase: Die Übung wird mit dem jeweiligen Stoff eingeführt, erarbeitet und während des Lernprozesses *unter ständigem Anschauungsbezug* immer wieder durchgeführt.
Automatisierungsphase: Nach Abschluß des Lernprozesses werden die Kinder unter zunehmendem Verzicht auf äußere Hilfen zum „mentalen" Rechnen, d. h. zum Rechnen an verinnerlichten Vorstellungen der Zahldarstellungen geführt. Dabei werden sie ermutigt, die Schnelligkeit ihrer Antworten immer mehr zu steigern.

Bei allen Blitzrechenübungen kommt es in der Automatisierungsphase auf eine besondere Arbeitsatmosphäre an: Es muß Ruhe herrschen. Bei der Stellung der Aufgaben, dem Aufrufen der Schüler und dem Nennen der Ergebnisse sind knappste Verständigungsmittel einzusetzen.
Blitzrechnen kann im Klassenverband, in kleinen Gruppen und im Förderunterricht mit einzelnen Schülern geübt werden. Wenn die Schüler eine Übung verstanden haben, können sie diese auch ohne Lehrer üben.
Jede Übung hat einen kurzen Namen, der, wenn er einmal eingeführt ist, eine rasche Einstimmung der Kinder ermöglicht. Man braucht z. B. nur zu sagen „Blitzrechnen: Verdoppeln", und die Kinder wissen sofort, worum es geht.

Im Interesse der Bewußtheit der Kinder für ihr Lernen ist es sehr empfehlenswert, sie mit der ersten Übung über den Sinn des Blitzrechenkurses zu informieren und im Laufe des Schuljahrs immer wieder darauf zurückzukommen. Hilfreich ist es auch, wenn zusammen mit den Kindern über den Blitzrechenkurs Buch geführt wird. Z. B. kann auf der Pinnwand, einer Tapetenrolle, einer Lichtschreiberfolie jede neue Blitzrechenübung mit ihren Kurznamen eingetragen werden, so daß die Erinnerung an das Blitzrechnen stets wach bleibt.

B 1 Wie viele? (Zahlen zeigen)

Grundlegung

Mit dem Zahlwinkel werden auf der Hunderterfeld-Folie am Tageslichtschreiber der Reihe nach Zahlen dargestellt. Die Schüler müssen die jeweilige Zahl nennen. Dabei empfiehlt sich eine operative Variation, z. B. 48, 50, 59, 60, 70, 79, 88, 97, 86, 66, 46, 50 usw.

Automatisierung

Die Übung wird mit gesteigerter Schnelligkeit durchgeführt.

B 2 Zehnerergänzung

Grundlegung

1. Mit einer farbigen Zahlwinkelfolie werden auf der Hunderterfeld-Folie am Tageslichtschreiber Zahlen dargestellt. Die Schüler müssen die jeweilige Zahl bis zum nächsten Zehner ergänzen.

Beispiel: Der Lehrer zeigt 54.
Die Schüler sprechen: „54 + 6 = 60.“

2. Auf der Hundertertafel werden Zahlen gezeigt. Die Schüler ergänzen wieder bis zum nächsten Zehner (Sprechweise wie unter 1.).

Automatisierung

Die Zehnerergänzung wird rein verbal durchgeführt.

B 3 Zählen bis 100

Grundlegung

Unterstützt durch Hundertertafel oder Hunderterreihe zählen die Schüler in 1er-, 2er-, 5er- und 10er-Schritten und zeigen die jeweils genannte Zahl.
Analog rückwärts.

Automatisierung

Zählen *ohne* anschauliche Stütze unter Bezug auf *innere* Zahlvorstellungen.

B 4 Ergänzen bis 100

Wenn mit der farbigen Zahlwinkelfolie auf dem Hunderterfeld Zahlen dargestellt werden, erscheinen die Ergänzungszahlen bis 100 unter der farbigen Folie und können daher leicht abgelesen werden (Abb.).

Beispiel: 44 + 56 = 100

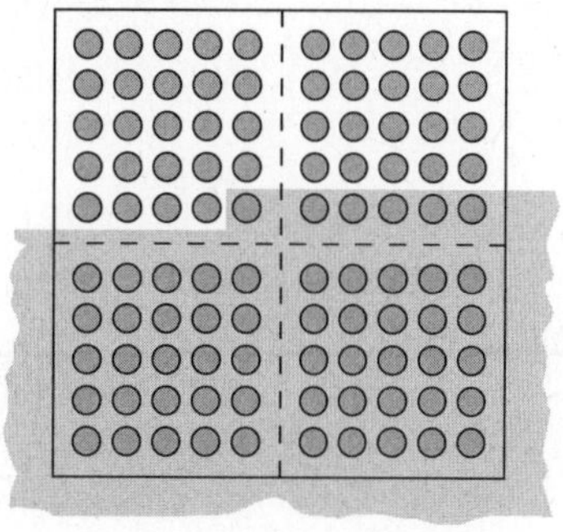

Grundlegung

Der Lehrer nennt eine Zahl (z. B. 44). Die Schüler legen die Folie, lesen ab und nennen das Ergebnis: 44 + 56 = 100.

Automatisierung

Analog *ohne* anschauliche Stütze. Wiederum empfiehlt sich eine operative Variation.

L	60	59	60	61	60	40	30	25	.
S	40	41	40	39	40	60	70	75	.

B 5 100 teilen

Grundlegung

Die Zerlegung des Hunderters in 2, 4, 5 und 10 gleich große Teile ist Thema der Orientierung im Hunderterraum, wobei stark auf anschauliche Stützen gesetzt wird.

Automatisierung

Die Zerlegung erfolgt jetzt im Kopf. Sprechweisen:
L „100 in 4 Teile.“
S „100 ist 4 mal 25.“

B 6 Verdoppeln und Halbieren

Zum Blitzrechnen zählen wir nur das Verdoppeln von Fünfer- und Zehnerzahlen (5, 10, 15, 20, 25, 30, 35...) und das Halbieren von reinen Zehnern.

Grundlegung

1. Man zeigt mit Hilfe einer farbigen Zahlwinkelfolie an der Hunderterfeld-Folie eine Fünfer- oder Zehnerzahl. Die Schüler zeigen mit einem Karton das Doppelte (Abb.).

   Beispiel:

   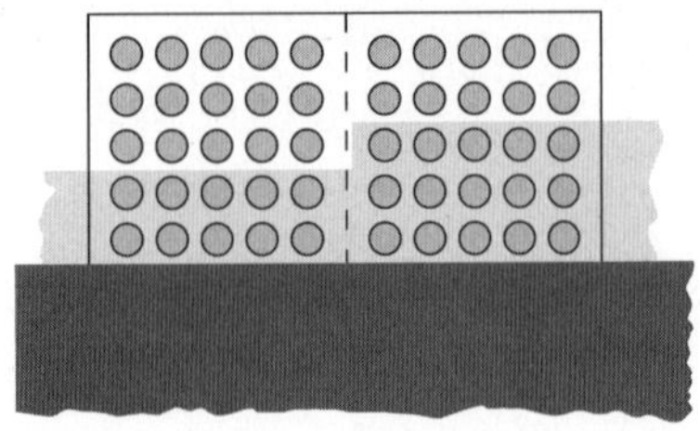

   Sprechweisen:
   „25 + 25 = 50."
   „2 mal 25 = 50."
   „Das Doppelte von 25 ist 50."

2. Man zeigt am Hunderterfeld mit Karton eine Zehnerzahl. Die Schüler zeigen mit der farbigen Zahlwinkelfolie die Hälfte.

   Sprechweise: „Die Hälfte von 70 ist 35."

Automatisierung

Übung von „Verdoppeln" und „Halbieren" ohne Stütze, wobei auf sparsamste Sprechweisen zu achten ist. Wenn z. B. „Verdoppeln" angesagt ist, wissen die Schüler, daß sie zu jeder vom Lehrer genannten Zahl das Doppelte nennen müssen. Auch hierbei empfiehlt sich eine operative Variation.

Beispiel (Halbieren):

L	100	50	60	30	40	80	60	70	.
S	50	25	30	15	20	40	30	35	.

B 7 Leichte Plus- und Minusaufgaben

Aufgaben wie 38 + 45, 75 – 28 werden *halbschriftlich* gerechnet und gehören *nicht* zum Blitzrechnen, wohl aber Additionsaufgaben, bei denen der *zweite* Summand eine *reine* Zehner- oder Einerzahl ist.

Beispiele: 38 + 30, 38 + 7, 75 – 40, 75 – 3.

Grundlegung

Die Grundlegung erfolgt im regulären Unterricht.

Automatisierung

Wenn die Schüler eine gewisse Geläufigkeit bei solchen Aufgaben besitzen, kann man die Automatisierung mit Hilfe von Kettenaufgaben üben:

$$38 \xrightarrow{+30} \square \xrightarrow{+5} \square \xrightarrow{-6} \square \xrightarrow{+20} \square \xrightarrow{-40} \square$$

B 8 Zerlegen

Hierbei geht es darum, eine *reine Zehnerzahl* in zwei Summanden zu zerlegen, von denen einer vom Lehrer vorgegeben wird.

Grundlegung

Mit dem Karton wird eine Zehnerzahl dargestellt, mit der farbigen Zahlwinkelfolie ein Summand. Die Schüler bestimmen den zweiten Summanden (Abb.).

Beispiel: 60 = 26 + 34

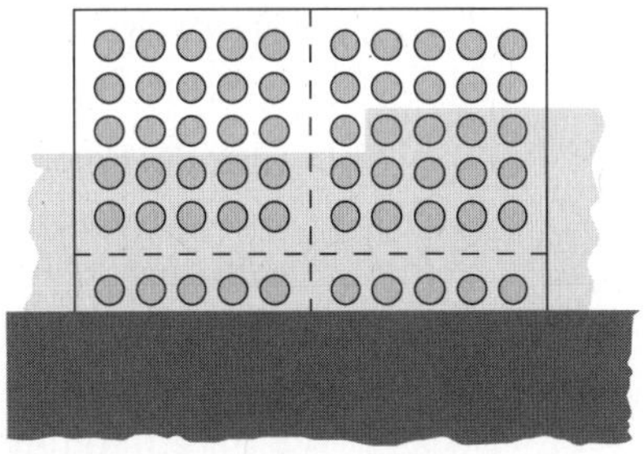

Automatisierung
Durchführung dieser Zerlegungen im Kopf.

Beispiel:

L	70 = 59 +	30 = 16 +	90 = 64 +	.
S	70 = 59 + 11	30 = 16 + 14	90 = 64 + 26	.

B 9 Einmaleins

Grundlegung
Die Grundlegung erfolgt im regulären Unterricht.

Automatisierung
1. Kurze Reihen

Beispiel:
L Kurze 6er-Reihe
S 6, 12, 30, 60

2. Beliebige 1x1-Aufgaben
Die Aufgaben können abwechselnd am Hunderterfeld, an der Mal-Tafel oder mündlich gestellt werden. Die Aufgabenstellung sollte die Kernaufgaben und operative Beziehungen betonen. Die Schüler dürfen bei Aufgaben, die ihnen noch schwer fallen, den Mal-Plan benutzen, müssen aber bewußt daran arbeiten, davon unabhängig zu werden.

B 10 Quadratzahlenreihe

Grundlegung
Anfänglich unterstützt durch das Hunderterfeld und den Einmaleinswinkel, sollen die Schüler die Quadratzahlenreihe bis 10 · 10 aufsagen.

Automatisierung
Die Quadratzahlenreihe wird ohne Stütze aufgesagt.

Einordnung der Blitzrechenübungen in den Stoff

Über die Einordnung der Grundlegungsphase jeder Übung können genaue Angaben gemacht werden. Wann jedoch jeweils der Übergang zur Automatisierungsphase zu vollziehen ist, muß die Lehrerin aus dem Verlauf des Lernprozesses heraus selbst entscheiden.

Blitzrechenübung	**Grundlegung in Abschnitt**	
B 1 Wie viele?	Orientierung im Hunderterraum	(S. 8–18)
B 2 Zehnerergänzung		
B 3 Zählen in Schritten		
B 4 Ergänzen bis 100		
B 5 100 teilen		
B 6 Verdoppeln/Halbieren	Metermaß, Hundertertafel	(S. 23)
B 7 Leichte Plus- und Minusaufgaben	Einführung der Addition und Subtraktion im Hunderterraum	(S. 30–41)
B 8 Zerlegen		
B 9 Einmaleins	Einführung der Multiplikation	(S. 46 ff.)
B 10 Quadratzahlenreihe	Zahlen und Muster	(S. 91)

Denkschule
für das 2. Schuljahr

Didaktische Hinweise zur Denkschule

Um die Spiele verstehen und in ihrem pädagogisch-didaktischen Wert richtig einschätzen zu können, muß man sie unbedingt selbst handelnd durchführen.

D 1 **Schiebespiele** (Typ: Platzwechsel)

Dieses Spiel ist eine unmittelbare Fortsetzung des Denkspiels D 1 für das 1. Schuljahr.

Spielpläne und Spielmaterial

Auf jedem der folgenden vier Spielpläne ist eine bestimmte Anordnung von quadratischen Feldern vorgegeben, von denen zu Beginn einige mit „blauen“, andere mit „roten“ Spielsteinen (Wendeplättchen, Damesteine, ...) belegt sind. Einige Felder sind frei.

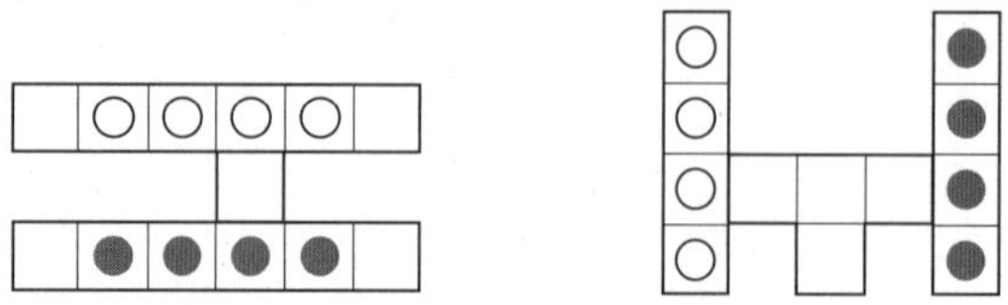

Spielregeln

Das Ziel besteht darin, die Steine so zu verschieben, daß am Ende „blaue“ und „rote“ die Plätze ausgetauscht haben. Dabei darf man Steine nur auf Nachbarplätze bewegen, *ohne* zu überspringen. Damit die Kinder das Ziel nicht aus den Augen verlieren, empfiehlt es sich, die Felder, auf denen am Anfang die „blauen“ Steine liegen, „blau“, entsprechend die Felder der „roten“ Steine „rot“ zu färben.
Wie beim letzten Spielplan des 1. Schuljahrs kommt es hier genau darauf an, die freien Plätze optimal auszunutzen. Ein direkter Tausch von „blau“ und „rot“ ist nicht möglich. Man muß einige Plättchen zeitweilig wieder zurücksetzen. Wesentlich ist bei beiden Plänen, daß die Brücke zwischen „rot“ und „blau“ nicht in der Mitte verläuft. Ziel muß zunächst sein, einen roten oder blauen Stein in die jeweils entfernteste Ecke der Endlage zu verschieben. Dort stört er dann den weiteren Spielverlauf nicht mehr.

D 2 **Dreiecksmemory** (Typ: Gedächtnistraining)

Auch dieses Spiel ist eine Weiterführung des Spiels D 2 des 1. Schuljahrs.

Spielpläne

Benötigter Spielplan:

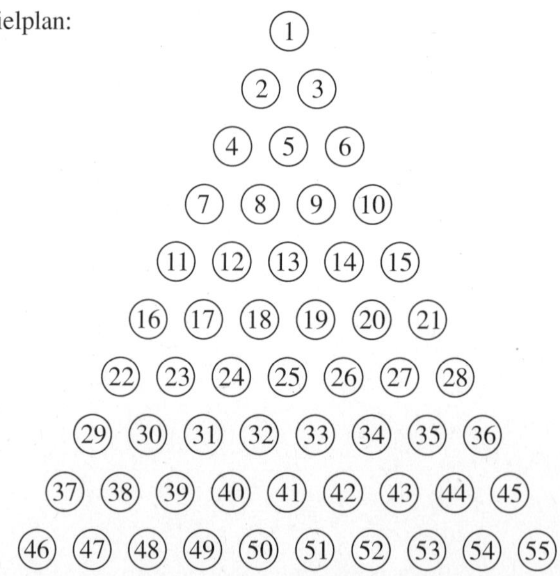

Die letzte bzw. die zwei oder drei letzten Reihen können abgedeckt werden, so daß kleinere Spielpläne entstehen, die geringere Anforderungen stellen.

Spielmaterial

Bis zu 55 Wendeplättchen

Benötigt werden jeweils 4 Kinder: der Spielleiter, zwei Assistenten und der „Kandidat". Zuschauer sind in beliebiger Zahl zugelassen und willkommen.

Spielregeln

Der Spielleiter sitzt an der Spitze des (hinreichend großen) Spielfeldes und achtet darauf, daß die Regeln eingehalten werden. Ihm gegenüber sitzt mit *verbundenen Augen* der Kandidat. Die beiden Assistenten sitzen vom Kandidaten aus gesehen links (l) bzw. rechts (r) an der Seite und legen *abwechselnd* ein Plättchen nach dem anderen auf die Felder, und zwar in der obersten Reihe beginnend, jeder von seiner Seite aus von außen nach innen. Sie gehen erst dann zur nächst tieferen Reihe über, wenn eine Reihe voll belegt ist. Zu legen beginnt der (vom Kandidaten aus gesehen) links sitzende Assistent mit Feld 1.

Für den Spielplan mit 8 Reihen (bis 36) ergibt sich daraus folgende Reihenfolge der Felder:

1	3	2	6	4	5	7	10	8	9	11	15	12	14	13	21	16	20
l	r	l	r	l	r	l	r	l	r	l	r	l	r	l	r	l	r

17	19	18	28	22	27	23	26	24	25	29	36	30	35	31	34	32	33
l	r	l	r	l	r	l	r	l	r	l	r	l	r	l	r	l	r

Die Assistenten legen aber ihr Plättchen erst, wenn der Kandidat die Nummer des Feldes vorher genannt hat. Aufgabe des Kandidaten ist es also, die Reihenfolge der Felder richtig aufzusagen. Sobald er einen Fehler macht, hat er die Prüfung nicht bestanden, und ein anderer Kandidat kommt zum Zuge.

Zur Demonstration der Regeln werden die Kinder um einen Tisch versammelt, zwei von ihnen werden zu Assistenten ernannt und frischen vor den Augen der Klasse die Legeregel auf. Am günstigsten ist es, wenn der eine Assistent die Wendeplättchen mit der *roten* Seite, der andere mit der *blauen* Seite nach oben legt. Auf diese Weise lassen sich die schwierigen Lagebeziehungen „links"/„rechts" durch die Farben „rot" und „blau" ersetzen. Wenn die Endposition erreicht ist, werden die Legeregeln ein zweites Mal demonstriert, indem die Plättchen (von 1 beginnend) wieder weggenommen werden. Man erspart sich dadurch das „Abräumen" der Plättchen nach jedem Spiel. Anschließend werden die Plättchen noch ein paarmal gelegt bzw. weggenommen, wobei zusätzlich die Feldnummern *laut* genannt werden. Wenn die Legeregeln klar sind, können die ersten „mutigen" Kinder bereits als Kandidat antreten.

Lehrerinnen, die das Spiel nicht kennen, scheuen leicht davor zurück, es einzusetzen, weil sie Unruhe befürchten. Die Erfahrung zeigt aber, daß die kleinen Zuschauer dem Geschehen sehr interessiert und diszipliniert folgen und durch das Spiel beruhigt werden.

D 3 Spring im Dreieck (Typ: Solitärspiel)

Spielplan

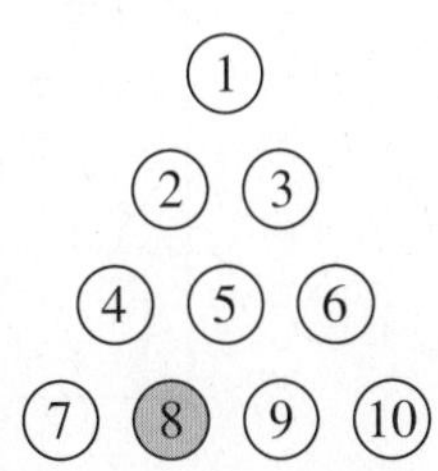

Spielmaterial

9 Spielsteine (Plättchen, Münzen, ...)

Spielregeln

Die Steine werden auf die Felder des Spielplans gelegt, so daß das 8., besonders gekennzeichnete Feld frei bleibt. Jeder Spielzug besteht darin, mit einem Stein genau einen anderen zu überspringen, so daß man auf einem freien Feld landet. Der *über*sprungene Stein wird entfernt. Das Ziel besteht darin, möglichst viele Steine „abzuräumen". Bei geschicktem Vorgehen schafft man es sogar, daß nur ein einziger Stein übrig bleibt (daher der Name „Solitärspiel").

Optimale Lösung, bei der ein einziger Stein übrig bleibt:

Zug	10 auf 8	7 auf 9	3 auf 10	10 auf 8	2 auf 9	9 auf 7	7 auf 2	1 auf 4
Entf. Stein	9	8	6	9	5	8	4	2

D 4 **Mu-Torere** (Typ: Strategiespiel)

Dies unscheinbare, aber die Aufmerksamkeit der Spieler sehr fordernde Spiel stammt aus dem indonesischen Kulturkreis und ist unter verschiedenen Namen bekannt.

Spielplan und Spielmaterial

Sieben kreisförmige Felder sind in bestimmter Weise miteinander verbunden. Drei benachbarte Felder des Randes werden zu Beginn mit „blauen", die anderen drei mit „roten" Spielsteinen belegt, das mittlere Feld bleibt frei.

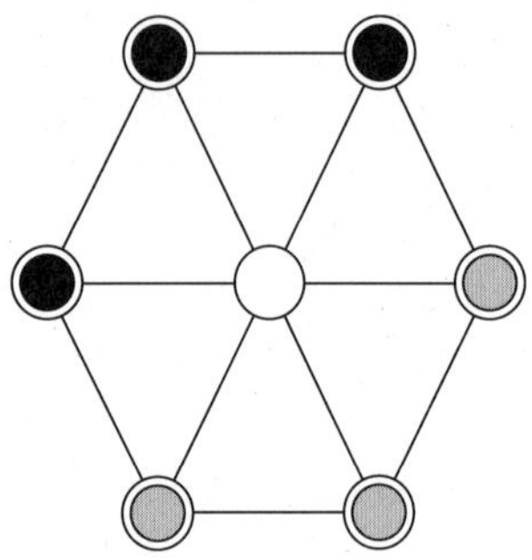

Spielregeln

Den beiden Spielern gehören jeweils die Steine einer Farbe. Abwechselnd ziehen die Spieler eine ihrer Marken *entlang einer Linie* auf ein Nachbarfeld. Das Ziel ist, den Gegner zu blockieren, so daß er nicht mehr ziehen kann. Der erste Spieler darf aber bei seinem *ersten Zug* nicht mit seinem mittleren Stein ziehen, da er sonst seinen Gegner sofort blockieren würde.

Wie bei dem Spiel D 4 „Pong-Hau-Ki" des 1. Schuljahrs können es beide Spieler bei geschickter Spielweise vermeiden, daß sie verlieren. Nur bei nachlassender Konzentration erhält der Gegner eine Gewinnchance.

D 5 **Zurück in die Reihe** (Typ: Anordnungsspiel)

Spielmaterial

Ziffern- oder Wendekarten von 1 bis 8, Spielplan bestehend aus 3 x 3-Quadrat

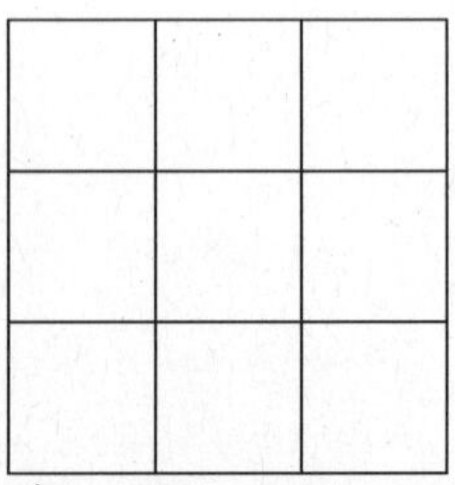

Spielplan

1	2	3
8		4
7	6	5

Fig. 1

8	1	2
7		3
6	5	4

Fig. 2

6	3	7
8		2
5	1	4

Fig. 3

Vorbereitung

Die acht Ziffernkarten werden zuerst zweimal der Reihe nach auf die acht Randfelder gelegt, so daß die 1 einmal links oben (Fig. 1) und das andere Mal oben in der Mitte liegt (Fig. 2). Den Kindern wird gesagt, daß sie eine dieser Reihenfolgen am Schluß des Spiels erreichen sollen.

Spielregeln

Vor Beginn des Spiels werden die acht Kärtchen zuerst *beliebig* auf den Randfeldern verteilt, das mittlere Feld bleibt frei (Beispiel: Fig. 3). Bei jedem Zug darf ein Kärtchen auf ein freies Nachbarfeld geschoben werden. Ziel ist es, am Schluß eine der genannten Reihenfolgen zu erreichen. Unter Ausnützen des inneren Platzes läßt sich das Ziel schrittweise erreichen.

Hinweis: Die $8 \cdot 7 \cdot 6 \cdot 5 \cdot 4 \cdot 3 \cdot 2 \cdot 1 = 40.320$ möglichen Randplazierungen (Permutationen) der 8 Ziffern zerfallen in zwei getrennte Klassen zu je 20.160 Plazierungen (gerade bzw. ungerade Permutationen). Die zugelassenen Züge erlauben es nicht, von einer Klasse in die andere zu wechseln. Daher muß man die beiden o. g. Endplazierungen zulassen, die unterschiedlichen Klassen angehören.

D 6 **Tangram** (Typ: Legespiel)

Spielmaterial

Dem Schülerbuch liegen zwei Tangramspiele bei. Hier wird das größere verwendet, mit dem sich ein Quadrat von 10 cm Kantenlänge legen läßt.

Spielregeln

Mit den 7 Formen sollen die folgenden 13 Umrisse ausgelegt werden. Das sind alle Vielecke *ohne* einspringende Ecken, die man mit dem Tangram überhaupt legen kann.

Lösungen:

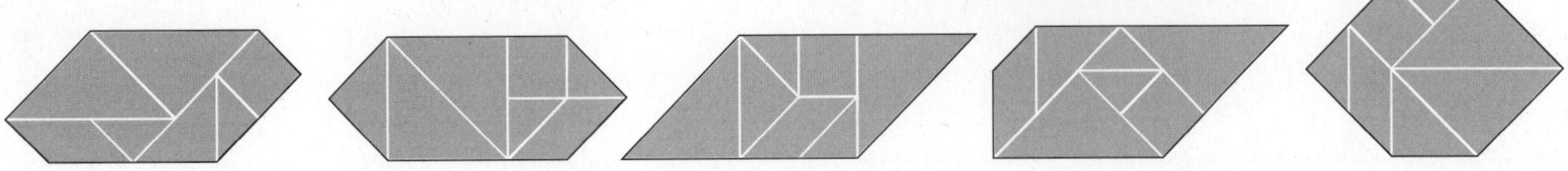

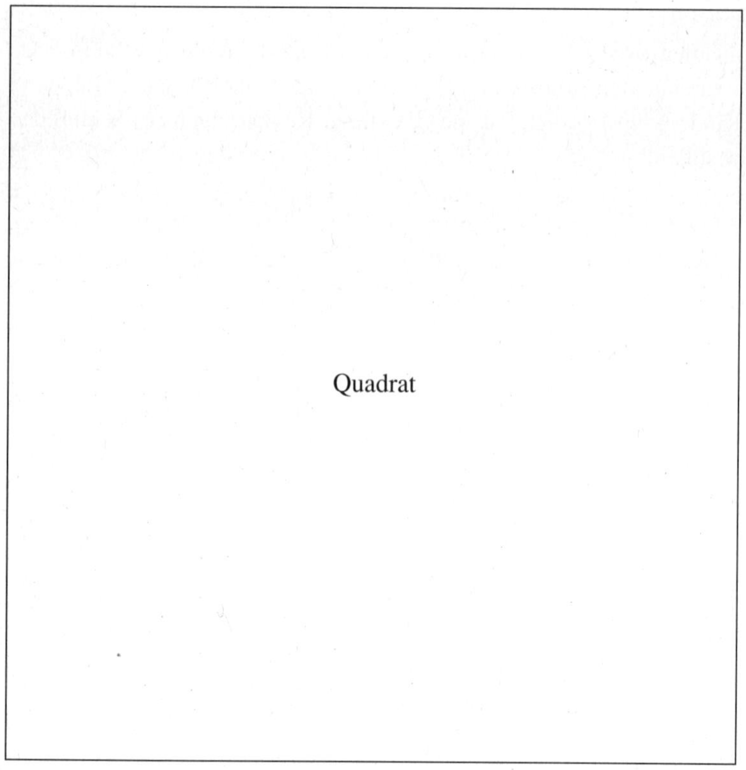
Quadrat

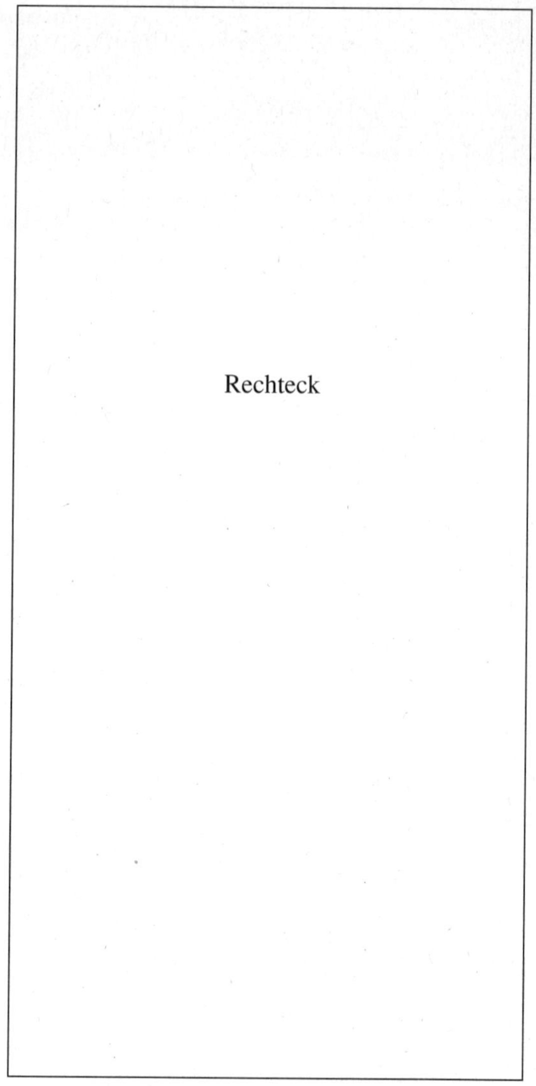
Rechteck

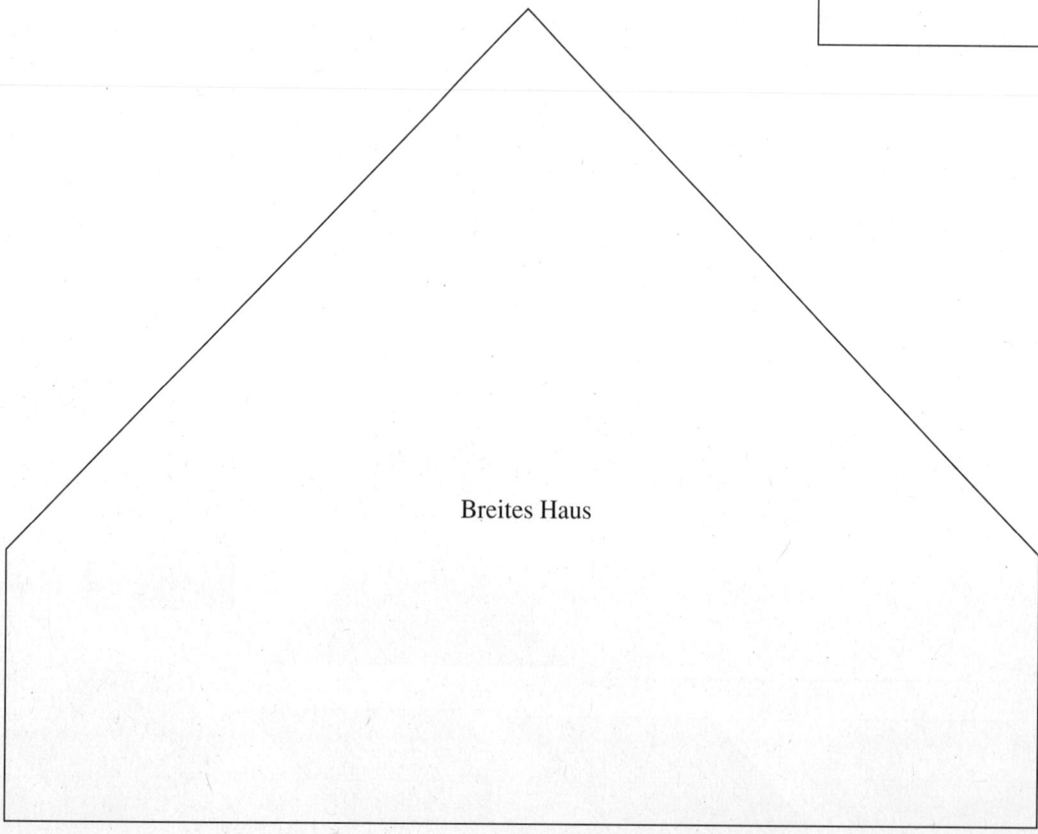
Breites Haus

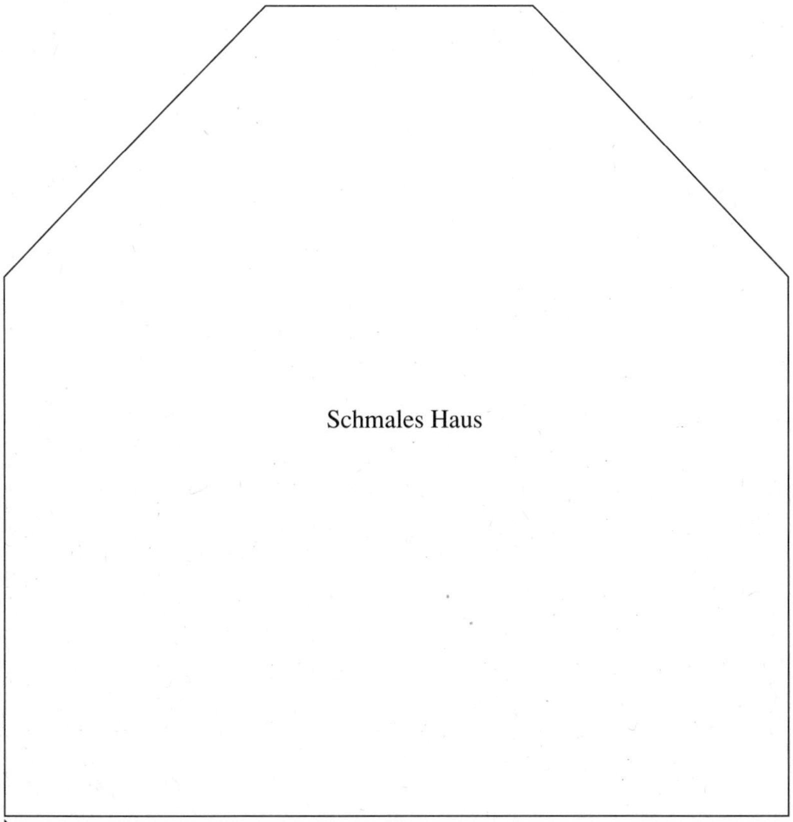
Schmales Haus

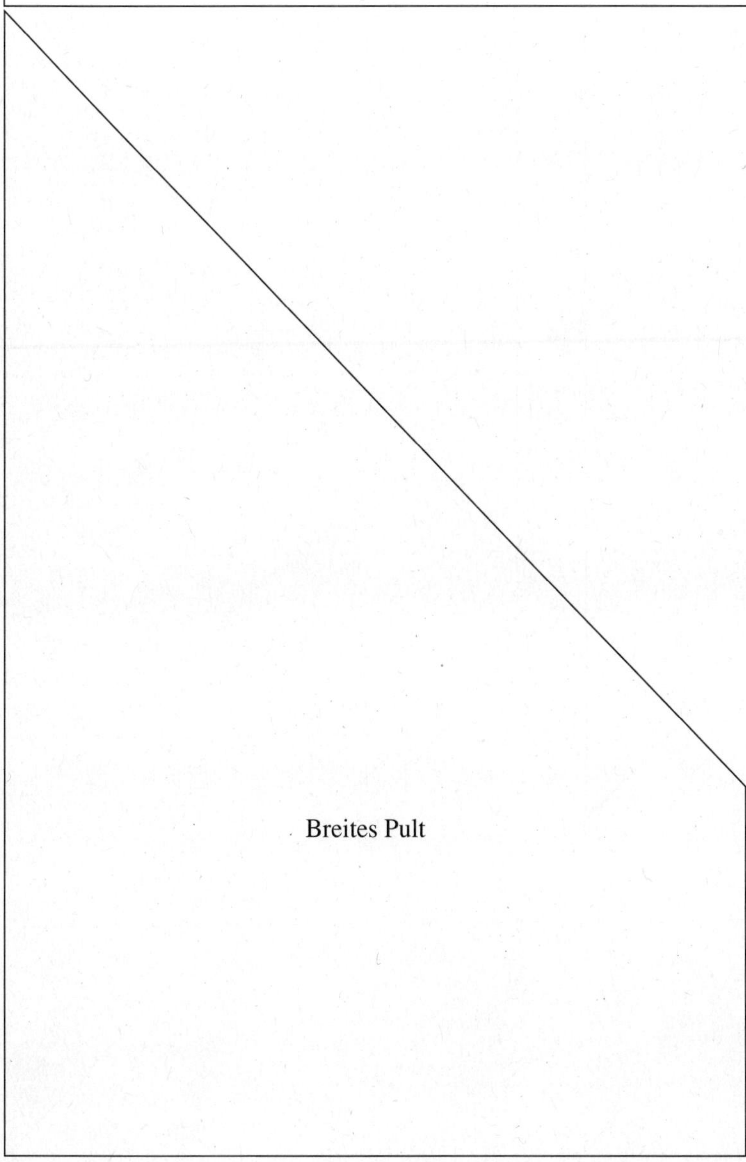
Breites Pult

Schmales Pult

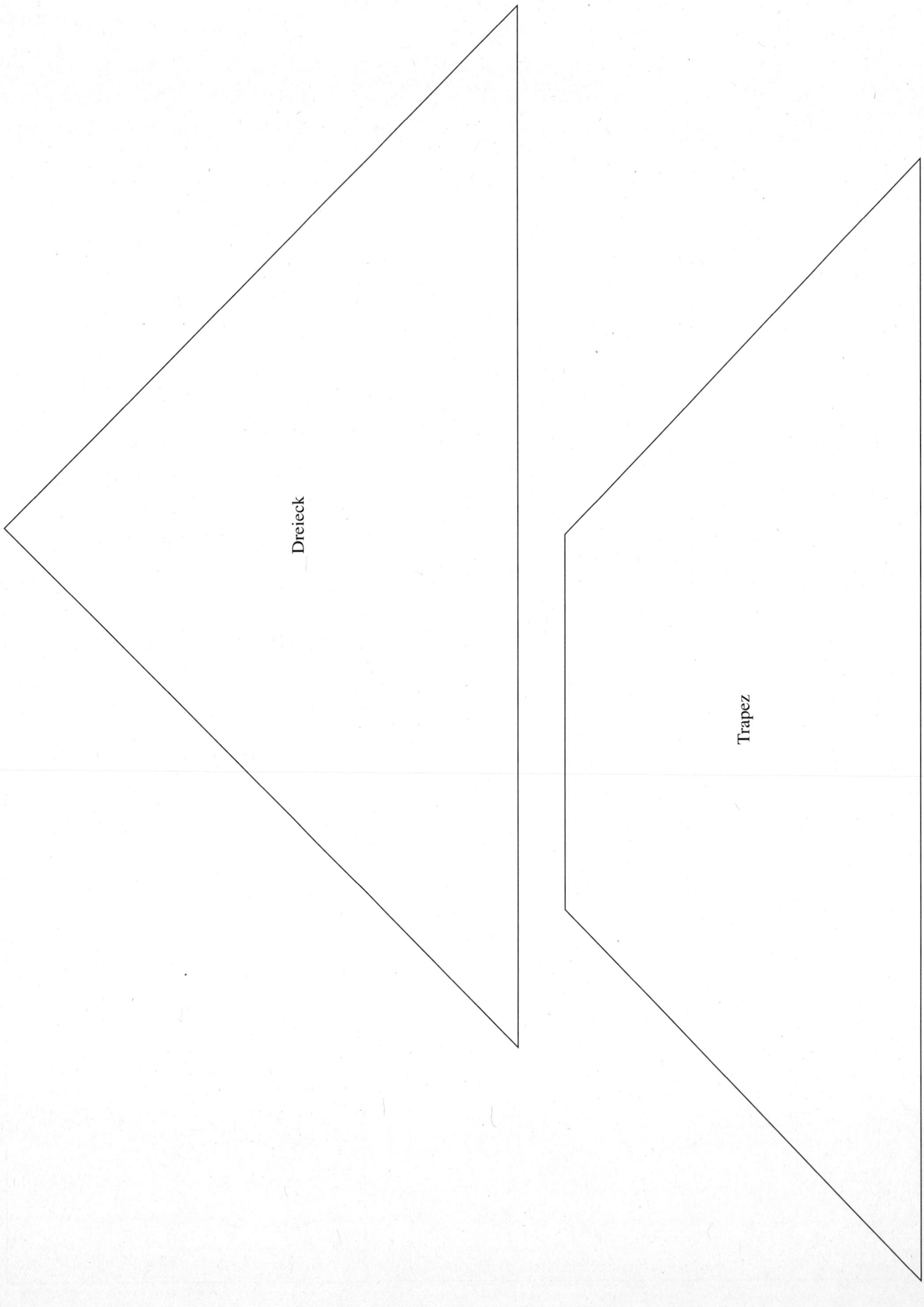
Dreieck
Trapez

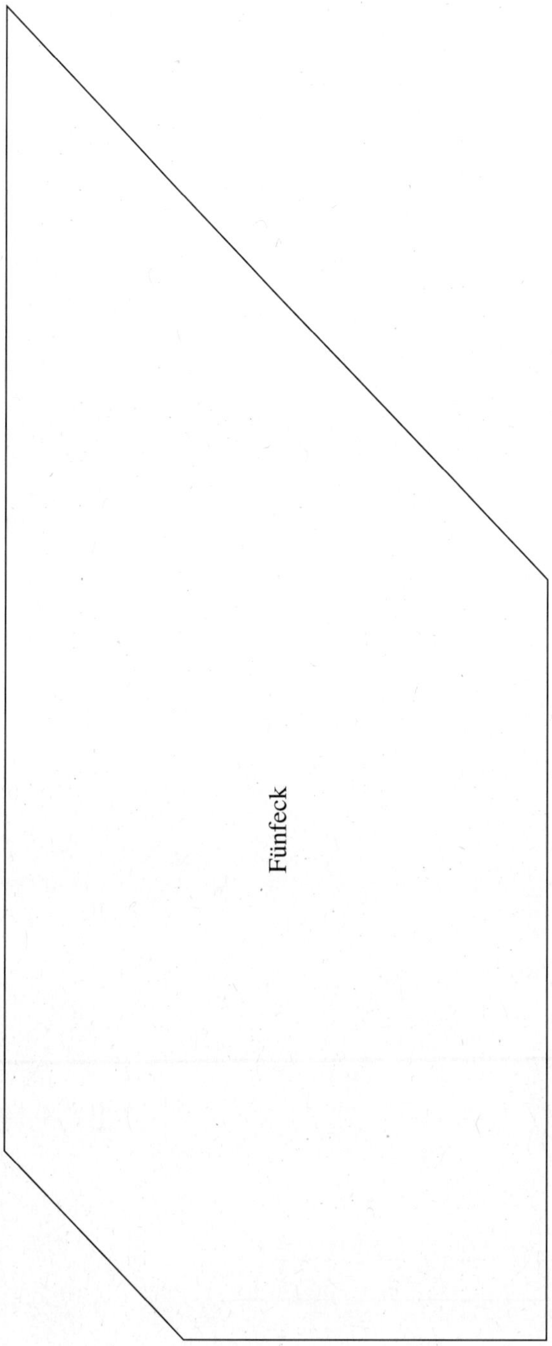
Fünfeck

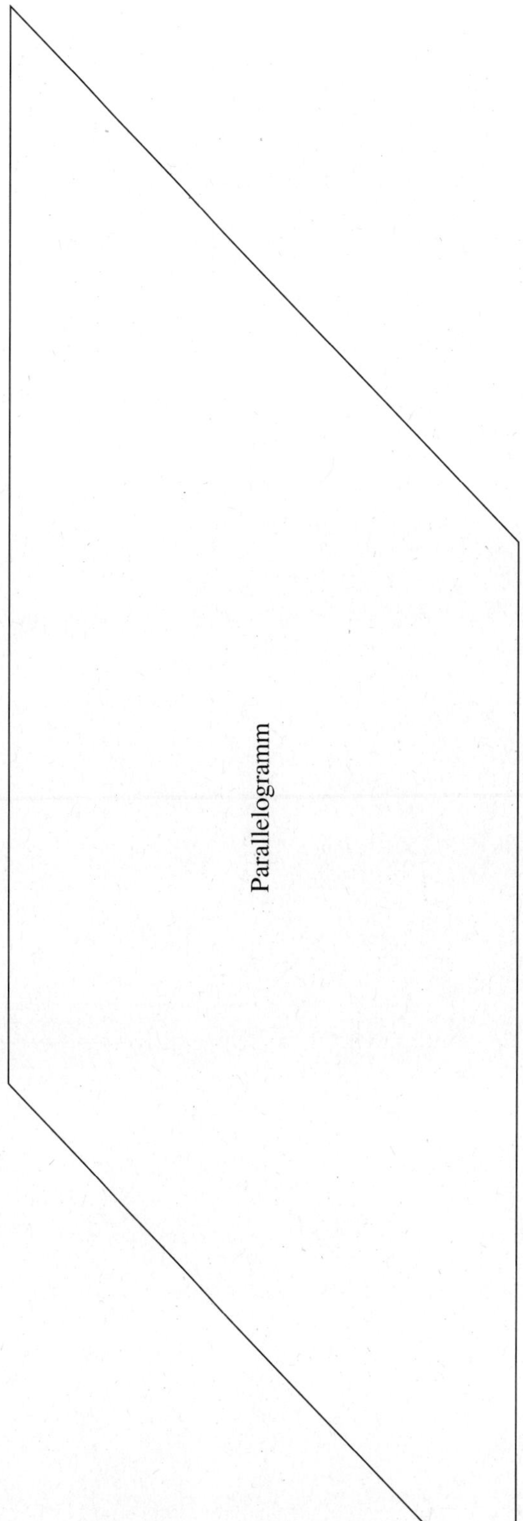
Parallelogramm

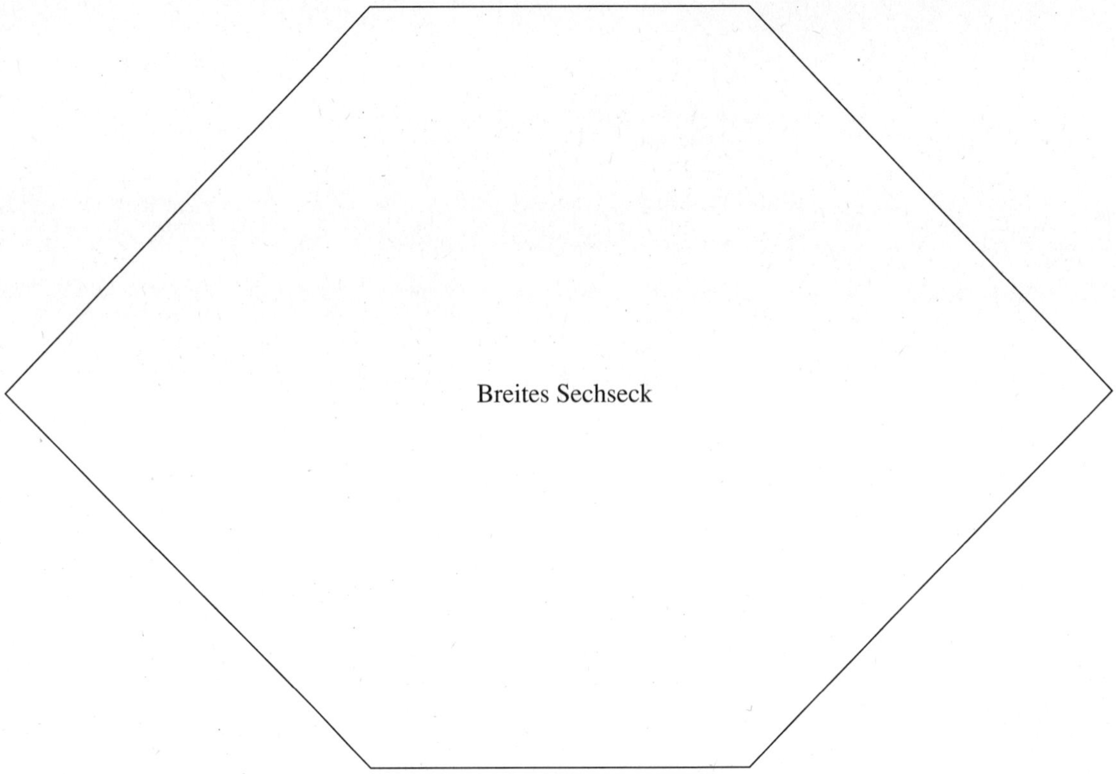
Breites Sechseck

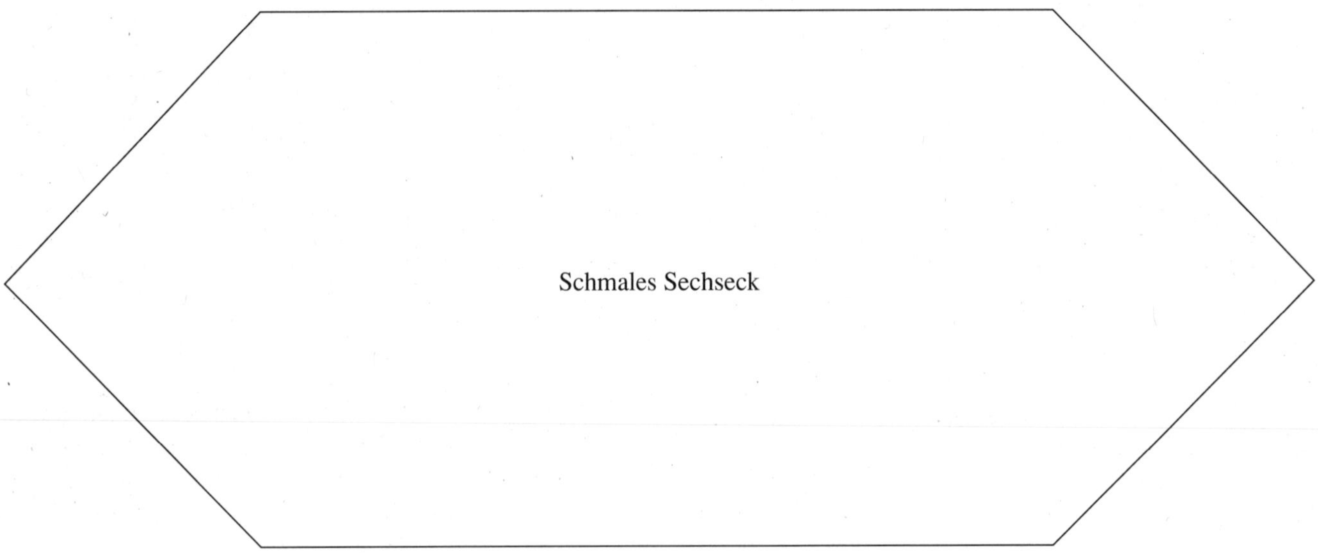
Schmales Sechseck

Schiefes Sechseck

D 7 **Ausgleich der Felder** (Typ: Umordnungsspiel)

Spielmaterial

30 1 Pf-Münzen, 15 5 Pf-Münzen, kreisförmiger Spielplan mit drei gleich großen, verschieden gefärbten Feldern.

Spielregeln

Zu Beginn wird der Geldbetrag *48 Pf* folgendermaßen auf die drei Felder verteilt:

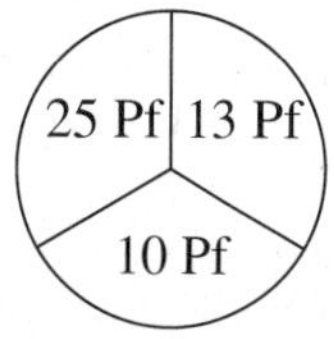

Ziel ist es, in jedem Feld den gleichen Betrag (d. h. 16 Pf) zu haben, wobei man bei jedem Zug von einem Feld so viel Geld zu einem anderen schieben muß, wie dort schon liegt (d. h. in letzterem wird der Betrag verdoppelt!). Falls erforderlich dürfen vor einem Zug ein oder mehrere 5 Pf-Münzen in 1 Pf-Münzen gewechselt werden. Zur Erhöhung der Übersichtlichkeit darf man auch Pfennige in 5 Pf-Münzen wechseln.

Bei obigem Beispiel verläuft die Lösung etwa so:

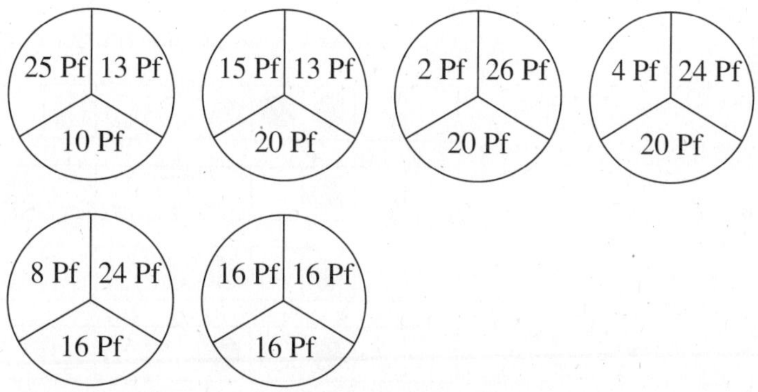

Wenn man den Ausgleich der Felder ausgehend von einer *beliebigen* Anfangsverteilung des Betrags 48 Pf erreichen will, muß man eine Zugregel zulassen, die im Notfall angewandt werden kann: Wenn sich bei gleichen Beträgen in zwei Feldern ein „toter" Punkt ergibt, darf 1 Pf von einem Feld in das andere geschoben werden.

Beispiel: Die Ausgangsverteilung

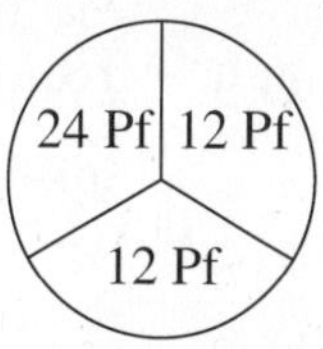

läßt sich durch alleinige Anwendung der Verdopplungsregel nicht in die Zielverteilung „16 Pf in jedem Feld" überführen, sondern reproduziert sich selbst. Anwendung der „Notfallregel" führt auf 24 Pf, 13 Pf, 11 Pf, von wo aus der Ausgleich der Felder mit Hilfe der Verdopplungsregel möglich ist.

Wenn das Spiel gut beherrscht wird, kann man es mit dem Ausgangsbetrag *96 Pf* statt 48 Pf spielen. Ziel ist es dann, auf jedem Feld 32 Pf zu erreichen.

Die Zulassung beider Regeln hat den Vorteil, daß sich Kinder selbst beliebige Anfangsverteilungen vorgeben können. Das Spiel wird dadurch abwechslungsreicher.

Anmerkung: Verglichen mit dem Denkspiel D 5 des 1. Schuljahrs stellt die Verwendung von Geldbeträgen statt Plättchen neue Anforderungen, die den Kindern zu Anfang schwerfallen. Die Schulung im Umgang mit Geld ist aber sehr sinnvoll.

D 8 **Paare verschieben** (Typ: Münzenspiel)

Spielplan und Spielmaterial

Benötigt werden 6 Wendeplättchen oder je drei Münzen zweier verschiedener Sorten (z. B. drei 1 Pf-Münzen und drei 5 Pf-Münzen) sowie eine Reihe von 10 Quadraten als Spielplan.

Spielregeln

Die Plättchen (bzw. Münzen) liegen zu Beginn so in der Mitte des Spielplans, daß drei Plättchen einer Farbe (bzw. Münzen einer Sorte) links, drei Plättchen der anderen Farbe (bzw. Münzen der anderen Sorte) rechts liegen. Außen sind jeweils zwei Felder frei.

		●	●	●	○	○	○		

Ein Spielzug besteht darin, ein Paar von Plättchen *in Nachbarfeldern* auf zwei *freie Nachbarfelder* zu verschieben, ohne daß die Reihenfolge dieser Plättchen verändert wird. Das linke Plättchen eines Paares muß also auch in der neuen Position links von dem anderen liegen.
Ziel ist es, eine Endposition zu erreichen, bei der die sechs Plättchen wieder lückenlos *nebeneinander* liegen, jedoch mit *abwechselnden Farben* (bzw. bei den Münzen mit abwechselnden Sorten), so daß außen wieder jeweils zwei Felder frei sind.

Die optimale Lösung kommt mit vier Zügen aus:

		●	●	●	○	○	○		
		●			○	○	○	●	●
		●	○	●	○	○			●
		●	○	●			○	○	●
		●	○	●	○	●	○		

Natürlich kann das Spiel auch in der umgekehrten Richtung gespielt werden: von der abwechselnden Lage der Farben (Sorten) zur getrennten.

D 9 **Zwei auf einem Gleis** (Typ: Rangierspiel)

Spielplan, Spielmaterial und Spielregel

Der Spielplan zeigt eine einspurige Bahnstrecke mit einem Ausweichgleis, auf dem eine Lokomotive und vier Wagen Platz haben. Auch auf dem Gleisstück parallel zum Nebengleis haben nur eine Lok und vier Wagen Platz.

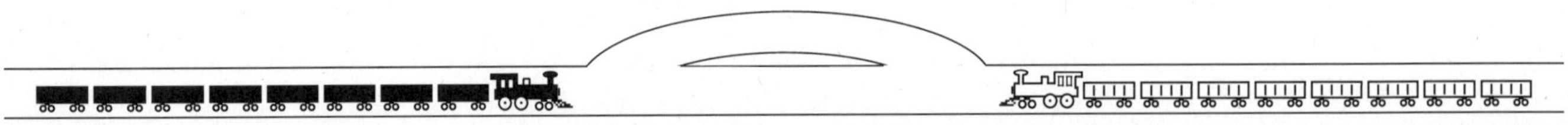

Von links und von rechts kommt je ein Zug mit einer Lokomotive und acht Wagen. Wie müssen die Lokomotivführer rangieren, um ihren Weg fortsetzen zu können?

Dabei sind folgende Rangiermanöver möglich:

1. Die Loks können vor- und rückwärts fahren.
2. Die Wagen dürfen sowohl gezogen als auch geschoben werden.
3. Wagen können beliebig an- und abgekoppelt werden.

Lösung:

1. Die „rechte“ Lok fährt mit vier ihrer Wagen auf das Nebengleis.

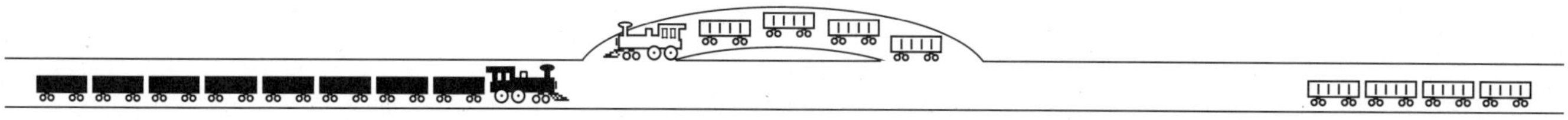

2. Der „linke“ Zug passiert das Nebengleis.

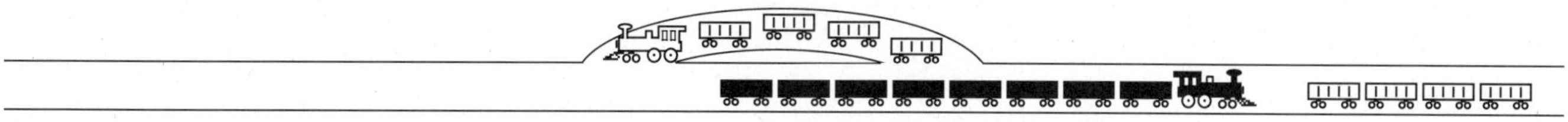

3. Damit wird der Weg frei für die „rechte“ Lok mit ihren vier Wagen. Sie verläßt das Nebengleis in der gewünschten Richtung und bleibt ein Stück weiter stehen.

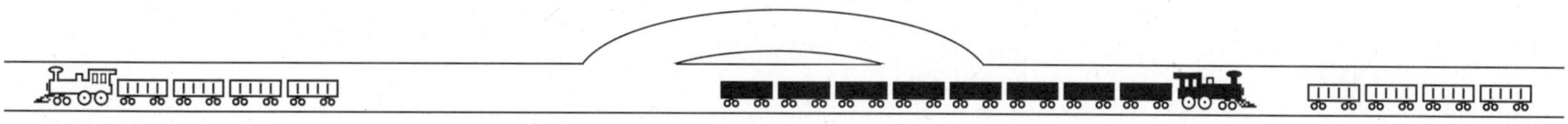

4. Die „linke“ Lok koppelt nun die vier zurückgebliebenen Wagen des anderen Zuges an, zieht sie auf das Nebengleis und koppelt wieder ab.

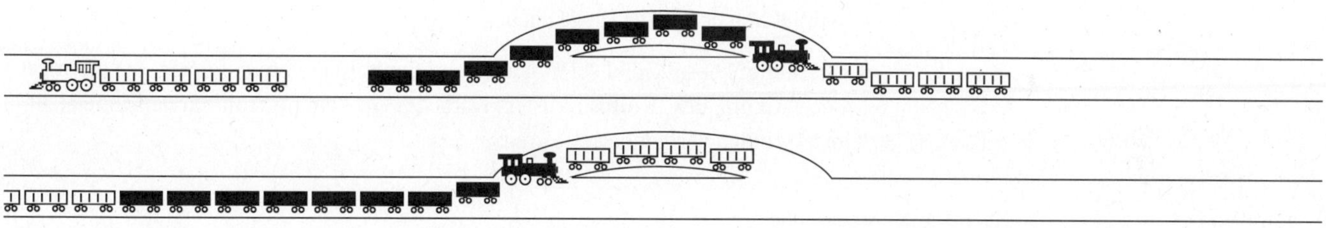

5. Die „linke“ Lok setzt nun mit ihren acht Wagen rückwärts auf die Hauptstrecke und hat dann in der gewünschten Richtung freie Fahrt.

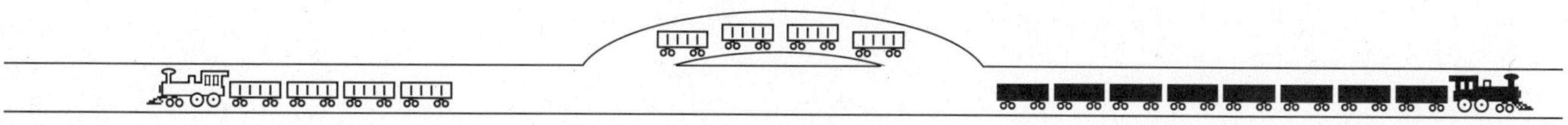

6. Nun setzt die „rechte“ Lok mit ihren vier Wagen zurück auf das Nebengleis, koppelt ihre vier zurückgelassenen Wagen an und fährt ebenfalls in der gewünschten Richtung fort.

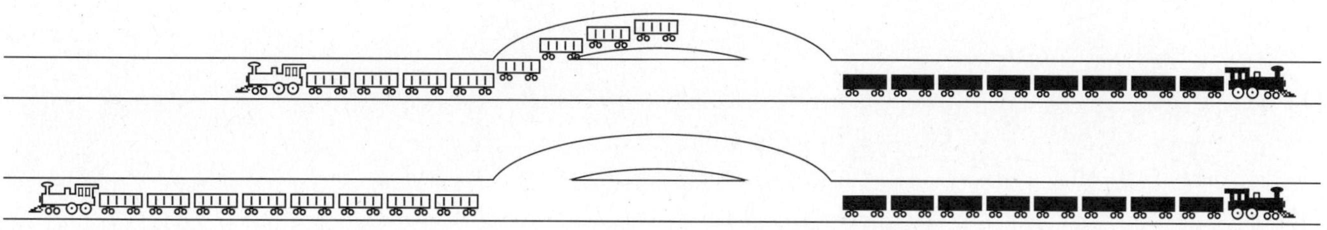

D 10 **Wolf, Ziege und Kohl** (Typ: Überfahrt)

Spielplan

Der Spielplan zeigt einen Fluß (blau) eingerahmt von zwei Ufern (grün).

Ufer	Fluß	Ufer

Spielmaterial

Auf Karten aufgemalt sind ein Bauer, ein Wolf (oder bissiger Hund), eine Ziege und ein Korb mit Kohl.

Spielregeln

Der Bauer steht mit dem Wolf, der Ziege und dem Korb voll Kohl auf einem Ufer des Flusses und möchte alles übersetzen. Zur Verfügung steht aber nur ein kleines Boot, in welchem außer dem Bauern *entweder* nur der Wolf *oder* die Ziege *oder* der Korb Platz hat. Nun sollen die Tiere und der Kohl unversehrt am anderen Ufer ankommen und auch dort unbeschadet bleiben. Wenn aber der Bauer Wolf und Ziege unbeaufsichtigt läßt, frißt der Wolf die Ziege. Wenn Ziege und Kohl unbeaufsichtigt bleiben, frißt die Ziege den Kohl. Wie muß der Bauer es bei seinen Überfahrten einrichten, daß alles heil bleibt?

Es gibt genau zwei optimale Lösungen:

1. Der Bauer setzt zuerst die Ziege über und fährt wieder zurück.
2. Er setzt den Wolf (bzw. Kohl) über und nimmt die Ziege mit zurück.
3. Dann bringt er den Kohl (bzw. den Wolf) zum anderen Ufer, wo sich schon der Wolf (bzw. Kohl) befindet.
4. Schließlich holt er die Ziege nach.

Anmerkung: Dieses Spiel stammt aus einer Sammlung von Aufgaben, die der irische Mönch Alkuin, der „Kultusminister“ Karls des Großen, im 8. Jh. für den Unterricht in Klosterschulen verfaßt hat.

Didaktische Hinweise zu den Einzelthemen des Schülerbuches und Übungsheftes

1 Themen im Jahreslauf

Vorschau auf die Inhalte im neuen Schuljahr, Darstellung des Kalenderjahres

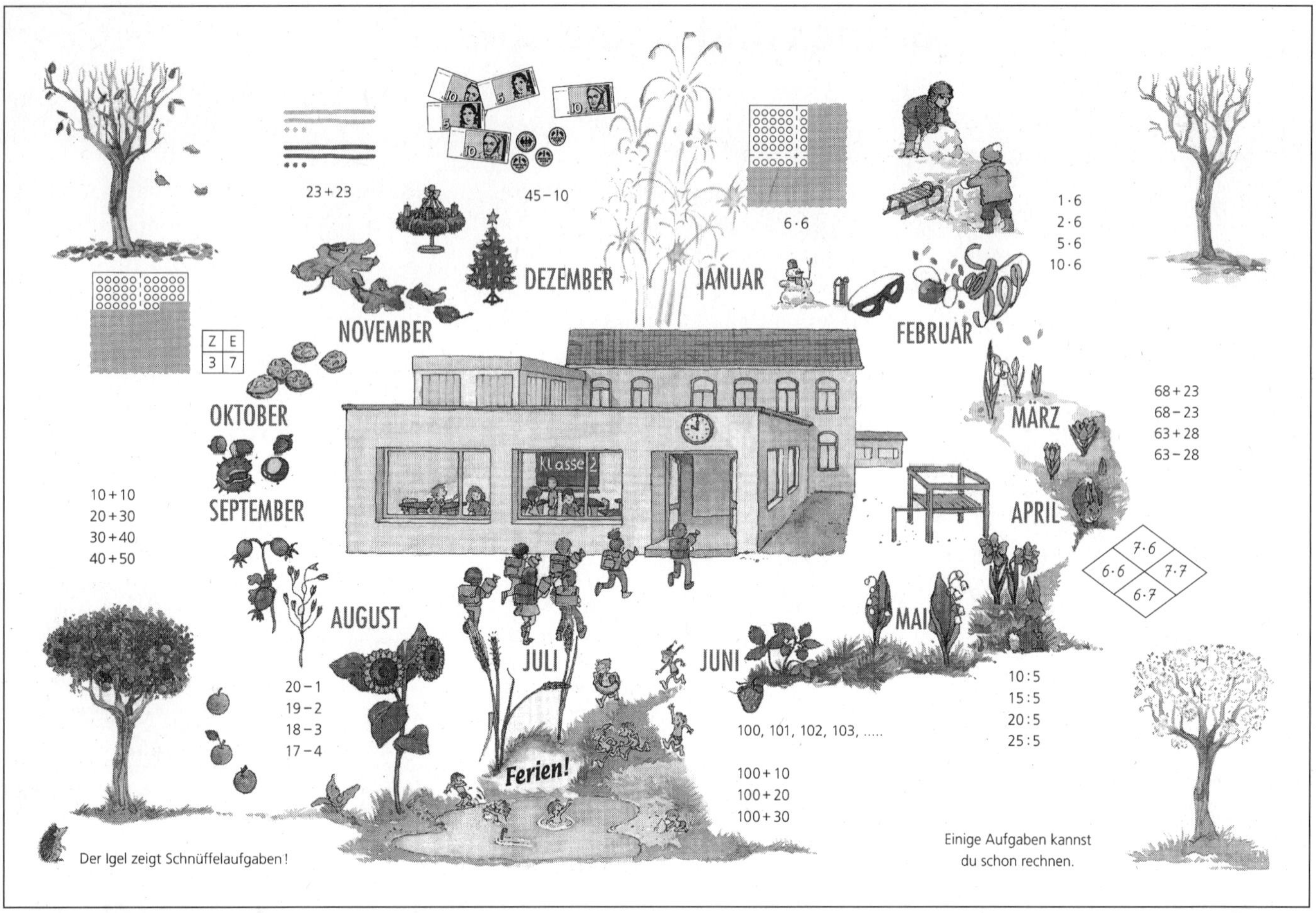

Was wird benötigt?
Demonstrationsmaterial: evtl. ein Jahreskalender

Worum geht es?
Den Kindern und Eltern wird auf der Doppelseite 0/1 ein Ausblick auf das kommende zweite Schuljahr gezeigt. Im Mittelpunkt des Bildes steht die Schule und rundherum sind die Monatsnamen mit exemplarischen Aufgaben angeordnet. Da Anfang des 2. Schuljahres erfahrungsgemäß schon einige Kinder über den Zwanzigerraum hinaus rechnen können, bietet die Seite dem Lehrer Gelegenheit, in Form einer Standortbestimmung festzustellen, welche Aufgaben die Kinder schon lesen, verstehen und mit oder ohne Material lösen können.

Monat	Natur und Umwelt	Schule
August	Sonnenblumen, Hafer	Beginn des 2. Schuljahres, Wiederholungen im Zahlenraum bis 20
September	Kastanien, Hagebutten	Zahlenraumerweiterung bis 100, leichte Aufgaben mit Zehnerzahlen
Oktober	Eicheln, Nüsse	Zahldarstellung am Hunderterfeld mit Zahlwinkel
November	bunte Blätter	Addition im Hunderter
Dezember	Tannenbaum, Feuerwerk	Subtraktion im Hunderter
Januar	Schnee, Schneemann	Einführung der Multiplikation, Punktefelder
Februar	Luftschlangen, Schneeglöckchen, Masken, Schlitten	Behandlung der 1 · 1-Reihen am Mal-Plan
März	Krokusse, Tulpen, Osterhase	Addition und Subtraktion mit Überschreitung
April	Narzissen	Vertiefung des 1 · 1 an der Einmaleins-Tafel
Mai	Maiglöckchen	Division
Juni	Erdbeeren	Zahlenraumerweiterung, Ausblick auf den nächsten Hunderter
Juli	Getreide, Baden im See	Ferien

Vier Bäume (ohne Laub, mit Blüten, mit Früchten und mit buntem, abfallendem Laub) stellen in den Ecken der Doppelseite die 4 Jahreszeiten Winter, Frühling, Sommer und Herbst dar.

Wie kann man vorgehen?
Nach den ersten Sommerferien werden die Kinder viel zu berichten haben. Vielleicht haben sich einige am Ende der Ferien sogar gelangweilt und freuen sich wieder auf die Schule. In der Schule hat sich einiges verändert. Der Klassenraum wurde möglicherweise gewechselt und das Türschild am Klassenraum wurde angepaßt: aus Klasse 1 wurde Klasse 2. Die Lehrerin fordert die Kinder auf, nochmals an ihre Einschulung vor einem Jahr zurückzudenken, zu berichten, was sie bereits gelernt haben, was ihnen an der Schule gefiel, was nicht, welche Vorstellungen sie über das 2. Schuljahr haben, ... Nach einem solchen Gespräch werden die Kinder das neue Schuljahr bewußter in Angriff nehmen.

Zur Buchseite:
Das Schulbuchbild wird als Gesprächsanlaß verwendet und die Kinder berichten, was sie alles auf dem Bild entdecken, z. B.
- Schulgebäude
- Wörter
  (Wer kann die schwierigen Monatsnamen lesen?)
- Blumen und Pflanzen
  (Wer kennt die Namen?)
- typische Symbole
  (Adventskranz, Silvesterfeuerwerk, Karnevalsmasken, Luftschlangen)
- Zahlen und Aufgaben
  (Wer kann schon einige Zahlen lesen? Wer kann Aufgaben lösen?)
- Rechenzeichen
  (Was bedeuten · und : ?)

Nach den spontanen Äußerungen werden gemeinsam die Monatsnamen gelesen. Dabei sollte der Unterschied zwischen dem Beginn eines neuen Schuljahres nach den Sommerferien und dem Beginn eines neuen Kalenderjahres deutlich werden. Das Bild bietet hierzu eine optische Hilfe. Ebenso erklärt die Lehrerin den Kindern, daß die abgebildeten Aufgaben und Darstellungen im neuen Schuljahr mit Hilfe des Buches erlernt und bearbeitet werden.
Da die Kinder einige Aufgaben schon lösen können (z. B. Wiederholungsaufgaben bis 20, vielleicht die Wertigkeit des Geldes [Dezember] oder die Aufgaben $2 \cdot 6$ oder $6 \cdot 6$, ...) wird ihnen verdeutlicht, daß die neuen Inhalte auf ihrem Vorwissen aufbauen (Zieltransparenz). Es wird aber auch Kinder geben, die sich an weiteren Aufgaben versuchen (z. B. $20 + 30$, $23 + 23$, $2 \cdot 6$ oder gar $6 \cdot 6$, Weiterzählen über 100 hinaus, ...) und sie z. T. auch lösen können. Die Lehrerin sollte die Schüler zu Versuchen ermuntern: Wenn noch Fehler auftreten, ist das ganz natürlich. Es handelt sich ja um Aufgaben, die im neuen Schuljahr erst noch zu erarbeiten sind.

Wie könnte es weitergehen?
Weiterführende Fragen:
- In welchem Monat beginnt die Schule?
- Wann ist Weihnachten (Karneval, Ostern)?
- Wer kann die Monatsnamen auswendig?
- Wann beginnt das neue Kalenderjahr?
- Wie viele Monate gibt es?
- Wer kennt noch weitere Aufgaben mit großen Zahlen und kann diese rechnen?

Hinweise
1. Bei der späteren Behandlung der Seiten „Größen und Sachrechnen: Kalender 2000“ (vgl. Schülerbuch S. 51) kann die Doppelseite nochmals vertiefend besprochen werden.
2. Diese Doppelseite ist für den Elternabend als Information für die Stoffverteilung gut geeignet.

2 So rechnen Kinder in England

Wiederholung von Aufgaben des 1. Schuljahrs

In England rechnen die Kinder so:

1.

9	8	7	6	5
+1	+3	+5	+7	+9
10	......	......	......	......

2.

11	13	15	5	3
+9	+6	+3	+13	+16
......	......	......	......	......

3.

7 + 6 = ...	8 + 6 = ...	5 + 9 = ...	9 + 6 = ...	8 + 7 = ...
13 − 6 = ...	14 − 6 = ...	14 − 9 = ...	15 − 6 = ...	15 − 7 = ...

4.

20	15	5	2	10
12 + 8	11 + 4	10 − 5	5 −	10 +
11 +	9 +	11 −	8 −	20 −
10 +	7 +	12 −	10 −	5 +
9 +	6 +	14 −	11 −	15 −
8 +	5 +	15 −	14 −	2 +

5. How many?

a.

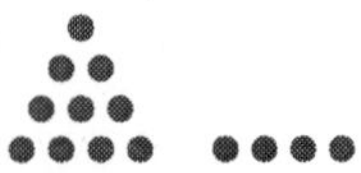

......

b.

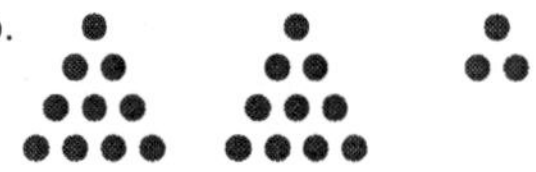

......

1	5	10	15	20
one	five	ten	fifteen	twenty

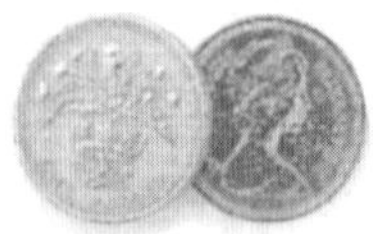

Was wird benötigt?

Arbeitsmaterial: evtl. Wendeplättchen, Zwanzigerreihe, Kopiervorlage 1
Demonstrationsmaterial: evtl. Wendeplättchen und Zwanzigerreihe

Worum geht es?

Hier werden in einem multikulturellen Rahmen die Rechengesetze und Aufgaben des 1. Schuljahrs im Zahlenraum bis 20 aufgegriffen und vertiefend wiederholt.
Addition und Subtraktion werden in ihren Beziehungen verdeutlicht. Zählbilder regen zum strukturierten Zählen an. Die Darstellung des Zehners als Dreieck ist in den angelsächsischen Ländern sehr verbreitet (Anordnung der Kegel beim Bowling, Zehnerbündelung in der Schule).
Die Mathematik wird als international gültige Sprache mit kleinen Abweichungen in Schreibweisen präsentiert.

Wie kann man vorgehen?

Als Einstieg können die Kinder ihre Erlebnisse erzählen und Mitbringsel aus den Ferien zeigen. Sehr häufig bleiben von Ferienreisen Münzen anderer Länder übrig, die in den Unterricht mitgebracht und als erstes gesichtet und sortiert werden: Welche Münzen kenne ich, welche Münzwerte kann ich bereits richtig ablesen? Auch Postkarten anderer Länder mit ihren fremden Wertmarken können einen interessanten Einstieg bieten. Die Lehrerin bringt dazu – falls vorhanden – Bilder, Postkarten, Briefmarken oder Münzen aus *England* mit, um dann das Unterrichtsgespräch auf dieses Land zu richten. Dabei könnte die Zahlenreihe bis zwanzig wiederholt und zusätzlich könnten einige Zahlen einmal auf Englisch genannt werden. Einige Kinder haben bereits Erfahrungen mit englischen Wörtern und Zahlen und können ihre Kenntnisse einbringen. Kinder der verschiedenen Nationalitäten in der Klasse werden angeregt, Zahlwörter ihrer Sprache zu benennen.
Das Erlernen fremdsprachlicher Zahlnamen ist aber *kein Lernstoff*.

Zur Buchseite:
Im Buch richtet sich die Aufmerksamkeit zuerst auf die Bilder. Die englische Fahne, die Münze und die englischen Sehenswürdigkeiten werden angesprochen. In England bringen Erwachsene mit den runden „Stop/Children"-Schildern die Schulkinder sicher über die Straße. Die Kinder nennen sie wegen der Form der Schilder liebevoll „Lollipop Lady" oder „Lollipop Man". In diesem Zusammenhang bietet es sich an, zu Beginn des 2. Schuljahrs über Verkehrssicherheit und evtl. über Schülerlotsen zu sprechen.
Als Besonderheit bei den Aufgaben muß die Notation der beiden Summanden bei der Addition in Aufgabe 1 und 2 herausgestellt werden, eine Form, die bei uns erst bei der schriftlichen Addition gebräuchlich ist, im 1. Schuljahr jedoch schon einmal bei der Addition der Zauberquadrate auftauchte. Bei allen Aufgaben auf dieser Seite sollte auch beobachtet werden, welche Lösungshilfen die Schüler jetzt nach den Ferien wieder benutzen (Plättchen, Zwanzigerfeld).

Aufgabe 1 und 2:
Einfache Additionsaufgaben, Schreibweise untereinander. Gesprochen werden sollten diese Aufgaben wie üblich, z. B. „9 plus 1 gleich 10".
Aufgabe 3:
Subtraktionsaufgabe als Umkehrung von Additionsaufgaben. Einige Beispiele werden an der Tafel gemeinsam besprochen, wobei Schwierigkeiten im Verständnis durch eine nochmalige Veranschaulichung aufgefangen werden.
Beispiel:

Plus oder Minus:
$7 + 6 = 13$ oder $13 - 6 = 7$

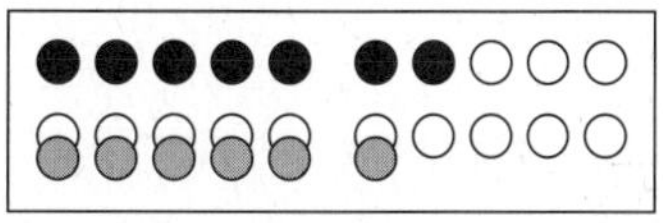

Englische Schreibweise auch:

$$\begin{array}{r} 7 \\ +6 \\ \hline 13 \end{array} \quad \text{oder} \quad \begin{array}{r} 13 \\ -6 \\ \hline 7 \end{array}$$

Aufgabe 4:
Zahlenhäuser sind wie gewohnt aufgebaut. Kopiervorlage 1 kann hierfür benutzt werden.
Aufgabe 5:
Übungen zum strukturierten Zählen, die zweite Aufgabe überschreitet den Zwanzigerraum leicht.

Als Abschlußübung kann in Fünferschritten strukturiert gezählt werden, vielleicht auch schon mal auf englisch.

Wie könnte es weitergehen?
- Weitere Aufgaben zu Addition und Subtraktion, operative Päckchen (siehe auch S. 3)
- Übungen an der Zwanzigerreihe (verdeckte und offene Reihe)
- Wiederholung des Blitzrechnens: „Zählen in Schritten", „Ergänzen bis 10 und 20", „Zerlegen von Zahlen"
- Zahlenhäuser
- Übungsheft Seite 1, Aufgabe 1, 2 und 3

3 So rechnen Kinder in Italien

Wiederholende Übungen mit Zahlenmauern und operativen Päckchen

1. Le piramidi di mattoni

a. Unterste Reihe: 5 | 5 | 5

b. Unterste Reihe: 2 | 4 | 6

c. Mittlere Reihe: 4 | ; unterste Reihe: 1 | | 5

d. Unterste Reihe: 0 | 5 | 10

e. Spitze: 14; dritte Reihe: | | 3; unterste Reihe: 4 | 1 | 2 |

f. Spitze: 20; dritte Reihe: | | 4; unterste Reihe: 0 | 4 | | 2

g. Unterste Reihe: 1 | 2 | 3 | 4

2.

5+5=	18−9= ......
5+6=	16−8= ......
5+7=	12−6= ......
7+7=	10−6= ......
8+7=	8−6= ......

3.

1+2+3=	1+8+1= ......
2+3+4=	2+7+2= ......
3+4+5=	3+6+3= ......
4+5+6=	4+5+4= ......
5+6+7=	5+4+5= ......

4. Quanti?

a.

......

b.

......

1	5	10	15	20
uno	cinque	dieci	quindici	venti

Was wird benötigt?

Arbeitsmaterial: evtl. Plättchen und Zwanzigerfeld, Kopiervorlage 2
Demonstrationsmaterial: evtl. Wendeplättchen und Zwanzigerfeld

Worum geht es?

An dem bekannten Aufgabenformat Zahlenmauern werden die Aufgaben des kleinen 1+1 wiederholend geübt und der Zusammenhang von Addition und Subtraktion bei den Berechnungen der Zahlenmauern genutzt. Ebenso werden operative Aufgabenpäckchen („Päckchen mit Pfiff") wiederholt.
Die Zwanzigerreihe kann als Lösungshilfe verwendet werden. Falls vorhanden, können dabei noch einmal die im 1. Schuljahr verwendeten Plättchen genutzt werden.
Die Kinder stellen fest, daß Übungsformate über Landesgrenzen hinweg gebräuchlich sind.

Wie kann man vorgehen?

An einem Beispiel an der Tafel wird der Aufbau einer Zahlenmauer wiederholt.

Eine Zahlenmauer ist so aufgebaut, daß auf je zwei benachbarte Steine einer Schicht ein dritter (Deck-)stein gesetzt wird, in dem immer die Summe der beiden unteren Steine steht. Ist ein unterer Stein und der Deckstein gegeben, so muß wie bei Aufgabe 1. c. der zweite untere Stein durch Ergänzen bestimmt werden.

Lösung durch Summe:

Untere Steine: 2 | 4

2 + 4 = [6]

Lösung durch Ergänzen:

Deckstein: 4; untere Steine: 1 |

1 + [3] = 4

Die Kinder erfahren, daß die Zahlenmauern in Italien „le piramidi di mattoni" („Ziegelstein-Pyramiden") heißen. Damit ist das Stichwort „Italien" gegeben. Einige Kinder werden sicher Urlaubserfahrungen aus Italien beitragen können. Fahne, italienische Architektur und Vegetation werden angespochen. Italienische Münzen – Lire – mit hohen Zahlenwerten vorgestellt.
Vielleicht wissen einige Kinder sogar aus dem Urlaub, welchem Wert das etwa in deutschem Geld entspricht (zur Zeit 1000 Lire etwa 1 DM).
In Italien rechnen die Kinder schon früh mit „tausend Lire", denn sie müssen damit einkaufen. Ohne Mühe können auch deutsche Kinder mit Tausendern rechnen:
1000 Lire + 2000 Lire =
4000 Lire + 4000 Lire =

Zur Buchseite:
Aufgabe 1:
Die Zahlenmauern werden als Additions- oder Ergänzungsaufgaben gelöst. Bei den vierstöckigen Zahlenmauern sind teilweise Prüfzahlen angegeben.
Aufgabe 2:
Operative Päckchen zu Addition und Subtraktion.
Aufgabe 3:
Addition mit drei Summanden als operatives Päckchen.

3 a) Jeder Summand wird um 1 größer, das Ergebnis wird also immer um 3 größer.

3 b) Die beiden äußeren Zahlen werden um 1 größer, die mittlere Zahl um 1 kleiner, das Ergebnis wird also immer um 1 größer.

Aufgabe 4:

Zählaufgabe: Mit den Bocciakugeln in Sechserschritten strukturiert zählen. Die kleinen Kugeln können mitgezählt werden oder nicht.

Sind italienische Kinder in der Klasse, so werden sie sich freuen, auch einmal auf italienisch zu zählen.

Wie könnte es weitergehen?

- Wiederholung des Blitzrechnens: „Verdoppeln/Halbieren“, „1 + 1“
- Weitere Zahlenmauern
- Weitere operative Aufgabenserien (z. T. mit Störung), z. B.:

8 + 2	3 + 7	13 - 6	9 - 2
8 + 3	4 + 6	14 - 7	8 - 3
8 + 4	5 + 5	15 - 8	7 - 4
8 + 5	6 + 4	14 - 8	6 - 5
8 + 8	8 + 8	13 - 7	5 - 1

- Übungsheft Seite 1, Aufgabe 4 und 5
- Kinder anderer Nationalität zählen in ihrer Sprache (z. B. türkische Kinder auf türkisch)
- Gegeben sind die Grundsteine

  | 2 | 4 | 6 |.

  Wer kann damit eine Mauer mit dem größten/kleinsten Deckstein bauen?

  Lösungen:

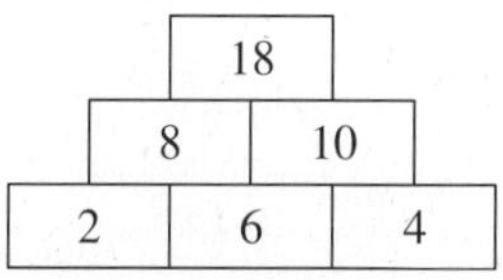

größter Deckstein

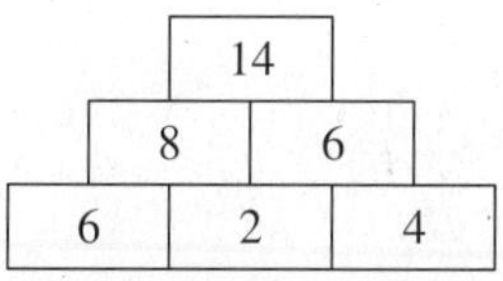

kleinster Deckstein

4 Legen und Überlegen

Rechendreiecke und Textaufgaben zur operativen Übung von Addition und Subtraktion, Denkspiel D 1 vorstellen

Legen und überlegen

1.

2.

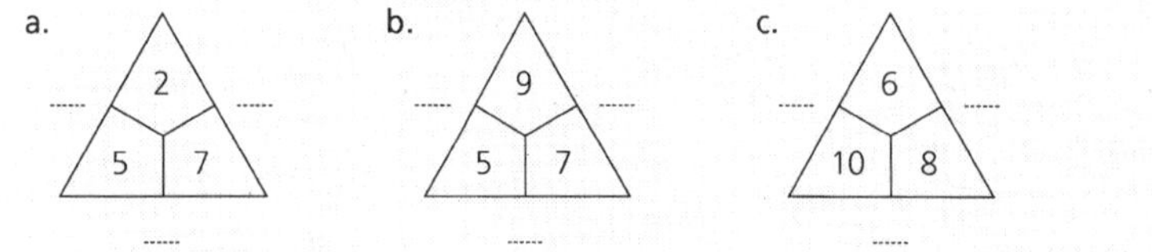

3

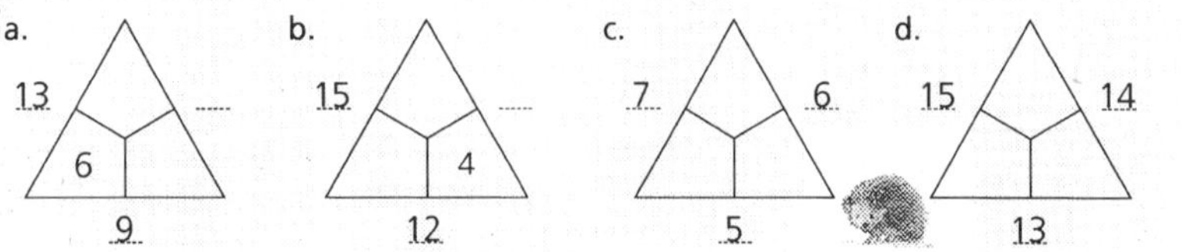

4. Eva hat 11 schöne Muscheln. Sie findet noch 5.

5. Inga hat 3 Muscheln. Stefan hat 10 mehr.

6. Jan hat 9 Muscheln. Er verliert 3.

7. Birte und Jonas haben zusammen 10 Muscheln. Birte hat 2 mehr als Jonas.

8. Erfinde selbst Aufgaben.

Beispiel:

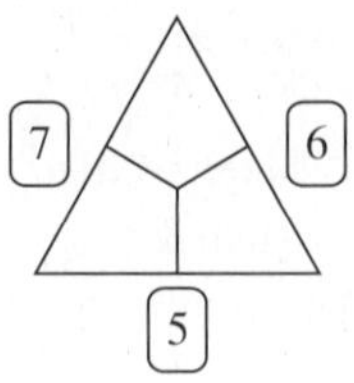

1. Versuch:

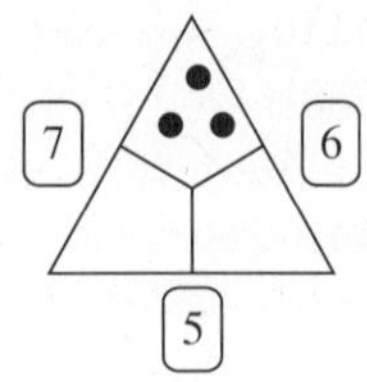

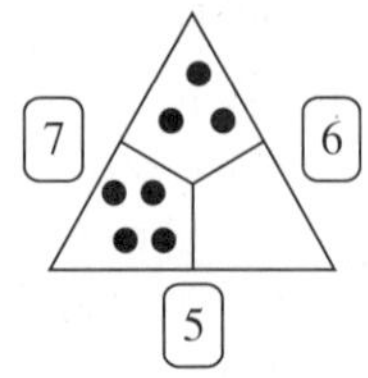

$3 + 4 = 7$
$4 + 1 = 5$
Aber $1 + 3 \neq 6$
Keine Lösung!

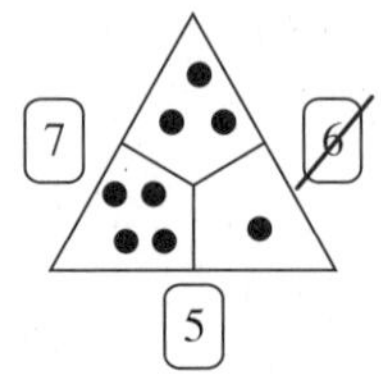

2. Versuch:

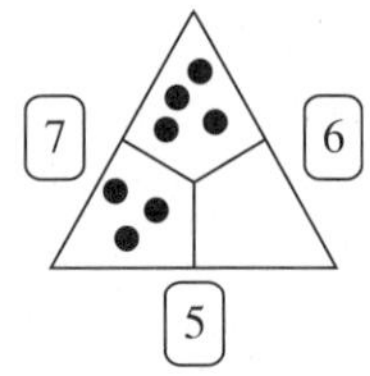

$4 + 3 = 7$
$3 + 2 = 5$
$2 + 4 = 6$
Richtig!

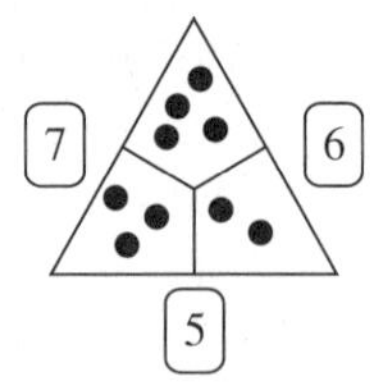

Das systematische Probieren ist für den gesamten Rechenunterricht sehr wichtig. Auch bei Textaufgaben kommt man oft mit „Legen und Überlegen" weiter: Die Sachverhalte werden mit Plättchen nachgelegt und „ausgelotet". Erst danach werden die Aufgaben gerechnet. Vergleichsaufgaben (Aufgabe 7) sind für die Kinder schwerer als die anderen Textaufgaben, weil sie einen höheren Anforderungscharakter an das mathematische Verständnis haben. Werden die Kinder jedoch angeregt, Plättchen zwischen Mengen zu verschieben, anzugleichen und zu vergleichen, so können die Aufgaben gut bewältigt werden. Vergleiche hierzu „Legen und Überlegen" im 1. Schuljahr.

Was wird benötigt?

Arbeitsmaterial: Rechendreiecke, Kopiervorlage 3, Wendeplättchen
Demonstrationsmaterial: Rechendreiecke aus Klebestreifen, Wendeplättchen, Wendekarten (eventuell auch an der Magnettafel)

Worum geht es?

Mit dem Rechendreieck kann man auf verschiedenen Schwierigkeits- und Abstraktionsstufen Plus-, Minus- und Ergänzungsaufgaben lösen. Das Übungsformat ist bereits im 1. Schuljahr eingeführt worden und wird nun wiederholt. Regel: Auf jedes der drei inneren Felder werden Plättchen gelegt, die Plättchenanzahlen benachbarter Felder addiert. Die Ergebnisse werden am Rand notiert. Das Handeln muß dem Denken vorausgehen. Deshalb sollten vor der rechnerischen Behandlung der Dreiecke unbedingt Plättchen gelegt werden. Wenn die Randzahlen vorgegeben sind (höchste Schwierigkeitsstufe), findet man die Lösung durch systematisches Verändern *versuchsweise* gelegter Plättchen.

Wie kann man vorgehen?

Der Einstieg erfolgt über ein großes Rechendreieck aus Klebestreifen an der Tafel oder auf dem Fußboden. Hier werden die ersten Aufgaben gelegt. Wie im Buchbeispiel können statt der Plättchen auch andere kleinere Gegenstände benutzt werden. Die Kinder wiederholen und versprachlichen das Aufgabenprinzip und berechnen die Lösungen. Die verschiedenen Aufgabentypen werden besprochen: Bei vorgegebenen Zahlen im Dreieck wird addiert, bei vorgegebenen Randzahlen wird ergänzt bzw. probiert. Die Kinder können dann zuerst selbst Aufgaben als Beispiele legen, bevor sie die Buch-Aufgaben bearbeiten.

Aufgabe 1:
Hier ist eine Aufgabe mit Muscheln gelegt. Die Aufgabe wird mit Plättchen nachgelegt und berechnet.

Aufgabe 2:
Die drei Zahlen im Dreieck sind vorgegeben, die drei Ergebniszahlen müssen eingetragen werden (Addition).

Aufgabe 3 a., b.:
Ein Feld und zwei Ergebniszahlen sind vorgegeben. Hier muß nun ergänzt bzw. subtrahiert werden, um zu der Anzahl in den Feldern zu kommen.

Aufgabe 3 c., d.:
Die Lösung erfolgt durch *Probieren mit Plättchen*:

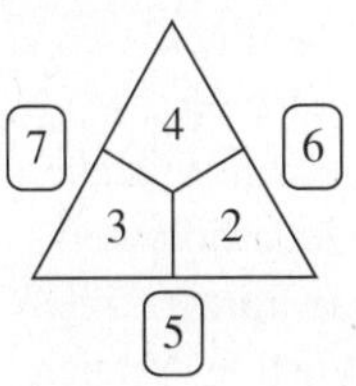

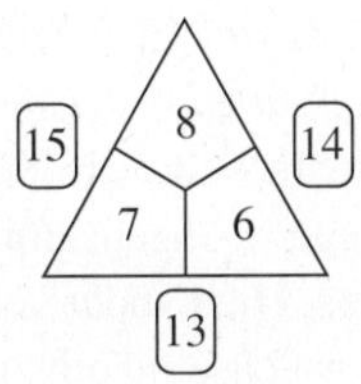

Selbstverständlich müssen die Zahlen am Rand *nicht unbedingt* aufeinanderfolgende Zahlen sein. Beispiele:

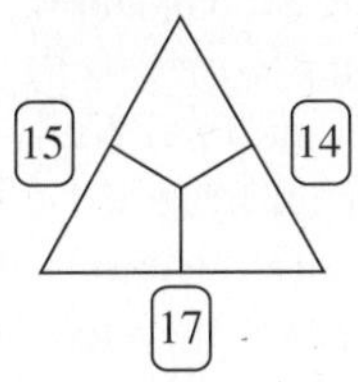

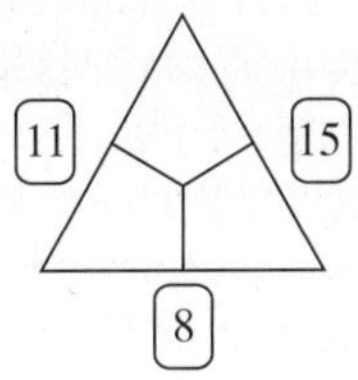

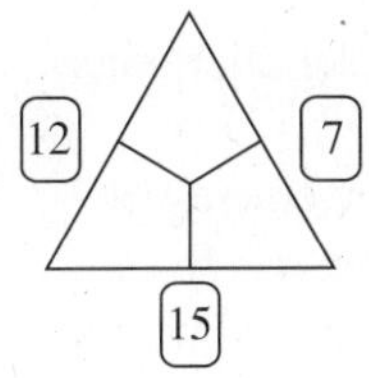

Lösungen:

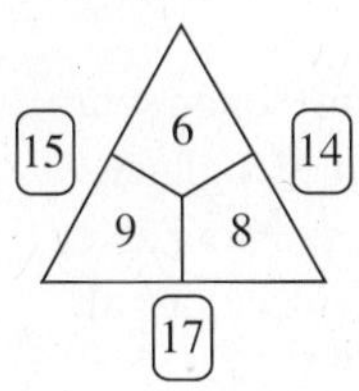

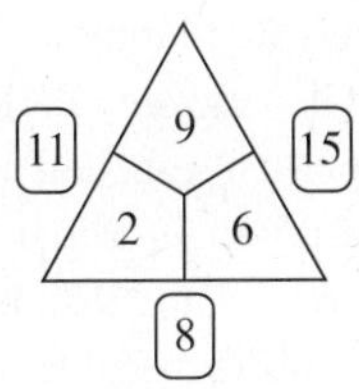

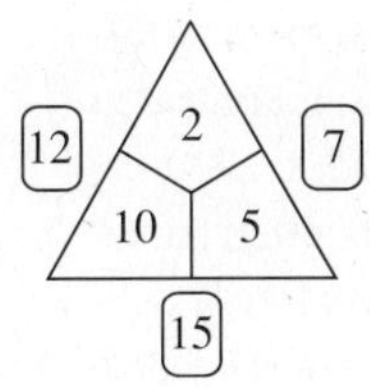

Konstruktionshilfe für Rechendreiecke für den Lehrer siehe unter der Rubrik: „Wie könnte es weitergehen?"

Aufgabe 4–8:
Die Aufgaben werden vorgelesen, besprochen und mit *Plättchen als Muscheln* nachgelegt. Findet Eva 5 Muscheln, so werden 5 Plättchen dazugelegt. Verliert Jan dagegen 3 Muscheln, so werden 3 Plättchen weggelegt.

Aufgabe 7:
Dies ist eine Erkundungsaufgabe. Durch Verschieben von Plättchen ergibt sich die Lösung:

Birte	Jonas
○○○○○	○○○○○

Birte und Jonas haben *gleichviel*

○○○○○○○	○○○○

Birte hat *2 mehr*

Der Unterschied zwischen „Birte hat 2" und „Birte hat 2 mehr" muß deutlich herausgearbeitet werden.

Aufgabe 8:
Die Kinder erfinden im gleichen Sachzusammenhang selbst Aufgaben, die durch Probieren mit Plättchen gelöst werden.
Z. B.: Birte und Jonas haben zusammen 10 Muscheln, Jonas hat 4 weniger als Birte. Oder: Birte und Jonas haben gleich viele Muscheln.

Fortsetzung der Denkschule

Neue Spielpläne für das Denkspiel D 1 „Schiebespiele" vorstellen.

Wie könnte es weitergehen?

- Übungsheft Seite 2
- Weitere Aufgaben mit Rechendreiecken auf der Kopiervorlage
- Wie verändern sich die Ergebnisse im Rechendreieck, wenn man überall ein Plättchen dazulegt (eins wegnimmt)?
- Weitere Textaufgaben mit gleichem Muster werden mündlich erarbeitet

Wenn der Lehrer selbst Aufgaben für Rechendreiecke konstruiert, ist das folgende Verfahren sinnvoll.

1. Eintragen von Zahlen in das Rechendreieck:

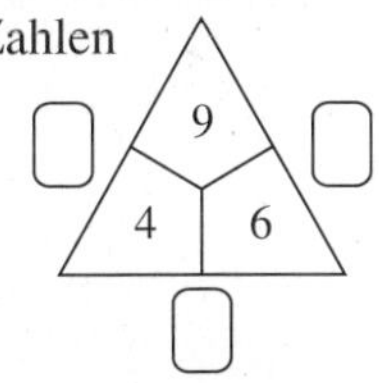

2. Berechnen der Randzahlen:

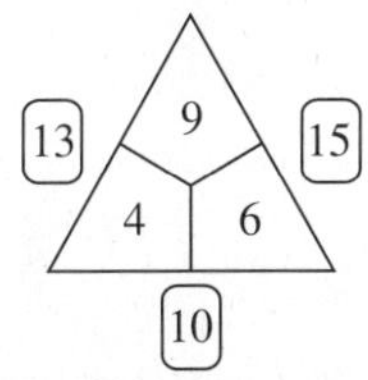

3. Löschen von drei Zahlen (Randzahlen oder im Dreieck).

Beispiel 1:

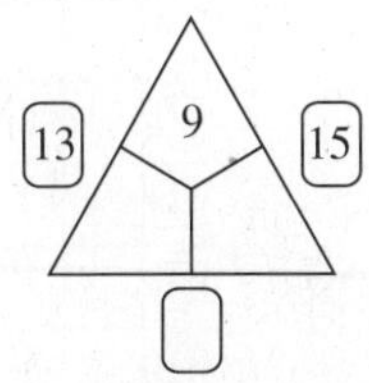

Beispiel 2:

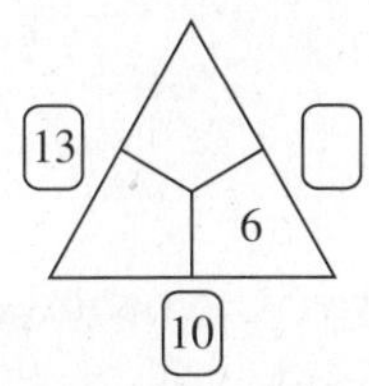

Beispiel 3:

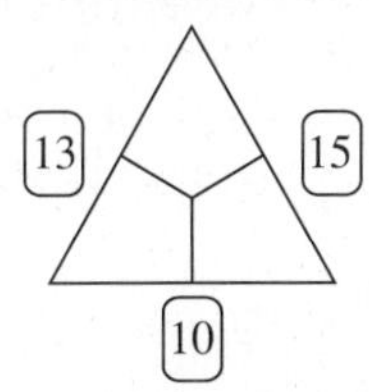

Auf diese Weise ist die Lösbarkeit mit natürlichen Zahlen immer gesichert. Werden Randzahlen beliebig gewählt, könnten die Lösungszahlen Brüche oder negative Zahlen sein.

5 Würfeln

Übungen zur Addition; Zufallsexperiment mit Würfeln

1. Würfle ganz oft mit einem Würfel.

Welche Augenzahl kommt bei dir oft vor?
Welche Augenzahl kommt bei dir selten vor?

Augen		Anzahl
⚀		
⚁		
⚂	|	
⚃		
⚄		
⚅		

2a. Würfle mit zwei Würfeln.

Augensumme	
2	
3	
4	
5	
6	
7	|
8	
9	
10	
11	
12	

b. Welche Augensummen kommen bei dir oft vor?
Welche Augensummen kommen bei dir selten vor?

3.

+	⚀	⚁	⚂	⚃	⚄	⚅
⚀	2	3	4			
⚁						
⚂						
⚃						
⚄						
⚅						

Was fällt dir auf?

4a. Wie kannst du die Summe 7 würfeln?
7 = 6 + 1
7 = ...+....
.....

b. Wie kannst du 4 würfeln?
4 = 3 + 1
4 = ...+....
.....

c. Wie kannst du 12 würfeln?

Was wird benötigt?

Arbeitsmaterial: pro Schüler 2 Würfel, Kopiervorlage 4
Demonstrationsmaterial: Würfel, Tabellen an der Tafel

Worum geht es?

In Fortsetzung des Zufallsexperimentes „Plättchen werfen“ aus dem 1. Schuljahr werden hier weitere Zufallsexperimente durchgeführt, deren Ausfälle gleiche Wahrscheinlichkeiten (Würfel) bzw. unterschiedliche Wahrscheinlichkeiten haben (Doppelwürfel).
In Aufgabe 1 (Werfen mit einem Würfel) liegt Gleichverteilung vor: Bei einem fairen Würfel ist zu erwarten, daß die Striche in der Liste in etwa gleich verteilt sind. Bei der Durchführung des Experiments kommt es aber zu zufälligen Schwankungen, die von Kind zu Kind unterschiedlich sind.
Erkenntnis: Alle Würfelzahlen haben die *gleiche Chance*, geworfen zu werden. Aber der Zufall sorgt dafür, daß manchmal die eine, manchmal die andere Zahl etwas häufiger vorkommt. Auf lange Sicht gleichen sich die Unterschiede aus.
In Aufgabe 2 (Werfen mit zwei Würfeln und Berechnen der Augensumme) gibt es *unterschiedliche* Wahrscheinlichkeiten. Die Augensumme 7 kommt in der Strichliste oft vor, dagegen sind die Augensummen 2 und 12, aber auch 3 und 11 selten vertreten. Alle Kinder haben viele Striche in der Mitte (bei den Würfelsummen 6, 7, 8) und wenige Striche oben und unten (bei den Würfelsummen 2, 3, 11, 12).
Aus der Additionstabelle in Aufgabe 3 läßt sich dies kombinatorisch begründen: Es gibt 6 Möglichkeiten, die Würfelsumme 7 zu würfeln, aber nur 1 Möglichkeit, die Würfelsummen $12 = 6 + 6$ oder $2 = 1 + 1$ zu erreichen.

Wie kann man vorgehen?

Aufgabe 1:
Es wird mit *einem* Würfel geworfen. Zunächst können die Schüler Vermutungen anstellen, ob hier verschiedene Chancen vorliegen. Es zeigen sich oft subjektive Fehleinschätzungen, z. B. „Die 6 kommt am seltensten.“ Dann wird eine Tabelle im Heft angelegt und gewürfelt. Die Auswertung insgesamt sollte ergeben, daß alle Augenzahlen etwa gleich oft gewürfelt werden.
Aufgabe 2:
Zuerst sollte die Addition von Würfelaugen (Augensumme) wiederholt werden. Die Kinder können in Partnerarbeit abwechselnd mit zwei Würfeln arbeiten und sich gegenseitig beim Addieren helfen und überprüfen. Vor dem Experiment sollten die Kinder Vermutungen darüber anstellen, welche Augensumme am häufigsten vorkommt.
Dann würfeln die Kinder mit zwei Würfeln, addieren die Zahlen und tragen das Endergebnis in eine Strichliste ein. Um ein möglichst aussagekräftiges Ergebnis zu bekommen, sollten die Kinder mindestens 20 Würfe machen, besser sind 30 oder mehr.
In den meisten Fällen wird schon sehr deutlich sein, daß hier eine Ungleichverteilung vorliegt, d. h. daß die Zahlen 5, 6, 7, 8 und 9 häufiger erscheinen als die übrigen Zahlen 2, 3, 11, 12, ...

Im Gespräch werden die Kinder bereits begründen können, daß die 2 oder die 12 sehr selten erreicht werden kann. Wichtig wäre hier, den Begriff „Chance" einzuführen; die 7 oder die 8 haben eine *größere Chance*, gewürfelt zu werden als die 2 oder die 12.

Aufgabe 3:
Zur Übersicht über die zu erreichenden Ergebnisse dient die Additionstabelle der Augensummen. Hier werden die Ergebnisse eingetragen. Die Fragestellung aus Aufgabe 1 wird mit Hilfe der ausgefüllten Tabelle nochmals aufgegriffen. Es wird hier deutlich, daß 7 die am häufigsten vorkommende Summe ist, gefolgt von 6 und 8, dann 5 und 9, 4 und 10, 3 und 11. Die 2 und die 12 erscheinen nur ein einziges Mal als Ergebnis.

Aufgabe 4:
Drei prägnante Beispiele zum Würfeln mit zwei Würfeln sind hier herausgegriffen. Die Kinder können die passenden Additionsaufgaben erst mit Würfeln legen, dann aufschreiben.

a. 7 = 6 + 1   7 = 3 + 4
7 = 5 + 2   7 = 2 + 5
7 = 4 + 3   7 = 1 + 6
6 Möglichkeiten!
Wenn die Würfel verschiedenfarbig sind, wird klarer, daß 7 = 6 + 1 und 7 = 1 + 6 verschiedene Würfe darstellen.

b. 4 = 3 + 1   4 = 2 + 2   4 = 1 + 3
3 Möglichkeiten

c. 12 = 6 + 6
1 Möglichkeit

Wie könnte es weitergehen?

- Würfelraten
  Der Lehrer würfelt mit zwei oder besser drei Würfeln und verrät den Schülern nur die *Würfelsumme*. Durch Nachfragen (z. B. „Ist eine 5 dabei?") erraten die Schüler alle zwei bzw. drei Würfel.
- Spiel mit zwei Würfeln (vgl. Zahlenbuch 1, Seite 50, Kommentar im Lehrerband)
  Spielmaterial: Zahlenkarten von 1–12 und 2 Würfel
  Es wird mit 2 Würfeln gespielt.
  Die Zahlenkarten liegen offen. Ziel ist, so viele Zahlenkarten wie möglich als Würfelergebnis zu erreichen und umzuklappen, dabei können die Würfelaugen als Summe oder Differenz (oder als Produkt) gerechnet werden. Wird z. B. eine 3 und 4 gewürfelt, so kann entweder 1 = 4 - 3 oder 7 = 4 + 3 (oder 12 = 3 · 4) umgeklappt werden. Die übriggebliebenen Karten werden addiert. Wer schafft die geringste Punktzahl?

6 Mini-Einmaleins

Wiederholung und Übung zur Strukturierung des Zwanzigerraumes, Feldstrukturen erkennen, Malaufgaben bilden

Das Apfelhaus

In einem kleinen Apfel,
da sieht es niedlich aus,
es sind darin fünf Stübchen,
grad wie in einem Haus.

In jedem Stübchen wohnen
zwei Kernlein braun und fein.
Sie liegen drin und träumen
vom warmen Sonnenschein.

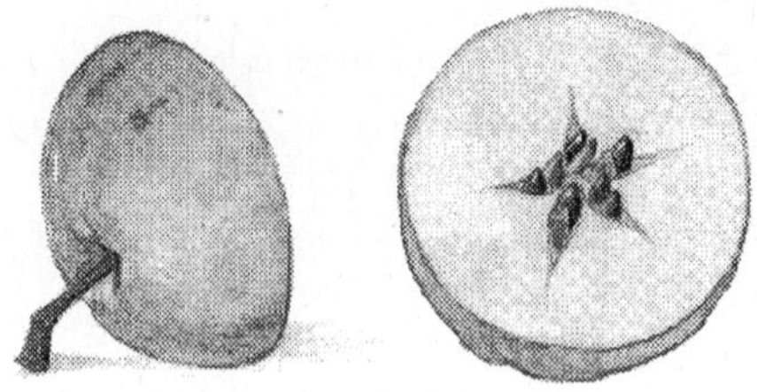

2 + 2 + 2 + 2 + 2 = ...
5 mal 2 = ...

1.

2 + 2 + 2 + 2 = ...
4 mal 2 = ...

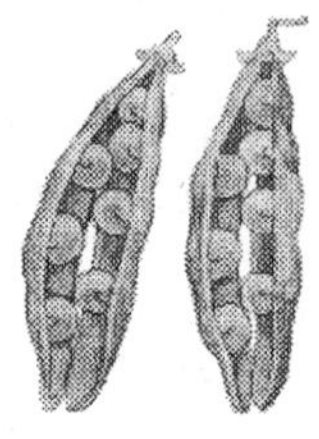

7 + 7 = ...
2 mal 7 = ...

1 + 1 + 1 = ...
3 mal 1 = ...

2.

2 mal 3 = ...

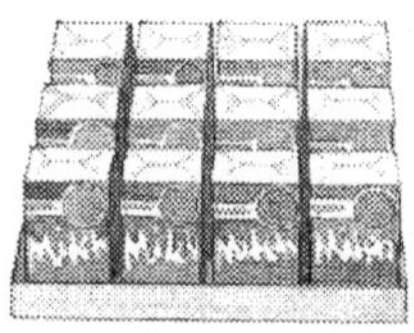

3 mal 4 = ...

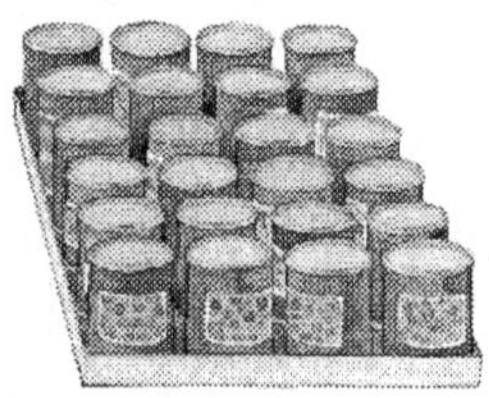

4 mal 6 = ...

3.

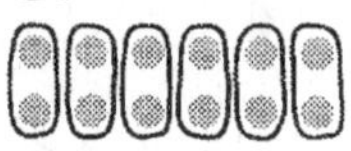

6 mal 2 = ...

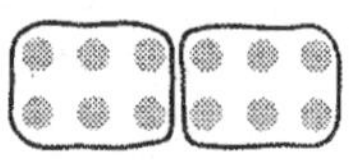

...... mal 6 = ...

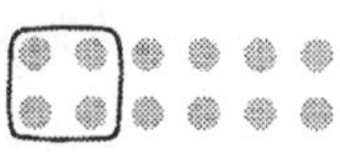

...... mal 4 = ...

...... mal 3 = ...

4.

Wie viele Ohren haben die 3 Hasen?

Was wird benötigt?

Arbeits-/Demonstrationsmaterial:
„Strukturierte Verpackungen"
wie Joghurtpaletten, Getränkekisten, Pralinenschachteln u. ä., Wendeplättchen, evtl. Apfel

Worum geht es?

Die Kinder sollen die im 1. Schuljahr erworbenen Fertigkeiten wie Zählen in Schritten, Halbieren, Verdoppeln und Mini-Einmaleins vertiefen.
Die Sprechweise des 1. Schuljahrs „Dreier, Vierer, …" und „mal" wird übernommen. Das Rechensymbol wird erst bei der Einführung der Multiplikation Seite 46/47 eingeführt.
Alle Aufgaben werden mit konkreten Dingen gelegt, durch Einkreisen von Punktefeldern oder an Hand anschaulicher Bilder gelöst.

Wie kann man vorgehen?

Die Lehrerin zeigt einen Apfel und schneidet ihn *quer* durch, dabei spricht sie den Vers „In einem kleinen Apfel". (Achtung, bei manchen Neuzüchtungen klappt dies nicht mehr!)
Die Kinder sehen sich den Querschnitt genau an, zählen die „Stübchen" nach und holen aus jedem zwei „Kernlein" heraus. Die Gesamtzahl 5 mal 2 Kerne wird berechnet.
Anschließend wird überlegt, ob es noch mehr Früchte gibt, die Kerne wie in einem Haus umschließen. Vorschläge (Erbsen, Bohnen, Birnen) werden schematisch an der Tafel dargestellt und die Malaufgabe daruntergeschrieben. Nun legt die Lehrerin ein Vier-mal-Sechs-Punktefeld an der Tafel und erklärt: „Das ist ein Kasten mit Saftflaschen von oben gesehen." Die Kinder kreisen das Punktefeld ein und schreiben die entsprechende Malaufgabe und Additionsaufgabe darunter.
Aufgabe 1 und 2:
Die Kinder betrachten die Abbildungen. Sie benennen und rechnen die Malaufgaben.
Aufgabe 3:
Die Kinder kreisen der Aufgabenvorgabe entsprechend ein, vervollständigen die Aufgaben und rechnen sie aus.
Aufgabe 4:
Abgebildet ist ein Paderborner Wahrzeichen, das Hasenfenster im Binnenhof des Kreuzgangs am Dom. Es stammt aus dem frühen 16. Jahrhundert.
Das Maßwerk des Fensters ist aus drei Hasen gebildet. Sie sind so angeordnet, daß jeder Hase zwei Löffel (Ohren) hat, obwohl insgesamt nur drei Löffel vorhanden sind. „Drei Hasen und der Löffel drei, und doch hat jeder seine zwei" (Volksmund).

7 Das Zauberdreieck

Seitensummen (Dreier-/Vierersumme), Addieren, Ergänzen, operatives Verändern der Summanden bei gegebener Seitensumme

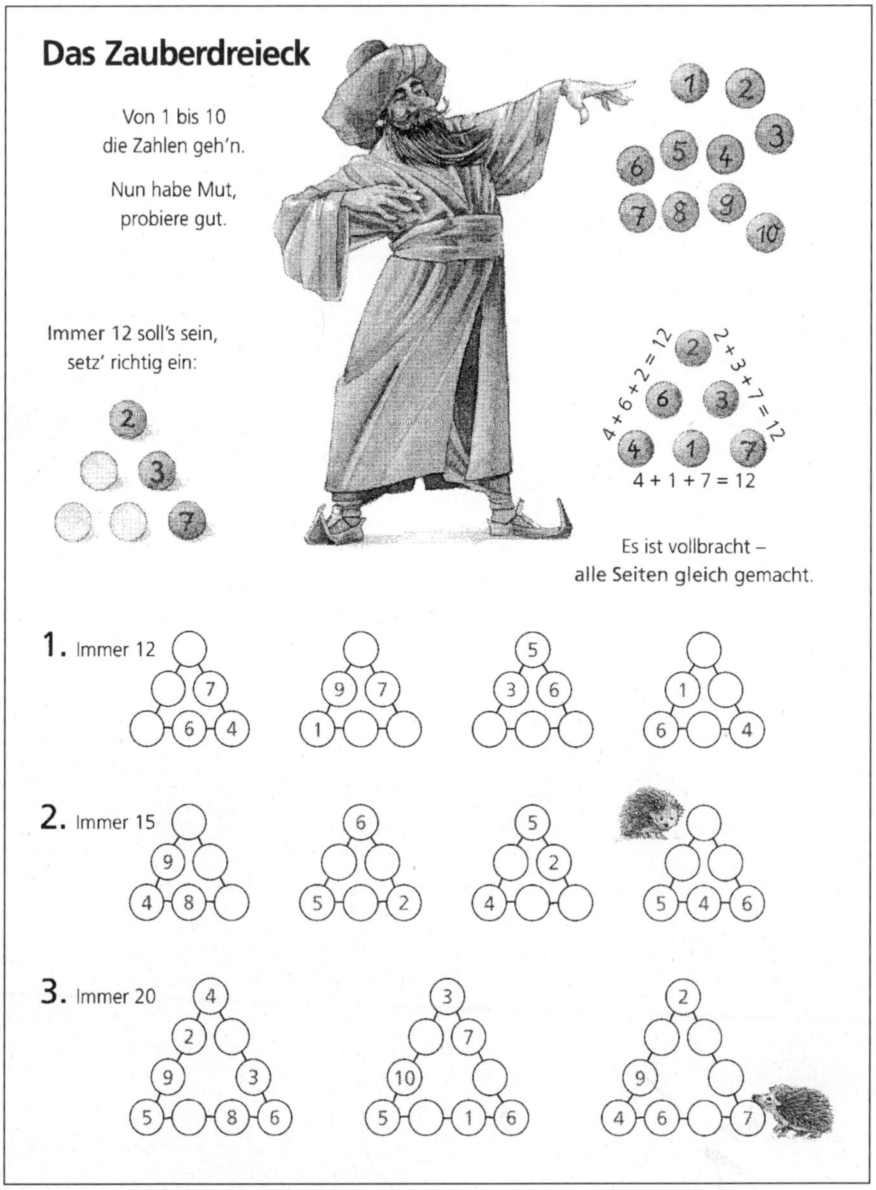

Seitensumme 15 Lösung:

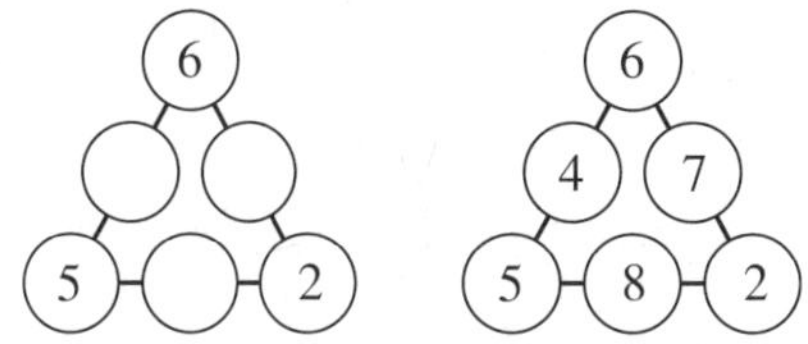

2. Zwei nebeneinanderliegende Zahlen und eine Zahl auf der gegenüberliegenden Seite sind gegeben. Lösungsstrategie: Zuerst die Spitze berechnen.

Seitensumme 15 Lösung:

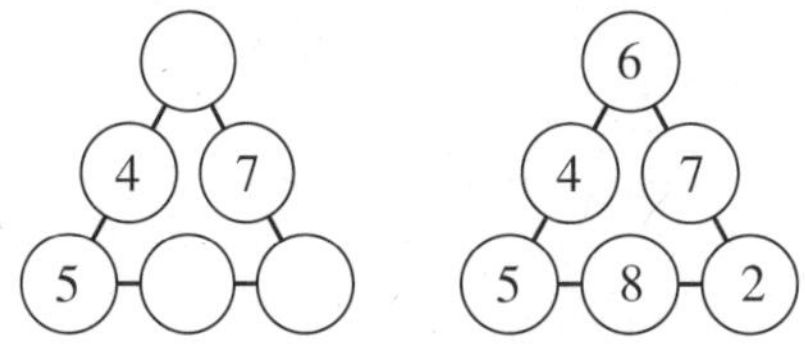

3. An einer Ecke sind drei Zahlen gegeben. Lösungsstrategie: Zuerst die anderen beiden Eckpunkte berechnen.

Seitensumme 15 Lösung:

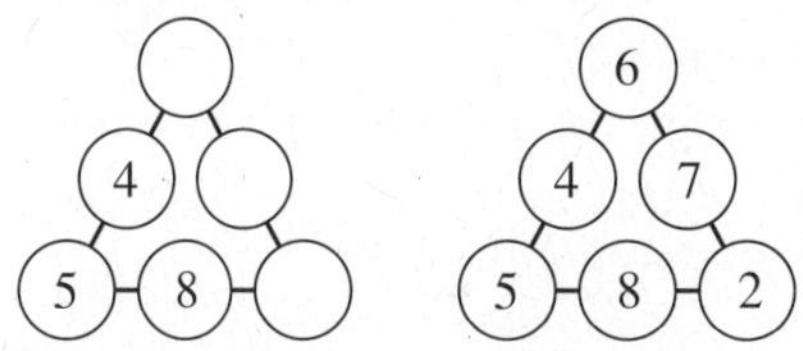

4. Es ist nur eine Seite vorgegeben (Igelaufgabe). Lösungsstrategie: Es muß ausprobiert werden. Dabei kann es mehrere Lösungen geben.

Aufgabe:

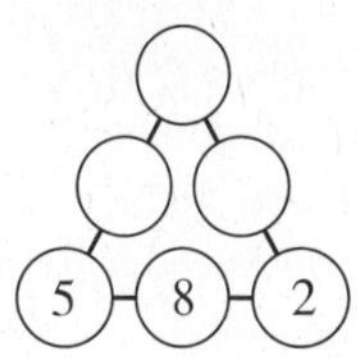

Mögliche Lösungen:

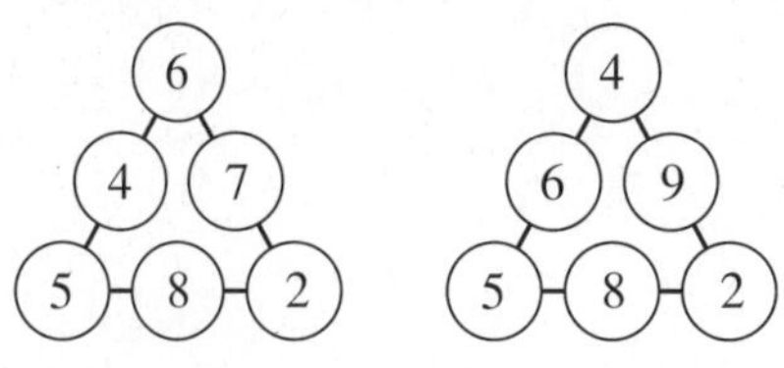

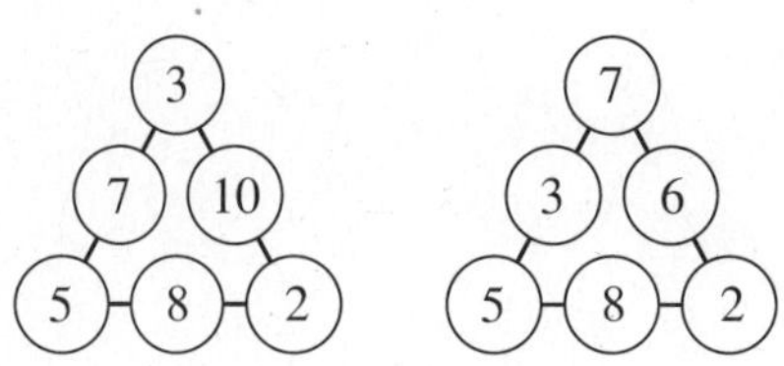

Was wird benötigt?

Arbeitsmaterial: Kopiervorlage 5, Wendekarten von 1–10

Demonstrationsmaterial: Tafelzeichnung, Wendekarten

Worum geht es?

Dem Zauberdreieck liegt die einfache Spielregel, „Mache alle Seiten gleich", zugrunde.

Es müssen die Zahlen von 1 bis 10 so eingesetzt werden, daß die Summen aus den drei bzw. vier Zahlen jeder Seite gleich groß sind. Dabei steht jede Zahl nur einmal zur Verfügung.

Bei jedem Dreieck üben die Kinder das Addieren und Ergänzen. Auch das Entdecken von Zusammenhängen wird gefördert.

Zusätzlich zur Seitensumme können die Zahlen unterschiedlicher Felder vorgegeben sein:

1. Die drei Eckzahlen sind gegeben, die fehlenden Mittelzahlen müssen ergänzt werden.

Wie kann man vorgehen?
Die Lehrerin zeichnet ein „Zauberdreieck“ an die Tafel, heftet die Wendekarten von 1–10 dazu und spricht dazu den ersten Vers des „Zauberspruchs“:
„Von 1 bis 10
die Zahlen gehn,
nun habe Mut,
probiere gut.“

Sie setzt 3 Zahlen ein, z. B.:

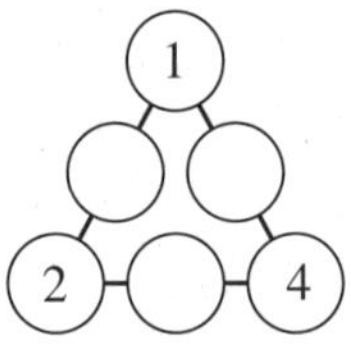

und spricht dazu den zweiten Vers:
„Immer 12 soll's sein,
setz richtig ein!“

Dabei muß den Kindern deutlich werden, daß mit „immer 12“ die Seitensumme gemeint ist.
Die Kinder addieren die vorgegebenen Summanden, ergänzen jede Seite bis 12 und setzen die entsprechenden Wendekarten ein.
Sind alle drei Seiten berechnet, wird der dritte Vers:
„Es ist vollbracht,
alle Seiten gleich gemacht.“
gesprochen.

Lösung:

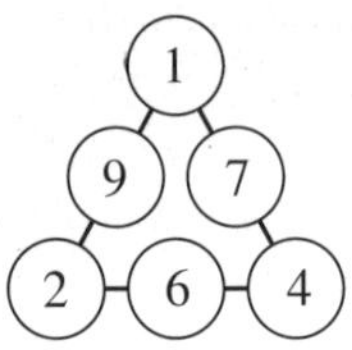

Anschließend lösen die Kinder die Zauberdreiecke im Buch. Dabei können die Kopiervorlage und die Wendekarten als Hilfe benutzt werden.

Mögliche Lösungen der Igelaufgabe:

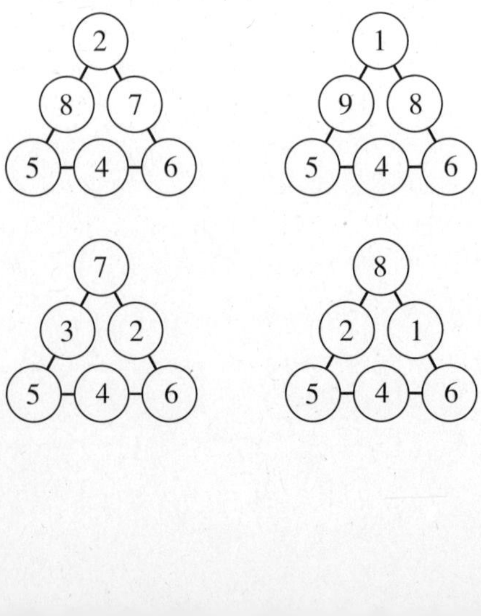

Wie könnte es weitergehen?
- Übungsheft Seite 3
- „Das Zauberdreieck“ von W. Metzner, Spielbrett mit Aufgabenkarten Klett-Nr. 199043

Das Spiel bietet zahlreiche weitere Aufgabenstellungen und Variationen, die von den Schülern in der Freiarbeit bearbeitet werden können.

8 Erzählen und Zählen

In der Bäckerei größere Anzahlen geschickt zählen

Erzählen und zählen

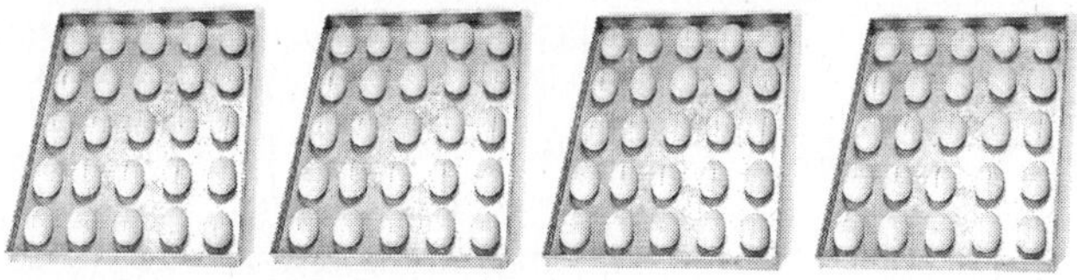

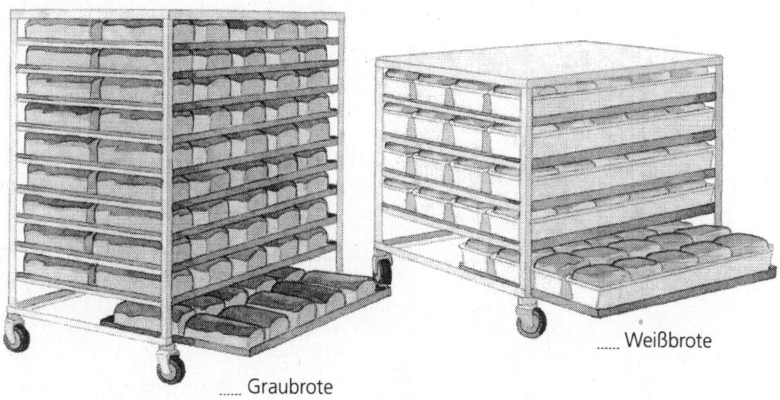

Wie kann man vorgehen?

Vor der Behandlung der Seite können Dinge in strukturierten Verpackungen gezählt werden. Dabei entwickeln die Kinder von allein Zählstrategien, die sie erläutern und begründen sollen.
Das Thema „Beim Bäcker“ bietet viele Erzähl- und Zählanlässe. Ein Fließband transportiert den Teig zur vollautomatischen Brötchenmaschine. Diese formt die Brötchen, die dann in Fünferreihen über das Band laufen. Jeweils 5 Reihen fallen auf ein Blech, das vom Bäcker in einen Ständer geschoben wird.
Die Kinder erkennen, wie mühselig und fehleranfällig das einzelne Zählen der Brötchen wäre. Pro Blech ist das Zählen in Fünferschritten sicherer und schneller. Für die Bestimmung der Gesamtanzahl gibt es verschiedene Möglichkeiten:

- in 25er Schritten weiterzählen
- auf 2 Blechen in 10er Schritten zählen
- auf 4 Blechen in 20er Schritten zählen
- von links nach rechts in 5er Schritten zählen.

Während die Brötchen auch einzeln abzählbar waren, müssen die Brote strukturiert gezählt werden, weil nicht alle sichtbar sind. Jeweils 2 mal 5 Roggenbrote liegen auf den 10 Backblechen, jeweils 4 mal 5 Weißbrote liegen auf den 5 Backblechen.
Es ist hier noch nicht notwendig, daß alle Kinder die Gesamtanzahl 100 selbständig bestimmen können. Wichtiger ist die Einsicht in die Notwendigkeit des strukturierten Zählens, die sich schon bei kleineren Zahlen zeigt.

Was wird benötigt?

Demonstrationsmaterial: evtl. Verpackungen, z. B. Teelichter, Eierkartons, Pralinenschachteln

Worum geht es?

Unter „geschicktem“ Zählen verstehen wir die Fähigkeit, die Anzahl der Elemente einer Menge nicht durch elementweises Auszählen, sondern durch geschicktes Zusammenfassen zu kleinen Teilgruppen und entsprechend gruppenweises Voranschreiten auf der Zahlreihe zu ermitteln. Wichtige Strategien des geschickten Zählens sind z. B.:

- Zählen in Zweierschritten (2, 4, 6, 8, 10, …)
- Zählen in Fünferschritten (5, 10, 15, 20, …) (Kraft der Fünf!)
- systematisches Zählen unter Anpassung an die Struktur der zu zählenden Menge (z. B. Viererschritte, Achterschritte, Anwendung von Einmaleins-Aufgaben).

Strukturiertes Zählen erleichtert und beschleunigt das Zählen. In der Schule und in der täglichen Umgebung der Kinder gibt es viele Zählmöglichkeiten:

- Anzahl der Kinder in der Klasse (einzeln, nach Tischgruppen)
- Fenster am Schulhaus, an der Turnhalle, …
- Inhalt einer Pralinenschachtel
- Getränkekisten (Einmaleinsaufgaben)
- Kuchenstücke auf einem Blech.

Wie könnte es weitergehen?

- In der Pause versuchen, die Kinder auf dem Schulhof zu zählen (Schwierigkeit des unstrukturierten Zählens wird besonders deutlich)
- Große Anzahlen (Steine, Muscheln, Kastanien, Nägel) werden gezählt und zwar nicht durch einzelnes Antippen und Sprechen der Zahlwortreihe „eins, zwei, drei, vier, …“, sondern durch Herstellen von *Fünfern* und Zusammenfassung von je zwei Fünfern zu einem *Zehner*.
  Beispiel:

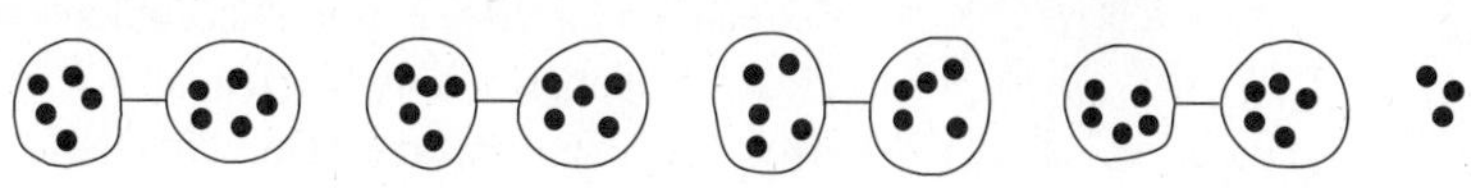

4 Zehner
3 Einer

9 Zehnerbündelung

Zehnerbündelungen durchführen und notieren

1. Wie viele?

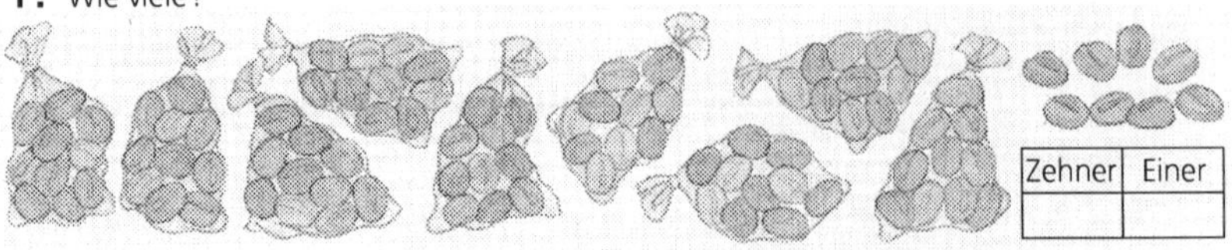

Zehner	Einer

2. Wie viele?

a.

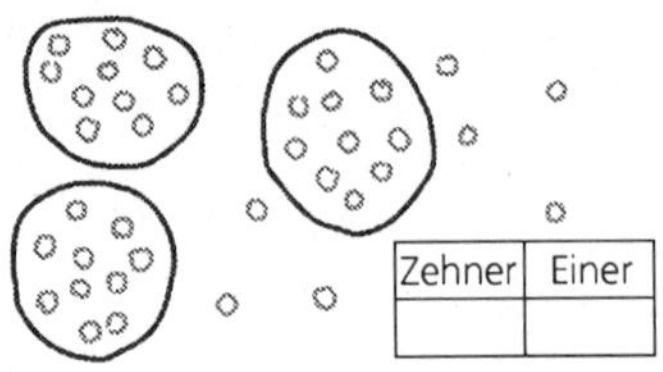

Zehner	Einer

b.

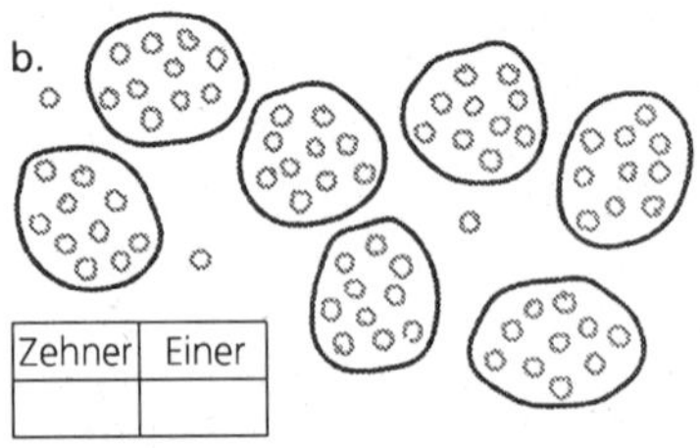

Zehner	Einer

c.

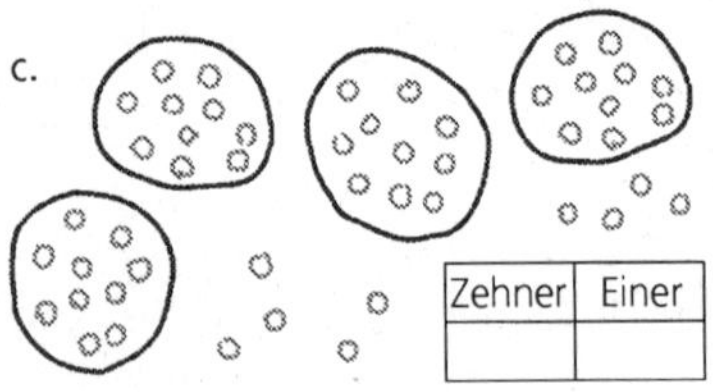

Zehner	Einer

d.

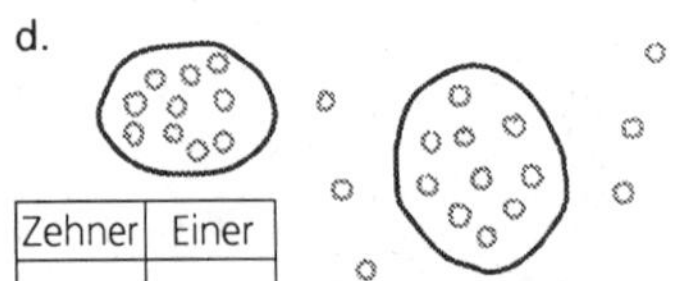

Zehner	Einer

3. Zeichne in dein Heft.

a.

Zehner	Einer
2	6

b.

Zehner	Einer
4	1

c.

Zehner	Einer
1	4

d.

Zehner	Einer
3	0

Was wird benötigt?

Arbeitsmaterial: Dinge in großer Anzahl (Perlen, Pfennige, Streichhölzer, Knöpfe, Wäscheklammern, Schrauben, Muttern u. a.), Gummibänder

Worum geht es?

Die systematische Erarbeitung der Zehnerbündelung und der Stellenwertschreibweise mit Zehnern und Einern ist von außerordentlicher Bedeutung für den gesamten weiteren Rechenlehrgang.
Zuerst werden die Bündelungen mit konkreten Materialien durchgeführt.
Es folgen abstrahierte Darstellungen auf der ikonischen Ebene, die in der Stellenwertschreibweise ihre symbolische Darstellung finden.
Umgekehrt werden die Ziffern einer Zahl ihren Stellenwerten entsprechend in Zeichnungen umgesetzt.
Den Kindern sind die zweistelligen Zahlnamen bis 20 bekannt. Die Zahlen 11 und 12 haben eigene Namen, ab 13 erfolgt die „Einer-Zehner-Sprechweise" bis 19. Die reinen Zehner haben dann wieder eigene Zahlnamen (zwanzig, dreißig, ...). Beim Schreiben und Vorlesen von Zehner-Einer-Zahlen größer 20 vertauschen manche Kinder zu Anfang Zehner und Einer. Es widerspricht nämlich der üblichen Leserichtung, daß zuerst die Einerziffer und dann die Zehnerziffer gelesen wird. Diese Schwierigkeit muß in den kommenden Tagen und Wochen immer wieder thematisiert werden, bis sie alle Kinder gemeistert haben und die Zahlen konsequent von links nach rechts schreiben.
Es ist nicht angebracht, die Schüler beim Abzählen großer Anzahlen immer zehn Gegenstände mit der Zahlwortreihe „eins, zwei, drei, ..., zehn" abzählen zu lassen. Eine gute Strategie „Zehner selbst herzustellen" ist die Herstellung von zwei Fünfern, die 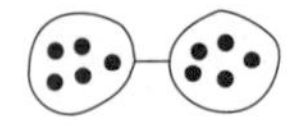 simultan erfaßt werden können (siehe Buchseite 8). Mit dieser Strategie lassen sich große Anzahlen (Nägel, Streichhölzer, ...) gut, zügig und fehlerfrei zählen.

Wie kann man vorgehen?

Die Lehrerin läßt mitgebrachte Dinge zählen (z. B. im Sitzkreis Paket mit Schrauben ausschütten).
Die Kinder werden verschiedene Zählstrategien anwenden:
- einzeln zählen
- 2er, 5er oder 10er-Häufchen bilden, was aus dem 1. Schuljahr noch bekannt ist (zwei Fünfer sind Zehn).

Alternativen:
- Streichhölzer mit Gummiband *anschaulich bündeln*
- Steckwürfel zu Zehnerstangen bündeln
- Lage Eier in Zehnerkartons.

Nach jeder Bündelung wird das Ergebnis (Wie viele Zehner? Wie viele Einer?) in eine Stellenwerttafel eingetragen.
Für jede Bündelung wird eine neue Stellenwerttabelle (z. B. auf Stück Tonpapier) benutzt.

Beispiel:

Zehner	Einer
5	3

Den Kindern muß klar werden, daß die Ziffer 5 in der Zehnerstelle 5 Zehner, also 50 bedeutet.

Anschließend werden in Partner- oder Gruppenarbeit konkrete Materialien strukturiert gezählt. Die Ergebnissicherung erfolgt in Stellenwerttafeln auf einem Arbeitsblatt oder gemeinsam an der Tafel.

Beispiele:

Schrauben

Zehner	Einer
6	1

Nägel

Zehner	Einer
4	7

Plättchen

Zehner	Einer
10	0

Zur Buchseite:
Das Einstiegsbild greift das Bäckerthema auf. Brötchen werden in Zehnertüten verpackt. 10 Tüten kommen in einen Karton (100 als neue Verpackungseinheit, was nicht thematisiert werden muß, aber aufgegriffen werden kann).
Aufgabe 1:
Eine ähnliche Aufgabe wird an der Tafel oder am OHP vorbereitet. Es wird sofort von Zehnern und Einern gesprochen.
Aufgabe 2:
Das Ergebnis wird in die Stellentafel eingetragen.
Aufgabe 3:
Umgekehrt zu einer vorgegebenen Stellenwerttafel sollen Zehner und Einer gezeichnet werden.

Wie könnte es weitergehen?
- Übungsheft Seite 4
- Erste Zahlendiktate
- Zahlen hören, z. B. auf einem Glockenspiel: tiefer Ton gibt Zehner, hoher Ton Einer an
- 2 Kinder sprechen sich ab, der linksstehende klatscht die Zehner, der rechtsstehende die Einer, die Klasse bestimmt die ausgedachte Zahl

10 Schätzen und Zählen

Orientierung im Hunderterraum

Schätzen und zählen

Der Marienkäfer frißt am Tag ..... Läuse.

Der Maulbrüter bekommt ..... kleine Fische.

Der Baum hat ungefähr ..... Jahresringe.

Was wird benötigt?

Arbeitsmaterial: –
Demonstrationsmaterial: evtl. Folienkopie der Buchseite, falls vorhanden Fotos von Tieren, Baumscheiben u. ä. Falls vorhanden eine Lupe oder besser eine beleuchtete Briefmarkenlupe, mit deren Hilfe sich die Jahresringe gut abzählen lassen.

Worum geht es?

In der Natur kommen Anzahlen bis 100 häufiger vor und die Kinder sollen durch Sachinformationen und Sprechanlässe bewußt in ihrer Umwelt nach weiteren größeren Anzahlen suchen und sie zählend bzw. schätzend erfassen.

Informationen zur Buchseite:
Gänse: Wegen des kalten Winters in ihrer Heimat, den arktischen Regionen Eurasiens, verlassen die abgebildeten Bleßgänse im Herbst das Land und fliegen nach Süden. Sie überwintern in Südengland, in den Niederlanden und bei uns in Norddeutschland.
Die Gänse fliegen keilförmig, weil so der Luftwiderstand so gering wie möglich gehalten wird (optimale Form). Die Gans, die den Zug anführt, wechselt ständig (im Buch: 30 Gänse).
Marienkäfer, Blattläuse: Ein Marienkäfer frißt unter anderem Blattläuse und befreit so die Pflanzen auf natürlichem Wege von Schädlingen. Er vertilgt ungefähr 100 Blattläuse an einem Tag.
Auf jedem Blatt sind 10 Läuse, mit Ausnahme des 4. Blattes (11 Läuse), insgesamt also 101 Läuse.
Baumscheibe: Die Jahresringe der Baumscheibe geben das Alter des Baumes an. Jedes Jahr entsteht ein Ring. Jeder Ring besteht aus 2 Teilen. Der breitere Teil wird Frühholz genannt und bildet sich im Frühjahr; der schmalere Teil ist das Spätholz und bildet sich im Sommer. Er ist hart und schützt den Baum. Seine scharfe Kante ist die Grenze zum nächsten Jahresring. Die dunklen Ringe müssen also gezählt bzw. geschätzt werden. Ungefähre Anzahl der Jahresringe im Buch ist 55. Die äußeren Ringe lassen sich nur mit der Lupe genau ablesen.
Es ist für die Kinder sehr wichtig zu sehen, daß man Anzahlen nicht immer ohne weiteres genau bestimmen kann, sondern manchmal mit ungefähren Werten zufrieden sein muß.
Maulbrüter: Maulbrüter sind Fische, die Maulbrutpflege betreiben. Hierbei nimmt eines der Elterntiere, meist das Weibchen, die befruchteten Eier ins Maul und behält sie in der Mundhöhle bis die Jungen geschlüpft sind. Auch bei Gefahr flüchten die Jungfische in das Maul der Eltern. Maulbrüter gehören verschiedenen Familien an. Sie kommen besonders unter den Buntbarschen vor, aber auch bei Welsen, Kardinal-, Labyrinthfischen u. a. (vgl. Der neue Brockhaus 1985). Auf dem Bild sind 25 kleine Fische.

Wie kann man vorgehen?

Am Overhead-Projektor können einzelne Ausschnitte der Seite betrachtet und besprochen werden. Eventuelle Fragen der Kinder: Wie heißen die Vögel? Was ist eine Baumscheibe? ... werden dabei geklärt. Die Lehrerin fordert die Kinder auf, die Anzahl der Gänse zu schätzen. Die Schätzungen werden an der Tafel notiert, um später mit der gezählten Anzahl verglichen zu werden. Die Schätzungen werden breit gestreut sein und

die Kinder sollten (wenn möglich) ihre Schätzung begründen. Die Lehrerin sollte Anhaltspunkte zum Schätzen geben, z. B. „Wie viele Läuse sind etwa auf einem Blatt?“ (Hinweis: Mit einer Ausnahme sind auf allen Blättern 10 Blattläuse.)
Danach wird die geschätzte Anzahl mit der gezählten Anzahl verglichen. Auch hier können unterschiedliche Schätz- und Zählweisen von den Kindern angewendet und besprochen werden.

Zur Buchseite:
In Gruppen- oder Partnerarbeit bearbeiten die Kinder die Seite selbständig. In einem gemeinsamen reflektierenden Gespräch wird festgestellt, welche Anzahlen schwer (leicht) zu schätzen und zu zählen waren. Bei welcher Aufgabe gab es zwischen Schätzung und Zählung die größte Differenz? Woher kommt das? Die den Schätz- und Zählaufgaben zugrunde liegende Sachinformation wird mit den Kindern besprochen. Bei Interesse können Themen wie „Zugvögel“, „Bäume“, ... durch Betrachtung von weiteren Abbildungen von Vogelschwärmen in Zeitungen oder weiteren Baumscheiben noch intensiver besprochen werden.

Wie könnte es weitergehen?
- Schätzaufgaben in der Umgebung der Schule
- Schätzaufgaben in Bilderbüchern

11 Das Hunderterfeld

Orientierungsübungen, Zerlegung von 100 am Hunderterfeld, Größer-, Kleinerrelation bei Zehnerzahlen, Blitzrechenübung B 1

Hunderterfeld

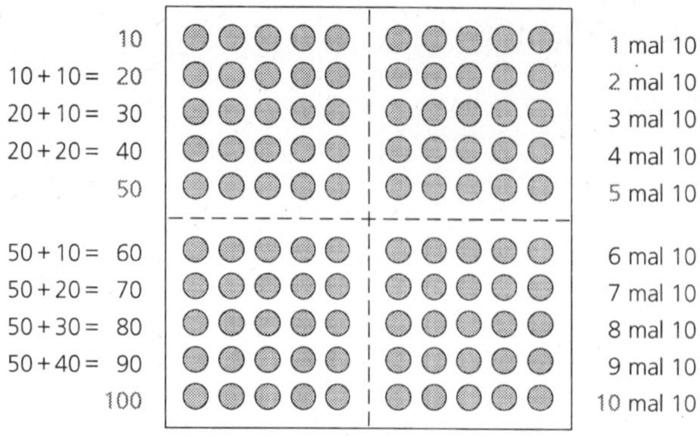

1. Lies und zeige am Hunderterfeld:
hundert, neunzig, achtzig, siebzig, sechzig, fünfzig, vierzig, dreißig, zwanzig, zehn.

2.

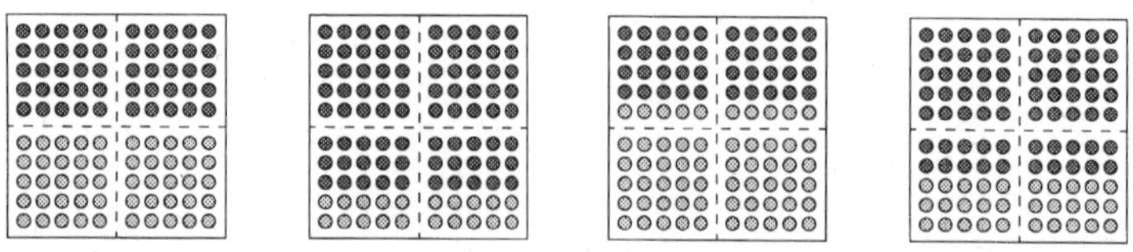

100 = 50 + ... 100 = ... + ... 100 = ... + ... 100 = ... + ...

3. Vergleiche am Hunderterfeld: <, >, =

10 < 20	50 ☐ 30	10 ☐ 80
90 ☐ 20	50 ☐ 50	90 ☐ 80
20 ☐ 20	50 ☐ 60	20 ☐ 80
80 ☐ 20	50 ☐ 70	80 ☐ 80
60 ☐ 20	50 ☐ 20	60 ☐ 80

4. Rechne und zeige:

9 + 1 = ...	90 + 10 = ...
8 + 2 = ...	80 + 20 = ...
7 + 3 = ...	70 + 30 = ...
6 + 4 = ...	60 + 40 = ...
5 + 5 = ...	50 + 50 = ...

5 a. 10, 20, 30, ... b. 20, 40, ... c. 100, 90, 80, ... d. 100, 70, ...

Was wird benötigt?

Arbeitsmaterial: Hunderterfeld (als Beilage oder Kopiervorlage 6), evtl. Kopiervorlage 7, Strohhalm
Demonstrationsmaterial: Hunderterfeld für den Lichtschreiber, Strohhalm
Anmerkung: Der Strohhalm kann auch durch eine Folie mit einer waagerechten farbigen Geraden oder durch die Kante einer farbigen Folie ersetzt werden

Worum geht es?

Schon im 1. Schuljahr haben die Kinder die Erfahrung gemacht, daß ungeordnete Objekte schwieriger zu zählen sind als geordnete. Der Vorteil des Zehnersystems („Zwei Fünfer sind 10") wurde im gesamten 1. Schuljahr auch in Form des Zwanzigerfeldes genutzt. Die Erfahrung, daß größere ungeordnete Anzahlen schwieriger zu zählen sind, haben die Kinder auf den Seiten 8–10 gemacht.
Auf dieser Seite wird nun ein strukturiertes Anschauungsmittel vorgestellt, das auf dem Zwanzigerfeld aufbaut und bis zum Tausenderraum und darüber hinaus ausbaufähig ist: das *Hunderterfeld* mit 10 mal 10 Punkten: Jede Reihe und Spalte ist durch eine Zäsur in zweimal 5 Punkte zerlegt (wie das Zwanzigerfeld). Durch diese Struktur wird gewährleistet, daß sich die „Kraft der Fünf" auch im 2. Schuljahr entfalten kann.
Am Hunderterfeld werden zunächst reine Zehnerzahlen abgelesen und der Hunderter wird in Zehnerzahlen zerlegt, z. B.
100 = 50 + 50   100 = 80 + 20
100 = 40 + 60   100 = 70 + 30

Wie kann man vorgehen?

Auf dem Overheadprojektor liegt eine Folie mit dem Hunderterfeld. „Wie viele Punkte sind das?" Die unterschiedlichen Sicht- und Zählweisen sollen von den Kindern gezeigt und besprochen werden. Z. B. 10 + 10 + 10 + 10 + 10 + ... waagerecht oder senkrecht, 50 + 50 waagerecht oder senkrecht, 5 + 5 + 5 + 5 + ... waagerecht oder senkrecht, 25 + 25 + 25 + 25. Der Aufbau des Hunderterfeldes sollte allen Kindern bewußt werden: In einer Reihe liegen immer 10 Punkte und es sind 10 Reihen.

Legeübungen am OHP:
Lege 40 (60, 70, ...) Punkte. Die Kinder decken zunächst mit einem Blatt Papier oder dem Zahlwinkel am Hunderterfeld so viele Punkte ab, daß 40 (60, 70, ...) Punkte sichtbar bleiben.

Beispiel:
40

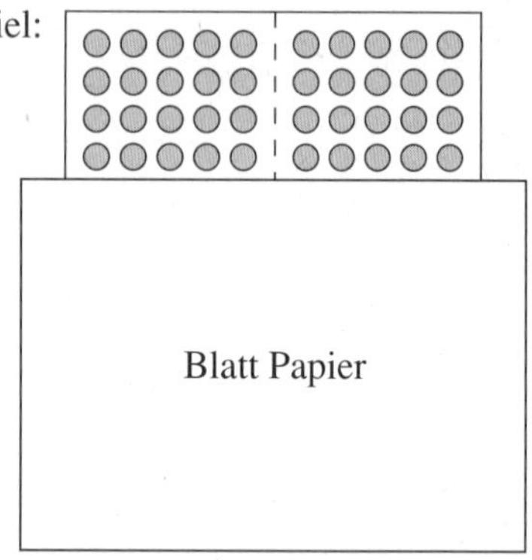

Zerlegungsübungen am OHP:
Das Hunderterfeld wird durch einen Strohhalm in zwei Zehnerzahlen zerlegt.

Beispiel:
70
Strohhalm
30

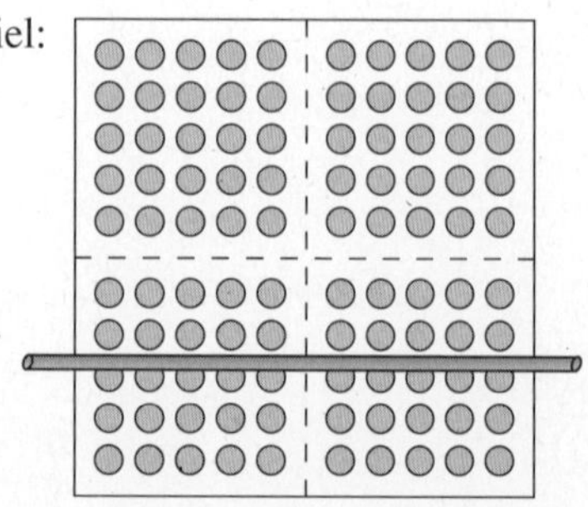

Zur Buchseite:
Das bereits bekannte Hunderterfeld wird im Buch wiedererkannt. Der additive und multiplikative Aufbau wird besprochen. Legeübungen können nun von den Kindern selbst ausgeführt werden. Dazu wird ein Strohhalm oder Stift benutzt.
Aufgabe 1:
Die Zahlen werden gelesen und gezeigt.
Aufgabe 2:
Das Hunderterfeld ist in 2 Summanden zerlegt. Die Kinder vollziehen diese Zerlegung an ihrem großen Feld nach und notieren die Zerlegungsgleichung.
Aufgabe 3:
Am Hunderterfeld sollen die Zahlen gesucht werden. Anschließend wird verglichen, welche Zahl größer, kleiner oder gleich ist.
Aufgabe 4:
Zerlegung von 10 und 100. Dabei wird die *wichtige Analogie*: $8 + 2 = 10$,
8 Zehner + 2 Zehner = 10 Zehner bzw.
$80 + 20 = 100$ ausgenutzt.
Aufgabe 5:
Zahlenfolgen mit Zehnerzahlen fortsetzen. Die Differenz zwischen aufeinanderfolgenden Zahlen ist bei jeder Teilaufgabe gleich.

Fortsetzung des Blitzrechenkurses
Grundlegung der Blitzrechenübung B 1 „Wie viele?“

Wie könnte es weitergehen?
– Übungsheft Seite 5

12 Einführung der Hundertertafel

Kennenlernen aller Zahlen bis 100, Orientierungsübungen an der Hundertertafel

Hundertertafel

1	2	3	4	5	6	7	8	9	10
11	12	13	14	15	16	17	18	19	20
21	22	23	24	25	26	27	28	29	30
31	32	33	34	35	36	37	38	39	40
41	42	43	44	45	46	47	48	49	50
51	52	53	54	55	56	57	58	59	60
61	62	63	64	65	66	67	68	69	70
71	72	73	74	75	76	77	78	79	80
81	82	83	84	85	86	87	88	89	90
91	92	93	94	95	96	97	98	99	100

1. Schreibe auf.
Rote Zahlen,
grüne Zahlen,
blaue Zahlen.
Was fällt dir auf?

2. Zeige und schreibe auf.
21, 22, 23, ..., 30
51, 52, 53, ..., 60
100, 99, 98, ..., 91
80, 79, 78, ..., 71

3. Welche Zahlen sind eingekreist?

a.

1	2	3	4	5					10
			14	15					20
				25	26	27			30
				35					40
				45					50
				55					60
				65					70
				75					80
				85					90
				95					100

b.

	2								10
	12								20
	22			25					30
	32	33		35					40
									50
									60
									70
									80
									90
									100

Was wird benötigt?

Arbeitsmaterial: ggf. Hundertertafel, Kopiervorlage 8 (obere Hälfte)
Demonstrationsmaterial: Hundertertafel als Folie, farbige Folienstifte oder Hunderterfeld aus Papier auf Magnettafel geklebt, falls vorhanden Hundertertafel mit drehbaren Zahlelementen

Worum geht es?

Beim *Hunderterfeld* ist es den Kindern freigestellt, wie sie Zahlen sehen wollen. Beispiel: Die Zahl 10 kann durch 10 Punkte waagerecht oder 10 Punkte senkrecht oder eine Doppelreihe mit 2 Fünfern dargestellt werden. Dies betont den kardinalen Aspekt der Zahlen.
Im Gegensatz dazu hat in der *Hundertertafel* jede Zahl ihren *eindeutig festgelegten Platz*, was den ordinalen Aspekt der Zahlen betont. Dadurch entstehen Gesetzmäßigkeiten, die von den Kindern herausgefunden werden können:
In den Zeilen bleibt (bis auf die letzte Zahl) die Zehnerziffer gleich, die Einerziffer ändert sich von Platz zu Platz um 1. In den Spalten bleibt dagegen die Einerziffer gleich und die Zehnerziffer ändert sich. Diagonal ändern sich Einer- und Zehnerziffer beide um jeweils 1.

Achtung: Bei den verschiedenen Betrachtungen kommt der Zehnerspalte eine besondere Bedeutung zu. Bei der Erhöhung der Einerziffer 9 um 1 erhält man in der Einerziffer 0 und die Zehnerziffer erhöht sich zusätzlich um 1: z. B. 57, 58, 59, 60 oder 98, 99, 100.

Wie kann man vorgehen?

Nach Vorstellen der Hundertertafel bieten sich Orientierungsübungen der folgenden Art an:

1. An einer Hundertertafel (Magnettafel, Lichtschreiber, Schülermaterial) werden Zahlen zeilenweise, spaltenweise oder in der Diagonalen gelesen.
   Beispiele:
   2, 12, 22, ..., 92 (2. Spalte)
   91, 92, ..., 100 (letzte Zeile)
   1, 12, 23, 34, ..., 100 (Diagonale)
2. An einer Hundertertafel werden vorgegebene Zahlen, z. B. 16 und 61, 27 und 72, 19 und 91 gesucht, angetippt oder mit dem Stift umkreist.
3. An einer Hundertertafel werden Zahlen (Felder) unter Plättchen versteckt: Welche Zahl befindet sich unter dem Plättchen? Die Antwort kann durch Hochheben des Plättchens überprüft werden.
4. Es soll in Schritten gezählt werden, dabei sollen die Zahlen jeweils an der Hundertertafel gezeigt werden.
   z. B. 45, 46, 47, 48, 49, 50, ..., 55
   oder 15, 20, 25, 30, 35, ..., 50
   oder 14, 16, 18, 20, 22, ..., 30
   oder 13, 15, 17, 19, 21, ..., 31
   oder 32, 31, 30, 29, 28, ..., 22
5. Bei welchen Zahlen in der Hundertertafel kommt eine „5" vor?
   5, 15, 25, 35, 45, ..., 95,
   aber auch 50, 51, 52, ..., 59
   Wo stehen die „Schnapszahlen" 11, 22, 33, 44, ...?
   Wie viele gibt es davon?

Zur Buchseite:
Aufgabe 1:
Gekennzeichnete Zahlen notieren, Gesetzmäßigkeiten besprechen.

Rote Zahlen: 41, 42, ..., 50
(Immer 1 mehr)

Grüne Zahlen: 11, 22, 33, ..., 99
(Schnapszahlen, 1 Zehner mehr und 1 Einer mehr)

Blaue Zahlen: 4, 14, ..., 94
(Immer 10 mehr)

Aufgabe 2:
Zahlenfolgen aufschreiben und an der Hundertertafel zeigen.
Aufgabe 3:
Orientierungsübung: Zahlen suchen, zeigen und die Reihen aufschreiben.

Wie könnte es weitergehen?

- Übungsheft Seite 6
- Die Zahlen von 1 bis 100 werden in einigen Bereichen (Post [Postfächer], Bank [Bankfächer], Garderobe, ...) als Ordnungsschema benutzt.
  Im Rahmen eines Besuches bei einer Bank oder Post können Kinder über die Funktion von Schließ- und Postfächern informiert werden. Sie lernen, daß die Zahlen unterschiedlich angeordnet werden können.
- Strategiespiel für 2 Gruppen (Kinder) auf der Hundertertafel.
  Die eine Gruppe bewegt ein rotes Plättchen, das zu Beginn auf 1 steht, ein oder zwei Felder nach rechts (+ 1, + 2) oder nach unten (+ 10, + 20), die andere Gruppe ein blaues Plättchen (zu Beginn auf 100) ein oder zwei Felder nach links (- 1, - 2) oder nach oben (- 10, - 20). Es wird abwechselnd gezogen. Das rote Plättchen darf das blaue niemals überschreiten, das blaue das rote niemals unterschreiten. Diejenige Gruppe, die diese Bedingung nicht mehr erfüllen kann, hat verloren. Wenn die beiden Plättchen zufällig auf ein und demselben Feld liegen, verliert der Spieler, der als nächster am Zug ist.

13 Arbeit mit der Hundertertafel

Orientierungsübungen an der Hundertertafel, Zahlen suchen

1. Schreibe die Zielzahlen auf.

a.

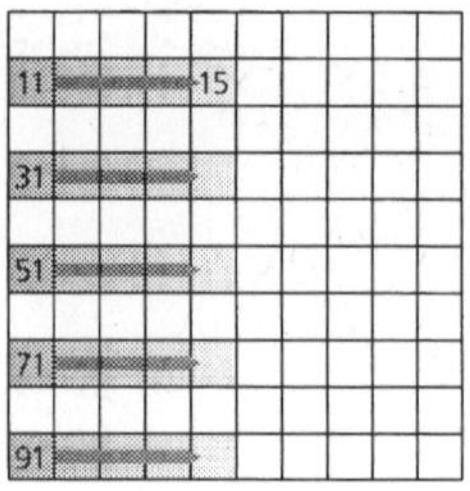

Start	11	31	51	71	91
Ziel	15				

b.

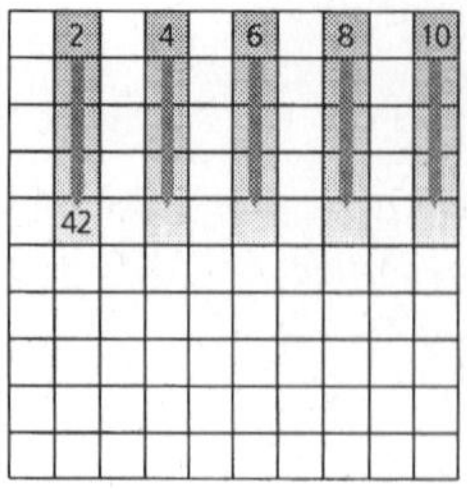

Start	2	4	6	8	10
Ziel	42				

c.

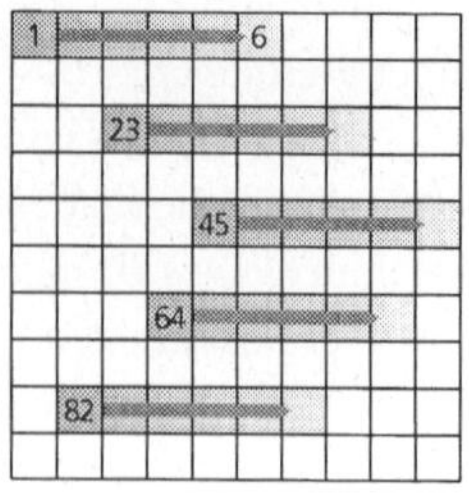

Start	1	23	45	64	82
Ziel	6				

d.

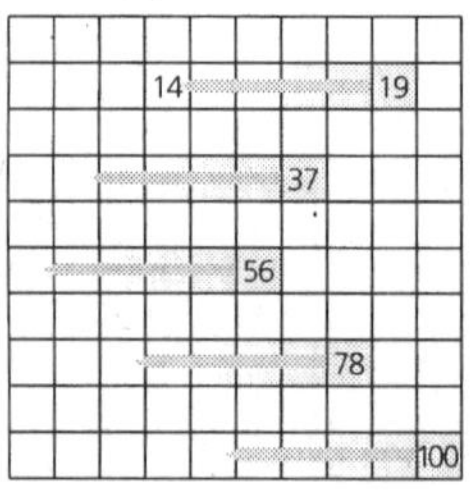

Start	19	37	56	78	100
Ziel	14				

e.

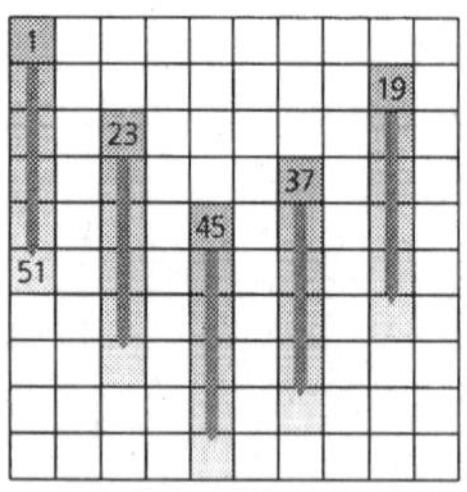

Start	1	23	45	37	19
Ziel	51				

f.

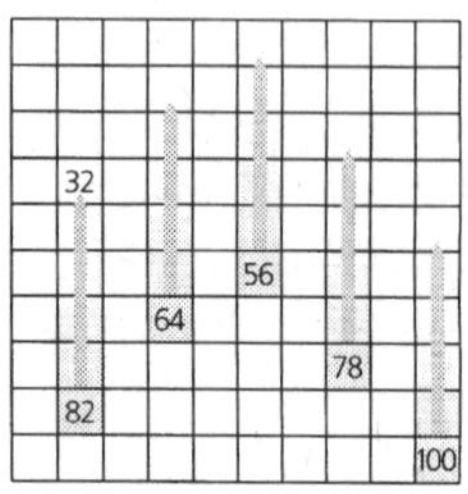

Start	82	64	56	78	100
Ziel	32				

2. Zähle in Schritten.

a. 55, 56, 57, ..., 65
95, 94, 93, ..., 85

b. 50, 52, 54, ..., 70
84, 82, 80, ..., 64

c. 5, 10, 15, ..., 60
75, 70, 65, ..., 20

Trimm dich

1+1	2+0	2+2	3+1	4+2	4+4	5+3
6+6	7+5	7+7	8+6	9+7	9+9	10+8

Trimm dich

2−1	2−0	4−2	7−4	6−2	8−4	8− 3
12−6	12−5	14−7	14−6	16−7	18−9	18−10

Aufgabe 1:

Die Aufgabe a. wird gemeinsam erarbeitet, damit die Kinder sowohl die Pfeildarstellung als auch die Übersetzung in die Tabelle verstehen.

a.

Start	11	31	51	71	91
Ziel	15	35	55	75	95

Muster: Immer 4 Felder nach rechts
Immer 4 Einer dazu

b.

Start	2	4	6	8	10
Ziel	42	44	46	48	50

Muster: Immer 4 Felder nach unten
Immer 4 Zehner dazu

c.

Start	1	23	45	64	82
Ziel	6	28	50	69	87

Muster: Immer 5 Felder nach rechts
Immer 5 Einer dazu

d.

Start	19	37	56	78	100
Ziel	14	32	51	73	95

Muster: Immer 5 Felder nach links
Immer 5 Einer weniger

e.

Start	1	23	45	37	19
Ziel	51	73	95	87	69

Muster: Immer 5 Felder nach unten
Immer 5 Zehner dazu

f.

Start	82	64	56	78	100
Ziel	32	14	6	28	50

Muster: Immer 5 Felder nach oben
Immer 5 Zehner weniger

Aufgabe 2:

Es soll in Schritten gezählt werden. Dabei sollen die Zahlen an der Hundertertafel kurz angetippt werden.

Was wird benötigt?

Arbeitsmaterial: ggf. Hundertertafel, Kopiervorlage 8 (untere Hälfte)
Demonstrationsmaterial: Hundertertafel bzw. Folie einer unausgefüllten Hundertertafel

Worum geht es?

In der eingeführten Hundertertafel sollen die Kinder durch das Suchen und Notieren der fehlenden Zahlen die Hundertertafel und den systematischen Aufbau des Hunderters verinnerlichen. Durch die operativen Veränderungen der Startzahlen und durch eine festgelegte Operation wird die operative Veränderung der Zielzahlen sowohl mathematisch als auch geometrisch deutlich.

Die arithmetische Operation wird durch das Vergleichen der Start- und Zielzahl herausgefunden. Diese Regel sollte mit den Kindern besprochen werden.
Zum Beispiel wird von einem Startfeld aus immer 5 Felder nach rechts gegangen. Arithmetisch heißt das, daß zu einer Startzahl immer 5 addiert wird. „5 Felder nach unten" bedeutet arithmetisch „plus 50".

Wie kann man vorgehen?

Eine Vorübung, die während der Orientierung im Hunderter täglich wiederholt werden sollte, ist das Suchen von vorgegebenen Zahlen in einer leeren Hundertertafel. Dabei werden Strategien über das Auffinden von Zahlen diskutiert.

Beginn des 1 + 1-Trimmkurses

Die Aufgaben sind in erster Linie zur *mündlichen Übung* gedacht:

1. Die Lehrerin kann wie im Blitzrechnen die Aufgaben *mit der Klasse* oder einem Teil der Klasse durchgehen.
2. *Ein Kind* kann *ein anderes* abfragen.
3. *Jedes Kind* kann die Aufgaben *für sich* durchgehen und sich jeweils das Ergebnis vorsagen oder
4. sich zu Hause abfragen lassen.

Grundsätzlich gilt: Wenn ein Kind bei einer Aufgabe Schwierigkeiten hat, muß man auf operative Beziehungen zu beherrschten Aufgaben oder auf 20er-Feld und Plättchen zurückgreifen.

Wie könnte es weitergehen?

– Weitere Aufgaben mit Kopiervorlage 8

14 Zahlen zeigen und aufschreiben

Darstellungen von Zahlen als Zehner und Einer

Zahlen zeigen und aufschreiben

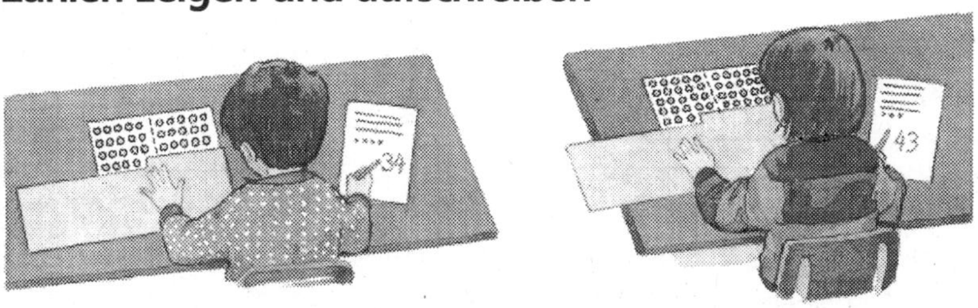

1. Zeige am Hunderterfeld.

a. 23, 53, 73, 93 b. 27, 57, 77, 97 c. 28, 82, 8, 80 d. 17, 71, 73, 37

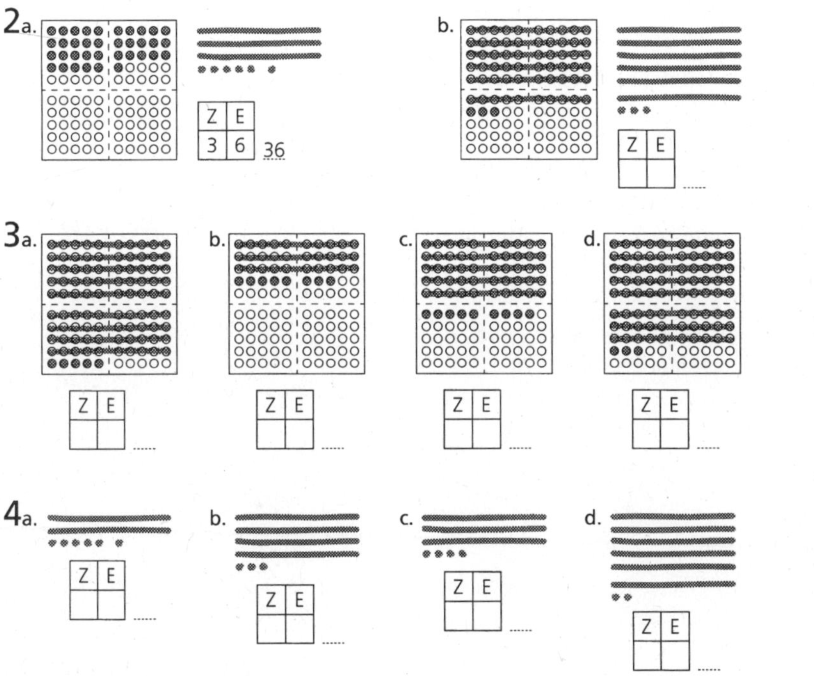

Enaktive Darstellung durch Zahlwinkel:

Ikonische Darstellung:

Beispiel: 24

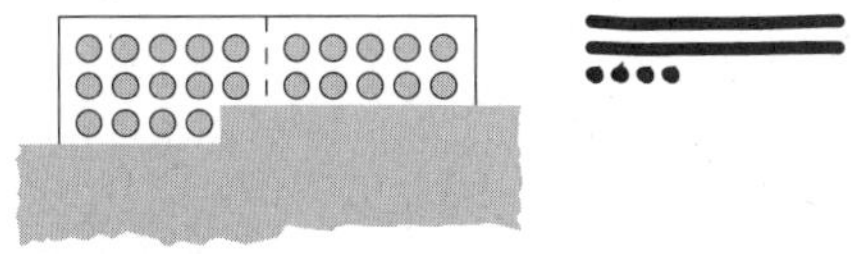

Zahlwinkel

Beispiel: 42

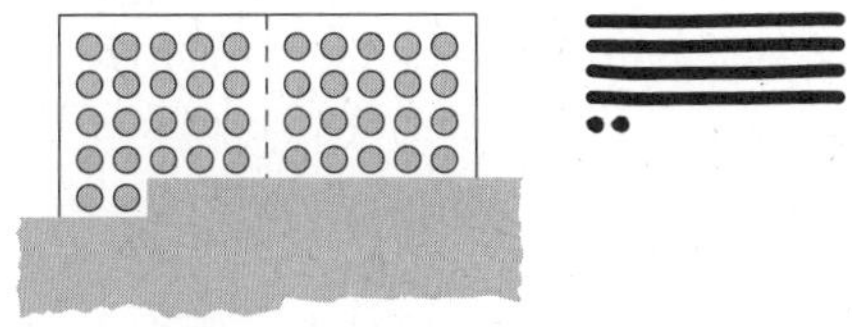

Zahlwinkel

Anmerkung: Die Zahlen von 1–108 sind in dieser Darstellung mit unterlegtem Hunderterfeld als Seitennummern auf den Schulbuchseiten oben zu sehen. Auf dieser Seite: 1 Zehner, 4 Einer

Was wird benötigt?

Arbeitsmaterial: Hunderterfeld, Zahlwinkel (siehe Buchbeilage), evtl. Kopiervorlage 17

Demonstrationsmaterial: Hunderterfeld, Zahlwinkel auf Lichtschreiber

Worum geht es?

Die Orientierung im Hunderterraum wird nun durch eine enaktive und eine ikonische Darstellung von Zahlen vertieft. Diese Zahldarstellungen sind ein Zwischenschritt zur vorstellungsmäßigen Beherrschung des Zahlenraumes und eine Hilfe bei der Addition und Subtraktion. Die Strukturierung des Zehnersystems wird hier besonders klar. Vorgegebene Zahlen werden erst am Hunderter-Punktefeld gesucht und mit dem Zahlwinkel gezeigt, dann gezeichnet: Zehner (Punktzeilen) als *Striche*, Einer durch *Punkte*. Durch eine Gegenüberstellung von Zahlen mit vertauschten Stellen wird den Kindern die unterschiedliche Wertigkeit der gleichen Ziffer als Einer oder Zehner deutlich.

Wie kann man vorgehen?

Die im Buch vorgeschlagene Einstiegssituation wird zu Beginn mit anderen Zahlen (45 und 54 eignen sich recht gut) an der Tafel oder am Tageslichtschreiber für alle sichtbar vorbereitet. Der Lehrer stellt das Problem vor, zwei Kinder zeigen die verschiedenen vorgestellten Zahlen. Die Kinder begründen die richtigen Ergebnisse, indem sie deutlich Zehner und Einer erklären, und zeigen die Zahlen auf dem Hunderterfeld, eventuell auch an weiteren Materialien wie Rechenmaschine und Hundertertafel.
4 Zehner treten gegenüber vier Einern deutlich hervor.
Weitere Beispiele werden gemeinsam erarbeitet. Dabei sollen die Zahlen auch laut gesprochen werden. Im Deutschen wird entgegen der Leserichtung erst die Einerziffer, dann die Zehnerziffer genannt, geschrieben wird aber immer zuerst die Zehner- und dann die Einerziffer. Bei Zahlen wie 28 und 82 mit relativ großer Differenz zwischen Zehner- und Einerziffer sind die Unterschiede besonders deutlich sichtbar.
Die Zahlen der Beispiele werden zur Vertiefung der Zahlenvorstellung gezeigt, sprachlich begleitet und gezeichnet. Es ist für die Kinder wichtig, zu sehen, daß die Zahlnamen nicht willkürlich gewählt sind, sondern den Aufbau der Zahl angeben.

Wer möchte, kann mit Hilfe von Kopiervorlage 17 Zehnerstreifen und Einer herstellen.

Aufgabe 1:
Hier werden einige Zahlen am Hunderterfeld mit dem Zahlwinkel gezeigt. In den Aufgaben a. und b. sind nur die Zehnerziffern verändert, bei c. und d. sind wieder Zahlen mit vertauschten Ziffern angesprochen. Diese Aufgabe eignet sich gut für Partnerarbeit. Auch das Lesen der Zahlen kann hier besonders geübt werden.

Aufgabe 2:
Die Zehner werden am Hunderterfeld durch eine Punktzeile, in der Zeichnung der Zahl als Strich dargestellt.
In b. wird der Zusammenhang deutlich: Für volle Zehner machen wir einen Strich, für Einer jeweils einen Punkt. Zehner und Einer werden in der kleinen Stellenwerttabelle notiert und die Gesamtzahl dann nochmals notiert.

Aufgabe 3 und 4:
Notation wie in Aufgabe 2 in der kleinen Tabelle unter Zehner und Einer und als Zahl daneben. Hier geht es wieder um Zahlen mit vertauschten Ziffern. Bei Aufgabe 4 sind nur noch die Zahlen – ohne unterlegtes Hunderterfeld – dargestellt.

Wie könnte es weitergehen?

- Übungsheft Seite 7, Aufgabe 1, 2 und 3
- Weitere Beispiele werden an der Tafel oder am Tageslichtschreiber erarbeitet
- Die Kinder stellen sich gegenseitig Aufgaben, ein Partner nennt die Zahl, der andere zeichnet die Zahl
- Mit den Kindern kann erarbeitet werden, daß für die Zahlwörter von 1–100 nur folgende 21 *Morpheme* nötig sind: eins, zwei, drei, vier, fünf, sechs, sieben, acht, neun, zehn, elf, zwölf, zwanzig, dreißig, vierzig, fünfzig, sechzig, siebzig, achtzig, neunzig, hundert; dazu das Wörtchen „und" als Bindeglied. Alle anderen Zahlwörter lassen sich daraus zusammensetzen. Beispiele: drei-zehn (13), ein-und-dreißig (31), fünf-und-sechzig (65).
- Zahlen mit 2 verschieden farbigen Würfeln erwürfeln („Hohe Hausnummern"): ein Würfel gibt die Zehnerziffer an, der andere die Einerziffer

15 Zahlen zeigen und aufschreiben

Verschiedene Zahldarstellungen von Zehnern und Einern, Kreuzknoten

1. Schreibe die Zahlen.

a. 23 b. ...... c. ...... d. ...... e. ......

2.

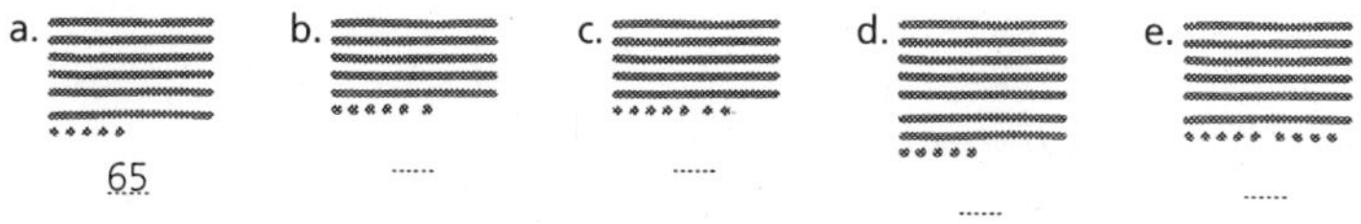

a. 65 b. ...... c. ...... d. ...... e. ......

3. Zeichne.

a. 41, 43, 47, 48 b. 60, 64, 66, 69 c. 83, 38, 63, 36 d. 28, 82, 23, 32

4.

40 + 4 = ...	30 + 3 = ...
40 + 2 = ...	30 + 6 = ...
60 + 4 = ...	80 + 3 = ...
60 + 2 = ...	80 + 6 = ...
60 + 8 = ...	80 + 9 = ...

5.

50 + 6 = ...	90 + 1 = ...
60 + 5 = ...	10 + 9 = ...
50 + 0 = ...	70 + 9 = ...
60 + 7 = ...	90 + 7 = ...
70 + 6 = ...	90 + 9 = ...

6.

36 = 30 + 6	94 = 90 + ...
49 = 40 + ...	83 = ... + ...
56 = ... + ...	72 = ... + ...
69 = ... + ...	61 = ... + ...
76 = ... + ...	60 = ... + ...

7.

96 = 90 + ...	48 = 40 + ...
69 = ... + ...	84 = ... + ...
63 = ... + ...	28 = ... + ...
36 = ... + ...	82 = ... + ...
33 = ... + ...	88 = ... + ...

8. Kreuzknoten

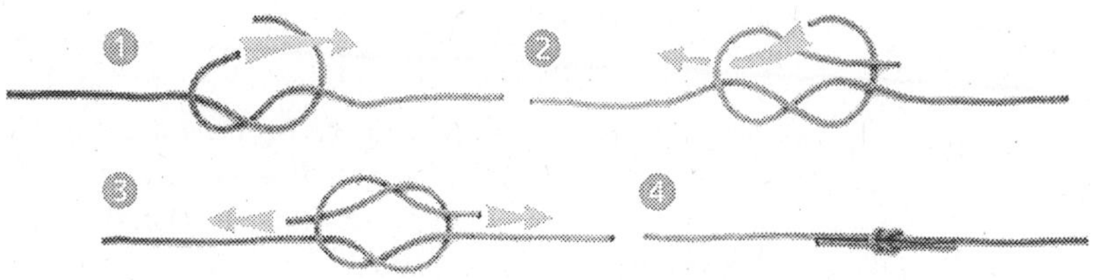

Was wird benötigt?

Arbeitsmaterial: Hunderterfeld und Zahlwinkel, Schnüre für den Knoten
Demonstrationsmaterial: Hunderterfeld und Zahlwinkel

Worum geht es?

Zur weiteren Vertiefung der Zahlvorstellung sind aus zeichnerischen Darstellungen von Zahlen die Zahlen zu bestimmen und umgekehrt die Zeichnungen zu vorgegebenen Zahlen. Die Kinder zeichnen die Zehner als Striche, die Einer als Punkte. Die jeweilige Zahl wird zusätzlich sprachlich benannt.
Die Zerlegung der Zahlen in Zehner und Einer wird benötigt zur Vorbereitung der Addition im neuen Zahlenraum. Bei den Päckchen geht es um die Zerlegung von Zahlen in Zehner und Einer.

Wie kann man vorgehen?

Am Hunderterfeld werden im Klassengespräch nochmals einige Zahlen gezeigt, mit Strichen und Punkten dargestellt und benannt. 26 und 62 sind mögliche Beispiele.
Einige Kinder vertauschen hier beim Hinschreiben die Reihenfolge der Ziffern, obwohl sie die richtige Zahl „denken". Darum soll auf die Reihenfolge beim Schreiben und Sprechen nochmals verwiesen werden. Danach werden einige Zahlen angeschrieben und die Kinder zeichnen diese Zahlen ins Heft.
Aufgabe 1 und 2:
Zu den jeweiligen bildlichen Zahldarstellungen werden die entsprechenden Zahlen notiert.
Aufgabe 3:
Umgekehrte Aufgabenstellung:
Zu den vorgegebenen Zahlen werden die passenden Darstellungen ins Heft gezeichnet.
Aufgabe 4 und 5:
Zehner und Einer werden zu einer Zahl zusammengesetzt.
Aufgabe 6 und 7:
Umgekehrte Form der Zerlegungen in Zehner und Einer als Additionsgleichung.
Aufgabe 8:
Der Kreuzknoten wird nach Vorgabe geübt. Er ist nichts anderes als eine Schuhschleife (1. Schuljahr) ohne Schleifen und dient zur Verbindung zweier Schnüre. Da er der übliche Knoten ist, mit dem ein Chirurg die Fäden einer Operationsnaht verknüpft, heißt er auch *Chirurgenknoten*.

Wie könnte es weitergehen?

- Übungsheft Seite 7, Aufgabe 4
- Zahlendiktate: Lehrer nennt Zahlen, Schüler schreiben sie auf
- Weitere Übungen zur Zahlzerlegung, z. B. akkustische Übungen: die Zehner werden auf einem Xylophon mit tiefen Tönen dargestellt, die Einer mit sehr hohen. Alternativ Zehner *klatschen*, Einer *klopfen*. Welche Zahl ist gemeint?
- Weitere Übungen zur Zahldarstellung analog zu Aufgabe 1 und 2
- Übungen an der Hundertertafel und am Hunderterfeld (Handbuch produktiver Rechenübungen, Bd. 1, S. 76 ff.)

16 Hunderterreihe und Verzahnung der Zahldarstellungen

Einführung der Hunderterreihe, Zahlen zeigen, sprechen, lesen, schreiben, an verschiedenen Anschauungsmitteln darstellen

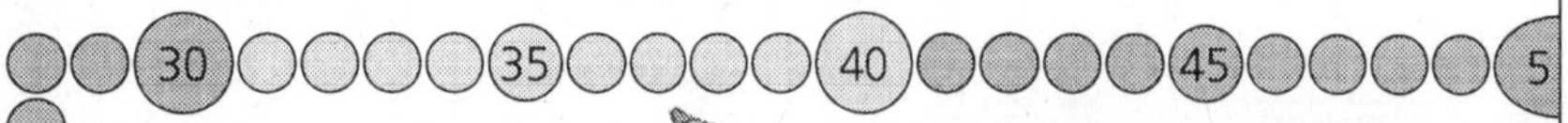

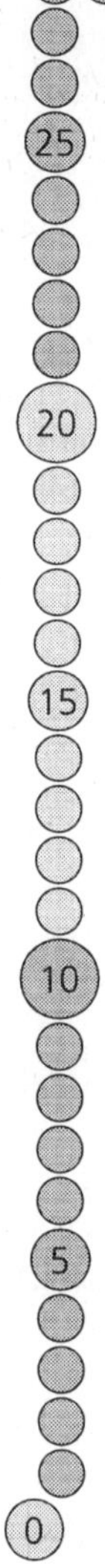

1. Welche Zahl?

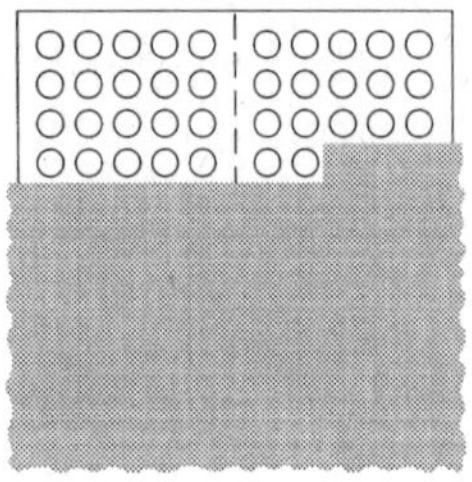

......

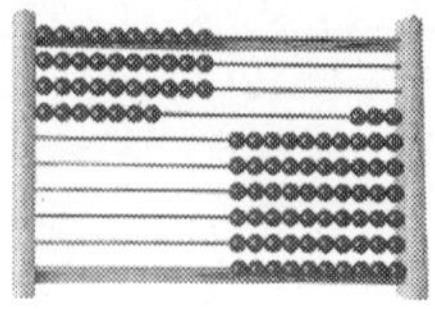

......

......Pf

				5					10
				15					20
				25					30
				35					40
				45					50
				55					60
				65					70
				75					80
				85					90
				95					100

......

2. Zeige: 38, 83, 45, 54, 96, 97.

3. Suche die Nachbarzahlen.

a. 14, 15, 16   b. 74, 75, 76   c. ......, 20, ...   d. ......, 80, ...   e. ......, 43, ...
......, 35, ..., 85, ..., 40, ..., 90, ..., 21, ...
......, 55, ..., 95, ..., 60, ..., 100, ..., 89, ...

4. Zurück und vor zu den Nachbarzahlen.

a. 18 − 1 = ...   b. 37 − 1 = ...   c. 59 − 1 = ...   d. 79 − 1 = ...
18 + 1 = ...   37 + 1 = ...   59 + 1 = ...   79 + 1 = ...

e. 30 − 1 = ...   f. 50 − 1 = ...   g. 70 − 1 = ...   h. 99 − 1 = ...
30 + 1 = ...   50 + 1 = ...   70 + 1 = ...   99 + 1 = ...

Was wird benötigt?

Arbeitsmaterial: Hunderterfeld, Russische Rechenmaschine, Hundertertafel, Geld, Hunderterreihe, Heft
Demonstrationsmaterial: vgl. Arbeitsmaterial

Worum geht es?

Bisher haben wir die Anschauungsmittel einzeln eingeführt und behandelt. Hier sollen die bereits eingeführten und bekannten Anschauungsmittel *koordiniert* werden. Neu hinzu kommt die 100er-Reihe als Verlängerung der 20er-Reihe. Die 5er- und 10er-Zahlen sind im Buch bereits zur besseren Orientierung eingetragen. Immer nach 10 Zahlen wechselt die Farbe. Die individuellen Präferenzen der Kinder für einzelne Anschauungsmittel sollten bewußt gemacht werden. Jedes Kind sollte zwar alle Anschauungsmaterialien kennenlernen, sie jedoch nach eigener Vorliebe benutzen dürfen. Beispiele für verschiedene Interpretationen von „mehr, weniger" an den Anschauungsmitteln:

Hunderterreihe:

10 mehr (bzw. 10 weniger) durch Vor- und Zurückgehen an der Reihe.

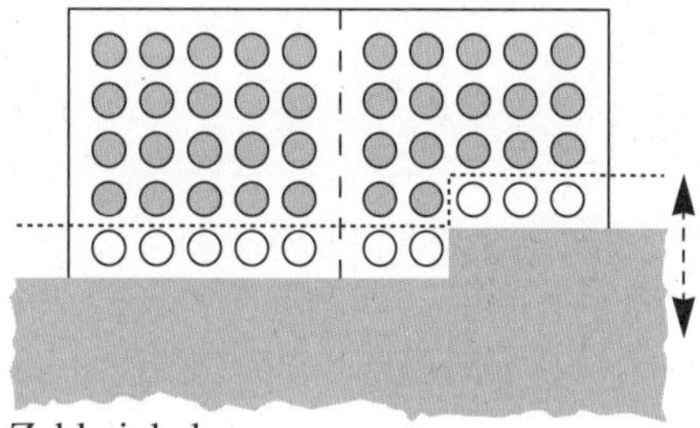

Zahlwinkel

Hunderterfeld:

10 mehr (bzw. 10 weniger) durch Verschieben des Zahlwinkels abwärts (bzw. aufwärts).

An der Hunderterreihe lassen sich die Nachbarzahlen am besten ablesen und erklären. An der Hundertertafel muß man bei den Nachbarn der Zehnerzahlen aufpassen.

Wie kann man vorgehen?

Die Lehrerin gibt in Gruppenarbeit (oder im Klassenverband) Zahlen vor und jedes (jeweils ein) Kind stellt parallel die Zahl mit einem Anschauungsmittel dar. Bei weiteren Zahlen wechseln die Kinder die Arbeitsmittel, so daß jedes Kind mit jedem Material gearbeitet hat.

Aufgabe 1:
Die Kinder lesen die Zahl 37 an den verschiedenen Anschauungsmitteln (Geld, Hunderterreihe, Hunderterfeld…) ab und besprechen die Darstellungen.

Aufgabe 2:
Zahlen werden in Gruppenarbeit verschieden dargestellt.

Aufgabe 3 und 4:
Die Nachbarzahlen werden an der Hunderterreihe und Hundertertafel gesucht und aufgeschrieben. In Aufgabe 4 wird dies mit der Addition und Subtraktion von 1 koordiniert.

Wie könnte es weitergehen?

- Übungsheft Seite 8, Aufgabe 1 und 2
- Weitere Zahlen zur Darstellung an die Tafel schreiben
- In Partnerarbeit gleiche Zahlen auf verschiedene Weise veranschaulichen

17 Nachbarzehner

Mit Hilfe der 100er-Reihe Nachbarzahlen/Nachbarzehner bestimmen, Ergänzen zum nächsten Zehner, Blitzrechenübungen B 2, B 3

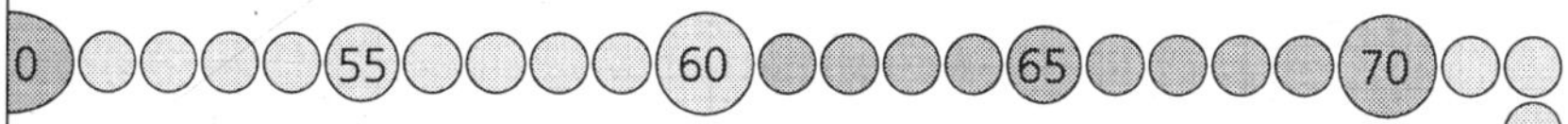

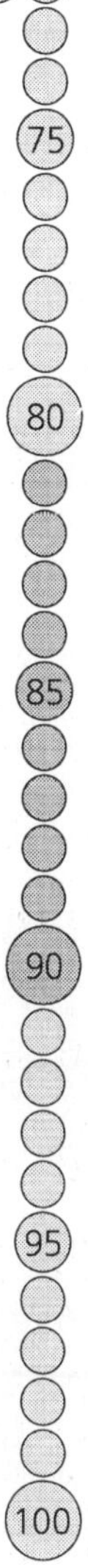

5. Zeige an der Hunderterreihe. a. 40, 47, 50 b. 60, 63, 70 c. 90, 99, 100

6. Zwischen welchen Zehnern liegen 16, 34, 52, 76, 85? Zeige.

7. Zurück zum Zehner.

a.	b.	c.	d.
21 – ...... = 20	97 – ...... = 90	25 – ...... = 20	27 – ...... = 20
22 – ...... = 20	77 – ...... = 70	36 – ...... = 30	45 – ...... = 40
23 – ...... = 20	57 – ...... = 50	49 – ...... = 40	54 – ...... = 50
24 – ...... = 20	37 – ...... = 30	64 – ...... = 60	63 – ...... = 60
25 – ...... = 20	17 – ...... = 10	81 – ...... = 80	72 – ...... = 70

8. Vor zum Zehner.

a.	b.	c.	d.
39 + ... = 40	26 + ... = 30	25 + ... = 30	27 + ... = 30
38 + ... = 40	46 + ... = 50	36 + ... = 40	45 + ... = 50
37 + ... = 40	66 + ... = 70	49 + ... = 50	54 + ... = 60
36 + ... = 40	76 + ... = 80	64 + ... = 70	63 + ... = 70
35 + ... = 40	86 + ... = 90	81 + ... = 90	72 + ... = 80

9.

a.	b.	c.	d.
7 + 3 = ...	4 + 6 = ...	8 + 2 = ...	5 + 5 = ...
17 + 3 = ...	24 + 6 = ...	28 + 2 = ...	65 + 5 = ...
37 + 3 = ...	44 + 6 = ...	58 + 2 = ...	95 + 5 = ...

10. Ergänze zum Zehner.

a.	b.	c.	d.
6 + ... = 10	4 + ... = ...	7 + ... = ...	9 + ... = ...
66 + ... = 70	24 + ... = ...	47 + ... = ...	49 + ... = ...
86 + ... = 90	54 + ... = ...	77 + ... = ...	99 + ... = ...

RECHNE WIE DER BLITZ!

a. 10, 20, 30, ..., 100 c. 5, 10, 15, ..., 50 e. 71, 72, 73, ..., 85

b. 100, 90, 80, ..., 10 d. 100, 95, 90, ..., 50 f. 100, 99, 98, ..., 85

Was wird benötigt?

Arbeitsmaterial: Hunderterreihe, Hunderterfeld mit Zahlwinkel
Demonstrationsmaterial: Hunderterreihe, Hunderterfeld mit Zahlwinkel

Worum geht es?

An der Hunderterreihe können die Nachbarzahlen und Nachbarzehner durch Zurück- bzw. Vorgehen leicht abgelesen und bestimmt werden.
Beim Bestimmen der Nachbarzehner geht es nicht nur um das Einordnen der Zahl zur kleineren bzw. größeren Zehnerzahl, sondern auch um das *genaue Ergänzen bis zur nächsten Zehnerzahl.* Die Kinder sollen explizit den genauen Abstand zur kleineren bzw. größeren Zehnerzahl bestimmen. Dieses genaue Einordnen erleichtert später das Rechnen und Runden.

Durch Minus- bzw. Plusaufgaben kann man den Unterschied zu den kleineren bzw. größeren Nachbarzehnern bestimmen:

67 – 7 = 60 (7 zurück) 67 + 3 = 70 (3 vor)

Auch am Hunderterfeld mit dem Zahlwinkel und an der ikonischen Darstellung können das Vor- und Zurückgehen zum nächsten Zehner gezeigt werden:

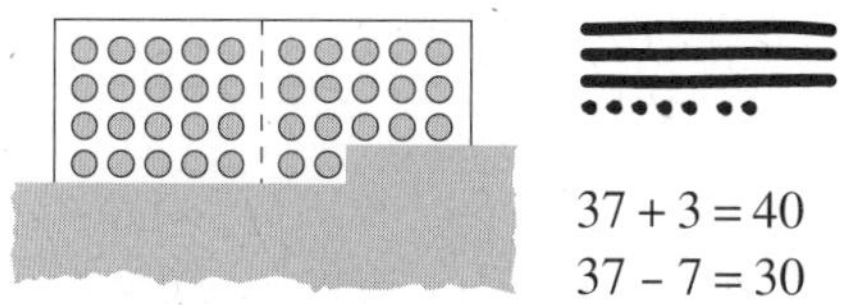

37 + 3 = 40
37 – 7 = 30

Auch die Analogie bei den einzelnen Zehner-Ergänzungen, z. B. 7 + 3 = 10, 17 + 3 = 20, 27 + 3 = 30, … wird angesprochen.

Arbeitet man am Lichtschreiber, können mit einer farbigen Folie auch die zu ergänzenden Einer visualisiert werden:

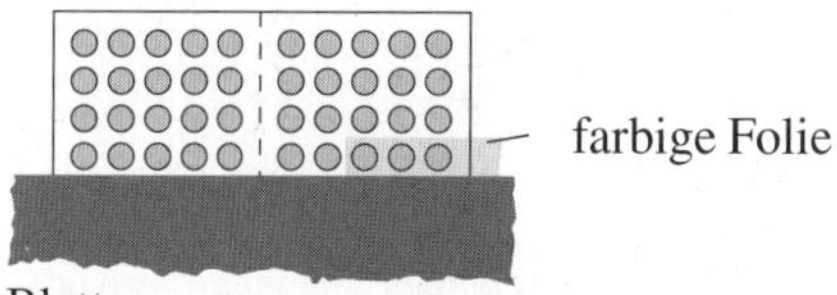

In der Fußleiste der Buchseite wird der erste Teil des Blitzrechenkurses zur Erinnerung angedeutet.

Wie kann man vorgehen?

An der Hunderterreihe werden die Nachbarzehner erläutert und gesucht.
Aufgabe 5 und 6:
Es soll jeweils mündlich aufgezeigt werden, zwischen welchen Zehnerzahlen die Zahlen 47, 63, 99, 16, 34, … liegen.
Aufgabe 7 und 8:
Hier wird jeweils zum nächsten Zehner vor- bzw. zurückgegangen.
Aufgabe 9 und 10:
Aufzeigen der wichtigen Analogie bei den einzelnen Zehner-Ergänzungen, z. B.: 6 + 4 = 10, 66 + 4 = 70, 86 + 4 = 90.

Fortsetzung des Blitzrechenkurses

Grundlegung der Blitzrechenübungen B 2 und B 3. Diese Übungen sind kein Zusatz, sondern greifen unmittelbar auf die vorhergehenden Seiten zurück. In den folgenden Wochen sollten diese Übungen möglichst täglich auf dem Programm stehen. Es sei daran erinnert, daß das „Ergänzen bis 10 und 20“ zu der Blitzrechenübung des 1. Schuljahrs gehört.

Wie könnte es weitergehen?

– Übungsheft Seite 8, Aufgabe 3–6

18 Einfache Zerlegungen des Hunderters

Einfache Ergänzungen, Subtraktionsaufgaben und multiplikative Zerlegungen am Hunderterfeld, Blitzrechenübungen B 4, B 5

Immer 100

1.

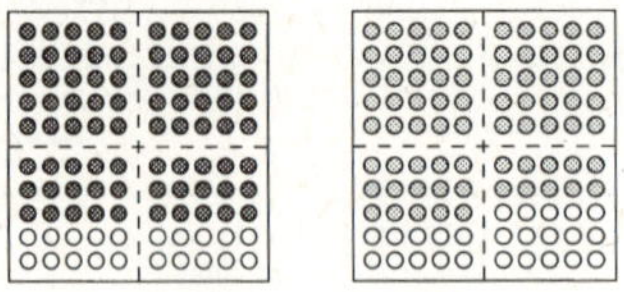

80 + ... = 100 75 + ... = 100

2.

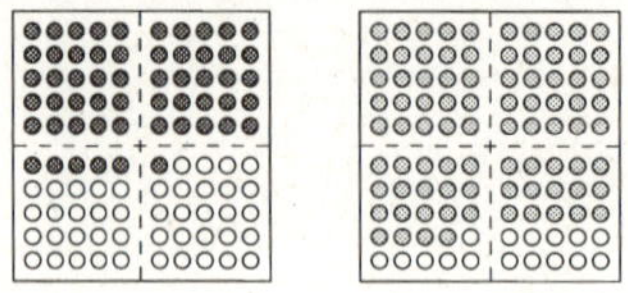

56 + ... = 100 84 + ... = 100

3.
90 + ... = 100
80 + ... = 100
70 + ... = 100
60 + ... = 100
50 + ... = 100

95 + ... = 100
85 + ... = 100
75 + ... = 100
65 + ... = 100
55 + ... = 100

4.
10 + ... = 100
15 + ... = 100
20 + ... = 100
25 + ... = 100
30 + ... = 100

60 + ... = 100
65 + ... = 100
70 + ... = 100
75 + ... = 100
80 + ... = 100

5.
91 + ... = 100
93 + ... = 100
95 + ... = 100
97 + ... = 100
99 + ... = 100

92 + ... = 100
90 + ... = 100
88 + ... = 100
86 + ... = 100
84 + ... = 100

6.
98 + ... = 100
88 + ... = 100
78 + ... = 100
68 + ... = 100
58 + ... = 100

78 + ... = 100
67 + ... = 100
56 + ... = 100
45 + ... = 100
34 + ... = 100

7.

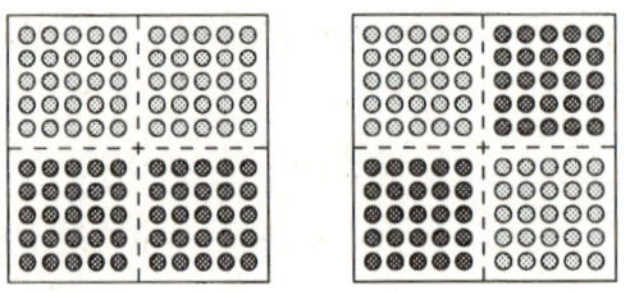

100 = ... mal 50 100 = ... mal 25

8.

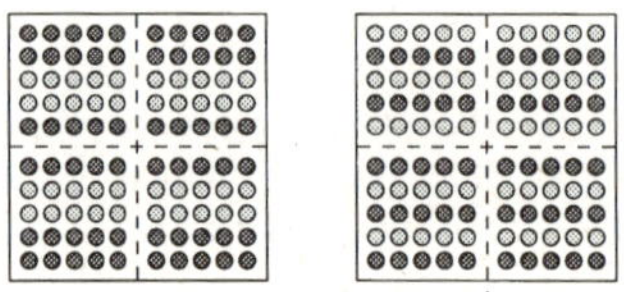

100 = ... mal 20 100 = ... mal 10

9a. „Ich denke mir eine Zahl, verdoppele sie und erhalte 100."

b. „Ich denke mir eine Zahl, nehme sie viermal und erhalte 100."

Trimm dich

9 + 1	3 + 2	7 + 3	1 + 4	5 + 5	9 + 6	3 + 7	7 + 8
4 + 1	8 + 2	2 + 3	6 + 4	10 + 5	4 + 6	8 + 7	6 + 2

Was wird benötigt?

Arbeitsmaterial: Hunderterfeld, Zahlwinkel, evtl. Kopiervorlage 7
Demonstrationsmaterial: OHP, Hunderterfeld (10 x 10) und Zahlwinkel (am besten) aus farbiger Folie

Worum geht es?

Auf den vorherigen Seiten wurde das Hunderterfeld benutzt, um mit Hilfe des Zahlwinkels Zahlen darzustellen bzw. dargestellte Zahlen abzulesen und um die zeichnerische Darstellung von Zahlen zu verdeutlichen.

Jetzt kommen die additive Ergänzung bis 100, entsprechende Subtraktionsaufgaben und einfache multiplikative Zerlegungen, die sich aus der Feldstruktur ergeben, dazu.

80 + 20 = 100

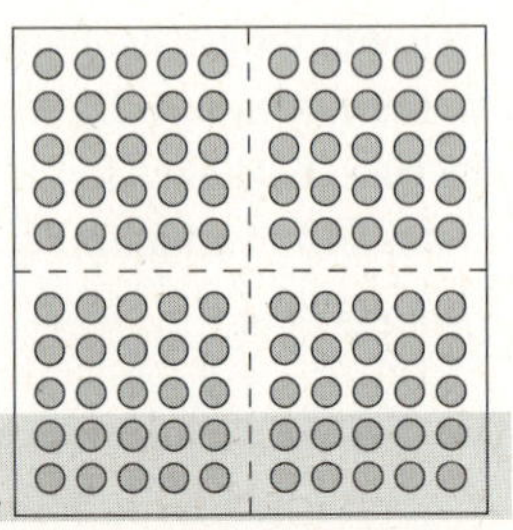

farbige Folie

83 + 17 = 100

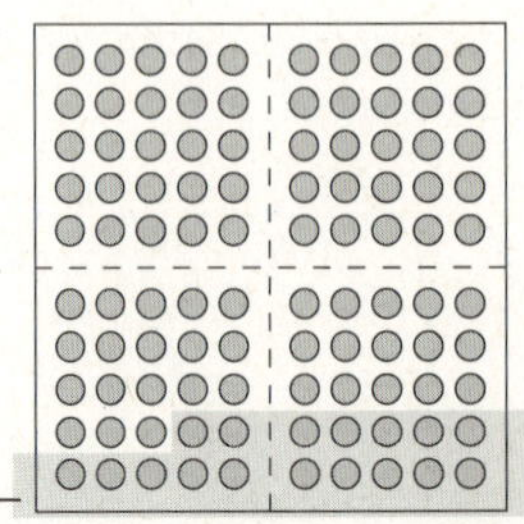

Zahlwinkel aus farbiger Folie

Wie kann man vorgehen?

Die Lehrerin legt eine Folie mit Hunderterfeldern (wie Aufgabe 1) auf. Die Zahl wird abgelesen, das ganze Hunderterfeld betrachtet, „der Rest" festgestellt und als Ergänzungsaufgabe 100 = 80 + __ notiert und gelöst: 80 + 20 = 100.

Viele Variationsmöglichkeiten bieten das 10 x 10-Punktefeld und ein farbiger Folienwinkel. Damit läßt sich jede Zahl darstellen und der abgedeckte „Rest" bleibt farbig sichtbar, so daß die Aufgabe leicht zu lösen ist. Als Hilfe sollte, besonders beim Ablesen des 2. Summanden, die Feldstruktur genutzt werden.

Aufgabe 1 und 2:
Hier sind die Aufgaben am Punktefeld dargestellt, um das Verfahren zu veranschaulichen.

Aufgabe 3 und 4:
Entsprechend Aufgabe 1 lassen sich die Päckchen mit Hilfe des Hunderterfeldes lösen. Die Kinder decken die gegebenen Summanden ab, ermitteln den „Rest".

Aufgabe 5 und 6:
Mit Hilfe des Hunderterfeldes zu lösen. Dabei wird immer auf 100 ergänzt.

5. Lösungen: 9, 7, 5, 3, 1 und 8, 10, 12, 14, 16
6. Lösungen: 2, 12, 22, 32, 42 und 22, 33, 44, 55, 66

Aufgabe 7 und 8:
Der Gebrauch des Wörtchens „mal" ist vom Mini-Einmaleins her bekannt.
100 = 50 + 50 oder 100 = 2 mal 50
100 = 20 + 20 + 20 + 20 + 20 oder
100 = 5 mal 20
Mit diesen Aufgaben wird die Blitzrechenübung „100 teilen" begründet.

Aufgabe 9 und 10:
Es tritt zum ersten Mal der neue Aufgabentyp des „Zahlenrätsels" auf.
Diese Aufgaben können gemeinsam an der Tafel gelöst und so notiert werden:
__ mal 2 = 100 __ mal 4 = 100
Die Kinder werden die Entsprechung zu Aufgabe 7 erkennen.

Fortsetzung des Blitzrechenkurses

Grundlegung der Blitzrechenübungen B 4 „Ergänzen bis 100", B 5 „100 teilen"

Trimm-Kurs „1 + 1" (Fortsetzung)

Wie könnte es weitergehen?

– Evtl. Arbeitsblatt (Kopiervorlage 7)

19 Geld – 100 DM in verschiedenen Scheinen

100 DM sollen in kleinere Scheine gewechselt werden

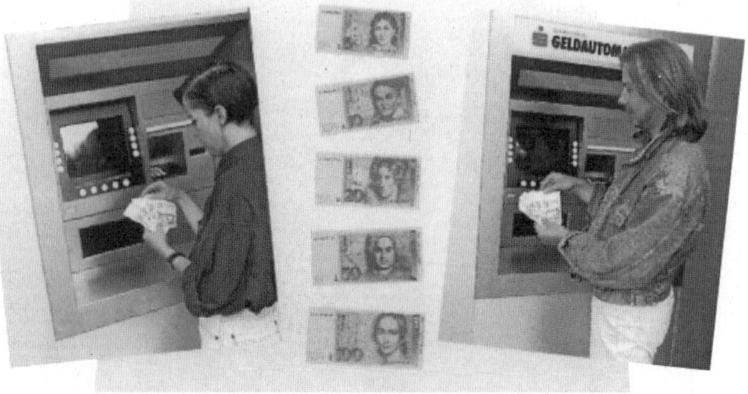

1. Lege immer 100 DM.

	Scheine
100	1
50 20 20 5 5	5

2. Wechsele 100 DM in

4 Scheine: 100 DM = 50 DM + 20 DM + 20 DM + 10 DM
2 Scheine: 100 DM = ... DM + ... DM
5 Scheine: 100 DM = ... DM + ... DM + ... DM + ... DM + ... DM
6 Scheine: 100 DM = ... DM + ... DM + ... DM + ... DM + ... DM + ... DM
7 Scheine: 100 DM = ... DM + ... DM + ... DM + ... DM + ... DM + ... DM + ... DM

3. In einer Spardose sind 2 Scheine.
Wieviel Geld kann das sein?

Was wird benötigt?

Arbeitsmaterial: Rechengeld (100 DM, 50 DM, 20 DM, 10 DM, 5 DM), auf die Markstücke wird bewußt verzichtet

Demonstrationsmaterial: Rechengeld

Worum geht es?

Auf den folgenden Seiten wird der Hunderterraum von verschiedenen Größen her beleuchtet.

Zunächst soll Geld (immer 100 DM) gewechselt werden. Dabei erfolgt eine Zerlegung im Zahlenraum bis 100 in Zehner- und Fünferschritten. Nicht nur auf die Geldwerte, sondern auch auf die jeweilige Anzahl der Scheine kommt es an. Eine Systematik wird vielleicht von *einigen* Kindern gefunden.

Beispiel: 100 DM

50 DM	20 DM	10 DM	5 DM	Scheine
2				2
1	2	1		4
1	2		2	5
1	1	3		5
1	1	2	2	6
1	1	1	4	7
1	1		6	8
usw.				

Umgekehrt kann man für einen Betrag die Anzahl der Scheine vorgeben.

Beispiel: Wechsel 100 DM in 5 Scheine

100 = 20 + 20 + 20 + 20 + 20
= 50 + 20 + 20 + 5 + 5
= 50 + 20 + 10 + 10 + 10

Es ergeben sich viele reizvolle mathematische Fragestellungen, z. B.:
Geht es mit nur zwei Sorten? Wie viele Scheine benötigt man dann mindestens?
Bis auf die nicht mögliche Darstellung von 100 DM durch 3 Scheine sind Darstellungen durch 2, 4, 5, ... bis maximal 20 Scheine möglich, da entsprechend gewechselt werden kann.

Wie kann man vorgehen?

Gespräch über das Foto: Wo könnte das sein? Wie wird ein Geldautomat bedient? Wer kann ihn benutzen?
Die unterschiedlich ausgezahlten Beträge von je 100 DM werden an die Tafel gehängt, andere Möglichkeiten werden gesucht und dargestellt. Aus den entwickelten Möglichkeiten kann die Tabelle für Aufgabe 1 entstehen. Welche Geldscheine kann der Automat auszahlen?

Tafelbild: Immer 100 DM	Scheine
20 20 20 20 10 10	6
50 20 20 5 5	5
50 20 20 10	4

Anschließend probieren die Kinder weitere Zerlegungen mit ihrem Rechengeld und tragen sie der *Aufgabe 1* entsprechend in eine Tabelle. Danach werden einige Ergebnisse an der Tafel gezeigt. Einige Schüler werden nicht wahllos vorgegangen sein, sondern immer nur einen Schein durch andere ersetzt haben.

Aufgabe 2:
Nun werden der Geldwert und die Anzahl der Scheine vorgegeben. Dies ist eine etwas anspruchsvollere Aufgabe, die Wechseln erfordert: Man legt den Geldwert zuerst irgendwie und versucht dann durch Wechseln auch noch die verlangte Anzahl der Scheine „hinzubekommen“. Stimmt die Anzahl der Scheine, kann die entsprechende Aufgabe notiert werden.

Dieser Aufgabentyp verlangt wieder systematisches Probieren im Sinne von „Legen und Überlegen“.
Einige Kinder werden die Tabelle von Aufgabe 1 nutzen.
Aufgabe 3:
Bei dieser Erkundungsaufgabe gibt es folgende Lösungen:

Scheine	Geldbetrag
50 50	100 DM
50 20	70 DM
50 10	60 DM
50 5	55 DM
20 20	40 DM
20 10	30 DM
20 5	25 DM
10 10	20 DM
10 5	15 DM
5 5	10 DM

Weiterführende Fragestellung: In der Spardose sind 3 Scheine.

Wie könnte es weitergehen?
- Unterrichtsgang zu einer Bank mit einem Geldautomaten (auch als Einstieg möglich)

20 Alle Münzen – alle Scheine

Vorstellen aller im Umlauf befindlichen Münzen und Scheine, Bestimmen und Wechseln von Geldbeträgen bis 100 Pf – 100 DM

Alle Münzen und Scheine

1. Wieviel Pf?

(50) (2)	52 Pf
(10) (10) (10) (10) (10) (1) (1)	Pf
(10) (10) (10) (10) (5) (5) (2)	Pf
(10) (10) (2) (2) (1)	Pf
(5) (5) (5) (5) (5)	Pf

2. Wieviel DM?

	DM
	DM
	DM
	DM
	DM

3. Lege und zeichne.

30 Pf	(10) (10) (10)
16 Pf	
22 Pf	
55 Pf	
80 Pf	

30 DM	
16 DM	
22 DM	
55 DM	
80 DM	

4. Lege 70 Pf mit 7 Münzen,
mit 6 Münzen,
mit 5 Münzen,
.....

5. Lege 70 DM mit 2 Scheinen,
mit 3 Scheinen,
mit 4 Scheinen,
.....

Was wird benötigt?

Arbeitsmaterial: Rechengeld, alle im Umlauf befindlichen Sorten
Demonstrationsmaterial: Rechengeld

Worum geht es?

Auf dieser Seite sollen die Vorkenntnisse der Kinder über unsere Münzen und Scheine (1. Schuljahr, Alltagserfahrungen) aufgegriffen, vertieft und hinsichtlich der „großen" Scheine erweitert werden. Ein wesentliches Ziel neben dem rein rechnerischen Aspekt ist es, den Schülern den unterschiedlichen Wert von Pf und DM bewußt zu machen. Die gleiche Maßzahl mit der Benennung Pf verkörpert eine gänzlich andere Kaufkraft als mit der Benennung DM.
Da die Vorkenntnisse vieler Kinder über Geldscheine relativ gering sind, sollte die Lehrerin einige Geldscheine mitbringen und den Kindern Sicherheitsmerkmale wie Sicherheitsfaden, Wasserzeichen, besonderes Papier zeigen sowie auf die Falschgeldkriminalität hinweisen.

Kleine Münzen	Große Münzen		Kleine Scheine		Große Scheine	
1 Pf	10 Pf	1 DM		10 DM	100 DM	1000 DM
2 Pf		2 DM		20 DM	200 DM	
5 Pf	50 Pf	5 DM	5 DM	50 DM	500 DM	
	Silbermünzen					

Wie kann man vorgehen?

Im Sitzkreis werden einige Geldscheine, z. B. 10 DM, 20 DM, 100 DM, 200 DM herumgegeben, hinsichtlich Größe, Farbe verglichen, gegen das Licht gehalten. Die Personen auf den Scheinen und die Sicherheitsmerkmale werden besprochen.
An der Tafel hängen alle Münzen und Scheine der Buchseite entsprechend geordnet. Die Schüler ordnen ihr Rechengeld entsprechend.
Gespräch über die Anordnung: links die Münzen, rechts die Scheine. Von jeder Sorte gibt es Einer, Zweier, Fünfer.
Aufgabe 1 und 2:
Ausrechnen und darüber sprechen, was man sich für 52 Pf, was für 52 DM kaufen könnte.
Aufgabe 3:
Das Geld soll zuerst gelegt, dann gezeichnet werden.
Aufgabe 4 und 5
(Erkundungsaufgaben, Lösung durch systematisches Probieren):
70 Pf
= 7 mal 10 Pf
(7 Münzen)
= 50 Pf + 10 Pf + 5 Pf + 2 Pf + 2 Pf + 1 Pf
(6 Münzen)
= 50 Pf + 5 Pf + 5 Pf + 5 Pf + 5 Pf
(5 Münzen)
...
70 DM
= 50 DM + 20 DM
(2 Scheine)
= 50 DM + 10 DM + 10 DM
(3 Scheine)
= 50 DM + 10 DM + 5 DM + 5 DM
(4 Scheine)
...

Wie könnte es weitergehen?

– Übungsheft Seite 9, Aufgabe 1, 2 und 3

21 Legen und Überlegen

Sachaufgaben mit Geld legen und überlegen

Legen und überlegen

1.

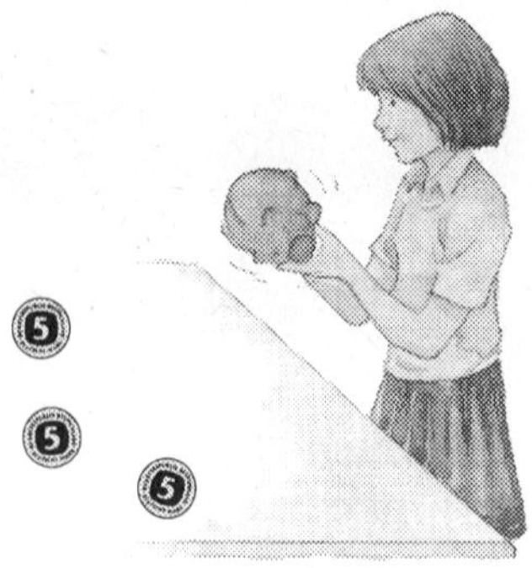

Lisa hat ...... DM.

a. Ingo hat 10 DM weniger als Lisa.
b. Mona hat 5 DM mehr als Lisa.
c. Mike hat 20 DM weniger als Lisa.

2.

Lara hat ...... DM.

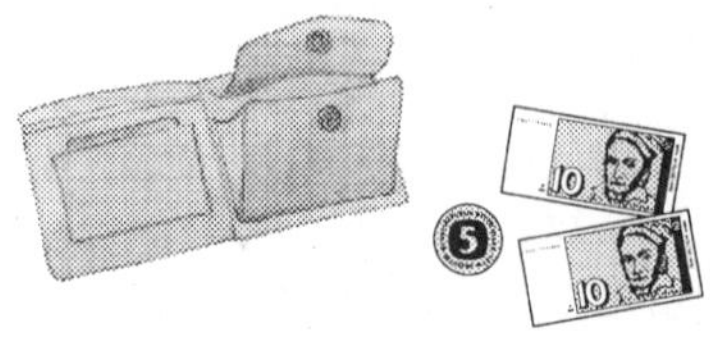

Patrick hat ...... DM.

a. Lara und Patrick haben zusammen ...... DM.
b. Lara hat ...... DM mehr als Patrick.
c. Patrick hat ...... DM weniger als Lara.

3. Olga hat 10 DM. Sie hat doppelt soviel Geld wie Toni.

4. Susi und Mark haben zusammen 60 DM. Susi hat doppelt soviel Geld wie Mark.

5. Erfinde selbst Aufgaben.

6. 40 DM + 30 DM = ... DM
50 DM + 40 DM = ... DM
50 DM + 50 DM = ... DM

7. 100 DM − 10 DM = ... DM
100 DM − 30 DM = ... DM
100 DM − 50 DM = ... DM

Trimm dich

5 − 2	8 − 6	5 − 4	10 − 5	15 − 6	10 − 7	15 − 8
10 − 2	5 − 3	10 − 4	15 − 5	10 − 6	15 − 7	8 − 2

Trimm dich

5 + 1	11 + 5	3 + 5	13 + 5	9 + 5	5 + 5	15 + 5
5 + 6	2 + 5	8 + 5	4 + 9	14 + 5	10 + 5	4 + 3

Was wird benötigt?

Arbeitsmaterial: Rechengeld
Demonstrationsmaterial: Rechengeld für die Magnettafel

Worum geht es?

Die Kinder sollen bei den Aufgaben durch das aktive Legen und Verändern die Beträge/die Wertigkeit der Geldscheine und Geldstücke genauer kennenlernen. Die sprachlichen Formulierungen „… hat mehr, … hat weniger, … haben zusammen, … hat doppelt so viel“ werden in mathematische Operationen umgesetzt und geübt.

Wie kann man vorgehen?

Die Lehrerin heftet einen Geldbetrag an die Magnettafel. Die Kinder zählen nach, wie viele DM angeheftet wurden. Durch Veränderung des Betrages wird erarbeitet, wie viele DM jetzt mehr (bzw. weniger) an der Tafel sind. In Partnerarbeit können die Kinder selbst Beträge legen, bestimmen und verändern.

Aufgabe 1:
Gemeinsam lesen, nachlegen und zunächst mündlich lösen. Anschließend können die Kinder die Aufgaben in der Stillarbeit eigenständig lösen.

Aufgabe 2:
Aufgabe wird durch Legen und Überlegen gelöst.

Aufgabe 3:
Mögliche Lösung kann durch Legen und Verdoppeln auf die Richtigkeit überprüft werden.

Aufgabe 4 und 5:
Aufgabe 4 soll durch Legen und Überlegen gelöst werden.
Es werden 60 DM gelegt und aufgeteilt (Lösung: Susi 40 DM, Mark 20 DM).
Dabei können weitere Aufgaben gestellt werden, z. B.:
„Sie haben zusammen 60 DM. Mark hat 30 DM mehr.“ Hier kommt es wieder auf die Gegenüberstellung an: Mark hat 30 DM/Mark hat 30 DM mehr als Susi.

Trimmkurs „1 + 1“ (Fortsetzung)

Wie könnte es weitergehen?

– Übungsheft Seite 9, Aufgabe 4 und 5
– Ähnliche Aufgaben, z. B.:
Susi hat doppelt so viel Geld wie Mark. Zusammen haben sie 30 DM. (20 DM/10 DM)
Susi hat doppelt so viel Geld wie Mark. Zusammen haben sie 90 DM. (60 DM/30 DM)
Susi hat dreimal so viel Geld wie Mark. Zusammen haben sie 80 DM. (60 DM/20 DM)

22 Ein Metermaß – selbstgemacht

Herstellung eines Zentimetermaßes aus Papierstreifen

1. Ein Metermaß – selbstgemacht.

1 Nimm einen Papierstreifen von 1 Meter Länge.

2 Halbiere.

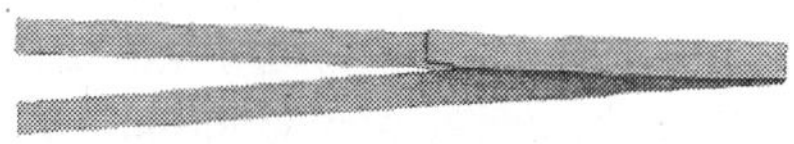

3 Halbiere nochmals.

4 Du erhältst:

5 Trage auch die anderen Zentimeter ein.

1 m = 100 cm

Ein Meter hat 100 Zentimeter.

Ein halber Meter hat 50 Zentimeter.

2. Miß.

Tisch
hoch ..... cm
lang ..... cm
breit ..... cm

Zahlenbuch
lang ..... cm breit ..... cm

Mathe-Heft
lang ..... cm breit ..... cm

Stuhlsitz
hoch ..... cm breit ..... cm

3. Diese Körpermaße helfen dir beim Schätzen:

Fingerbreite ..... cm

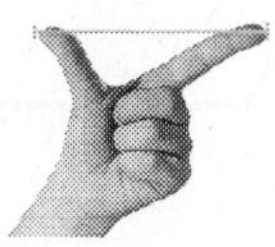

Fingerspanne ..... cm

Schritt ..... cm

Was wird benötigt?

Arbeitsmaterial: pro Kind ein 1 m langer, 2 cm breiter Tonpapierstreifen, Kleber, Lineal, evtl. Kopiervorlage 9 mit vier 25 cm-Abschnitten

Worum geht es?

Die Kinder sollen durch die Herstellung des Metermaßes handelnd erfahren: 1 Meter hat 100 Zentimeter. Die Hälfte von 1 m sind 50 cm. Wenn ich einen 1 m langen Streifen 4 mal teile, ist jeder Abschnitt 25 cm lang.
Der Hunderterraum wird an Hand der Größe „Meter" neu durchdrungen, der Zahlenstrahl (lineare Anordnung der Zahlen) vorbereitet.

Wie kann man vorgehen?

Die Buchseite regt dazu an, das Metermaß selber herzustellen. Die erforderlichen Schritte sind als Handlungsfolge dargestellt. Die Kinder betrachten die Abbildungen und beschreiben, was sie tun müssen.
Es muß ganz genau gefaltet werden, um exakt die Mitte bzw. im zweiten Schritt 25 cm-Abschnitte zu erhalten. Das Lineal muß bei 0 angelegt und die cm müssen genau übertragen werden.
Nach dieser intensiven Arbeit ist den Kindern deutlich: 1 Meter hat 100 Zentimeter, denn es werden 100 Zentimeterabschnitte abgetragen.
Da das Übertragen der Zentimeter bei einigen Kindern vielleicht zu ungenau erfolgt, können sie mit Hilfe der Kopiervorlage ein genaues Zentimeterband aus vier 25 cm-Abschnitten zusammenkleben.
Mit dem hergestellten Metermaß können die in der Tabelle angegebenen Gegenstände gemessen werden. Durch das Ausmessen der Körpermaße, Fingerbreite, Fingerspanne, Schrittlänge erhalten die Kinder Standardbeispiele für Längen aus ihrem Erfahrungsbereich, die sie fest im Gedächtnis verankern sollen.

Wie könnte es weitergehen?

- Weitere Gegenstände im Klassenzimmer ausmessen
- Zu Hause Bett, Schreibtisch usw. messen

Achtung: Maßband für Seite 56/57 „Maße an meinem Körper" und Seite 93 „Halbieren/Verdoppeln" aufbewahren!

23 Orientierung am Hunderterstrahl

Die Anordnung der Zahlen am Zahlenstrahl, Nutzung der Kenntnisse zum Halbieren und Verdoppeln, Blitzrechenübung B 6

1. Welche Zahlen?

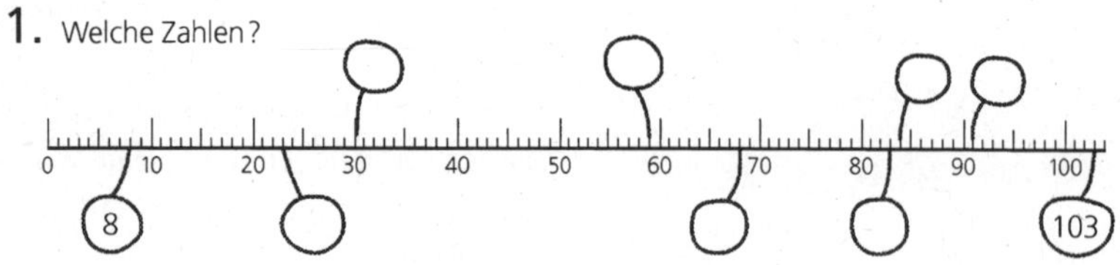

2. Wo stehen die Zahlen?

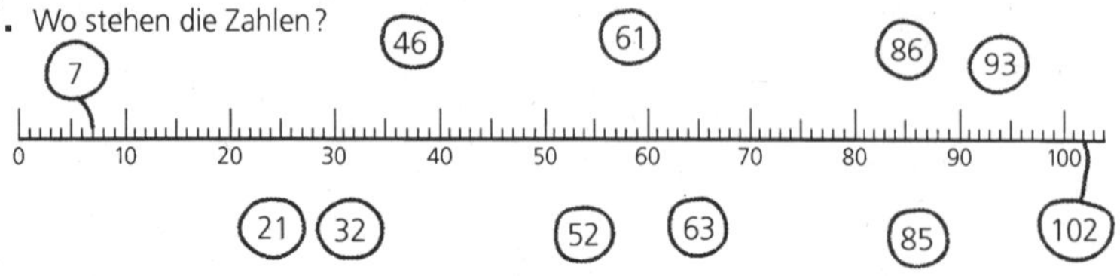

3. Verdoppele.

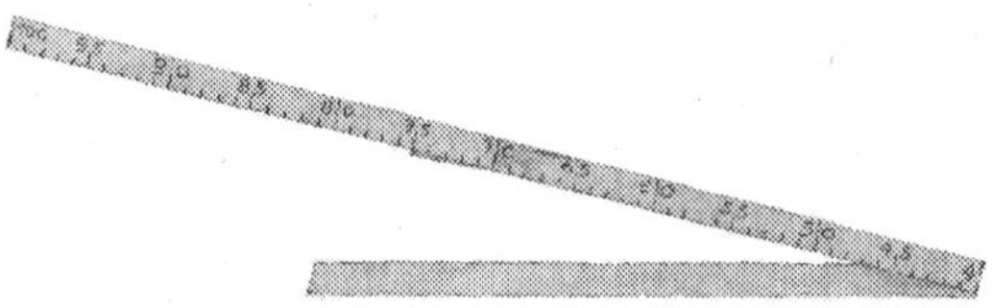

Länge	40cm	20cm	10cm	15cm	30cm	35cm	40cm	45cm	25cm	50cm
das Doppelte	80cm									

4. Halbiere.

Länge	80cm	60cm	20cm	40cm	100cm	10cm	30cm	50cm	70cm	90cm
die Hälfte	40cm									

Trimm dich

6 − 5	16 − 5	12 − 5	8 − 5	18 − 5	14 − 5	20 − 5
11 − 5	7 − 5	17 − 5	13 − 5	9 − 5	19 − 5	7 − 4
7 + 2	8 + 2	6 + 3	7 + 4	7 + 6	8 + 3	6 + 5
9 − 4	11 − 3	12 − 3	13 − 4	13 − 2	12 − 4	11 − 3

Trimm dich

Was wird benötigt?
Arbeitsmaterial: selbst erstelltes Metermaß
Demonstrationsmaterial: Folie von Seite 23, OHP, evtl. Zahlenstrahl für den Klassenraum

Worum geht es?
Die lineare Anordnung der Zahlen am Zahlenstrahl hilft beim Ordnen und Vergleichen von Zahlen. Die Struktur der Zahlenreihe wird deutlich: Je höher die *Zehnerziffer*, desto näher liegt die Zahl bei 100, je kleiner die *Zehnerziffer*, desto näher liegt die Zahl bei Null.
Den Kindern ist die Zahlenreihe aus dem 1. Schuljahr von der Zwanzigerreihe und von Seite 16/17 bekannt. Der Unterschied zum Zahlenstrahl besteht darin, daß jetzt die Zahlen an den Endpunkten gleich langer Strecken stehen.
Um z. B. zur 10 zu kommen, müssen 10 gleich lange Abschnitte von der Null aus abgetragen werden.
Diese Einsicht soll beim Verdoppeln und Halbieren genutzt werden:
„Meine Zahl heißt 20. Wenn ich noch einmal zwei Zehner von 20 aus abtrage, erhalte ich das Doppelte der Zahl: 40."
Beim Halbieren wird die Mitte der Strecke zwischen Null und der Zahl gesucht.

Wie kann man vorgehen?
Die Lehrerin zeigt den Kindern einen Zahlenstrahl mit dem OHP oder hängt einen Demonstrationsstrahl auf. Der Unterschied zum zuvor hergestellten Maßband wird besprochen.
Es sind nur Zehnerzahlen eingetragen, die Abstände sind alle gleich, aber nicht 1 cm. Es ist also kein Maßband, sondern ein Zahlenstrahl. Die Lehrerin nennt Zahlen, die Kinder kennzeichnen den Platz am Zahlenstrahl.
Aufgabe 1 und 2:
Lösung in Einzelarbeit.
Aufgabe 3:
Die Kinder knüpfen an die Erfahrungen von Seite 22 an und nehmen das Maßband zur Hilfe. Sie suchen die 40 cm, knicken, verdoppeln und erhalten insgesamt 80 cm.
Nach der gemeinsamen Klärung wird Aufgabe 3 im Buch bearbeitet.
Aufgabe 4:
Entsprechende Erarbeitung. Diesmal wird halbiert. Die Kinder suchen 80 cm, legen die 0 auf 80 cm und knicken.
Die Strecke ist halbiert und die Hälfte von 80 cm, nämlich 40 cm, gefunden.

Trimmkurs „1 + 1" (Fortsetzung)

Fortsetzung des Blitzrechenkurses
Grundlegung der Übung B 6 „Verdoppeln/Halbieren" (reine Zehner), die wiederum die analoge gleichnamige Blitzrechenübung des 1. Schuljahrs fortsetzt.

Wie könnte es weitergehen?
– Übungsheft Seite 10

24 Zahlen in der Umwelt

Zahlen als Anzahlen, Ordnungszahlen, Maßzahlen, Codes

Zahlen in der Umwelt

1. Ina fährt mit ihrer Mutter nach Köln.

a. Wie weit müssen sie noch fahren? b. Fährt Mutter zu schnell?

2. **Schlittschuhe weiß**
Gr. 36, gut erhalten, für 30 DM.
Neupreis 69 DM.
☎ (012345) 6789

3.

Halber Preis!

Bettbezug 90 x 200 cm	jetzt **40,–**
Kopfkissen 80 x 80 cm	jetzt **24,–**
Garnitur	jetzt **58,–**

4. FUSSBALL BUNDESLIGA

E. Frankfurt – Bay. Uerdingen	1:0
Kaiserslautern – Hamburger SV	2:2
B. M'gladbach – VfB Stuttgart	1:1
Bor. Dortmund – 1. FC Nürnberg	4:2
Bay. München – Karlsruher SC	3:3
1. FC Köln – VfL Bochum	1:0
Wattensch. 09 – B. Leverkusen	1:3
Dyn. Dresden – Schalke 04	1:0
W. Bremen – 1. FC Saarbrücken	2:0

Wie viele Tore sind gefallen?

5.

Aller guten Dinge sind 3!
Wir sind glücklich über die Geburt unserer Tochter
Jana
* 3. September 1994 · 3100 g · 52 cm
Familie Born · 44216 Reken · Spielweg 13

Wie groß warst du bei deiner Geburt?

Was wird benötigt?

Arbeits- und Demonstrationsmaterial: Kassenbons, Prospekte, Kataloge, Zeitungsausschnitte

Worum geht es?

Die Seite gibt den Schülern Gelegenheit, Zahlen und Größen vorwiegend aus dem Hunderterraum in der Umwelt zu entdecken, Erfahrungen darüber auszutauschen und erste Aufgaben zu lösen.
In den dargestellten Sachsituationen werden recht unterschiedliche Themen, wie z. B. das Armaturenbrett eines Autos, Preise, Zahlen aus dem Sport oder Zahlen bei der Geburt eines Kindes angesprochen.

Wie kann man vorgehen?

Wie im 1. Schuljahr bietet sich auch hier bei der Umweltseite eine vorbereitende Hausaufgabe an. Die Kinder sollen wieder Dinge mit Zahlen oder Zahlen aus Prospekten, Zeitungen sammeln und mitbringen. Diese Dinge werden im Unterricht gesammelt und besprochen. Die dargestellten Sachsituationen im Buch bieten vielfältige Erzähl- und Rechenanlässe. Während im 1. Schuljahr der Schwerpunkt beim Erkennen und Unterscheiden der Zahlen und ihrer Verwendungsmöglichkeiten lag, kommt nun das Operieren mit Maßzahlen hinzu.

Aufgabe 1:
Hier ist das Armaturenbrett eines Autos mit Ausblick auf die Straße abgebildet. Angesprochen werden können: Tachometer, Kilometerzähler, Uhr, Sonderanzeige im Radio, Verkehrsschilder.
Wie bei den weiteren Aufgaben ist *eine* mögliche Fragestellung exemplarisch angegeben. Die Kinder werden aber sicherlich selbst weitere Fragestellungen finden, z. B.:

- Wie schnell darf man hier fahren?
- Wie weit ist es nach Köln? (Entfernung)
- Welche Bundesstraße wird befahren? (Zahlen zur Codierung)
- Wie spät ist es? Wann wird man etwa in Köln sein?
- Was wird in einem Auto sonst noch angezeigt?

Aufgabe 2:
Hier geht es um Schuhgrößen, Preisnachlaß bei Gebrauchtkauf, Personenidentifikation durch Telefonnummern (Konfektionsgrößen werden noch ausführlich auf den Seiten 56/57 behandelt).

Aufgabe 3:
Hier geht es um Längenmaße und um Preisnachlaß für Sonderangebote.

Aufgabe 4:
Die Ergebnisse eines Spieltages der Fußballbundesliga-Saison 92/93 sind hier dokumentiert.
Neben der dort schon gestellten Frage sind noch folgende möglich:

- höchstes und niedrigstes Ergebnis
- 6 Tore sind gefallen, welche Spielausgänge sind möglich?
  6 : 0, 5 : 1, 4 : 2, 3 : 3, 2 : 4, 1 : 5, 0 : 6
  (Verbindung zu Zahlzerlegung in Zahlenhäusern im 1. Schuljahr)

- Wie viele Mannschaften spielten in der Saison in der Bundesliga?
- Welche Mannschaften spielen jetzt in der Bundesliga?

Die Fußballer aus den F-Jugendmannschaften einer Klasse werden hierzu einiges wissen.

Aufgabe 5:

Die Zahleninformationen in der Geburtsanzeige sind vielschichtig, was einem Erwachsenen oft nicht mehr bewußt ist:
- das wievielte Kind ist es
- Geburtsdatum
- Name
- Körpergröße, Gewicht
- Anschrift der Familie (Verbindung zum Sprachunterricht, Adressen und Absender notieren können).

Sehr viel Vergnügen bereitet den Kindern das Sammeln ihrer eigenen Zahlen. Es ergeben sich automatisch viele Sprech- und Rechenanlässe:
- Wann bist du geboren?
  Monat, Wochentag, Jahr
- Wie groß warst du bei der Geburt?
- Wie schwer warst du?
- Vergleich mit jetzt. Ist das größte Baby jetzt auch das größte Kind?

Wie könnte es weitergehen?

Die Kinder können selbst ähnliche Anzeigen in Zeitungen suchen und in den Unterricht mitbringen

25 Formen in der Umwelt

Unterschiedliche geometrische Formen der natürlichen Umwelt wahrnehmen, analysieren, Umrisse zeichnen und zuordnen

Formen in der Umwelt

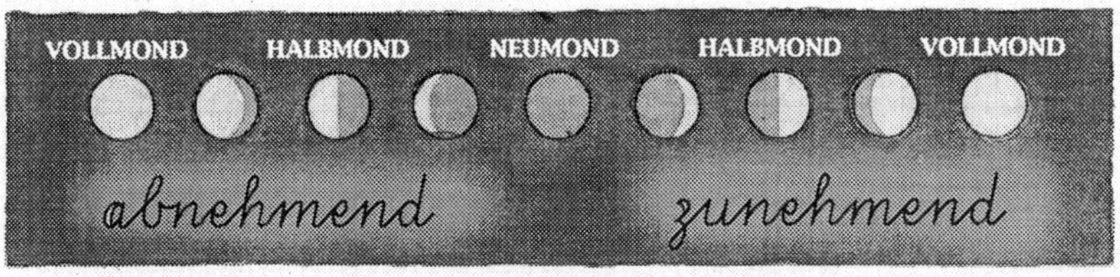

1 a. Suche Gegenstände. Zeichne ihre Umrisse.

b. Wozu passen die Umrisse?

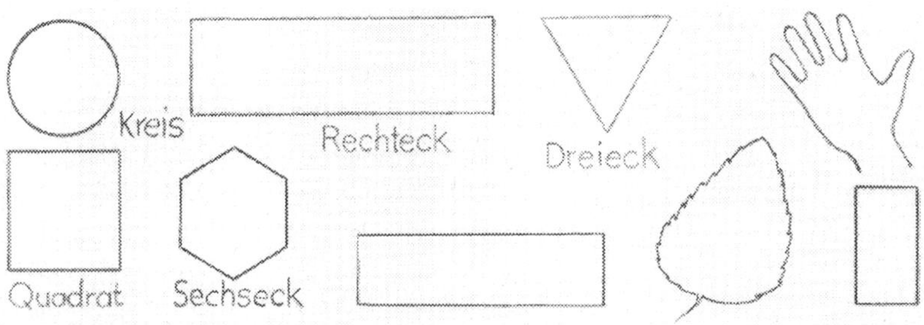

2. Beschreibe die Verkehrsschilder. Was bedeuten sie?

Was wird benötigt?

Gegenstände der Umwelt mit relativ klaren geometrischen Formen (bzw. Umrissen), Streichholzschachteln, Blumentopf, Würfel (Notizpapier), Dosen, Verpackungen, Geldstücke

Worum geht es?

Die Kinder sollen einige geometrische Grundformen ihrer natürlichen Umwelt bewußter wahrnehmen und umgangssprachlich beschreiben. Sie sollen aufmerksam werden auf den Formenreichtum der Umwelt.

Beim Mond und bei der Sonne findet sich als Umriß die Kreisform, aber bei den Mondphasen auch der Halbkreis und die Sichel. Von den geometrischen Körpern in der Umwelt nehmen wir wie beim Mond und der Sonne *Umrisse* wahr. Umrisse und Gegenstände sollen einander zugeordnet werden.

Bei den Verkehrsschildern unterstützt die Form (der Umriß) die Wiedererkennung. Das Stopschild mit seiner einprägsamen Achteckform muß klar auch im Dunkeln von anderen Schildern unterscheidbar sein, wie auch die beiden anderen Vorfahrtsschilder. Die Gebots- und Verbotsschilder sind rund.

Wie kann man vorgehen?

Die Kinder bekommen die Aufgabe, den Mond zu beobachten. Im Unterricht werden die Mondphasen besprochen und benannt. Von Vollmond zu Vollmond sind es 4 Wochen oder etwa 1 *Monat*. Wenn die Lehrerin eine Kugel (z. B. Globus) mit einer starken Tischlampe von den verschiedenen Seiten beleuchtet, kann sie sogar die Mondphasen als verschiedene Formen der Sonnenbeleuchtung erklären.

Aufgabe 1 a.:

Von mitgebrachten Gegenständen zeichnen die Kinder Umrisse. Dabei stellen die Kinder die Gegenstände auf ein Blatt Papier und umfahren sie mit einem weichen Bleistift. Als mögliche Umrisse entstehen *Kreise* (Dose, Geldstück, Blumentopf), *Rechtecke* (Verpackungen), *Quadrate*, *Dreiecke*, vielleicht ein Sechseck von einer Pralinenverpackung oder großen Sechskantmutter. Auch von einem Fuß oder einer *Hand* können Umrisse hergestellt werden.

Aufgabe 1 b.:

Hier sollen die Umrisse den Gegenständen zugeordnet werden, aus denen sie durch Umfahren hergestellt wurden.

Aufgabe 2:

Die Verkehrsschilder werden in ihrer Form beschrieben, die Bedeutung kann unter Mitwirkung der Kinder erläutert werden.

Wie könnte es weitergehen?

- Unterrichtsgang zur Beobachtung von Verkehrsschildern
- Sammlung weiterer Verkehrsschilder mit ihrer Bedeutung, Ordnen nach Formen
- Blätter von Laubbäumen betrachten: diese werden in der Regel an ihren typischen Umrissen erkannt (Birkenblatt, Eichenblatt, Kastanienblatt, ...)
- Umrisse von Bäumen betrachten (Tanne, Pappel, ...)
- In dem sehr anregenden Kinderbuch „Graf Tüpo“ werden aus geometrischen Grundformen Bilder hergestellt, so der Umriß eines Elefanten, der wie eine verzauberte Mücke aussieht. (Manfred Bofinger: Graf Tüpo, Lina Tschornaja und die anderen. Verlag der Sisyphos-Presse, Berlin 1991)

26 Uhrzeiten

Uhrzeiten mit vollen Stunden ablesen und einstellen können

Es ist 8 Uhr morgens. Es ist 8 Uhr abends.

Ein Tag hat 24 Stunden. Er beginnt um Mitternacht (0 Uhr).

1. Wie spät ist es?

9 Uhr	...... Uhr	...... Uhr	...... Uhr	...... Uhr	...... Uhr
21 Uhr	...... Uhr	...... Uhr	...... Uhr	...... Uhr	...... Uhr

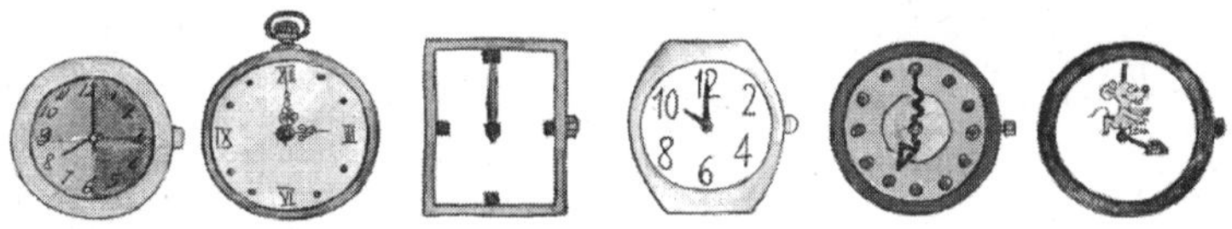

...... Uhr	...... Uhr	...... Uhr	...... Uhr	...... Uhr	...... Uhr
...... Uhr	...... Uhr	...... Uhr	...... Uhr	...... Uhr	...... Uhr

2. Lies die Uhrzeit, und stelle deine Uhr.

a. 6:00 b. 9:00 c. 10:00 d. 14:00 e. 5:00 f. 21:00

3.

Dr. Dent/Zahnarzt
Sprechstunden
Mo, Di, Do, Fr 8-11 Uhr
16-18 Uhr
Mi 8-13 Uhr

Wie viele Stunden hat Dr. Dent Sprechstunde?

a. am Montag
b. am Mittwoch
c. am Samstag
d. in der Woche

Was wird benötigt?

Arbeits- und Demonstrationsmaterial: verschiedene Zeiger- und Digitaluhren, Lernuhren, evtl. Praxisschild auf Plakatkarton, evtl. Kopiervorlage 10 und 11

Worum geht es?

Das Ablesen der Zeigeruhr (Analoguhr) ist für die Kinder eine faszinierende und erstrebenswerte Fertigkeit, weil es zur Selbständigkeit und Unabhängigkeit beiträgt. Die bereits im 1. Schuljahr erlernten vollen Stunden erweisen sich als hilfreiche Stützen. Die beiden Möglichkeiten zur Benennung der Nachmittagsstunden (1 Uhr nachmittags, 13 Uhr usw.) sollen wieder parallel behandelt werden. Die digitale Zeitangabe ist eine Hilfe für die Erfassung der analogen Zeigerstellung.

Die wichtigsten Erkenntnisse sind:

- Ein Tag hat 24 Stunden
- Der kleine Zeiger zeigt die Stunden an
- Der Minutenzeiger steht bei der vollen Stunde auf 12
- Ab 12 Uhr heißen die Stunden 13, 14, ... 24 Uhr, d. h. der kleine Zeiger wandert jeden Tag 2mal über das Zifferblatt.

Neben dem Verständnis für Zeitpunkte sollen die Kinder anhand von praktischen Zeitvergleichen ein Gefühl für Zeitdauer gewinnen und Zeitspannen berechnen können.

Das Zahlenbuch beginnt mit der Einführung der Uhr relativ früh, damit das Thema Zeit im folgenden in Sachzusammenhängen immer wieder aufgegriffen und rechnerisch vertieft werden kann (vgl. Buchseite 50, 61).

Es muß deutlich werden, daß das Wort „Tag" in zwei Bedeutungen verwendet wird, die man in der Regel nur aus dem Zusammenhang erschließen kann: Zeitspanne von 0 Uhr zu 0 Uhr (24 Stunden) und „heller Tag" mit je nach Jahreszeit unterschiedlicher Dauer.

Wie kann man vorgehen?

Empfohlen wird die gleichzeitige Behandlung im Sachunterricht (verschiedene Uhren vergleichen [Batterie-, Federuhr], Zeitabläufe, Pendelexperimente, verschiedene Zeitmesser selbst bauen, usw.). Nach Möglichkeit sollte die Lehrerin zum Einstieg verschiedene Uhren mitbringen (Eieruhr, Sanduhr, Wecker, Armbanduhr, Wanduhr, jeweils analog – digital, verschiedene Zifferblätter). Unterschiede und Gemeinsamkeiten der Uhren werden herausgestellt. Wichtigste Kriterien für den Mathematikunterricht:

- Eine digitale Uhr zeigt die Uhrzeit schnell ablesbar mit Ziffern an
- Eine analoge Uhr besteht aus einem unterschiedlich gestalteten Zifferblatt, dem kleinen Stundenzeiger, dem größeren Minutenzeiger und evtl. dem Sekundenzeiger, dessen Bewegung das Auge sofort registrieren kann.

Dann werden an einer großen Demonstrationsuhr eingestellte Uhrzeiten abgelesen und vorgegebene Uhrzeiten eingestellt. Bei vollen Stunden bereitet auch das Einstellen einfachster Uhrmodelle ohne Uhrwerk keine Probleme, weil der Stundenzeiger genau auf die betreffende Ziffer zeigt.

Anschließend erhalten möglichst alle Kinder eine Lernuhr (die oft in Schulen

vorhanden ist oder mit Hilfe der Kopiervorlage 10 hergestellt werden kann).
Mögliche Partnerarbeit: Ein Schüler stellt eine volle Stunde ein, der andere liest die Uhrzeit ab und umgekehrt.
Im Buch wurde als Uhrzeit für die Einstiegssituation gezielt die Uhrzeit 8 Uhr morgens, häufig Schulbeginn, bzw. 8 Uhr abends (20 Uhr, Tagesschau, Schlafenszeit) gewählt.
Durch die Darstellung der Sachsituationen werden die Schüler herausfinden, daß die Digitaluhr morgens und abends unterschiedliche Zeiten (Zeit, Zeit plus 12 Stunden) angibt, während die Zeigerstellung bei der Analoguhr (Zeigeruhr) identisch ist.
Aufgabe 1:
Verschiedene Zifferblätter von Uhren sind abgebildet. Die Schüler beschreiben die unterschiedlichen Zifferblätter, lesen dann in Einzelarbeit die Uhrzeiten ab und schreiben sie auf.
Aufgabe 2:
Die Kinder lesen die Uhrzeiten und stellen ihre Lernuhr entsprechend ein.
Aufgabe 3:
Am Beispiel des Praxisschildes werden mit vollen Stunden Zeitspannen errechnet.
In der Klasse sollten an einem größeren Demonstrationsschild die Informationen über die Öffnungszeiten herausgearbeitet werden. Die Öffnungszeiten werden durch Ergänzen oder Subtrahieren berechnet: 8 + __ = 11 oder 11 - 8 = __.
Anmerkung: Das richtige Lesen und Interpretieren der Sprechstundenzeiten auf Praxisschildern muß von den Kindern erst erlernt werden.
Lösungen:
a. 5 Stunden
b. 5 Stunden
c. 0 Stunden
d. 25 Stunden

Wie könnte es weitergehen?
- Übungsheft Seite 11, Aufgabe 1, 2 und 3
- Weitere Ableseübungen an einem Arbeitsblatt, das mit Hilfe der Kopiervorlage 11 leicht erstellt werden kann
- Bei einem Unterrichtsgang
  a) verschiedene Uhren suchen: Kirchturmuhren, Parkuhren, Bahnhofsuhren, seltene Sonnenuhren (evtl. Besuch im Uhrmachergeschäft)
  b) Schilder mit Öffnungszeiten suchen: an Geschäften, Ämtern, Arztpraxen

27 Stundeneinteilung

Als weitere Gliederungseinheit die Vierteleinteilung einer Stunde kennenlernen, Zeitdauer bestimmen, Denkspiel D 2

Eine Stunde hat 60 Minuten.
Eine halbe Stunde hat 30 Minuten.
Eine Viertelstunde hat 15 Minuten.

1. Wie spät ist es?

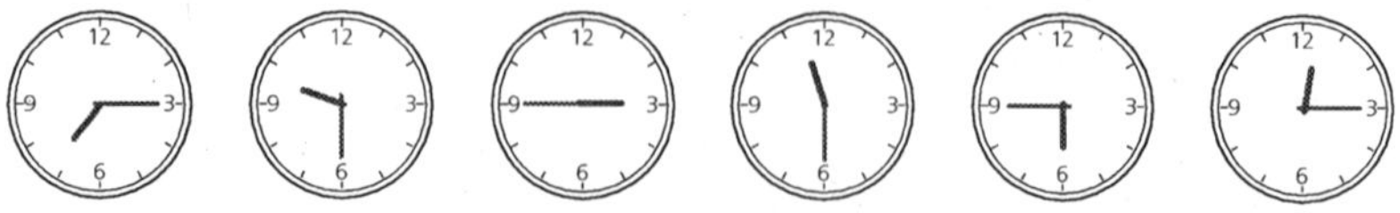

7.15 Uhr	.... Uhr	.... Uhr	.... Uhr	.... Uhr	.... Uhr
19.15 Uhr	.... Uhr	.... Uhr	.... Uhr	.... Uhr	.... Uhr

2. Lies die Uhrzeit, und stelle deine Uhr.

a. 9:30 b. 12:15 c. 16:45 d. 21:30 e. 15:15 f. 0:45

3a. Kannst du eine Minute auf einem Bein stehen?
b. Schließe die Augen. Kannst du jetzt eine Minute auf einem Bein stehen?

4. Es ist jetzt 8.30 Uhr.
Wie spät ist es a. in einer Stunde? b. in fünf Stunden? c. in einer Viertelstunde? d. in einer halben Stunde?

5.

Immer 15 Minuten	Immer 30 Minuten	Immer 45 Minuten	Immer 60 Minuten
7 min + 8 min	20 min + ... min	20 min + ... min	45 min + ... min
9 min + ... min	15 min + ... min	30 min + ... min	30 min + ... min
10 min + ... min	25 min + ... min	35 min + ... min	15 min + ... min

Trimm dich

5+4	7+3	9+3	9+2	9+4	9+8	8+4	5+2
9−2	7−3	9−3	11−4	13−6	9−6	10−2	15−7

Was wird benötigt?

Arbeits- und Demonstrationsmaterial: Lernuhren

Worum geht es?

Die Zeitdauer 1 Stunde wird genauer unterteilt in eine Viertelstunde, eine halbe Stunde und eine Dreiviertelstunde. Diese Struktur kann anschaulich erklärt und leicht behalten werden. Viele käufliche Uhren berücksichtigen diesen Sachverhalt und haben entsprechend gestaltete Zifferblätter. Die Aufteilung der Stunde, Viertelstunde, ... usw. in je 5 Minuten wird auf Seite 61 nach der Fünferreihe fortgesetzt. Die regional üblichen Sprechweisen „Viertel 3", „Viertel vor 3" o. ä. müssen im Unterricht aufgegriffen und erklärt werden.

Die „amtlichen" Sprechweisen lauten:

8.15 Uhr
acht Uhr fünfzehn oder
acht Uhr und fünfzehn Minuten

8.30 Uhr
acht Uhr dreißig oder
acht Uhr und dreißig Minuten

8.45 Uhr
acht Uhr fünfundvierzig oder
acht Uhr und fünfundvierzig Minuten

Wie kann man vorgehen?

Ausgangspunkt ist die Frage:
Eine Uhr zeigt nicht nur die Stunden, sondern auch die Minuten an.
Wieviel Minuten hat eine Stunde?
Mögliche Antworten:
Wenn der große Zeiger einmal um das Zifferblatt gewandert ist, ist eine Stunde vorbei. Mit Hilfe der Fünfereinteilung kann man auszählen: Eine Stunde hat 12 mal 5 = 60 Minuten.
Bei gewissen Bahnhofsuhren oder auch Schuluhren gehen die Minutenzeiger nicht stetig, sondern schrittweise Minute auf Minute vor.
Wenn die Lehrerin nun an einer gezeichneten Uhr das Zifferblatt gleichmäßig in vier Stücke teilt, wird den Schülern der Begriff Viertelstunde und der Begriff halbe Stunde verständlich. Die 45 Minuten ergeben sich durch Anfügen einer Viertelstunde an die halbe Stunde.

Aufgabe 1:
Uhrzeiten zu verschiedenen Einstellungen ablesen.

Aufgabe 2:
Digitale Uhrzeiten ablesen und an einer Lernuhr einstellen (Stundenzeiger der Einfachheit wegen immer auf volle Stunde stellen, sonst wird diese Einstellung bei Lernuhren zu schwierig).

Aufgabe 3:
Hier sollen die Schüler weitere Grunderfahrungen zum Begriff Zeitdauer erlangen. Eine Uhr mit Sekundenzeiger oder eine Stoppuhr dient als Zeitmesser. Wenn der Sekundenzeiger einmal das Zifferblatt umkreist hat, ist eine Minute vorbei.
Mit offenen Augen können sicherlich die meisten Schüler eine Minute auf einem Bein stehen. Bei geschlossenen Augen ist unser Gleichgewichtsempfinden verunsichert: ein aufregendes Erlebnis für die Schüler. Kaum ein Kind kann die Aufgabe bewältigen.
Den Puls sollten die Schüler in Ruhestellung und nach einer körperlichen Anstrengung zählen. Nur wenigen Schülern ist der wechselnde Pulsschlag selbst bei leichten Anstrengungen bewußt.

Aufgabe 4:
An Lernuhren der jeweiligen Zeitdauer entsprechend die Zeiger kreisen lassen und die neue Uhrzeit ablesen.

Aufgabe 5:
Die Kinder rechnen mit benannten Größen. Sie sollen zu einer Viertelstunde, zu einer halben Stunde, zu einer Dreiviertelstunde, zu einer vollen Stunde ergänzen.

Trimmkurs „1 + 1" (Fortsetzung)

Fortsetzung der Denkschule
Denkspiel D 2 „Dreiecks-Memory"
bis 36 vorstellen und Ausblick bis 55 geben.

Wie könnte es weitergehen?
- Übungsheft Seite 11, Aufgabe 4
- Übungsheft Seite 12
- Wie oft atmet man in einer Minute?
- Ein Buch eine Minute lang mit ausgestrecktem Arm halten
- Eine Minute ganz leise sein
- Eine Minute Dauerlauf
- Wie viele Kniebeugen in einer Minute?
- Was heißt es, wenn die Leute sagen: „Jetzt schlägt's 13!"?

28/29 Tangram

Mit geometrischen Grundformen Muster legen

Was wird benötigt?
Arbeitsmaterial: Tangram-Spiel (Beilage), evtl. vorhandene Tangram-Spiele aus Holz
Demonstrationsmaterial: ein Tangram-Spiel auf dem Overheadprojektor

Tip: Auf dem OHP können auch Umrisse vorgegeben werden. Legt man beim Auslegen die Teile des Spiels ein wenig auf Lücke, so können auch leicht Lösungen vor der Klasse demonstriert werden.

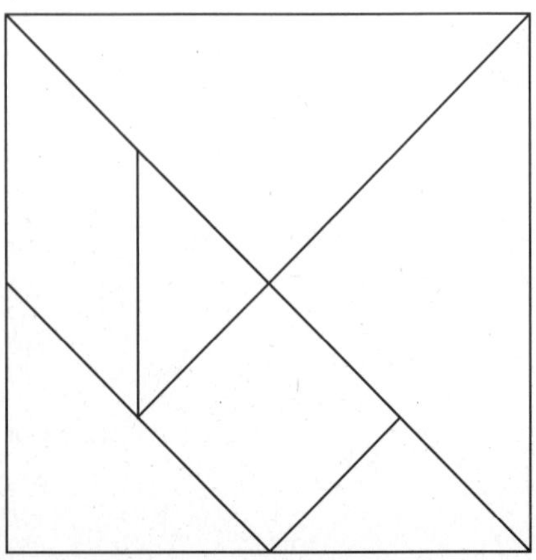

Worum geht es?
Dieses altchinesische Legespiel entsteht durch Zerlegung eines Quadrates. Durch einfaches Halbieren von Seiten und Diagonalen entstehen 7 Teilfiguren: zwei kleine Dreiecke, ein Quadrat, ein Parallelogramm, ein mittleres Dreieck und zwei große Dreiecke.
(Vgl. dieses Spiel auch mit D 6 „Lege schlau" der Denkschule des 1. Schuljahrs!)
Jede Teilfigur läßt sich mit Kopien des kleinen Dreiecks auslegen. Das mittlere Dreieck, das Parallelogramm und das kleine Quadrat sind mit zwei kleinen Dreiecken auszulegen, damit flächengleich und jeweils doppelt so groß wie das kleine Dreieck. Das große Dreieck ist wieder doppelt so groß wie die mittleren Figuren. Es läßt sich mit vier kleinen Dreiecken auslegen. Insgesamt paßt das kleine Dreieck 16 mal in das Quadrat. Das Parallelogramm ist als einzige Teilfigur des Tangram nicht spiegelsymmetrisch.
Beim Auslegen von Figuren mit dem Tangramspiel gelten folgende Regeln:

- Die ausgelegte Figur muß, wenn nicht anders vereinbart, *alle* 7 Teile enthalten.
- Die Teile dürfen sich nicht überlappen, sondern nur berühren.

Es gibt zwei verschiedene Aufgabentypen:

- *Vorgegebene Figuren* (oft auch als Silhouette vorgegeben) werden mit dem Tangram ausgelegt.
- Mit den 7 Teilen des „Sieben-Schlau-Brettes" werden *eigene Figuren* kreativ geschaffen.

Hier ergibt sich eine erstaunliche Formenvielfalt, z. B. lassen sich auch alle Buchstaben des Alphabets mit dem Tangram gestalten (vgl. Tangrambuchstaben auf Seite 28 links oben bis unten). Da alle Figuren durch Legen derselben Teile entstehen, haben sie den gleichen Flächeninhalt.
Beim Umlegen bzw. Auslegen müssen zum Finden einer Lösung immer wieder neu Längen, Flächen und Formen zueinander in Beziehung gesetzt, aneinandergelegt (addiert) und verglichen werden. Dies sind sehr wichtige Grunderfah-

rungen zur Geometrie, die kein anderes Legespiel vermitteln kann.
Während kompakte Figuren (großes Quadrat, großes Dreieck, Rechteck, Trapez, Häuser, ...) Mühe erfordern, sind untergliederte Figuren (z. B. Schwan, Segelboot, Tänzer) erheblich einfacher zu legen, weil man an den vielen Ecken besser ablesen kann, welche Formen man wohin legen muß.
Hinweis: Im Denkspiel D 6 sind 13 schwierige Figuren mit dem Tangram auszulegen.

Wie kann man vorgehen?

1. Die Lehrerin stellt den Kindern das „Tangram-Spiel“ mit seinen sieben Teilen vor. Die Kinder versuchen gemeinsam (auf dem Lichtschreiber), die Silhouette eines Segelbootes (in Originalgröße) auszulegen. Ist dies nach einigen Fehlversuchen endlich geschafft, legt die Lehrerin die Teile auf Lücke und läßt die Figur von den Kindern nachlegen. Dabei müssen die einzelnen Teile (großes Dreieck, mittleres Dreieck, kleines Dreieck, ...) erkannt werden.
2. Durch Umlegen einzelner Teile an den Segeln oder am Rumpf werden aus dem Segelboot weitere Segelboote hergestellt.

3. Die Silhouette des Schwans und des Tänzers (siehe Buch) wird selbständig von den Schülern ausgelegt und abgeändert. Anregungen hierzu finden sich im Buch.
   Anmerkung: Beim Tänzer muß man auf die Idee kommen, das Parallelogramm auf die andere Seite umzudrehen (zu spiegeln).
4. Die Kinder legen Silhouetten von geometrischen Figuren (z. B. Quadrat oder Podest [Trapez] des Artisten auf Seite 29) aus.

Tip: Die Schüler können ihre 7 Tangram-Teile auf die abgebildeten Formen am linken Rand von S. 28 legen und so überprüfen, ob ihr Tangram vollständig ist.

Wie könnte es weitergehen?

Mit einem Tangram kann man leicht eine Tangram-Kartei erstellen. Auf einem DIN A 4-Blatt wird eine Tangramfigur ausgelegt. Nur der Umriß wird nachgezeichnet. Das Blatt wird in eine Klarsichthülle gesteckt und kann immer wieder für Legeübungen genutzt werden.

Literatur

tangram, Original Chinapuzzle. Ravensburger Spiele Nr. 602 5 317 X
van Delft, Pieter und Botermans, Jack: Denkspiele der Welt. Heyne Verlag, München 1979, S. 16 ff.

30 Einführung der Addition im Hunderterraum

Zweistellige Zahlen mit Hilfe konkreter Materialien addieren, Blitzrechenübung B 7 einführen

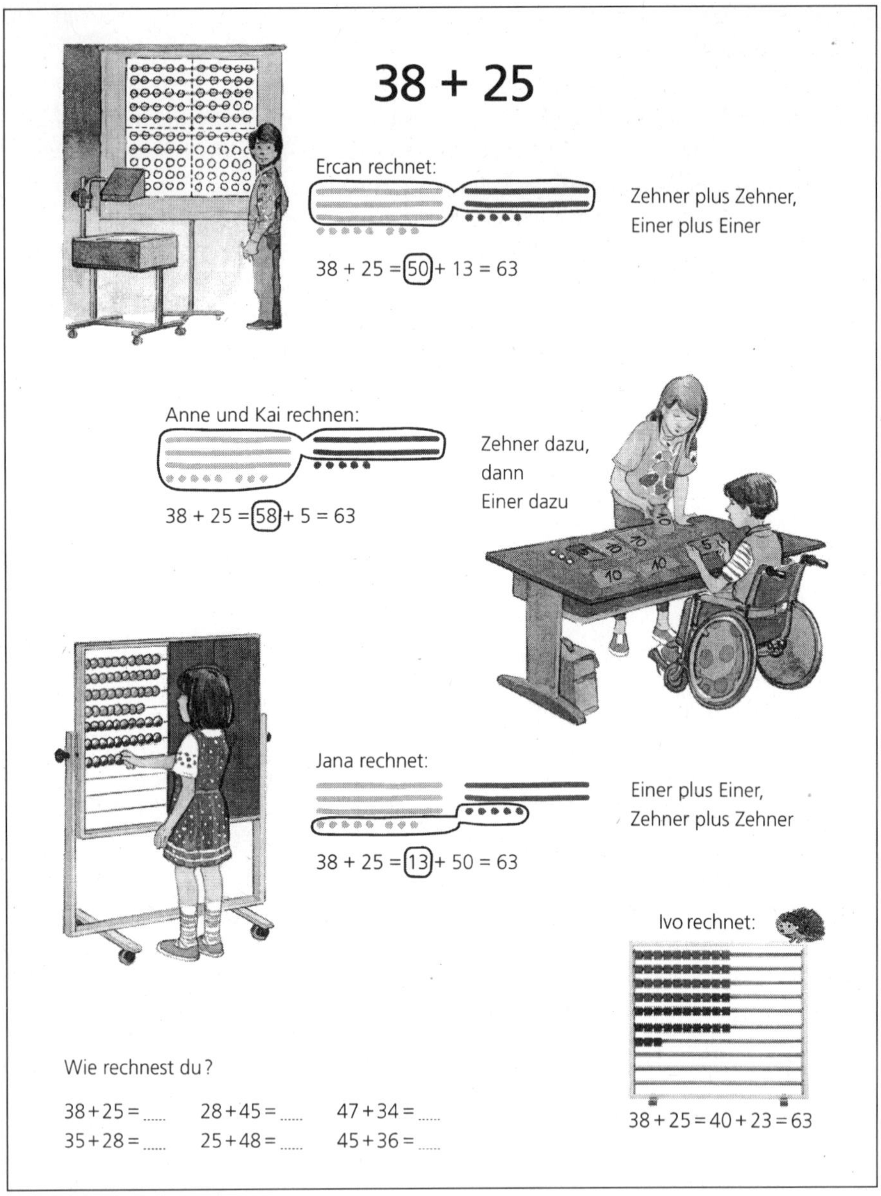

Was wird benötigt?

Arbeits- und Demonstrationsmaterial: Hunderterfeld, Russische Rechenmaschine, Rechengeld, evtl. Kopiervorlage 17

Worum geht es?

Während das additive Rechnen im 1. Schuljahr (Einspluseins) zum *Kopfrechnen* gehört, betreten wir mit dem additiven Rechnen im 2. Schuljahr den Bereich des sogenannten „halbschriftlichen Rechnens". Das bedeutet, daß komplexere Aufgaben in leichtere Teilaufgaben zerlegt und die Zwischenergebnisse schriftlich oder im Kopf (mündlich) festgehalten werden. Da das Aufschreiben in einer fortlaufenden Gleichungskette am Anfang noch zu schwierig ist, empfehlen wir die Notation des Rechenweges in Form einer Nebenrechnung.

Beispiel: $\underline{68 + 27} = 80 + 15 = 95$
$60 + 20$
$8 + 7$

Die Nebenrechnung wird durch einen Strich deutlich von der Aufgabe abgesetzt. In dieser Form können Zwischenergebnisse und die verschiedensten Rechenwege der Schüler an der Tafel festgehalten werden. Die Schüler können selbst entscheiden, was sie wie aufschreiben wollen. Das konsequente schriftliche Notieren von Rechenwegen wird erst später auf Seite 66 besprochen. Wie das Einspluseins im 1. Schuljahr wird auch die Addition im 2. Schuljahr *ganzheitlich*, nicht gestuft, behandelt.

D. h. wir behandeln nicht der Reihe nach Aufgaben wie 32 + 4 (Einer dazu ohne Überschreitung des Zehners) oder 42 + 10 (reine Zehner dazu) oder 42 + 14 (ohne Überschreitung). Es wird auch kein Normalverfahren angestrebt.

Wir lassen die Kinder direkt an komplexen Aufgaben selbständig Lösungen suchen, finden und verstehen. Die Rechenwege der Schüler sind damit nicht auf einfache Aufgaben beschränkt, sondern sie gelten allgemein. Da der behandelte Aufgabentyp (z. B. ohne Zehnerüberschreitung, mit Zehnerüberschreitung) jeweils nicht eng festgelegt ist, machen Schüler bei der Entwicklung ihrer Strategien naturgemäß zunächst Fehler. Dadurch werden aber gerade von Anfang an Denkfehler der Schüler aufgedeckt und korrigiert. Bei unterschiedlichen Ergebnissen sollte deshalb der Lehrer die Fehler bzw. die richtige Lösung in Ruhe finden und begründen lassen.

Dieses ganzheitliche Vorgehen erfordert zwar gerade zu Beginn des Lernprozesses mehr Zeit als ein Vorgehen nach dem Prinzip von der Isolierung der Schwierigkeiten, führt aber langfristig sogar zu einer Zeitersparnis. Bei diesem Vorgehen im Unterricht muß ja nicht Aufgabentyp für Aufgabentyp neu eingeführt, besprochen und eingeübt werden, was Zeit kosten würde.

Wie immer bei dem ganzheitlichen Vorgehen wird auch die Addition in mehreren Durchgängen behandelt. *Lernprozesse können dabei „ausreifen".*

Halbschriftliche Rechenverfahren stützen sich auf Anschauungsmittel, Zahlvorstellungen und Zahlbeziehungen. Als Zwischenschritt zur Beherrschung des halbschriftlichen Rechnens eignet sich die zeichnerische Darstellung durch Zehnerstriche und Einerpunkte.

Beispiel:

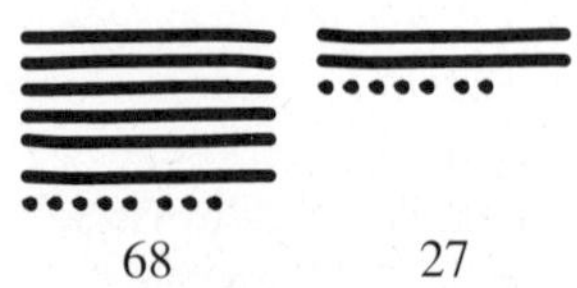

Wie kann man vorgehen?

1. Standortbestimmung
   Die Einführung des Rahmenthemas „Addition“ sollte unbedingt mit einer *Standortbestimmung* beginnen.
   Man kann den Schülern eine Aufgabe vorgeben, z. B. 36 + 25, und sie auffordern,
   - die Aufgabe zu rechnen,
   - die Lösung an Rechengeld und anderen Materialien zu demonstrieren,
   - ein Bild zu zeichnen,
   - weitere Aufgaben zu nennen, die sie rechnen können.

   Es ist der Sinn einer Standortbestimmung, die Kinder anzuregen, aus sich herauszugehen. Daher sollte man die Beiträge der Kinder stehen lassen, wie sie sind, ohne an ihnen herumzukorrigieren.
   Die Standortbestimmung wird abgeschlossen, indem jedes Kind auf ein Blatt Additionsaufgaben schreibt, die es schon rechnen kann. Die Blätter werden eingesammelt und analysiert, weil sie wichtige Aufschlüsse für den weiteren Unterricht geben.
2. Den Schülern wird zunächst eine Aufgabe (z. B. 27 + 15) gestellt, die sie im Klassengespräch mit Hilfe der vorhandenen Materialien auf ihre Weise lösen bzw. deren Lösung sie am Material begründen. Anders als bei der Standortbestimmung kann die Lehrerin jetzt Impulse geben und die Beiträge der Schüler glätten bzw. verdeutlichen. Die Aufgabe kann z. B. durch Zusammenlegen von entsprechenden Geldbeträgen

   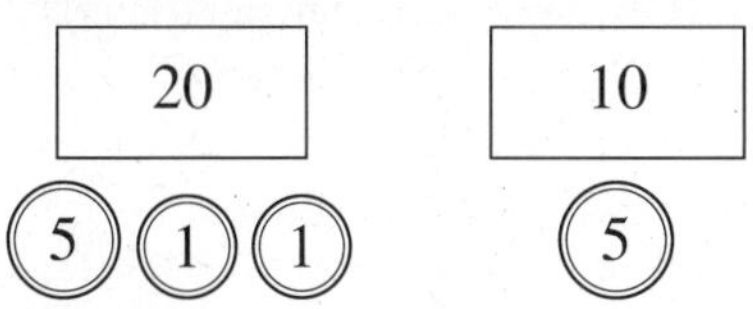

   mit dem Hunderterfeld durch Einfärben der Summanden

   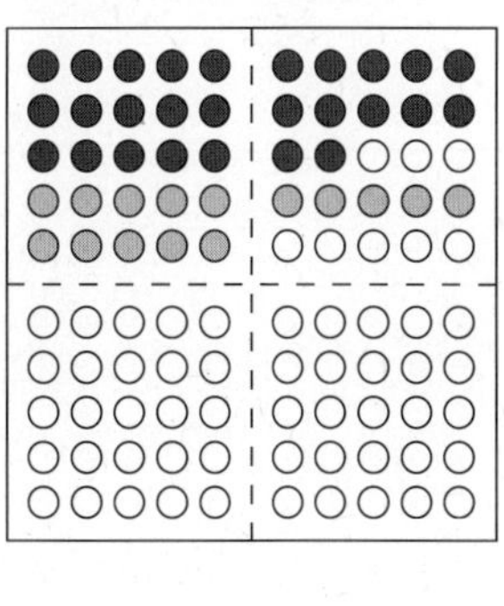

   oder durch Darstellen und Zusammenschieben der Zahlen an den verschiedenartigen Rechenmaschinen gelöst werden.
   Sind die verschiedenartigen Lösungen der Schüler handelnd und mündlich besprochen, stellt die Lehrerin die Darstellung mit Hilfe von Strichen (Zehner) und Punkten (Einer) vor:

   Der erste Rechenschritt kann durch Einkreisen angedeutet werden, z. B.

   oder

   Wer möchte, kann in einem Zwischenschritt konkret die Zehnerstreifen und Einerplättchen aus Kopiervorlage 17 durch Auseinanderschneiden herstellen und die Kinder konkret die Aufgabe legen lassen.
3. Die Schüler beschreiben anschließend die Vorgehensweisen der Kinder im Schulbuch und vergleichen dies mit ihren Ergebnissen und Rechenwegen. Dann versuchen sie mit Hilfe eines Materials ihrer Wahl die Plusaufgaben zu lösen, sie mit Strichen und Punkten zu zeichnen und den Rechenweg mit Zahlen aufzuschreiben.

Fortsetzung des Blitzrechenkurses

Durch den Unterricht wird eine Grundlegung der Blitzrechenübung B 7 „Leichte Plusaufgaben“ geleistet.

Wie könnte es weitergehen?

- Übungsheft Seite 13

31 Übung der Addition

Additionsaufgaben ohne Überschreitung legen, zeichnen und rechnen

1. Wie rechnest du?

a. 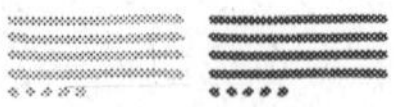
45 + 45 = ...

b. 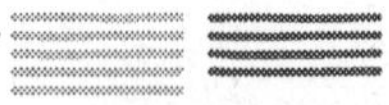
50 + 40 = ...

c. 
49 + 42 = ...

d. 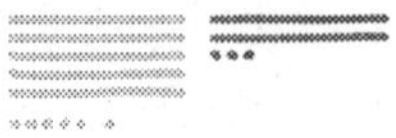
56 + ... = ...

e. 
..... + ... = ...

f. 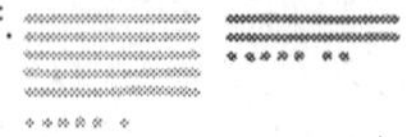
..... + ... = ...

g. 
..... + ... = ...

h. 
..... + ... = ...

i. 
..... + ... = ...

2.

a.	b.	c.	d.
34 + 5 = ...	64 + 20 = ...	30 + 15 = ...	43 + 52 = ...
33 + 6 = ...	54 + 20 = ...	25 + 25 = ...	33 + 42 = ...
32 + 7 = ...	44 + 20 = ...	40 + 15 = ...	63 + 32 = ...
31 + 8 = ...	43 + 20 = ...	35 + 25 = ...	53 + 22 = ...
30 + 9 = ...	33 + 20 = ...	50 + 15 = ...	83 + 12 = ...

3.

a.	b.	c.	d.
27 + 11 = ...	45 + 54 = ...	56 + 34 = ...	74 + 15 = ...
27 + 13 = ...	36 + 63 = ...	65 + 34 = ...	74 + 16 = ...
27 + 15 = ...	27 + 72 = ...	45 + 36 = ...	75 + 17 = ...
27 + 17 = ...	17 + 71 = ...	46 + 35 = ...	75 + 18 = ...
27 + 19 = ...	18 + 81 = ...	64 + 35 = ...	76 + 19 = ...

4. < oder = oder > ? Setze ein.

a.	b.	c.	d.
45 + 7 ▒ 50	20 + 20 ▒ 70	47 + 31 ▒ 80	34 + 16 ▒ 100
39 + 7 ▒ 50	30 + 30 ▒ 70	47 + 32 ▒ 80	34 + 61 ▒ 100
43 + 7 ▒ 50	35 + 35 ▒ 70	47 + 33 ▒ 80	59 + 41 ▒ 100
37 + 7 ▒ 50	40 + 40 ▒ 70	47 + 34 ▒ 80	59 + 14 ▒ 100
41 + 7 ▒ 50	50 + 50 ▒ 70	47 + 35 ▒ 80	63 + 36 ▒ 100

5a. Ich denke mir eine Zahl. Sie ist 11 größer als 33.

b. Ich denke mir eine Zahl. Sie ist 12 größer als 32.

Was wird benötigt?

Arbeitsmaterial: Russische Rechenmaschine, Geld, Hunderterfeld, Hundertertafel, … (individuell verschieden zu wählen)

Demonstrationsmaterial: vgl. Arbeitsmaterial

Worum geht es?

Nach der Einführung der Addition mit den unterschiedlichsten Materialien sollen die Kinder mit Material ihrer Wahl die Aufgaben nachlegen und zeichnen. Wie auf S. 30 dargestellt, ist trotz der Materialvielfalt das Zeichnen der Summanden selbst normiert. Die individuell verschiedenen Rechenwege der Kinder können durch *unterschiedliches Einkreisen* ausgedrückt werden. Beispielhaft sollten im Klassenverband gemeinsam einige Aufgaben zeichnerisch gelöst werden.

Das Zeichnen der Aufgaben sollte allen Kindern vertraut sein, denn das zeichnerische Lösen von Aufgaben wird zu einem späteren Zeitpunkt (bei der Subtraktion) erneut behandelt.

Sollten jedoch Kinder Aufgaben lieber ohne Material und Zeichnen lösen wollen, sollte es ihnen freigestellt werden. Für die Richtigkeit der Lösungen müssen sie selbst die Verantwortung tragen.

Beim Einsetzen des Rechenzeichens bei Aufgabe 4 sollten die Kinder die Ergebnisse der Additions- und Subtraktionsaufgaben abschätzen und mit den Zahlen vergleichen. Sie brauchen nicht alle Aufgaben unbedingt genau auszurechnen.

Wie kann man vorgehen?

An der Tafel werden gemeinsam einige mit Material veranschaulichte Aufgaben mit Strichen und Punkten gezeichnet. Die unterschiedlichen Rechenwege werden besprochen und das jeweils dazugehörige Einkreisen wird erklärt.

Aufgabe 1:
Gezeichnete Aufgaben lösen, evtl. unter Zuhilfenahme von Material.

Aufgabe 2 und 3:
Mit Material legen und zeichnen.

Aufgabe 4:
Terme mit Zahlen vergleichen. Es muß nicht immer genau gerechnet werden. Oft kann einfach abgeschätzt werden: 45 + 7 ist sicher größer als 50, weil 45 + 5 = 50.

Aufgabe 5:
Die Lösung der Denkaufgaben erfordert ein Umsetzen des Textes in eine Rechnung. Auch systematisches Probieren hilft weiter.

Wie könnte es weitergehen?

- Übungsheft Seite 13
- Weitere Plusaufgaben mit (ohne) Anschauungshilfen lösen

32 Übung der Addition, Tauschaufgaben

Leichte Additionsaufgaben lösen, Tauschaufgaben erkennen und lösen, neues Übungsformat: Hüpf' im Päckchen

1.

14 + 78 = ...

78 + 14 = ...

Tauschaufgaben haben das gleiche Ergebnis.

2. Welche Aufgaben findest du leichter?

49 + 2 = ...	oder	2 + 49 = ...
48 + 3 = ...	oder	3 + 48 = ...
5 + 46 = ...	oder	46 + 5 = ...
6 + 45 = ...	oder	45 + 6 = ...

3.

2 + 98 = ...	67 + 12 = ...
87 + 3 = ...	13 + 67 = ...
4 + 76 = ...	67 + 14 = ...
5 + 65 = ...	15 + 67 = ...
54 + 6 = ...	17 + 67 = ...

4.

24 + 16 = ...	34 + 50 = ...
22 + 18 = ...	48 + 46 = ...
20 + 20 = ...	42 + 42 = ...
18 + 22 = ...	46 + 38 = ...
16 + 24 = ...	50 + 34 = ...

5.

29 + 41 = ...	33 + 61 = ...
32 + 38 = ...	40 + 54 = ...
35 + 35 = ...	47 + 47 = ...
38 + 32 = ...	54 + 40 = ...
41 + 29 = ...	61 + 33 = ...

6.

9 + 4 = ...	4 + 19 = ...	7 + 6 = ...	8 + 35 = ...	49 + 47 = ...
14 + 9 = ...	19 + 14 = ...	27 + 26 = ...	38 + 35 = ...	9 + 47 = ...

7.

3 + 3 = ...	8 + 8 = ...
13 + 13 = ...	18 + 18 = ...
23 + 23 = ...	28 + 28 = ...
33 + 33 = ...	28 + 38 = ...
43 + 33 = ...	38 + 38 = ...

8.

5 + 6 = ...	3 + 4 = ...
16 + 15 = ...	13 + 4 = ...
15 + 26 = ...	14 + 13 = ...
26 + 26 = ...	23 + 14 = ...
36 + 36 = ...	24 + 23 = ...

9. Hüpf' im Päckchen!

a.	b.	c.	d.
18 + 5 = 23	9 + 2 = 11	27 + 9 = ...	0 + 7 = ...
29 + 7 = ...	45 + 32 = ...	54 + 9 = ...	21 + 7 = ...
44 + 9 = ...	11 + 12 = ...	63 + 9 = ...	7 + 7 = ...
23 + 6 = 29	77 + 23 = ...	36 + 9 = ...	14 + 7 = ...
36 + 8 = ...	23 + 22 = ...	45 + 9 = ...	28 + 7 = ...
Ziel 53	Ziel 100	Ziel 72	Ziel 35

Wer möchte, kann die Aufgaben auch zeichnerisch lösen.

Tauschaufgaben: Intuitiv werden die Kinder bei geeigneten Aufgaben, z. B. 1 + 99, das Kommunikativgesetz anwenden. Durch das bewußte Thematisieren „Tauschaufgaben haben das gleiche Ergebnis" wird den Kindern der geschicktere Weg nahegelegt. Bewußt sollen sie entscheiden, welche Aufgabe sie leichter finden und diese ausrechnen.

Hüpf' im Päckchen: Auf den ersten Blick sieht „Hüpf' im Päckchen" wie ein „normales" Päckchen aus, bei dem eine Aufgabe nach der anderen gerechnet wird. Die Besonderheit besteht darin, daß sich im Päckchen eine Rechenkette versteckt, die gefunden werden kann. Man geht so vor: Die erste Aufgabe des Päckchens wird gelöst. Mit dem Ergebnis beginnt eine neue Aufgabe im Päckchen, die gesucht werden muß. Diese Aufgabe wird nun gelöst. Deren Ergebnis ist erneut die erste Zahl einer weiteren Aufgabe im Päckchen, die gesucht werden muß usw. Das Ergebnis der zuletzt zu rechnenden Aufgaben ist als Zielzahl angegeben. Beim Lösen dieser Päckchen haben die Kinder eine Kontrolle. Errechnen sie ein Ergebnis, welches nicht als erste Zahl bei einer Aufgabe vorkommt, wissen sie, daß sie sich verrechnet haben. Außerdem ist das Ergebnis der zuletzt zu rechnenden Aufgabe als Kontrollzahl angegeben. Zuerst werden im Übungsformat „Hüpf' im Päckchen" Plusaufgaben geübt.

Was wird benötigt?

Arbeitsmaterial: Russische Rechenmaschine, Geld, Hunderterfeld, ... (nach individueller Präferenz)
Demonstrationsmaterial: vgl. Arbeitsmaterial

Worum geht es?

Nach der Einführung der Addition an komplexen Aufgaben und nach weiteren materialgestützten Übungen dürfte ein Großteil der Kinder die Aufgaben auf dieser Seite (glatte Zehnerzahlen, Verdoppelung, Rechnen mit 5er-Zahlen, einstelliger 2. Summand) bereits ohne Material lösen können. Jedoch sollten die Kinder selbst entscheiden, ob und welches Material sie benutzen wollen.

Wie kann man vorgehen?

Aufgaben wie 1 + 99 =, 2 + 98 =, ... werden mit ihren Tauschaufgaben an der Tafel notiert. Die Kinder rechnen beide Aufgaben und stellen fest, daß beide das gleiche Ergebnis haben. Im Klassengespräch begründen die Kinder, welche der beiden Aufgaben sie leichter ausrechnen konnten.

7 + 4 = 11	7 + 4 = 11	7 + 4 = 11	7 + 4 = 11	7 + 4 = 11
10 + 9 =	10 + 9 =	10 + 9 =	10 + 9 = 19	10 + 9 = 19
11 − 7 =	11 − 7 = 4	11 − 7 = 4	11 − 7 = 4	11 − 7 = 4
19 − 4 =	19 − 4 =	19 − 4 =	19 − 4 =	19 − 4 = 15
4 + 6 =	4 + 6 =	4 + 6 = 10	4 + 6 = 10	4 + 6 = 10

Beispiel: Hüpf' im Päckchen

Kontrollzahl: 15

Zur Buchseite:
Aufgabe 1:
Zeichnerisch dargestellte Aufgabe und ihre Tauschaufgabe lösen.
Aufgabe 2:
Aufgabe mit oder ohne Material lösen.
Ergebnis: Immer 51
Aufgabe 3:
a) Ergebnisse Zehnerzahlen:
100, 90, 80, 70, 60
b) Ergebnisse Zahlfolge mit Störung:
79, 80, 81, 82, 84
Aufgabe 4 und 5:
Als mittlere Aufgabe steht jeweils eine Verdopplungsaufgabe. Die Aufgaben davor und dahinter sind jeweils nach dem Prinzip von der Konstanz der Summe operativ verändert, so daß jeweils ein Ergebnis herauskommt.
4. 40 und 84
5. 70 und 94
Aufgabe 6, 7 und 8:
Hier soll jeweils die Analogie 5 + 6, 15 + 6, 15 + 16, ... entdeckt werden, so daß sich die Ergebnisse bei gleichen Einern jeweils nur um ganze Zehner unterscheiden.
Aufgabe 9:
Hüpf' im Päckchen. Dieses neue Übungsformat muß zunächst an ein oder zwei Aufgaben mit den Kindern besprochen werden.

Wie könnte es weitergehen?
– Übungsheft Seite 14, Aufgabe 1

33 Übung der Addition, Zahlenmauern

Übung der Addition, Erkennen von Strukturen

1. 73 + 14 = ... 37 + 41 = ... 47 + 13 = ... 54 + 16 = ... 56 + 41 = ...
74 + 13 = ... 31 + 47 = ... 17 + 43 = ... 56 + 14 = ... 65 + 14 = ...

2. 55 + 11 = ... 41 + 14 = ...
44 + 22 = ... 32 + 23 = ...
33 + 33 = ... 24 + 42 = ...
33 + 44 = ... 15 + 51 = ...
22 + 55 = ... 43 + 34 = ...

3. 52 + 20 = ... 50 + 50 = ...
50 + 22 = ... 49 + 49 = ...
53 + 20 = ... 40 + 40 = ...
50 + 24 = ... 39 + 39 = ...
54 + 20 = ... 38 + 38 = ...

4a.

40			
10			
5	5	5	5

b.

50			
10	5	5	10

c.

70			
5	10	10	5

5a.

48			
		12	
6	6	6	

b.

56			
14			
	7	7	7

6. Denke dir selber Zahlenmauern aus.

7a.

100				
15			10	
	5	5		0

b.

90				
	5			
	0		10	5

8. Hüpf' im Päckchen!

a.	b.	c.	d.
9 + 11 = 20	15 + 4 = 19	20 + 4 = ...	16 + 9 = ...
31 + 11 = ...	35 + 4 = ...	24 + 3 = ...	34 + 9 = ...
53 + 11 = ...	26 + 9 = ...	42 + 6 = ...	52 + 9 = ...
20 + 11 =	39 + 8 = ...	33 + 9 = ...	25 + 9 = ...
42 + 11 = ...	19 + 7 = ...	27 + 6 = ...	43 + 9 = ...
Ziel 64	Ziel 47	Ziel 48	Ziel 61

Was wird benötigt?

Arbeitsmaterial: Heft, evtl. Kopiervorlage 2 für weitere Zahlenmauern

Worum geht es?

Auf dieser Seite wird mit leichten operativen Veränderungen und den beiden Übungsformaten „Zahlenmauern" und „Hüpf' im Päckchen" die Addition geübt.

Nach den Tauschaufgaben, bei denen *Summanden* vertauscht werden, geht es hier um den Tausch von *Ziffern*.

Tauschaufgabe:
73 + 14 und
14 + 73

Vertauschte Einerziffern bzw. vertauschte Zehnerziffern:
73 + 14 und
74 + 13

Die Strategie „Zehner extra, Einer extra" zeigt, daß auch hier das gleiche Ergebnis herauskommt:

73 + 14 = 80 + 7 = 87
70 + 10
3 + 4

74 + 13 = 80 + 7 = 87
70 + 10
4 + 3

Bei Vertauschung von Einer- und Zehnerziffern untereinander ändert sich das Ergebnis:

37 + 41 = 78
30 + 40
7 + 1

Wie kann man vorgehen?

Alle Aufgaben können ohne Vorbereitung gerechnet werden.

Aufgabe 1:
Gleiche Ergebnisse, nur bei den letzten beiden Aufgaben sind Zehner- und Einerziffer vertauscht.

Aufgabe 2:
Es finden sich lauter „Schnapszahlen" (55, 66, 77) als Ergebnis.

Aufgabe 3:
Die Aufgaben stehen jeweils in einem operativen Zusammenhang:
50 + 24 und 54 + 20 (gleich)
50 + 50 und 49 + 49 (2 weniger)

Aufgabe 4, 5, 6 und 7:
Zahlenmauern, die sich Stein für Stein berechnen lassen.

Aufgabe 8:
Hüpf' im Päckchen

Wie könnte es weitergehen?

- Übungsheft Seite 14, Aufgabe 2 und 3
- Gegeben sind die Grundsteine 4, 5, 6, 7 als erste Reihe einer Zahlenmauer. Es soll die Zahlenmauer mit dem größten (dem kleinsten) Deckstein gebaut werden.

48			
23	25		
10	13	12	
4	6	7	5

Geht es größer? Nein! (Warum nicht?)

40			
20	20		
11	9	11	
7	4	5	6

Geht es kleiner? Nein! (Warum nicht?)

– Wie wirken sich bestimmte Variationen der Grundsteine auf den Deckstein aus?

Beispiel:

48			
23	25		
10	13	12	
4	6	7	5

a) Was geschieht mit dem Deckstein, wenn alle Grundsteine um 5 erhöht werden?

Lösung:

88			
43	45		
20	23	22	
9	11	12	10

Deckstein um 40 größer,
denn Steine in der 3. Reihe um 20 größer,
denn Steine in der 2. Reihe um 10 größer,
denn Grundsteine um 5 größer.

b) Was geschieht mit dem Deckstein, wenn die beiden äußeren Grundsteine um 5 erhöht werden?

Lösung:

58			
28	30		
15	13	17	
9	6	7	10

Deckstein um 10 größer,
denn Steine in der 3. Reihe um 5 größer,
denn äußere Steine der 2. Reihe um 5 größer,
denn äußere Grundsteine um 5 größer.

c) Was geschieht mit dem Deckstein, wenn die beiden inneren Grundsteine um 5 erhöht werden?

Lösung:

78			
38	40		
15	23	17	
4	11	12	5

Deckstein um 30 größer,
denn Steine der 3. Reihe um 15 größer,
denn äußere Steine der 2. Reihe um 5 größer
und innerer Stein der 2. Reihe um 10 größer,
denn innere Grundsteine um 5 größer.

34 Würfel

Würfel in der Umwelt erkennen, Würfel herstellen, mit Würfeln bauen

Würfel

1 a.

b.

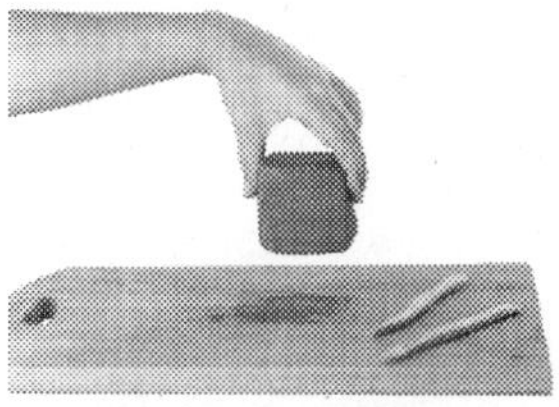

2.

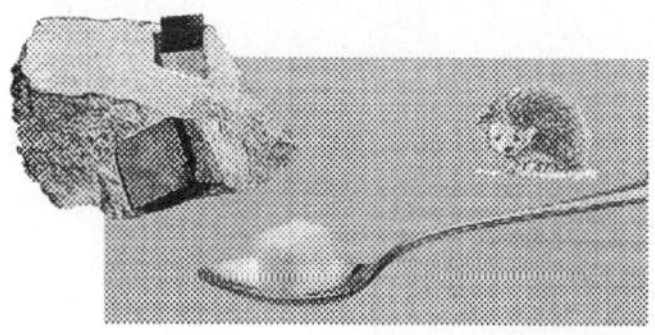

3. Bastelanleitung für eine Tischlaterne.

1 Kanten falten

2 Ecken kleben

3 Fensterflächen kleben

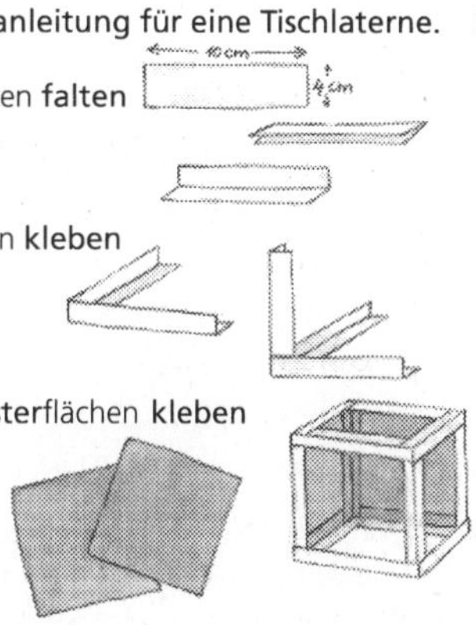

Material:

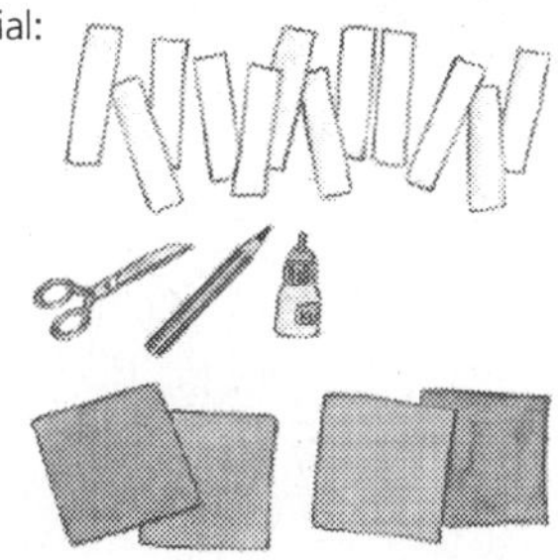

4. Wie viele?

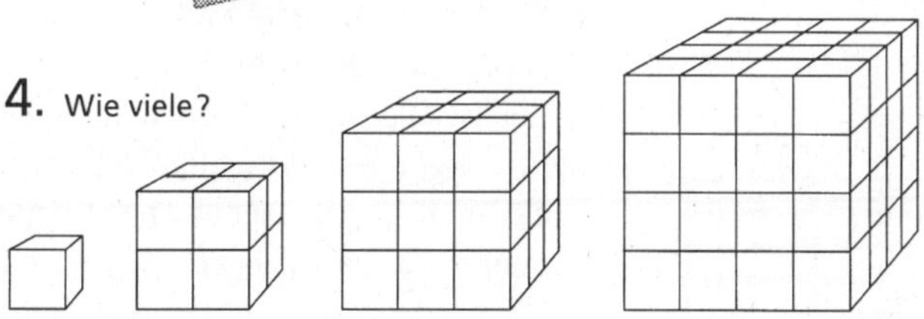

Wie viele sind es zusammen?

....

Was wird benötigt?

Arbeits- und Demonstrationsmaterial: Würfelförmige Gegenstände: Spielwürfel, Zettelblock, Brühwürfel, „Würfelturm", Knete (Ton), Tonpapierstreifen, Transparentpapier, Schere, Klebstoff

Worum geht es?

Im 1. Schuljahr haben die Kinder die Kugel „begriffen". Jetzt sollen sie den Würfel, auf der nächsten Seite den Quader kennenlernen.
Die Schüler erfahren durch Bilder, durch Basteln und durch Bauen die Eigenschaften des Würfels als Körper

- mit 6 quadratischen Flächen,
- mit 8 gleichen Ecken (an denen jeweils drei Kanten zusammentreffen),
- mit 12 gleichlangen Kanten.

Wie kann man vorgehen?

Kreisgespräch: Die Lehrerin legt wie im 1. Schuljahr einen Ball und einen Würfel in die Mitte. Die Schüler wiederholen die Unterschiede sowie die Vor- und Nachteile der Formen (Ball als Würfel geeignet? Würfel als Ball geeignet?). Anschließend wird aus Knetmaterial eine Kugel geformt. Danach soll ein Würfel geformt werden.
Die Schüler kommen auf die Kanten, Ecken und Flächen zu sprechen. Es bereitet den Kindern einige Mühe, einen halbwegs exakten Würfel aus Ton zu formen. Die Lehrerin kann vormachen, wie man durch mehrmaliges geschicktes Fallenlassen einer Tonkugel auf ein Brettchen schließlich einen angenäherten Würfel formen kann.

Falls vorhanden, können jetzt verschiedene Gegenstände in die Kreismitte gelegt werden, die eine Würfelform haben.
Aufgabe 1:
Zwei Herstellungsmöglichkeiten von Würfeln sind abgebildet.
a) Abschneiden vom Kantholz,
b) Formen aus Knetmaterial.
Aufgabe 2:
Die Kinder beschreiben die abgebildeten Gegenstände. Manche Kristalle wachsen in der Natur würfelförmig. Hier sind es Pyrit-Kristalle („Katzengold").
Keine Würfelform hat der sogenannte „Würfelzucker". Die Kinder können dies begründen, indem sie ihre Kenntnisse über Würfel anwenden: Beim Würfelzucker sind nicht alle Seiten Quadrate.
Aufgabe 3:
Die 4 x 10 cm großen Papierstreifen sollten vorgeschnitten sein, weil sonst der Zeitaufwand im Unterricht für das Herstellen der Laterne zu groß ist. Es werden nur 4 Fensterflächen geklebt, damit man die Laterne über ein Teelicht stülpen kann und oben ein Rauchabzug bleibt.
Aufgabe 4:
Beim Bauen mit Würfeln erfolgt eine Verzahnung des geometrischen Themas mit der Arithmetik.
Würfel mit doppelter Kantenlänge:
Man benötigt 8 Würfel (nicht etwa 4!)
Würfel mit dreifacher Kantenlänge:
Man benötigt 27 Würfel
Würfel mit vierfacher Kantenlänge:
Man benötigt 64 Würfel
Zusammen $1 + 8 + 27 + 64 = 100$. Das ist ein bemerkenswertes Ergebnis: Aus genau 100 Würfeln kann man ohne Rest einen 1x1x1-, einen 2x2x2-, einen 3x3x3- und einen 4x4x4-Würfel herstellen.
Vor dem Zählen müssen die Kinder unbedingt größere Würfel aus kleineren Würfeln gebaut haben. Wenn jedes Kind 2 Tischlaternen herstellt, hat die Klasse zwischen 40 und 60 Würfel zu Verfügung. Damit lassen sich 8 und 27 Würfel zu größeren Würfeln zusammensetzen. Brauchbar sind auch Steckwürfel oder Würfel der Mehrsystemblöcke.

Wie könnte es weitergehen?

- Mit 5 x 20 cm großen Papierstreifen größere Würfel bauen: Der kleine Würfel paßt 8 mal hinein
- Übungsheft Seite 14, Aufgabe 4 und 5

35 Quader

Quader in der Umwelt erkennen, mit Quadern bauen

Quader

1.

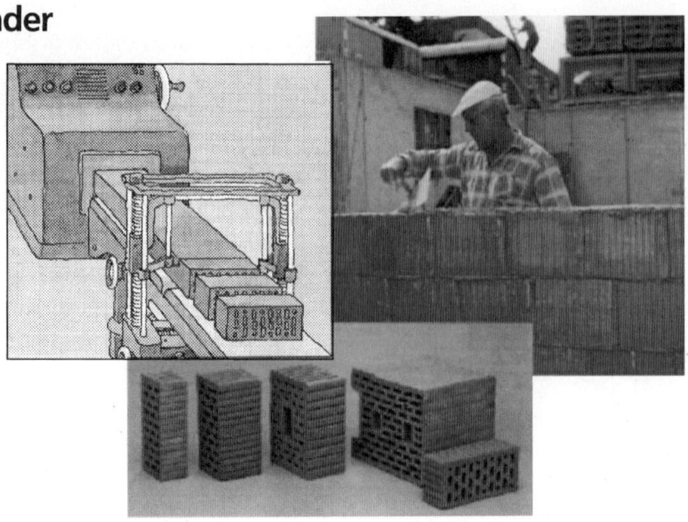

2. Baue mit Streichholzschachteln. Wie viele?

a.

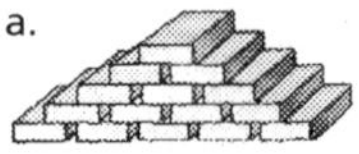

......

b.

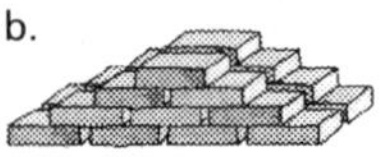

......

c.

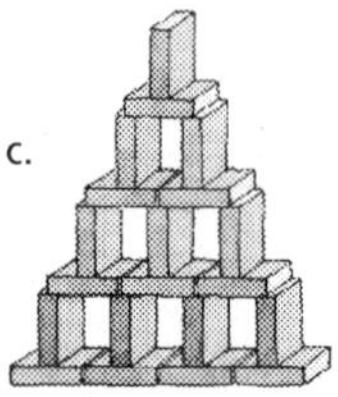

......

d.

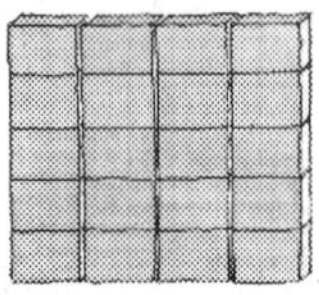

......

e.

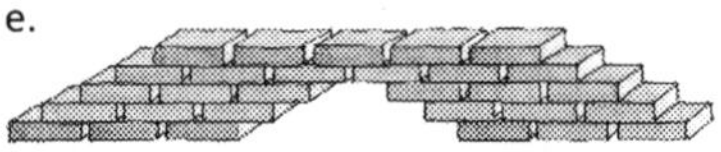

......

3. Zeichne die Mauern nach.

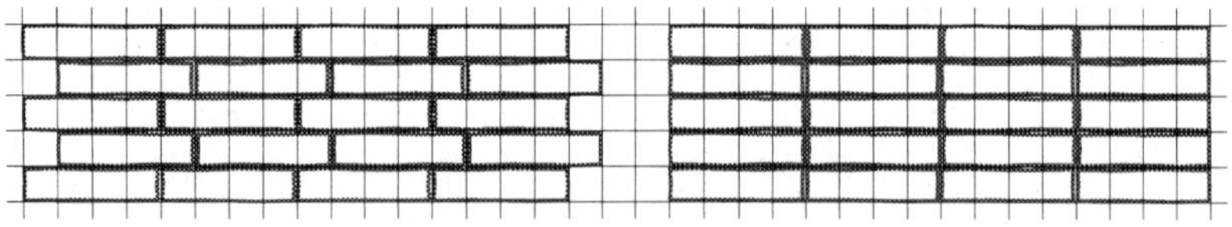

Was wird benötigt?

Arbeits- und Demonstrationsmaterial: Streichholzschachteln, falls vorhanden quaderförmige Bausteine

Worum geht es?

Auf der vorherigen Seite haben die Kinder einen Sonderfall des Quaders, den Würfel, kennengelernt. Allgemein sind Quader Körper, die von 6 Rechtecken begrenzt werden. Dabei sind gegenüberliegende Flächen deckungsgleich.
Die Form eines Ziegelsteines wird häufig als typische Quaderform angesehen. Schon ungewöhnlicher ist es, ein Telefonbuch oder ein Holzbrett als quaderförmig zu identifizieren.
Folgende Gegenstände in der Umwelt haben eine ziemlich gute Quaderform und sind leicht zu beschaffen: Streichholzschachtel, Zuckerstückchen, Verpackungen (Seife, Zahnpasta, Milch, Saft), Taschenbuch, Schrank, Klassenraum, Heft, Ziegelsteine, Fliesen.

Die Eigenschaften eines Quaders werden besonders klar, wenn man sich die Frage stellt, warum Mauersteine quaderförmig sind und keine Würfel- oder Kugelform haben.
Ein altes Normmaß für Ziegelsteine leitet sich von der Längeneinheit 1 m ab:

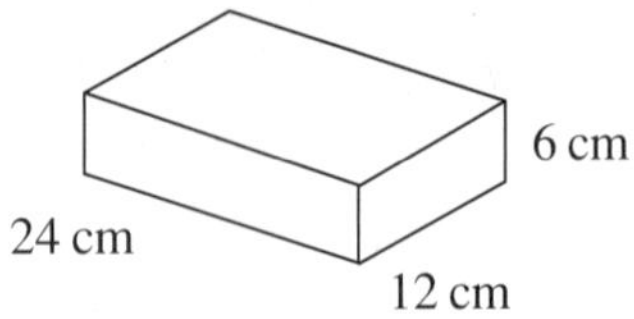

Begründung:
4 Steine mit Fugen sind ca. einen Meter lang (4 x 25 = 100),
8 Steine übereinander mit Fugen sind ca. einen Meter hoch (8 x 12,5 = 100).

Wie kann man vorgehen?

Die früher übliche Herstellung von Ziegelsteinen kann nachvollzogen werden, indem man Ton in eine kleine Holzkiste (Zigarrenkiste) drückt und dann trocknen läßt.

Aufgabe 1:
Das Einstiegsbild veranschaulicht, wie der gepreßte Tonstrang über ein Fließband läuft. Automatisch schneidet ein Draht gleichgroße Stücke ab. Die Löcher und Muster werden durch die Presse geformt. Anschließend werden die Steine getrocknet und bei Temperaturen um 1000 Grad Celsius gebrannt. Die weißen Kalksandsteine werden nicht gebrannt, sondern gepreßt.
Das Bild von der Baustelle dient als Erzählanlaß. Die Kinder berichten über ihre Erfahrungen. Sie erklären mit ihren Worten und aufgrund ihrer Bauerfahrungen, warum sich Quader zum Bauen besonders eignen. Evtl. kann eine nahegelegene Baustelle besichtigt werden.

Aufgabe 2:
Die Kinder bauen die Gebilde mit Streichholzschachteln nach und zählen die Anzahl der „Bausteine". Je nach Anzahl der zur Verfügung stehenden Streichholzschachteln kann das Bauen in Einzel-, Partner- oder Gruppenarbeit erfolgen.

Aufgabe 3:
Die Kinder finden heraus, daß in der Zeichnung nur die Vorderseite der Steine zu sehen ist. Im Vergleich der Zeichnungen wird noch einmal deutlich, daß „im Verband" gesetzte Steine stabilere

Mauern ergeben. Das Karo-Gitter hilft beim Zeichnen der Mauern.
(Verband heißt: in zwei aufeinanderfolgenden Schichten dürfen die Stoßfugen nicht zusammenfallen.)

Wie könnte es weitergehen?

- Wie hoch können wir im Verband/ ohne Verband eine Mauer bauen?
- Wie setzt der Maurer eine Ecke stabil auf? (Dies wird besonders deutlich beim Nachbau mit Legosteinen)

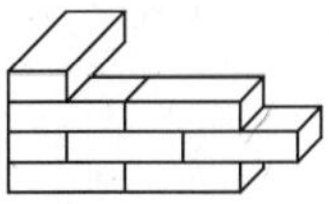

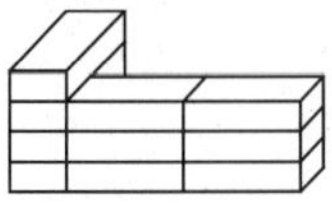

- Kantenmodell eines „Säulenquaders“ aus Papierstreifen bauen:
  4 Papierstreifen (50 x 5 cm) und
  8 Papierstreifen (20 x 5 cm) in der Mitte knicken (Winkelprofil)

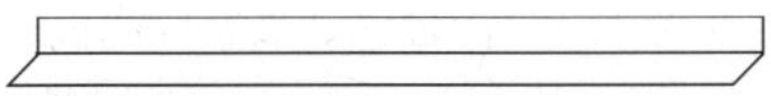

  8 Querstreben (20 x 5 cm) in der Mitte knicken, dann beide Hälften zur Mittellinie falten

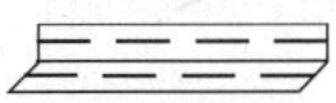

  So zusammenkleben, daß ein Dreiecksprofil entsteht.

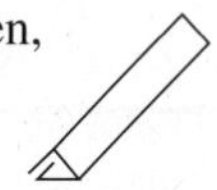

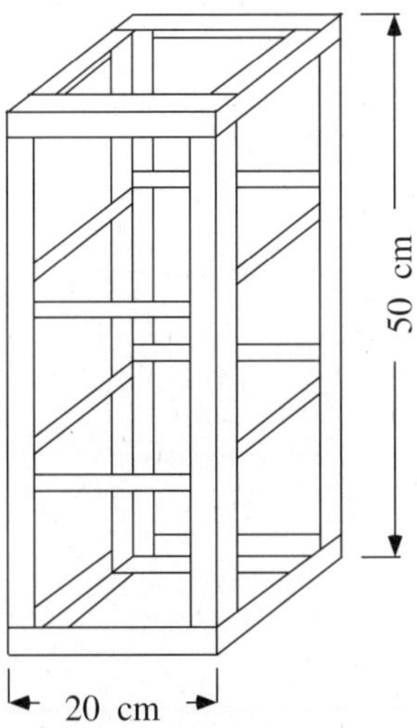

36 Einkaufen

Berechnen des Rückgeldes

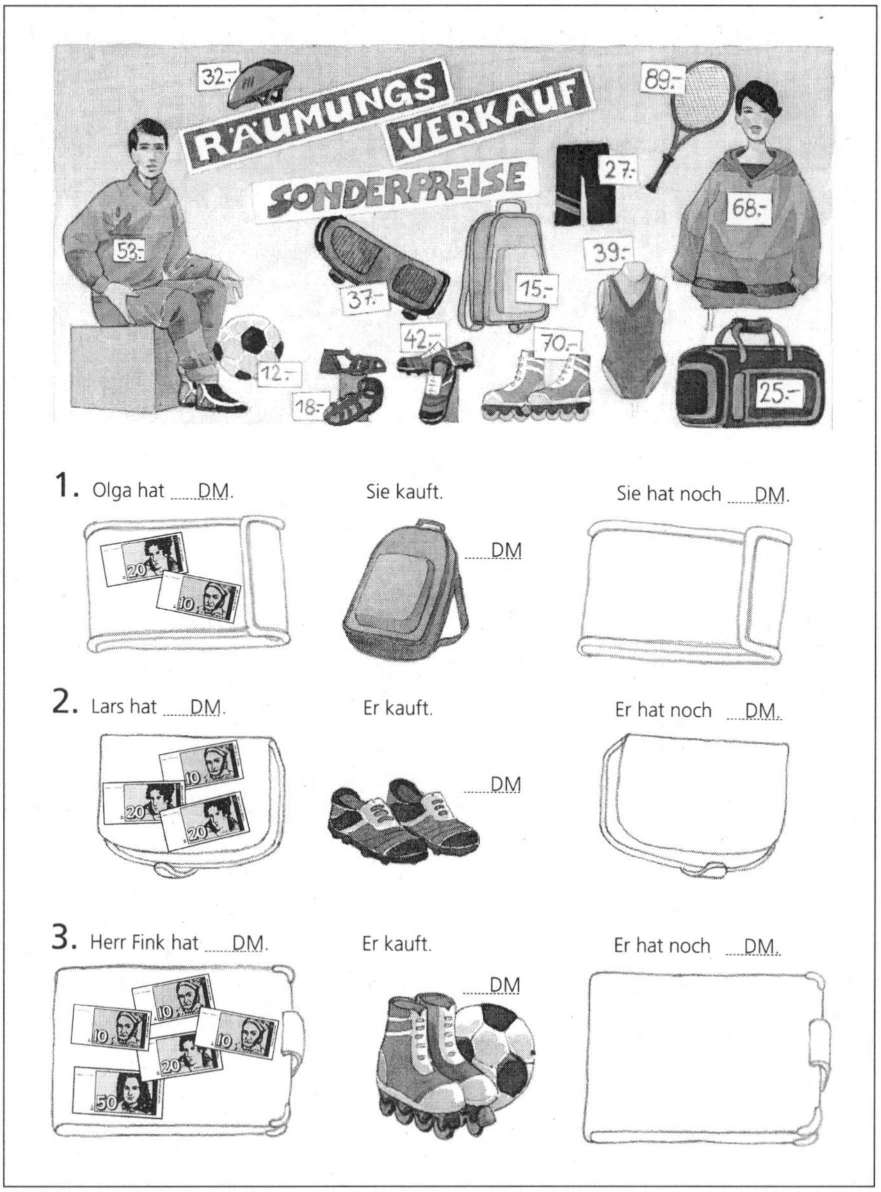

1. Olga hat ...... DM. Sie kauft. ...... DM Sie hat noch ...... DM.

2. Lars hat ...... DM. Er kauft. ...... DM Er hat noch ...... DM.

3. Herr Fink hat ...... DM. Er kauft. ...... DM Er hat noch ...... DM.

Was wird benötigt?

Arbeits- und Demonstrationsmaterial: Rechengeld (Markstücke, Scheine bis 100 DM, keine Pf-Stücke) Gegenstände als Verkaufsattrappen, Preisschilder, Kasse

Worum geht es?

Nachdem im Rahmen der Orientierung im Hunderter eine Vorstellung über Geldwerte bis 100 DM angebahnt wurde, wird nun das Erschließen einer Sachsituation mit Geld erarbeitet: Während des Räumungsverkaufes eines Sportgeschäftes kann günstig eingekauft werden.
Jedes der abgebildeten Portemonnaies enthält einige Geldscheine, deren Gesamtbetrag sich leicht ermitteln läßt. Die Preise der „gekauften" Gegenstände müssen dem Bild entnommen werden.
Der Kaufpreis ist (wie in der Realität) niedriger als das gegebene Geld. Man erhält daher Rückgeld. Der Kaufpreis der erhaltenen Ware und das Rückgeld müssen zusammen den gleichen Betrag ergeben wie das gegebene Geld, denn jeder Kauf ist ein Tauschhandel, bei dem *gleiche Werte* den Besitzer wechseln. Wenn den Kindern dieses Prinzip klar ist, verstehen sie auch die übliche Methode des „Herausgebens": Vom Kaufpreis ausgehend wird ergänzt, bis der gegebene Geldbetrag erreicht ist.
Die rechnerischen Anforderungen sind bewußt einfach. Der Schwerpunkt liegt auf dem Erfassen der Sachsituation und dem Herausfinden der Lösungsmöglichkeiten.

Wie kann man vorgehen?

Im Rollenspiel werden die Fragen beantwortet: „Wieviel Geld hat Lars?", „Was kosten die Schuhe?", „Wie kann er bezahlen?", „Wieviel Geld bekommt er zurück?", „Wieviel Geld hat er noch?" Um allen Kindern die Übersicht zu ermöglichen, werden der Geldbetrag und das Preisschild an die Tafel geheftet.
Es sollte wirklich das „Gespräch an der Kasse" geführt werden, aus dem der Tausch von Ware und Geld hervorgeht: Das Rückgeld muß den Unterschied zwischen gegebenem Geld und Kaufpreis ausgleichen.
Wenn das Einkaufen (Wieviel Geld habe ich, was kostet es, wieviel Geld bekomme ich zurück, wieviel Geld ist übrig?) im Rollenspiel geübt worden ist, können die Aufgaben auf der Buchseite gelöst werden.

37 Einkaufen

Berechnen des Rückgeldes, Übung zum Ergänzen, Denkspiel D 3

Die Kundin gibt 40 DM.

Tasche:	25 DM
gegeben:	40 DM
zurück:	15 DM

1. Lege und zähle wie die Verkäuferin.

a.		b.		c.	
Ball:	12 DM	Schuhe:	42 DM	Tennisschläger:	89 DM
gegeben:	20 DM	gegeben:	50 DM	gegeben:	100 DM
zurück:	...DM	zurück:	...DM	zurück:	...DM

2.

a.		b.		c.	
Rucksack:	...DM	Anorak:	...DM	Skateboard:	...DM
gegeben:	20 DM	gegeben:	70 DM	gegeben:	50 DM
zurück:	...DM	zurück:	...DM	zurück:	...DM

3.

a.		b.		c.	
Badeanzug:	...DM	Badeschuhe:	...DM	Radlerhose:	...DM
gegeben:	50 DM	gegeben:	50 DM	gegeben:	50 DM
zurück:	...DM	zurück:	...DM	zurück:	...DM

4. Herr Ümit kauft den Jogging-Anzug für 53 DM. Er gibt 70 DM.

5. Natalie hat 50 DM. Sie möchte den Fahrradhelm und den Ball kaufen.

6. Suche dir selbst Aufgaben. Schreibe ins Heft.

Wie kann man vorgehen?

Im Rollenspiel sollte wieder vom „Kunden“ ein Gegenstand gekauft und mit einem höheren Betrag in ein oder zwei Scheinen bezahlt werden. Der Preis wird der Aufgabe im Buch entsprechend an der Tafel notiert:

Preis: 25 DM
gegeben: 40 DM
zurück:

Nun bezahlt der „Kunde“. Die Scheine werden an die Tafel geheftet. Die Kassiererin gibt das Rückgeld 5 DM + 10 DM und zählt dabei im Ergänzungsverfahren 25, 30, 40. Der Betrag 15 DM wird neben „zurück“ an die Tafel geheftet.
Das Herausgeben muß im Klassengespräch deutlich geklärt werden, da es für den Alltag äußerst wichtig ist:
Vom Preis der Ware aus wird das Rückgeld in Schritten ergänzt, bis der gegebene Geldwert erreicht ist.

Aufgabe 1–3:
Lösung mit Hilfe von Rechengeld. Illustration und Daten teilweise auf Seite 36.

Aufgabe 4 und 5:
Diese Aufgaben sind bewußt dem gleichen Kontext entnommen. Die Kinder sollen sich den Text selbständig erschließen und die Situation mathematisieren.

Aufgabe 6:
Die Schüler sollen in diesem Kontext selbst Aufgaben erfinden und ins Heft schreiben.

Was wird benötigt?

Arbeits- und Demonstrationsmaterial: Rechengeld (DM-Stücke, DM-Scheine bis 100 DM), Gegenstände als Verkaufsattrappen, Preisschilder, Kasse

Worum geht es?

Das Thema „Einkaufen“ der vorhergehenden Seite wird fortgesetzt. Während auf S. 36 einfache Additions- und Ergänzungsaufgaben mit Hilfe des Rechengeldes gelöst wurden und das übriggebliebene Geld gezeichnet wurde, soll nun das Bezahlen mit größeren Scheinen, das Berechnen des Rückgeldes im Ergänzungsverfahren geübt und der unvollständige „Kassenbon“ ausgefüllt werden.

Fortsetzung der Denkschule

Denkspiel D 3 „Spring im Dreieck“ vorstellen

Wie könnte es weitergehen?

– Übungsheft Seite 15

38 Subtrahieren im Hunderterraum

Verschiedene Lösungsmöglichkeiten an konkretem Material, Blitzrechenübung B 7 einführen

57 – 23

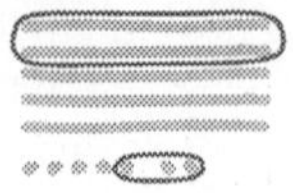

Julia rechnet:
Zehner weg,
dann
Einer weg

57 – 23 = 37 – 3 = ...

Martin rechnet:
Einer weg,
dann
Zehner weg

57 – 23 = 54 – 20 = ...

Stefanie rechnet:
Zehner minus Zehner,
Einer minus Einer

57 – 23 = 30 + 4 = ...

Wie rechnest du?
57 – 23 =

1. Zeige und rechne.

a. 58 – 24 = ...	36 – 25 = ...	b. 53 – 22 = ...	49 – 24 = ...
57 – 25 = ...	46 – 24 = ...	64 – 23 = ...	48 – 25 = ...
56 – 26 = ...	56 – 23 = ...	75 – 24 = ...	47 – 26 = ...

Was wird benötigt?

Arbeits- und Demonstrationsmaterial: Hunderterfeld, Hundertertafel, Rechengeld, Russische Rechenmaschine, evtl. Kopiervorlage 17

Worum geht es?

Analog zur Einführung der Addition im Hunderterraum wird die halbschriftliche Subtraktion eingeführt. Als Vorbereitung dienten die Sachaufgaben auf Seite 36 und 37.

Begonnen wird wieder mit komplexeren Aufgaben, allerdings auf dieser Seite noch *ohne* Zehnerunterschreitung, z. B. 68 - 27. Die Schüler suchen gestützt auf ihre Zahlvorstellungen mit Hilfe von Material (Hunderterfeld, Rechengeld, verschiedene Formen der Russischen Rechenmaschine) ihre eigenen Lösungen. Wie bei der Addition verzichten wir auf das schriftliche Notieren der Rechenwege. Als Zwischenschritt zum denkenden Rechnen eignet sich wieder die zeichnerische Darstellung.

Beispiel: 68 - 27

Zunächst zeichnet man die 68 — Dann kreist man die wegzunehmenden 27 ein

Übrig bleiben: 40 + 1 = 41 (nicht eingekreist).

Wie kann man vorgehen?

1. Analog zur Addition sollte zuerst eine *Standortbestimmung* vorgenommen werden.
   Jedes Kind sollte auf einem Blatt Subtraktionsaufgaben aufschreiben, die es mit und ohne Material rechnen kann. Die Blätter sollte die Lehrerin einsammeln und analysieren.
2. Für die gemeinsame Besprechung der Subtraktion wird den Schülern eine Aufgabe (z. B. 47 - 15) gestellt, die sie mit Hilfe von Materialien auf ihre Weise lösen/demonstrieren.
   Wie bei der Addition kann die Lehrerin jetzt im Sinne einer Hilfe zur Selbsthilfe eingreifen und bestimmte Punkte ansprechen.
   Die Aufgabe kann durch Wegnehmen von Geld gelöst werden. Unter Umständen muß gewechselt werden.

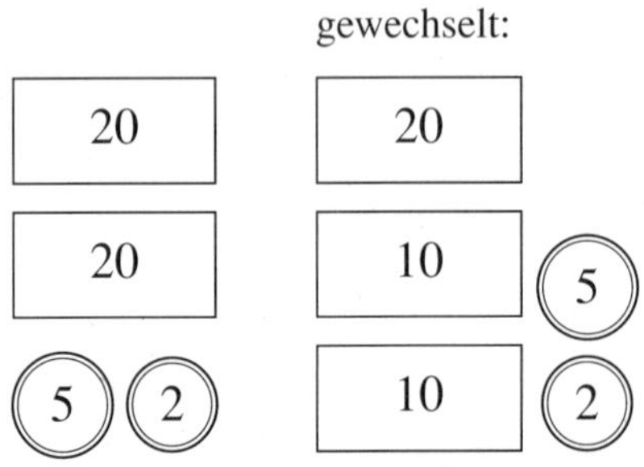

Übrig bleiben 32 DM.

Die Aufgabe kann am Hunderterfeld durch Darstellen von 47 und Wegnehmen (Einkreisen) von 15 gelöst werden:

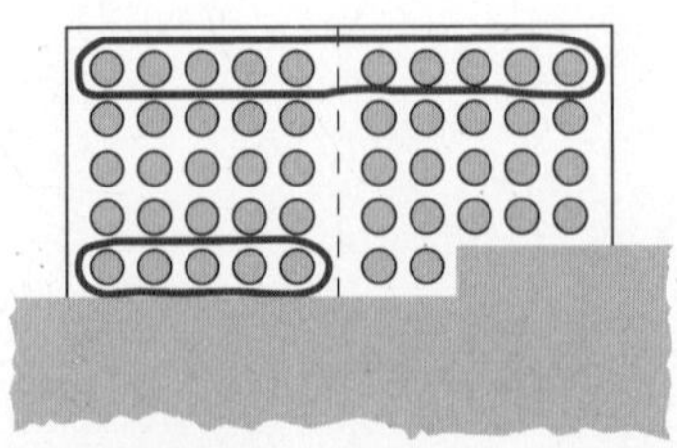

Übrig bleiben 32.

Wer möchte, kann in einem Zwischenschritt aus Kopiervorlage 17 Zehnerstreifen und Einerplättchen durch Auseinanderschneiden herstellen und die Kinder konkret die Aufgaben legen lassen.
Die Aufgabe kann durch Darstellen von 47 und Wegschieben von 15 an der Russischen Rechenmaschine gelöst werden. Die Strategien sind dabei sehr unterschiedlich.
Sind die verschiedenen Lösungen der Schüler handelnd und mündlich besprochen, so werden sie anschließend durch Striche (Zehner) und Punkte (Einer) dargestellt.

3. Die Schüler beschreiben anschließend die Vorgehensweisen der Kinder im Schulbuch und vergleichen diese mit ihren Ergebnissen und Rechenwegen. Dann versuchen sie mit Hilfe eines Materials ihrer Wahl die Minusaufgaben zu lösen, sie mit Strichen und Punkten zu zeichnen und den Rechenweg mit Zahlen aufzuschreiben.

Fortsetzung des Blitzrechenkurses
Durch den Unterricht ist eine Grundlegung der Blitzrechenübung B 7 „Leichte Minusaufgaben“ erfolgt.

39 Subtraktion

Verschiedene Lösungswege, Subtraktion im Hunderterraum an konkretem Material und mit zeichnerischen Lösungen

1 a. Rechne.

67 – 34 = ...

b.

78 – 46 = ...

c.

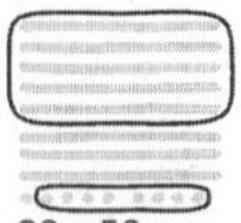

89 – 58 = ...

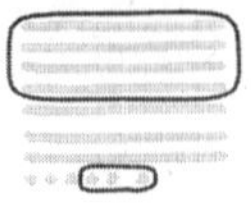

76 – 43 = ...

87 – 64 = ...

98 – 85 = ...

2. Zeichne und rechne.

a.	b.	c.	d.	e.
56 – 32 = ...	57 – 35 = ...	48 – 32 = ...	38 – 16 = ...	46 – 24 = ...
65 – 23 = ...	75 – 53 = ...	84 – 23 = ...	83 – 61 = ...	64 – 42 = ...
56 – 23 = ...	75 – 35 = ...	48 – 23 = ...	33 – 11 = ...	64 – 24 = ...
65 – 32 = ...	57 – 53 = ...	84 – 32 = ...	38 – 11 = ...	46 – 42 = ...
66 – 33 = ...	77 – 55 = ...	88 – 33 = ...	88 – 66 = ...	66 – 22 = ...

3.

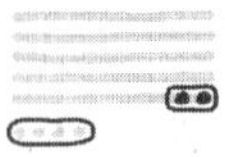

54 – 6 = ...

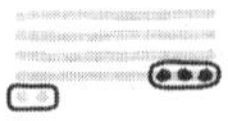

42 – 5 = ...

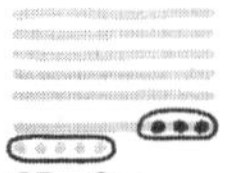

65 – 8 = ...

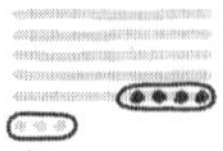

53 – 7 = ...

4. Zeichne und rechne.

44 – 6 = ...	72 – 5 = ...	25 – 8 = ...	33 – 7 = ...
84 – 6 = ...	92 – 5 = ...	75 – 8 = ...	63 – 7 = ...

5.

73 – 4 = ...	84 – 6 = ...	63 – 5 = ...	92 – 3 = ...	95 – 8 = ...
73 – 14 = ...	84 – 26 = ...	63 – 15 = ...	92 – 13 = ...	95 – 38 = ...

6.

54 – 16 = ...	42 – 15 = ...	36 – 9 = ...	65 – 18 = ...	53 – 17 = ...
54 – 26 = ...	42 – 25 = ...	36 – 29 = ...	65 – 38 = ...	53 – 47 = ...

7.

54 – 20 = ...	30 – 6 = ...	85 – 15 = ...	75 – 4 = ...	99 – 22 = ...
64 – 30 = ...	30 – 16 = ...	85 – 25 = ...	75 – 40 = ...	88 – 33 = ...

Was wird benötigt?

Arbeits- und Demonstrationsmaterial: Hunderterfeld, Hundertertafel, Rechengeld, Russische Rechenmaschine

Worum geht es?

Die verschiedenen Lösungswege bei der Subtraktion (Schrittweise bzw. Zehner extra, Einer extra) werden hier weiter vertieft und auf weitere leichtere, aber auch komplexere Subtraktionsaufgaben übertragen. Das Rechnen bleibt weiterhin in der Anschauung verankert. Die Zeichnung wird als Lösungshilfe benutzt. Bei der Unterschreitung eines Zehners wird der nächste Zehner angebrochen. Die Punkte, die noch weggenommen werden sollen, werden markiert und rot eingekreist.

Beispiel: 54 – 17

Darstellen von 54

Einkreisen (Wegnehmen) von 17

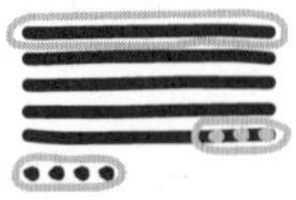

Übrig bleiben: 40 – 3 = 37

Beschreibung des Lösungsweges:
Ich zeichne 54. Von 50 nehme ich 10 weg, dann habe ich 40, jetzt muß ich noch 7 wegnehmen, erst nehme ich 4 weg und muß dann noch 3 wegnehmen. Dazu muß ich den nächsten Zehner „anknabbern". Ergebnis: 37.
Der Lösungsweg kann in dieser Form an der Russischen Rechenmaschine aufgezeigt werden. Die Unterschreitung des Zehners wird im „Zahlenbuch" bewußt angesprochen, da ansonsten erfahrungsgemäß immer der Fehler 54 – 17 = 43 (4 Unterschied der Zehnerziffern, 3 Unterschied der Einerziffern) bei den Kindern auftritt. Bei einfachen Aufgaben *ohne* Unterschreitung führt diese falsche Strategie nämlich immer zum Erfolg.
Beim Vergleich von

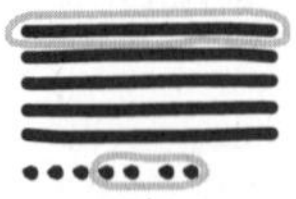

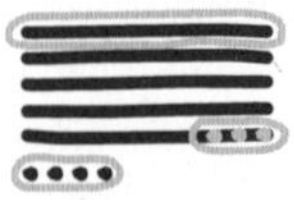

57 – 14 und 54 – 17

erkennt man:
Bei 57 – 14 wird beim Wegnehmen kein Zehner „angeknabbert" und 3 Einer bleiben stehen: 57 – 14 = 40 + 3 = 43.

Bei 54 – 17 wird beim Wegnehmen ein Zehner mit 3 Einern „angeknabbert": 54 – 17 = 40 – 3 = 37.

Wie kann man vorgehen?

Aufgabe 1:
Hier sind die Zeichnungen vorgegeben, die Kinder rechnen die Aufgaben aus.
Aufgabe 2:
Die Kinder sollen erst zeichnen und dann ausrechnen.
Aufgabe 3:
Hier werden nur Einer subtrahiert, die Zeichnungen verdeutlichen, daß bei Unterschreitungen des Zehners der nächstniedrige Zehner „angeknabbert" wird. Nach 3 sollte eine Aufgabe mit Zehnerunterschreitung (z. B. 45 – 17) von den Schülern mit Hilfe von Materialien gelöst und zeichnerisch dargestellt werden.
Aufgabe 4:
Hier werden zu den Aufgaben aus 3 nun weitere Zehner subtrahiert und die Analogie ausgenutzt.
Aufgabe 5:
Analoge Aufgaben. Die Kinder machen die Zeichnungen selbst.
Aufgabe 6 und 7:
Mit oder ohne Zeichnung und Material zu rechnen. Einfache operative Zusammenhänge können angesprochen werden:
54 – 16 = 38
54 – 26 = (1 Zehner muß zusätzlich weggenommen werden)

Wie könnte es weitergehen?

– Übungsheft Seite 16

40 Üben der Subtraktion

Subtraktion im Hunderterraum, Muster bei Subtraktionsaufgaben

1.

7 − 4 = ...	8 − 5 = ...	9 − 7 = ...	6 − 4 = ...	8 − 3 = ...
70 − 40 = ...	80 − 50 = ...	90 − 70 = ...	60 − 40 = ...	80 − 30 = ...

2.

16 − 3 = ...	9 − 6 = ...	17 − 5 = ...	13 − 7 = ...	25 − 8 = ...
36 − 3 = ...	99 − 6 = ...	57 − 5 = ...	43 − 7 = ...	65 − 8 = ...

3.

17 − 5 = ...	29 − 7 = ...
37 − 5 = ...	29 − 17 = ...
57 − 5 = ...	89 − 7 = ...
67 − 5 = ...	89 − 17 = ...
87 − 5 = ...	90 − 7 = ...

4.

21 − 4 = ...	26 − 9 = ...
41 − 4 = ...	36 − 9 = ...
51 − 14 = ...	36 − 19 = ...
91 − 4 = ...	66 − 9 = ...
91 − 24 = ...	66 − 39 = ...

5 a.

50
20 | _
10 | _ | _
5 | _ | _ | _

b.

50
25 | _
15 | _ | _
10 | _ | _ | _

c.

100
50 | _
25 | _ | _
15 | _ | _ | _

6. < oder = oder >? Setze ein.

60 − 5 ▒ 45	81 − 2 ▒ 75	57 − 9 ▒ 50	91 − 3 ▒ 90
55 − 5 ▒ 45	81 − 4 ▒ 75	68 − 9 ▒ 50	93 − 4 ▒ 90
50 − 5 ▒ 45	81 − 6 ▒ 75	70 − 9 ▒ 50	95 − 5 ▒ 90
45 − 5 ▒ 45	81 − 8 ▒ 75	59 − 9 ▒ 50	97 − 6 ▒ 90
35 − 5 ▒ 45	81 − 10 ▒ 75	61 − 9 ▒ 50	99 − 7 ▒ 90

7. Hüpf' im Päckchen!

a.	b.	c.	d.
52 − 5 = 47	60 − 6 = ...	55 − 6 = ...	99 − 11 = ...
37 − 5 = ...	48 − 6 = ...	49 − 5 = ...	76 − 13 = ...
47 − 5 = 42	36 − 6 = ...	37 − 9 = ...	63 − 14 = ...
32 − 5 = ...	54 − 6 = ...	44 − 4 = ...	88 − 12 = ...
42 − 5 = ...	42 − 6 = ...	40 − 3 = ...	49 − 15 = ...
Ziel 27	Ziel 30	Ziel 28	Ziel 34

Was wird benötigt?

Arbeits- und Demonstrationsmaterial: Hunderterfeld, Hundertertafel, Rechengeld, Hunderterreihe

Worum geht es?

Es werden hier Muster bei Subtraktionsaufgaben aufgezeigt und beim Rechnen ausgenutzt.

1. Muster

Mit Zehnern rechnen wie mit Einern:
7 − 4 = 3, 70 − 40 = 30

2. Muster

Die Minuenden unterscheiden sich nur um Zehner:
16 − 3 = 13, 26 − 3 = 23, 36 − 3 = 33
oder
15 − 8 = 7, 25 − 8 = 17, 35 − 8 = 27
Die Ergebnisse unterscheiden sich auch nur um reine Zehner.

3. Muster

Die Subtrahenden unterscheiden sich nur um Zehner:
29 − 7 = 22, 29 − 17 = 12, 29 − 27 = 2
Die Ergebnisse unterscheiden sich auch um reine Zehner.

4. Muster

Minuenden und Subtrahenden unterscheiden sich um Zehner:
26 − 9 = 17, 36 − 9 = 27, 36 − 19 = 17, 66 − 9 = 57
Die Ergebnisse unterscheiden sich auch nur um reine Zehner.
Die Einerziffern von Subtrahend und Minuend bestimmen also die Einerziffer des Ergebnisses.

Wie kann man vorgehen?

Alle Aufgaben im Buch können an konkretem Material gelegt oder zeichnerisch von den Schülern selbständig gelöst werden. Dabei spiegeln sich auch in den zeichnerischen Darstellungen die Muster wider.

Beispiel 1:

16 − 3 = 13

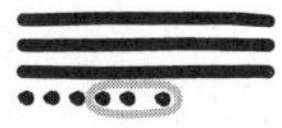

36 − 3 = 33

Beispiel 2:

25 − 8 = 17

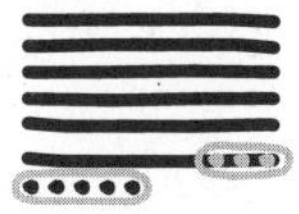

65 − 8 = 57

Aufgabe 1–4:
Subtraktionsaufgaben mit den beschriebenen Mustern.
Aufgabe 5:
Ergänzungsaufgaben an Zahlenmauern.
Aufgabe 6:
Terme mit Minus (Beispiel: 70 − 9) werden mit Zahlen verglichen, dabei kann das Ergebnis ausgerechnet oder besser noch geschätzt werden.

Beispiel:
70 − 9 ist sicherlich größer als 50, also:
70 − 9 > 50

Aufgabe 7:
„Hüpf' im Päckchen" mit Minusaufgaben.

Wie könnte es weitergehen?

– Die Schüler dürfen selbst verwandte Aufgaben aufschreiben, z. B.:
12 − 3 = 9, 22 − 3 = 19, 32 − 3 = 29
12 − 7 = 5, 22 − 17 = 5, 32 − 27 = 5

41 Einführung der Rechenketten

Übung der Addition und Subtraktion, Erkennen von Strukturen

Rechenketten

1.

Start				Ziel
2	+6 →	8	+4 →	12
10		16		......
4		......		......
5		......		......
7		......		......
9		......		......
11		......		......
0		......		......

2.

Start				Ziel
15	−3 →	12	−7 →	5
18		15		......
22		......		......
34		......		......
40		......		......

3.

Start				Ziel
5	+15 →	20	+10 →	30
10		......		......
15		......		......
20		......		......
25		......		......

4.

Start						Ziel
52	+7 →	59	−2 →	57	+5 →	62
66		......		......		......
79		......		......		......
80		......		......		......
90		......		......		......

5.

Start						Ziel
18	+8 →	26	−6 →	20	−2 →	18
32		......		......		......
56		......		......		......
74		......		......		......
91		......		......		......

6. Hüpf' im Päckchen!

a.	b.	c.	d.
7 + 4 = 11	10 + 4 = 14	35 + 4 = ...	50 + 4 = ...
10 + 9 = ...	7 + 6 = ...	38 + 9 = ...	54 − 27 = ...
11 − 7 = 4	13 + 9 = ...	32 + 6 = ...	43 + 39 = ...
19 − 4 = ...	14 − 7 = ...	47 − 4 = ...	27 + 16 = ...
4 + 6 = ...	22 − 4 = ...	39 − 7 = ...	82 − 4 = ...
Ziel 15	Ziel 18	Ziel 43	Ziel 78

Was wird benötigt?

Arbeitsmaterial: Heft
Demonstrationsmaterial: Falls vorhanden die magnetischen Wendekarten aus dem 1. Schuljahr

Worum geht es?

Rechenketten: Auf beliebige Startzahlen werden fest vorgegebene Rechenoperationen angewendet. Die Zwischenergebnisse werden notiert und am Ende der Rechnung wird die Zielzahl mit der Startzahl verglichen. Durch die vorgegebenen Rechenoperationen bedingt, entsteht *immer* eine Gesetzmäßigkeit. Z. B. Zielzahl = Startzahl + 6 + 4. Jede Zielzahl ist um 10 größer als die Startzahl, da die Rechenoperationen zusammengefaßt werden können (+ 10). Um keine unübersichtlich langen Päckchen entstehen zu lassen, werden bei der 1. Aufgabe die Rechenoperationen mit Pfeilen angegeben. Diese einmal notierten Rechenoperationen gelten dann für das gesamte Päckchen. Sie brauchen nicht immer wieder neu geschrieben bzw. gezeichnet zu werden. Der Vergleich der Start- mit der Zielzahl sowie der Zwischenergebnisse ist bei dieser Notationsform sehr gut möglich.

Alle vier Grundrechenarten können mit den Rechenketten geübt werden. Bei der Multiplikation und Division müssen nur die Startzahlen entsprechend gewählt werden, damit die Zahlen nicht zu groß werden bzw. die Division durchführbar ist.

Wie kann man vorgehen?

Die Rechenketten werden an der Tafel eingeführt. Tafelbild:

Start				Ziel
3	+6 →	9	+4 →	13
2		8		12

Auf die Leerstellen werden Wendekarten (Zahlkarten) gelegt und die Zwischenschritte notiert. Die Lehrerin erklärt die Rechenweise und Notationsform. Gemeinsam wird die Startzahl mit der Zielzahl verglichen, und Gesetzmäßigkeiten werden versprachlicht.

Aufgabe 1:
Zielzahl gleich Startzahl plus 10
Aufgabe 2:
Zielzahl gleich Startzahl minus 10
Aufgabe 3:
Zielzahl gleich Startzahl plus 25
Aufgabe 4:
Zielzahl gleich Startzahl plus 10
Aufgabe 5:
Zielzahl gleich Startzahl
Aufgabe 6:
„Hüpf' im Päckchen" mit Addition und Subtraktion

Wie könnte es weitergehen?

– Übungsheft Seite 17, Aufgabe 1 und 2

42 Bald ist Weihnachten

Rechnen am Kalender, Denkspiel, Geometrische Formen (Würfel, Pyramide), Falten und Symmetrie, Packerknoten

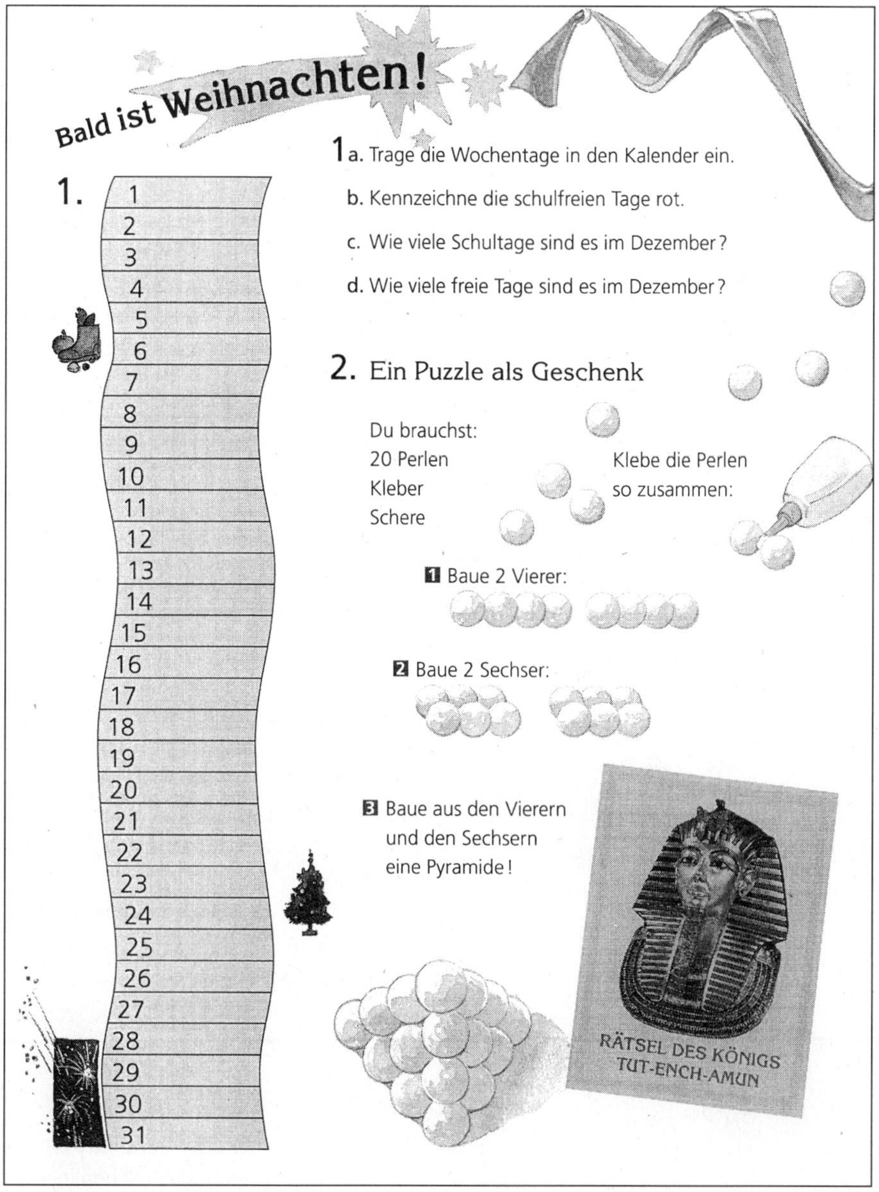

Bald ist Weihnachten!

1.

1
2
3
4
5
6
7
8
9
10
11
12
13
14
15
16
17
18
19
20
21
22
23
24
25
26
27
28
29
30
31

1 a. Trage die Wochentage in den Kalender ein.

b. Kennzeichne die schulfreien Tage rot.

c. Wie viele Schultage sind es im Dezember?

d. Wie viele freie Tage sind es im Dezember?

2. Ein Puzzle als Geschenk

Du brauchst:
20 Perlen
Kleber
Schere

Klebe die Perlen so zusammen:

1 Baue 2 Vierer:

2 Baue 2 Sechser:

3 Baue aus den Vierern und den Sechsern eine Pyramide!

RÄTSEL DES KÖNIGS TUT-ENCH-AMUN

Wie kann man vorgehen?

Die Perlen werden mit Deckfarben bemalt und müssen einen Tag trocknen. Nach Bauanleitung werden die Perlen zusammengeklebt. Um den Vierer, aber auch den Sechser möglichst in gerader Linie zu kleben, legt man die Perlen an den Rand eines Lineals oder eines Zeichenblocks. Obwohl die Papierperlen gut kleben, sollten sie einige Zeit nach dem Kleben nicht mehr bewegt werden. Ist das Puzzle trocken, können die Kinder versuchen, die Teile zu einer 20er-Pyramide zusammenzusetzen. Auf einer Unterlage (Tuch) rutschen die Teile der Pyramide nicht so leicht weg.

Es gibt verschiedene Lösungen. Wenn man sich die 20 Kugeln der fertigen Pyramide von unten beginnend Schicht für Schicht durchnumeriert denkt,

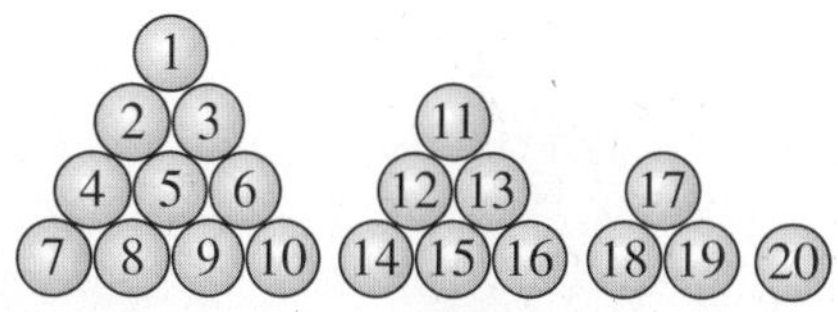

können die Teile z. B. folgendermaßen gelegt werden:

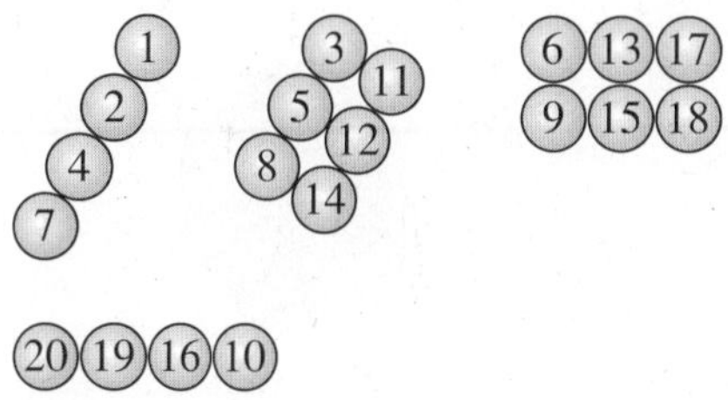

Was wird benötigt?

Arbeitsmaterial: 20 Perlen für jedes Kind, Klebstoff, Schere, Deckfarben, Lineal

Perlen für das Pyramiden-Puzzle sind in Großpackungen für alle Kinder in Bastelgeschäften oder Heimwerkermärkten zu besorgen. Es gibt sie aus glattlackiertem Holz. Es gibt sie aber auch aus weißem gepreßtem Papier. Wir empfehlen letztere nicht nur, weil sie preiswerter sind, sondern weil sie erheblich einfacher zu bemalen und zusammenzukleben sind (beim Zusammenkleben verrutschen die glatten Perlen leicht).
Es ist aber auch möglich, gelochte Holzperlen mit Zahnstocher und Klebstoff fest miteinander zu verbinden.

Worum geht es?

Innerhalb eines Mini-Projektes zum Thema Weihnachten werden verschiedene arithmetische und geometrische Themen angesprochen. Arithmetischer Inhalt ist das Rechnen am Kalender mit Berechnungen von Schultagen und freien Tagen bis Weihnachten.
Das Rechnen am Kalender dient der Vorbereitung des Sachthemas Kalender auf Seite 51. Ein dreidimensionales Pyramiden-Puzzle, auch als „Rätsel des Tut-ench-Amun", des altägyptischen Pharaos bekannt, wird von den Kindern als Weihnachtsgeschenk selbst erstellt. Hierbei wird das räumliche Vorstellungsvermögen besonders geschult.

Wie könnte es weitergehen?

– Im Handel gibt es kompliziertere Pyramidenpuzzle, die man für die Freiarbeit anschaffen kann.
Im 3. Schuljahr wird ein weiteres Pyramidenpuzzle gebastelt.

43 Bald ist Weihnachten

Rechnen am Kalender, Denkspiel, Geometrische Formen (Würfel, Pyramide), Falten und Symmetrie, Packerknoten

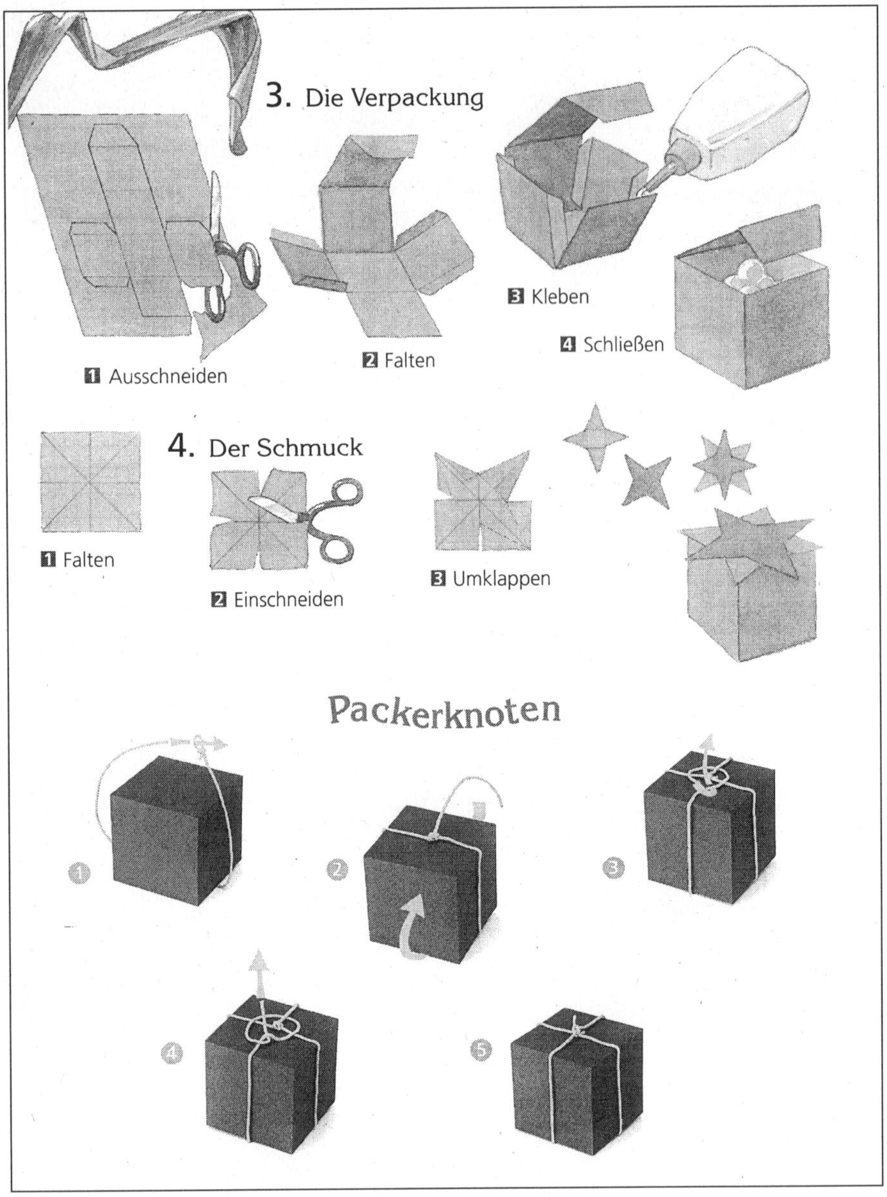

Aufgabe 3:
Hier ist der Arbeitsvorgang für den Bau des Würfels abgebildet. Er dient als Gedächtnisstütze und Lernhilfe. Die Kinder, die schneller arbeiten und manuell geschickter sind, helfen den anderen Kindern bei der Herstellung.
Alle Linien werden gefaltet. Die Klebelaschen helfen beim Zusammenkleben, der Deckel wird nicht geklebt, er muß ja später geöffnet werden.
Aufgabe 4:
Als Verzierung und Schmuck wird ein symmetrischer Faltstern, zur Würfelschachtel passend, aus einem quadratischen Stück Faltpapier von 5–10 cm Kantenlänge hergestellt.
Da dies ein sehr kleines Format ist, kann zur Übung zuerst ein größerer Stern als Klassendekoration hergestellt werden.
Beide Mittellinien und beide Diagonalen werden gefaltet, die Mittellinien bis zur Hälfte (!) eingeschnitten. Der Stern wird umgedreht und die entstandenen aufgeschnittenen Ecken zur Diagonalen hin eingefaltet.
Wer zwei Sterne faltet, kann diese zu einem achtstrahligen Stern übereinander kleben. Diese Sterne sehen besonders schön aus, wenn sie mit verschiedenfarbigem Transparentpapier hergestellt werden.
Aufgabe 5:
Erklärung des Packerknotens und Verschnüren des Weihnachtsgeschenkes.

Was wird benötigt?
Arbeitsmaterial: Würfelplan (als Kopiervorlage 14), Goldpapier, Weihnachtspapier, Schmuckband, quadratisches Faltpapier zwischen 5 und 10 cm Kantenlänge
Demonstrationsmaterial: vergrößerte Kopie des Würfelplans

Worum geht es?
Das Pyramidenpuzzle soll in einem hübschen Geschenkwürfel verpackt werden.

Wie kann man vorgehen?
Jedes Kind erhält einen Würfelplan (Kopiervorlage 10, evtl. auf Karton kopiert). Die Lehrerin macht den Bau vor. Die Kinder schneiden dann ihren Plan aus und helfen sich gegenseitig bei der Herstellung der Schachtel. Es gibt verschiedene Möglichkeiten bei der Auswahl des Papiers. Man kann die Kopiervorlage direkt auf farbiges Papier kopieren oder eine weiße Kopiervorlage auf ein farbiges Geschenkpapier (Weihnachtspapier) übertragen oder das weiße Papier bemalen.

Wie könnte es weitergehen?
– Ausschmücken des Klassenzimmers mit Achter-Faltsternen aus Transparent- oder Seidenpapier

44 Plus oder Minus?

Zusammenhang zwischen Addition und Subtraktion (Umkehraufgaben) darstellen, Blitzrechenübung B 8 einführen

Plus oder Minus

1.

27 + 7 = ... 34 - 7 = ...

2. 23 + 22 = ... 20 + 34 = ... 51 + 15 = ... 14 + 30 = ... 47 + 52 = ...
45 - 22 = ... - 34 = 20 ..... - 15 = 51 ..... - 30 = 14 ..... - 52 = 47

3. 64 - 33 = ... 64 - 50 = ... 64 - 49 = ... 64 - 53 = ... 64 - 61 = ...
..... + 33 = 64 ..... + 50 = ... + 49 = ... + 53 = ... + 61 = ...

4. Hüpf' im Päckchen!

a.	b.	c.	d.
21 + 6 = 27	34 + 12 = 46	99 - 22 = ...	68 - 27 = ...
21 + 11 = ...	45 - 13 = ...	77 + 22 = ...	15 + 25 = ...
37 - 4 = ...	46 - 12 = ...	66 - 33 = ...	40 - 29 = ...
27 - 6 = 21	32 + 12 = ...	99 - 33 = ...	41 + 27 = ...
32 + 5 = ...	34 + 11 = ...	33 - 11 = ...	68 - 53 = ...
Ziel 33	Ziel 44	Ziel 22	Ziel 11

5.

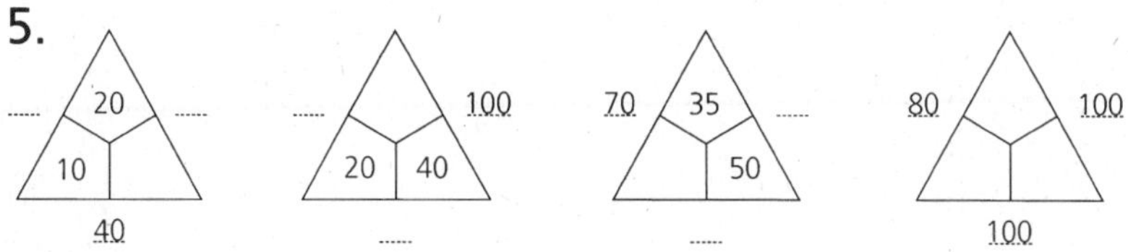

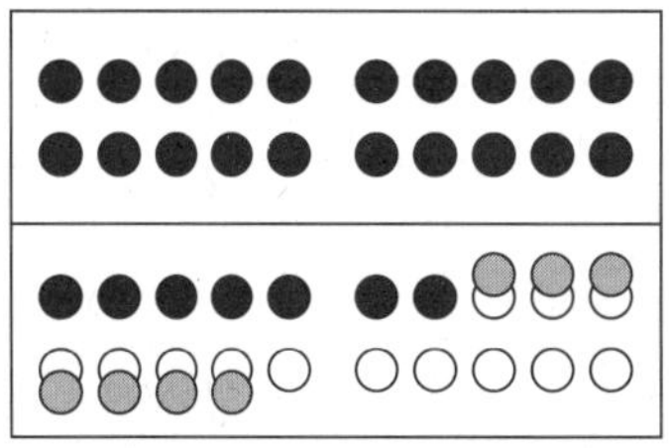

27 + 7 = 34 34 - 7 = 27

zwei Zwanzigerfelder

Wie kann man vorgehen?

Aufgabe 1:
Zu dem Bild der Aufgabe wird erzählt, gezählt und gerechnet. Die Aufgabe kann, wie oben beschrieben, mit Wendeplättchen nachgelegt werden.

Aufgabe 2:
Hier soll immer zu einer Plusaufgabe (Beispiel: 23 + 22 = 45) die Umkehraufgabe (45 - 22 = 23) gerechnet werden.

Aufgabe 3:
Hier soll immer zu einer Minusaufgabe (Beispiel: 64 - 33 = 31) die Umkehraufgabe (31 + 33 = 64) gerechnet werden.

Aufgabe 4 und 5:
Bekannte Übungsformen „Hüpf' im Päckchen" und Rechendreiecke mit vielen Plus- und Minusaufgaben bilden den Abschluß.

Lösung der letzten Aufgabe:

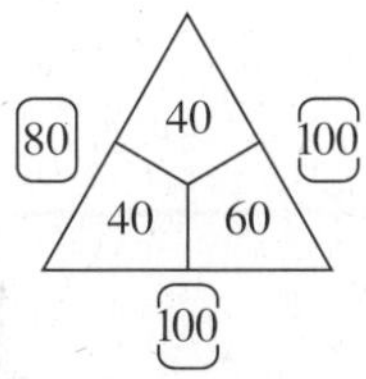

Fortsetzung des Blitzrechenkurses

Blitzrechenübung B 8 „Zerlegen (reiner Zehner)" vorstellen

Was wird benötigt?

Demonstrationsmaterial: magnetische Wendeplättchen

Worum geht es?

Nachdem Addition und Subtraktion getrennt eingeführt wurden, soll nun an integrierten Übungen der Zusammenhang zwischen beiden Operationen deutlich werden. Hierzu wird eine zweifach deutbare Umweltsituation gewählt:
Wird der Transporter *abgeladen*, so kommen zu den 27 Autos 7 hinzu, d. h. es ergibt sich die Plusaufgabe 27 + 7 = 34.
Wird der Autotransporter *beladen*, so werden 7 von ursprünglich 34 Autos weggefahren, d. h. es ergibt sich die Minusaufgabe 34 - 7 = 27.
Der gleiche Sachverhalt wird wie im 1. Schuljahr durch Plättchen auf Zwanzigerfeldern dargestellt, die in Form eines Hunderterfeldes zusammengefügt werden (vgl. Schülerband 1, Seite 46).

Wie könnte es weitergehen?

– Mit Hilfe von Kopiervorlage 3 weitere Rechendreiecke zum Subtrahieren und Ergänzen konstruieren:

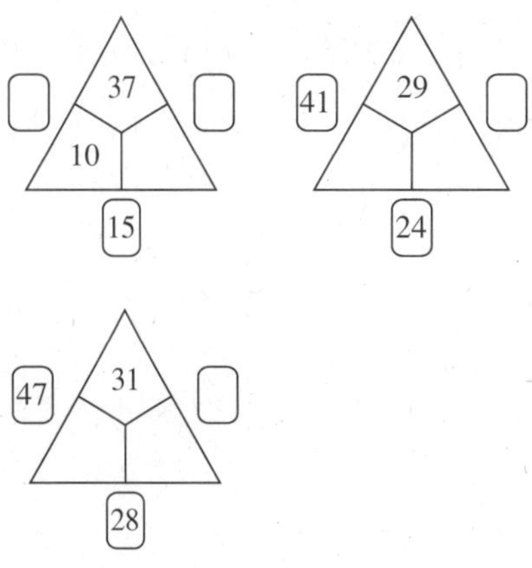

– Bei gelösten Rechendreiecken kann man die Summe der Randzahlen und die Summe der inneren Zahlen ausrechnen und vergleichen:

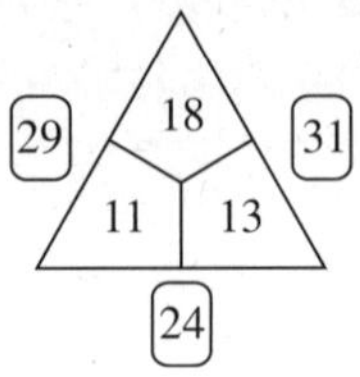

18 + 11 + 13 = 42
29 + 31 + 24 = 84

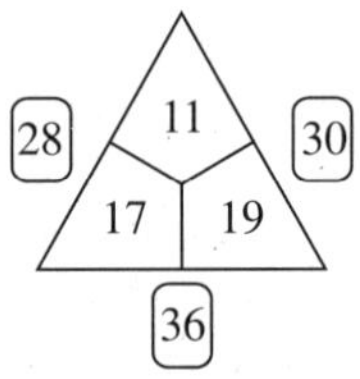

11 + 17 + 19 = 47
28 + 30 + 36 = 94

Muster: Die Summe der Randzahlen ist doppelt so groß wie die Summe der inneren Zahlen, denn beim Ausrechnen der Randzahlen wird jede innere Zahl doppelt verwendet.

45 Vor oder zurück

Zusammenhang zwischen Addition und Subtraktion am Zahlenstrahl, Denkspiel D 4

Vor oder zurück

1. 

26 − 5 = ...   26 + 5 = ...

2. 27 + 5 = ...   35 + 5 = ...   63 + 5 = ...   76 + 5 = ...   88 + 5 = ...
27 − 5 = ...   35 − 5 = ...   63 − 5 = ...   76 − 5 = ...   88 − 5 = ...
Rechne + 5 und − 5 mit eigenen Zahlen.

3. 27 + 4 = ...   35 + 4 = ...   63 + 4 = ...   76 + 4 = ...   88 + 4 = ...
27 − 6 = ...   35 − 6 = ...   63 − 6 = ...   76 − 6 = ...   88 − 6 = ...
Rechne + 4 und − 6 mit eigenen Zahlen.

4. 65 + 11 = ...   70 + 11 = ...   49 + 11 = ...   33 + 11 = ...   88 + 11 = ...
65 − 9 = ...   70 − 9 = ...   49 − 9 = ...   33 − 9 = ...   88 − 9 = ...
Rechne + 11 und − 9 mit eigenen Zahlen. Was fällt dir auf?

5.

a.

Start	− 14 →	+ 6 → Ziel
25	11	17
37	......	......
48	......	......
52	......	......

b.

Start	+ 14 →	− 6 → Ziel
25	39	33
37	......	......
48	......	......
52	......	......

c.

Start	+ 14 →	+ 6 → Ziel
25	39	45
37	......	......
48	......	......
52	......	......

d.

Start	− 14 →	− 6 → Ziel
25	11	5
37	......	......
48	......	......
52	......	......

6.

62	64	66	68	70
70 − 8	70 −	70 −	69 −	100 −
69 −	69 −	69 −	70 −	90 −
68 −	68 −	68 −	71 −	80 −
.....	.....	.....	.....	.....

Was wird benötigt?

Arbeits- und Demonstrationsmaterial: evtl. Hunderterreihe mit „Spielfiguren" bzw. Plättchen (z. B.: Hunderterreihe auf Seite 16/17)

Worum geht es?

Die Zahl 5 addieren heißt an der Hunderterreihe „um 5 vorgehen", 5 subtrahieren heißt „um 5 zurückgehen".

Beispiel:
26 − 5 = 21
26 + 5 = 31

Der Unterschied zwischen den beiden Ergebniszahlen ist 10. Aber auch wenn man 4 vor und 6 zurück geht, ist der Unterschied ebenfalls 10. Fast alle Muster dieser Seite lassen sich am Zahlenstrahl begründen, indem man dort von einer Zahl aus vor bzw. zurück geht und den Unterschied berechnet.

Wie kann man vorgehen?

Aufgabe 1–3:
Die Aufgaben werden jeweils durch Vor- und Zurückgehen an der Hunderterreihe gerechnet (vgl. auch: „Räuber und Goldschatz" an der Hunderterreihe oder die Hunderterreihe auf Seite 16). Setzt man auf die Ergebnisse jeweils ein Plättchen als Markierung, so wird der Unterschied 10 an der Zahlreihe sichtbar.

Aufgabe 4:
Hier ist der Unterschied 20.

Aufgabe 5:
Hier wird in Form einer Rechenkette jeweils 14 addiert oder subtrahiert, dann 6 addiert oder subtrahiert.
Als mögliche Unterschiede für die Start- und Zielzahlen ergeben sich:
a. − 8   b. + 8   c. + 20   d. − 20

Aufgabe 6:
Hier werden Minusaufgaben *mit festem Ergebnis* (z. B. 62) gesucht:
62 = 70 − 8
= 69 − 7
= 68 − 6
...

Die Kinder können beliebig viele weitere Lösungen in ihr Heft schreiben. Die gefundenen Lösungen können verglichen werden, z. B. beide Zahlen sind jeweils 1, 2 kleiner, die Differenz aber bleibt gleich (konstant).

Fortsetzung der Denkschule

Denkspiel D 4 „Mu-Torere" vorstellen

Wie könnte es weitergehen?

– Übungsheft Seite 17, Aufgabe 3–5

46 Einführung der Multiplikation

Einführung zum Verständnis der Multiplikation in Sachsituationen (Kontext Küche)

1.

2. Suche Aufgaben im Geschirrschrank.

3. Suche im Bild die Aufgaben 2 · 4 und 2 · 3.

4. Erfinde selbst Aufgaben zu eurer Küche.

5. Lege mit Plättchen. Rechne.
3 · 5 3 · 7 4 · 2 2 · 6

6. Male ins Heft. Rechne.
7 · 2 1 · 9 3 · 6 4 · 3

Was wird benötigt?

Arbeitsmaterial: Plättchen oder ähnliche Gegenstände, die in Feldform gelegt werden können
Demonstrationsmaterial: Geschirr, Besteck, Besteckeinsätze, Gewürzdosen, Verpackungsmaterial wie Plätzchenschachteln, Eierkartons, Knopfpappen, Eisschalen, Blech mit Plätzchen, Malkasten etc., an denen Multiplikationsaufgaben zu erkennen sind;
Wendeplättchen für die Magnettafel

Worum geht es?

Es geht hier um das Erkennen multiplikativer Situationen in der Umwelt, ihre Darstellung und das erste Berechnen von 1 x 1-Aufgaben. Die Multiplikation kann als verkürzte Addition angesehen und begründet werden, z. B. 4 + 4 + 4 = 3 · 4. Malaufgaben lassen sich auf folgende Weisen veranschaulichen, z. B. die Aufgabe 3 · 4 (3 mal 4):

dreimal das Zahlbild 4

OO OO OO
OO OO OO

dreimal vier Plättchen linear angeordnet

OOOO OOOO OOOO

dreimal vier Plättchen zu Mengen zusammengefaßt

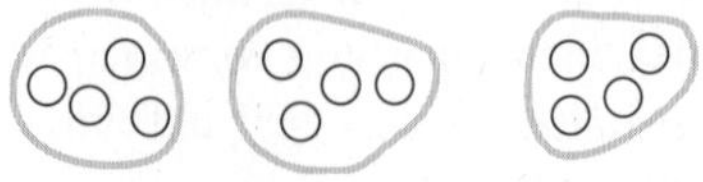

als 3 mal 4-Feld

OOOO
OOOO
OOOO

Die Felddarstellung weist viele Vorteile auf. Sie und die lineare Darstellung werden im weiteren Verlauf des Lehrgangs bevorzugt.
Am Anfang geht es um das Erkennen vielfältiger multiplikativer Strukturen, die auch in der Umwelt häufig auftauchen. Erste Malaufgaben sollen selbständig dargestellt und mit verschiedenen Lösungsstrategien additiver Art ausgerechnet werden (Standortbestimmung).
Das Mini-Einmaleins, das bereits im 1. Schuljahr eingeführt wurde, wird aufgegriffen und erweitert. Jetzt wird für das umgangssprachliche Wort „mal" das mathematische Zeichen „·" eingeführt.

Wie kann man vorgehen?

Standortbestimmung: Das Rahmenthema Multiplikation/Einmaleins muß wieder durch eine *Standortbestimmung* eröffnet werden. Man kann dabei an das Mini-Einmaleins und die Orientierung im Hunderter anknüpfen, von den Kindern die Ergebnisse einiger Aufgaben abfragen und an die Tafel schreiben:
1 mal 1 = 1, 4 mal 5 = 20, 2 mal 6 = 12, 4 mal 3 = 12,
10 mal 10 = 100, 4 mal 25 = 100 usw.
Dann kann man eine schwierigere Aufgabe stellen, z. B. 8 mal 5 =
Einige Kinder werden diese Aufgabe sicher lösen.
Als nächstes dürfen die Kinder Malaufgaben mit Lösungen nennen, die sie schon können.
Schließlich schreibt jedes Kind Malaufgaben, die es schon kann, auf ein leeres Blatt.
Wenn die Blätter eingesammelt sind, kann die Lehrerin eine Vorinformation über das Einmaleins geben, das in den folgenden Wochen gelernt werden soll, und vielleicht noch die schwerste Aufgabe stellen: 8 mal 7.

Anmerkung: Die Standortbestimmung kann gut auch *nach* der einführenden Behandlung vorgenommen werden.

Einführung: Es gibt vielfältige Situationen mit multiplikativen Strukturen in der Umwelt, die zur Einführung genutzt werden können. Für die im Buch gewählte Sachsituation bietet es sich an, Haushaltsgegenstände mitzubringen

oder von den Kindern mitbringen zu lassen und diese im Sitzkreis zu Multiplikationsaufgaben zusammenzustellen, die die Kinder heraussuchen, beschreiben und natürlich ausrechnen.
Im Klassenraum können ebenfalls Einmaleinsaufgaben gesucht werden, z. B. Kinder an Vierertischen, Fensterscheiben, Regalfächer, Heftstapel, Farbkästen, Milchkästen, Fliesenmuster etc. Einige der Muster sollten mit Plättchen nachgelegt und die zugehörigen Aufgaben an der Tafel festgehalten werden. Anschließend wird der Malpunkt als Abkürzung für „mal" eingeführt.

Zur Buchseite:
Nun werden im Bild alle linearen, feldförmigen oder zu Mustern zusammengefaßten Einmaleinsaufgaben herausgesucht, wie Tassen, Teller im Schrank, Blumen und Fensterscheiben, Fliesen, Schrankfächer, Dosen, Herdplatten, Besteck usw. Im Bild sind auch einige unvollständige Malstrukturen enthal-ten, z. B. der halbvolle Schubkasten, die Tassen im Schrank, die Herzchen auf der Gardine, die pfiffigerweise z. T. in den Gardinenfalten versteckt sind (Auszählen des Feldes $4 \cdot 8$ liefert aber das richtige Ergebnis), das Besteck in der Spüle. Hier wird die Vorstellung der Kinder angeregt. Die Einmaleinsaufgaben können aufgeschrieben und hinterher verglichen werden. Für die Sprechweise „mal" wird das mathematische Zeichen „·" eingeführt. Die Multiplikation wird als verkürzte Addition erkannt.
Aufgabe 1–3:
Diese Aufgaben beziehen sich auf das Bild und werden mit dieser Anschauungshilfe gelöst.
Aufgabe 4:
Sie kann als Hausaufgabe gegeben werden, kann aber auch phantasievoll aus dem Gedächtnis gelöst werden.
Aufgabe 5:
Hier werden die multiplikativen Strukturen nochmals selbständig durchdrungen, die vier Aufgaben können in Feldform, linear oder als Muster gelegt werden.
Aufgabe 6:
Die Malaufgaben können wieder individuell in den verschiedenen Formen – linear, Feldform, Muster – gezeichnet werden.

Wie könnte es weitergehen?
- Sammeln von weiteren Einmaleinsaufgaben, die sich im Klassenraum finden lassen
- Weitere Malaufgaben werden mit Plättchen gelegt
- Weitere Malaufgaben werden ins Heft gezeichnet
- Collage (in Gruppen oder als Klassencollage) zusammenstellen mit verschiedenen Malaufgaben aus gesammeltem, multiplikativ strukturiertem Verpackungsmaterial
- Vorbereitende Hausaufgabe für Seite 47, Sammeln verschiedener Bilder von Einmaleinsaufgaben (Versandhauskataloge sind hier eine wahre Fundgrube)

47 Malaufgaben im Kinderzimmer

Malaufgaben finden, legen, rechnen (Kontext Kinderzimmer)

1.

2. Lege, rechne.

a. $4+4=$ ..... $2 \cdot 4=$ .....

b. $3+3+3=$ ..... $3 \cdot 3=$ .....

c. $5+5=$ .... · ... = ...

d. $4+4+4=$ .... · ... = ...

3. Lege, male, rechne.

a. $3 \cdot 2$ $2 \cdot 5$ $4 \cdot 2$ $3 \cdot 5$ b. $6 \cdot 4$ $2 \cdot 10$ $2 \cdot 8$ $6 \cdot 5$

Was wird benötigt?

Arbeits- und Demonstrationsmaterial: Wendeplättchen, Spiele, Bilder, Gegenstände, die Einmaleinsaufgaben veranschaulichen

Hinweis: Bei vielen Spielen (Vier gewinnt, Mühle, Quartettspiel, ...) finden sich Malaufgaben

Worum geht es?

Nach der Einführung des „mal"-Begriffes sollen aus der Sachsituation „Kinderzimmer" weitere Malaufgaben herausgearbeitet werden. Durch das Nachlegen mit Plättchen wird das Verständnis vertieft. Die Kinder werden sensibilisiert, ihre Umwelt auf multiplikative Strukturen zu untersuchen.

Die zum Feld geordneten Plättchen bereiten die Übungen mit Hunderterfeld und Mal-Winkel anschaulich vor.

Wie kann man vorgehen?

Zu Beginn dieser und auch der folgenden Stunden zum Einmaleins ist es sehr ergiebig, wenn in einem Kreisgespräch Dinge mit multiplikativen Strukturen vorgestellt und besprochen werden („Dauerhausaufgabe" für Schüler und Lehrerin).

Im Lauf der Zeit kann die Lehrerin eine Sammlung mit „1 x 1-Gegenständen" anlegen (Pralinenverpackungen, Eiswürfelschale, Kakaokästen, Schokolade, Eierkartons, Spiele), auf die sie immer wieder zurückgreifen kann.

Beispiel für den Einsatz solcher Materialien:

Anhand von Teelichtern im 10er-Pack läßt sich der Vorteil der strukturierten Feldanordnung herausarbeiten: Die Lehrerin schüttet ca. 43 Teelichter in die Mitte. Die Kinder sollen die Anzahl bestimmen, was natürlich sehr schwierig ist. Impuls der Lehrerin: Ihr dürft die Teelichter auf die Schachteln stellen. Sofort wird durch die 2 mal 5-Strukturierung das Zählen erleichtert. Dann werden zwei Schachteln zusammengeschoben. „Welche Malaufgaben kannst du jetzt nennen?" (4 mal 5, 5 mal 4, 2 mal 10).

Durch Hinzufügen einer dritten Schachtel und schließlich einer vierten Schachtel sind viele verschiedene Aufgaben möglich.

Zur Buchseite:

Aufgabe 1:

Die Schüler suchen und benennen die im Bild versteckten Einmaleinsaufgaben. Zur Erläuterung werden diese an der Magnettafel oder am OHP mit Plättchen gelegt.

Diese Arbeit ist frontal oder auch in Partner- oder Gruppenarbeit möglich (evtl. „Welche Gruppe findet die meisten 1 x 1-Aufgaben?").

Aufgabe 2:

Die Schüler legen das Punktefeld mit Plättchen nach. Dann lösen sie die entsprechenden Plus- und Malaufgaben.

Aufgabe 3:

Die Kinder legen die Aufgabe nach, zeichnen das zugehörige Punktefeld ins Heft und notieren die Aufgabe mit Ergebnis.

Wie könnte es weitergehen?

- Übungsheft Seite 18
  (die in Aufgabe 4 dargestellte Sachsituation muß evtl. mit den Kindern besprochen werden)
- Bei einem Unterrichtsgang multiplikative Strukturen in der Umwelt suchen (Fenster an Gebäuden, Unterteilung von Fenstern, Muster von Fliesen oder Pflastersteinen, Anordnung von Werbeschildern, Verpackungen im Supermarkt – eine wahre Fundgrube!)
- Anlage eines Einmaleins-Buches mit Bildern, Fotos und Zeichnungen der Kinder
- Dinge mit multiplikativen Strukturen mit Doppelklebeband als Wandcollage zusammenstellen

48 Malaufgaben am Hunderterfeld

Erkennen und Darstellen von Malaufgaben am Hunderterfeld, Erarbeitung von Tauschaufgaben, Blitzrechenübung B 9

Malaufgaben am Hunderterfeld

1.

8 · 7
7 · 8

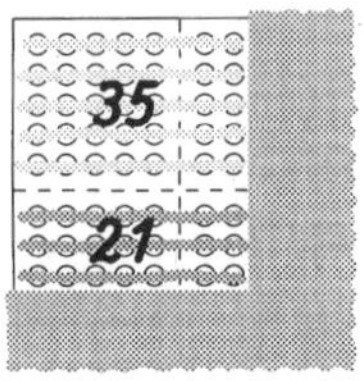

Merle rechnet:
35 + 21

Ali rechnet:
25 + 15 + 10 + 6

Lukas rechnet:
25 + 10 + 15 + 6

Nina rechnet:
40 + 16

Tauschaufgaben haben das gleiche Ergebnis.

2. Wie rechnest du?

a. 4 · 7

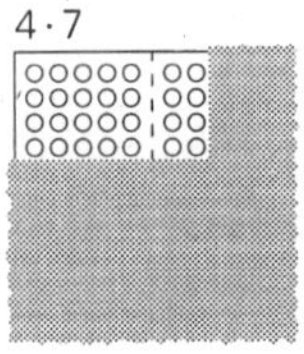

7 · 4

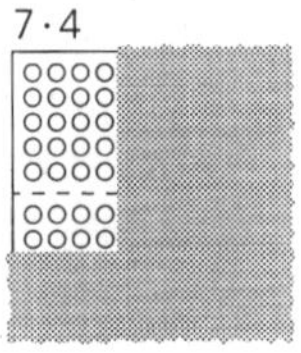

b. 9 · 6

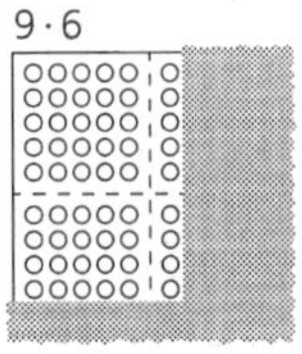

6 · 9

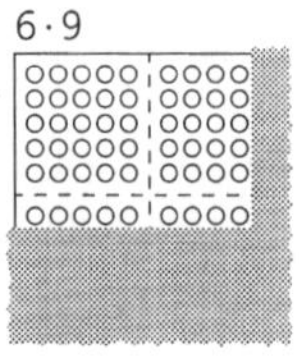

3. Zeige mit dem Malwinkel und rechne.

5 · 9	8 · 6	9 · 2	10 · 4
9 · 5	6 · 8	2 · 9	4 · 10

4. Suche die Tauschaufgabe.

3 · 6 5 · 10 4 · 5 7 · 7

Was wird benötigt?

Arbeits- und Demonstrationsmaterial: Hunderterfeld und 1 x 1-Winkel, evtl. Kopiervorlage 6 oder 7 sowie als Arbeitsmaterial 100 Karteikarten DIN A 5 oder DIN A 6, Klebestift, Schere und Hunderterfeld als Kopiervorlage

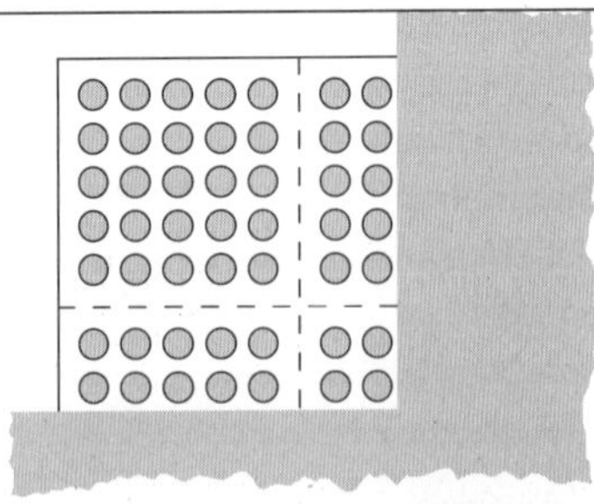

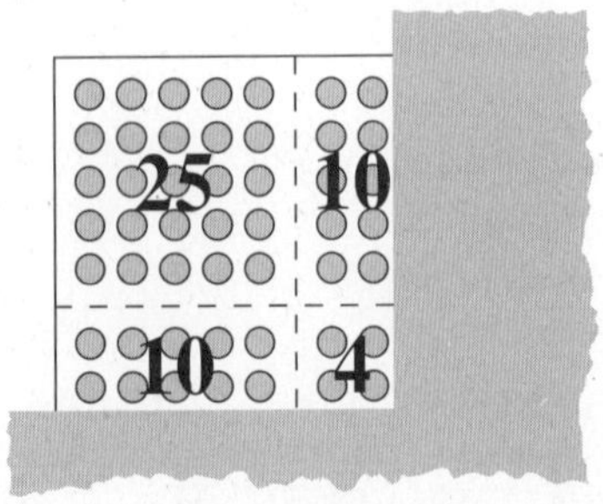

Beispiel 7 · 7: 25 + 10 + 10 + 4 = 49

Worum geht es?

Nach der Erarbeitung des mal-Begriffes werden nun Mal-Aufgaben am Hunderterfeld gelegt, die Ergebnisse additiv errechnet, Tauschaufgaben thematisiert und die Kernaufgaben mal 2, mal·5 und mal 10 (S. 49) erarbeitet.
In der Umwelt treten Malaufgaben höchstens in kleinen Gruppen auf.
Mit Hilfe des 1 x 1-Winkels läßt sich dagegen *jede* 1 x 1-Aufgabe am Hunderterfeld legen und schon zu diesem Zeitpunkt mit einfachen Additionen lösen (siehe Beispiel unten). Auch erste Beziehungen zwischen Aufgaben treten in Erscheinung. Dies ist für das ganzheitliche Vorgehen typisch.

Wie kann man vorgehen?

Das den Schülern bekannte Hunderterfeld (mit Fünfereinteilung) wird auf den OHP gelegt.
Frage: Welche Malaufgaben seht ihr?
Schüler sagt z. B.: 5 mal 5 und zeigt die Aufgabe. Erfahrungsgemäß versuchen die Kinder, die restlichen Punkte mit den Händen oder mit Heften abzudecken.
Da dies zu lästig ist, wird der 1 x 1-Winkel aus Pappe (Beilage) vorgestellt.
Mit dem Winkel werden weitere Aufgaben dargestellt, z. B. 6 mal 6.
Die Schüler plazieren den 1 x 1-Winkel entsprechend und berechnen auch das Ergebnis, z. B. so: 25 + 5 + 5 + 1 = 36 (Kraft der Fünf!).
In dieser Phase besteht *nicht der geringste* Anlaß oder Druck, Ergebnisse auswendig lernen zu lassen. Der Akzent liegt auf der additiven Zerlegung von Aufgaben, womit gleichzeitig eine hervorragende Übung der Addition im Hunderterraum gewährleistet ist.
Das Kommutativgesetz der Multiplikation (Tauschaufgabe) läßt sich folgendermaßen herausarbeiten:
Die Lehrerin sagt: Lege 4 mal 6.
Einige Kinder werden 4 Reihen mit je 6 Plättchen abdecken, andere 6 Reihen mit 4 Plättchen. Da die Anzahlen von 4 x 6 und 6 x 4 Plättchen übereinstimmen, erkennen die Kinder, daß man die Faktoren vertauschen darf. Meist kommen die Kinder von alleine darauf.
Auf der Kopiervorlage 7 können Felder von den Kindern selbst eingefärbt werden, entsprechend ihrem Lösungsweg.

Es wird aber verabredet, ab jetzt die Felder *in der Regel* zeilenweise zu lesen.

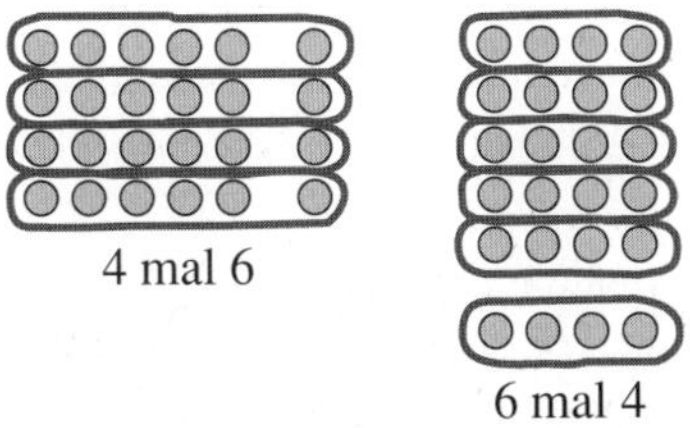

Trotz dieser Verabredung werden manchmal Kinder die Aufgabe 6 · 4 dem 4 mal 6 Feld zuordnen und umgekehrt. Dies ist *kein Fehler*, denn es handelt sich um eine Verabredung, die sachlich nicht zwingend ist. Man kann ein Feld prinzipiell doppelt deuten.

Aufgabe 1:
Die Kinder beschreiben, wie die Schüler im Buch die Aufgabe 8 · 7 und die Tauschaufgabe gerechnet haben. Statt einzufärben könnte man auch die entsprechenden Summanden wie im Übungsheft Seite 19, Aufgabe 1 a., ins Hunderterfeld eintragen.

Aufgabe 2:
Die Kinder legen den Malwinkel entsprechend zur vorgegebenen Aufgabe. Im Heft schreiben sie die Plusaufgabe und die Malaufgabe auf.

Aufgabe 3:
Jetzt sind die Aufgaben nur noch zahlenmäßig gestellt. Vorgehen wie in 2.

Aufgabe 4:
Die Kinder legen und schreiben auch die zugehörige Tauschaufgabe auf.

Vor Erarbeitung der nächsten Seite sollten unbedingt folgende Übungen mit dem Malwinkel und dem Hunderterfeld durchgeführt werden:
Von jeder Einmaleinsaufgabe erstellt die Klasse eine Karteikarte (A 5 oder A 6), auf der die Aufgabe als Feld und schriftlich dargestellt ist. Auf die Rückseite wird das Ergebnis geschrieben, z. B.:

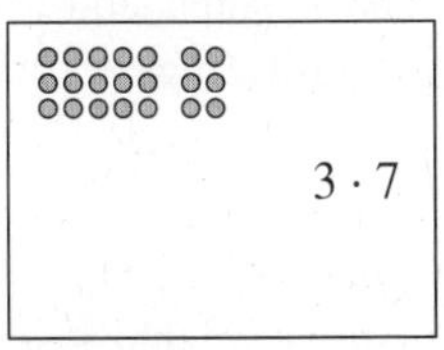

Rückseite: 21

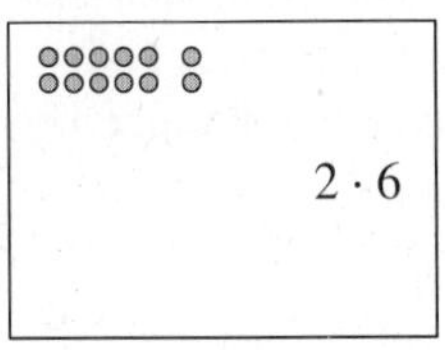

Rückseite: 12

Die Felder können leicht durch Schneiden aus Kopiervorlage 6 hergestellt und dann auf die Karte geklebt werden. Zur Aufgabenverteilung werden in der Klasse fünf Gruppen gebildet, die jeweils für 20 Aufgaben verantwortlich sind:

Gruppe 1:
Aufgaben der 1er-Reihe und 6er-Reihe
Gruppe 2:
Aufgaben der 2er-Reihe und 7er-Reihe
Gruppe 3:
Aufgaben der 3er-Reihe und 8er-Reihe
Gruppe 4:
Aufgaben der 4er-Reihe und 9er-Reihe
Gruppe 5:
Aufgaben der 5er-Reihe und 10er-Reihe

Gruppe 2 erstellt also die Karteikarten:

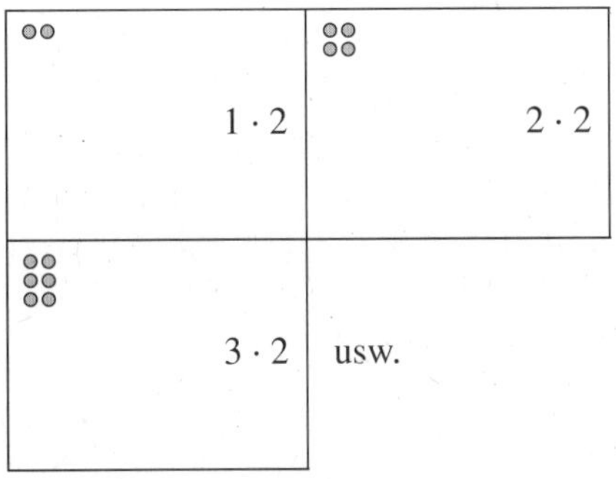

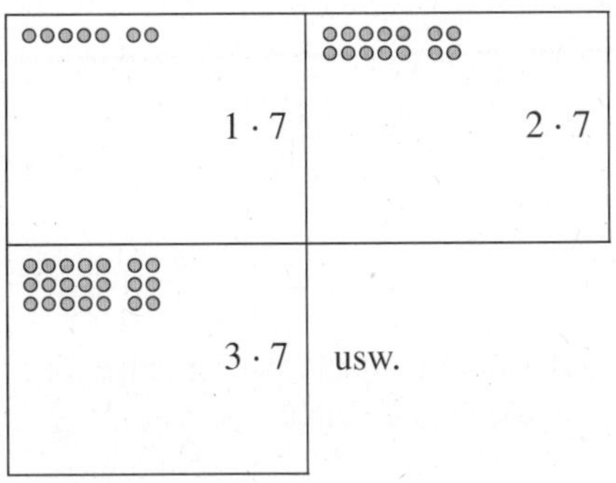

Zur Erstellung der Karten werden alle Aufgaben zunächst mit dem Malwinkel am Hunderterfeld gelegt, kleinere Felder können auf eine Karteikarte abgemalt werden, größere Felder werden aus einem Hunderterfeld (Kopiervorlage) ausgeschnitten und mit Klebstift sauber auf eine Karteikarte geklebt. Dann werden alle zugehörigen Aufgaben auf die Karte geschrieben und wie im Buch ausgerechnet.
Sortiert man die Karten nach gleichen Ergebnissen, so sind 42 Ergebnisse (Einmaleinszahlen) möglich. Diese können am Hunderterfeld angekreuzt werden.

Während es zu dem Ergebnis 26 keine Karte gibt, finden sich zu dem Ergebnis 24 sogar 4 Karten:

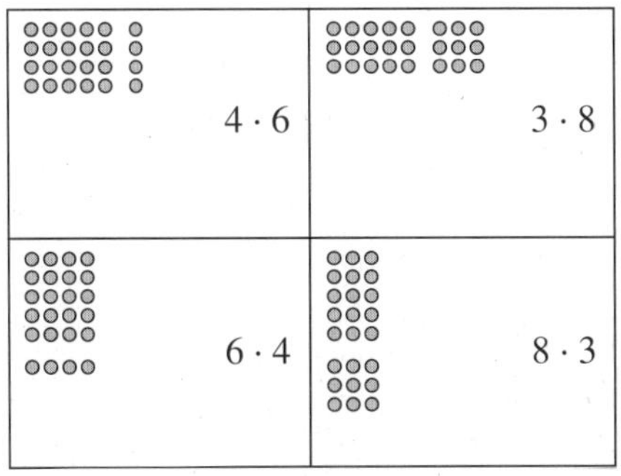

Gibt es noch mehr Karten mit dem gleichen Ergebnis?
(z. B. 36 = 6 · 6, 36 = 4 · 9, 36 = 9 · 4)
Legt man Aufgabe und Tauschaufgabe jeweils zusammen, z. B. 4 · 6 und 6 · 4, so erhält man insgesamt 55 wesentlich verschiedene Aufgabenkarten. Vgl. hierzu die Aufgabenkarten des 1 x 1-Kartenspiels aus dem Programm mathe 2000, Klett-Nr. 199020.
Als Vorübung für die nächste Seite können von den Kindern leichte Malaufgaben ausgewählt werden. Weitere Fragestellungen sind möglich, z. B.:
- Welche Aufgaben sind schwer?
- Vergleicht die Aufgaben aus der 5er- und 10er-Reihe!
- Legt die entsprechenden Aufgaben zusammen!
- Was fällt auf?

Die Herstellung der Karten ist zugegeben zeitintensiv. Die anschließenden Übungen sind aber eine hervorragende Grundlegung des Einmaleins: Der Aufwand lohnt sich.

Fortsetzung des Blitzrechenkurses
Durch den Unterricht ist eine Grundlegung der Blitzrechenübung B 9 „Einmaleins" erfolgt.

Wie könnte es weitergehen?
- Übungsheft Seite 19, Aufgabe 1 und 2
- Aufgaben mit Kopiervorlage 7

49 Einfache Malaufgaben

Erarbeitung der Kernaufgaben am Hunderterfeld

Einfache Malaufgaben

1.

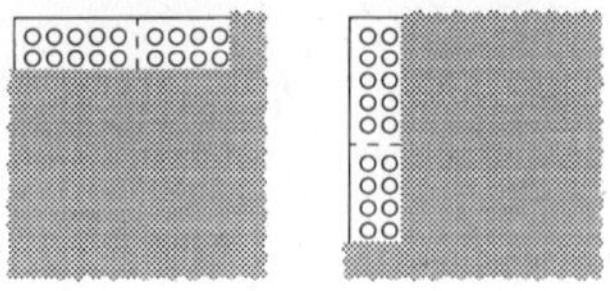

2 · 9 = ... 9 · 2 = ...

2. Zeige und rechne.

a.	2 · 5	2 · 6	2 · 4
	5 · 2	6 · 2	4 · 2
b.	10 · 2	7 · 2	8 · 2
	2 · 10	2 · 7	2 · 8

2 mal und mal 2 ist leicht.

3.

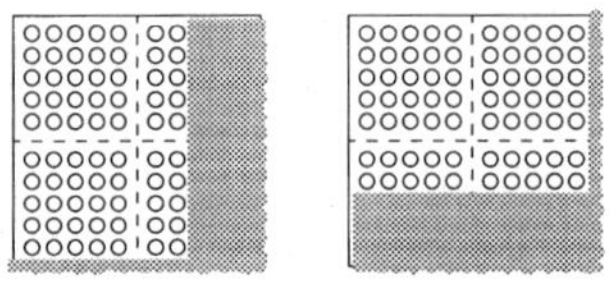

10 · 7 = ... 7 · 10 = ...

4. Zeige und rechne.

a.	10 · 4	10 · 6	10 · 9
	4 · 10	6 · 10	9 · 10
b.	2 · 10	5 · 10	7 · 10
	10 · 2	10 · 5	10 · 7

10 mal und mal 10 ist leicht.

5.

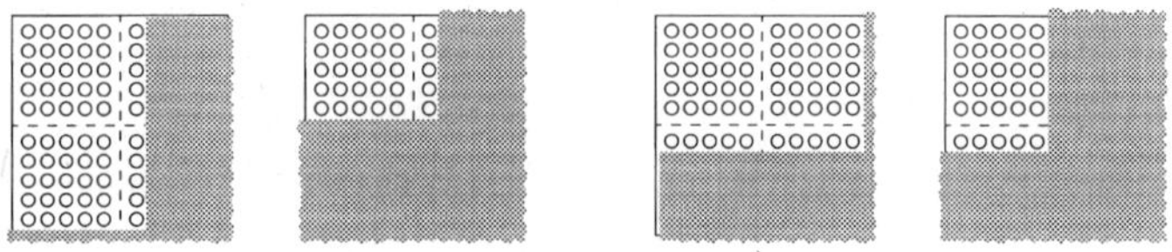

10 · 6 = ... 5 · 6 = ... 6 · 10 = ... 6 · 5 = ...

5 mal ist die Hälfte von 10 mal.

6. Zeige und rechne.

10 · 6	10 · 3	10 · 9	10 · 2
5 · 6	5 · 3	5 · 9	5 · 2

7. Zeige und rechne.

8 · 10	7 · 10	4 · 10	5 · 10
8 · 5	7 · 5	4 · 5	5 · 5

Was wird benötigt?

Arbeits- und Demonstrationsmaterial: Hunderterfeld und 1 x 1-Winkel (evtl. aus farbiger Folie für OHP)

Worum geht es?

Unter sofortiger Berücksichtigung der Tauschaufgaben werden als Stützpunkte oder Fundamente die Malaufgaben mit 2, mit 10 und mit 5 erarbeitet.
Die Kernaufgaben werden wiederum später beim Einmaleins-Plan und bei der Einmaleins-Tafel eine wichtige Rolle spielen.
Die Ergebnisse der Malaufgaben mit 2 sind den Kindern vom *Verdoppeln* am Zwanzigerfeld oder auch als Folge der geraden Zahlen schon bekannt.
Die Ergebnisse der Malaufgaben mit 10 stellen das Zehnfache der jeweiligen Zahl dar. Begründung:
10 · 7 = 7 · 10 = 7 Zehner = 70 oder „Mal 10 macht aus 7 Einern 7 Zehner".
Die Ergebnisse der Malaufgaben mit 5 erhält man über das *Halbieren* der Zehnerzahlen.
Die Malaufgaben einer Reihe mit 1, mit 2, mit 5, mit 10 bilden die sogenannten „kurzen Reihen", die später besonders thematisiert werden.

Wie kann man vorgehen?

Aufgabe 1:
Die Schüler sollen Malaufgaben mit 2 suchen und angeben, wie sie diese lösen (durch Verdoppeln, durch Addieren, z.B. 2 · 9, 9 + 9 = 18, 10 + 8 = 18).
Die Beispielaufgabe zeigt, wie der 1 x 1-Winkel für die Aufgabe und für die Tauschaufgabe plaziert wird.
Aufgabe 2:
Die Schüler legen auf ihrem Hunderterfeld mit dem 1 x 1-Winkel die Aufgaben und schreiben sie mit der Lösung ins Heft.
Aufgabe 3:
Exemplarisch zeigen die Abbildungen, wie der 1 x 1-Winkel bei Malaufgaben mit 10 plaziert wird.
Aufgabe 4:
Die Schüler legen mit dem 1 x 1-Winkel die Aufgaben und schreiben sie ins Heft.
Aufgabe 5:
Die Abbildungen verdeutlichen, wie die Schüler aus einer Malaufgabe mit 10 eine Malaufgabe mit 5 entwickeln können. Der 1 x 1-Winkel muß entweder horizontal (bei mal 5) oder vertikal (bei 5 mal) zur Fünferzäsur des Hunderterfeldes verschoben werden. Das Feld wird hierbei halbiert. Beim Abdecken mit einer durchsichtigen farbigen Folie am OHP bleiben beide Teilaufgaben sichtbar und das Halbieren wird besonders deutlich.

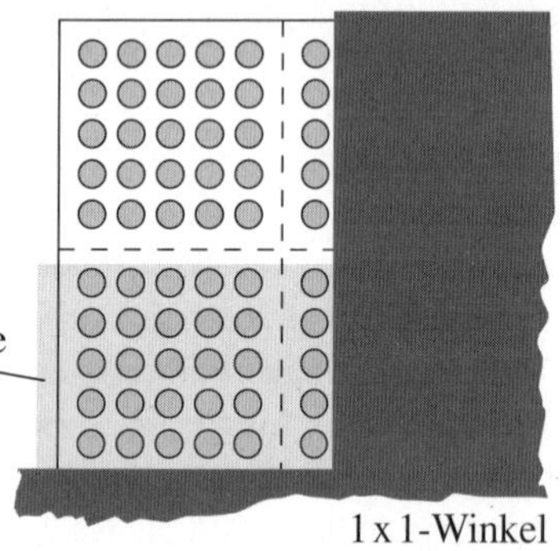

Aufgabe 6 und 7:
Diese Aufgaben werden entsprechend mit dem Winkel gelegt, ins Heft geschrieben und gelöst.

Wie könnte es weitergehen?

- Übungsheft S. 19, Aufgabe 3 und 4
- Partnerarbeit: Ein Schüler legt und rechnet eine Aufgabe, der Partner die Tauschaufgabe

50 So vergeht ein Tag/eine Woche

Die Zeitmaße Tag und Woche kennenlernen und anhand von Uhrzeiten strukturieren

1. So vergeht ein Tag. Beschreibe was Lisa macht.

2. Lisas Stundenplan

a. Wie viele Schulstunden hat Lisa jeden Tag? Schreibe auf:
Montag: 8.00 – 12.30, 5 Schulstunden
.....

b. Was macht Lisa nachmittags?

3. Wie sieht dein Stundenplan aus?

4. Immer 60 Minuten

45 min + 15 min	47 min + ... min
30 min + ... min	57 min + ... min
50 min + ... min	37 min + ... min
55 min + ... min	27 min + ... min
15 min + ... min	17 min + ... min

5. Immer 30 Minuten

10 min + 20 min	5 min + ... min
15 min + ... min	12 min + ... min
20 min + ... min	19 min + ... min
25 min + ... min	26 min + ... min
30 min + ... min	18 min + ... min

Was wird benötigt?

Arbeits- und Demonstrationsmaterial: Stundenpläne, evtl. Fernsehzeitungen, Uhren, evtl. Kopiervorlage 12 und 13

Worum geht es?

Das Thema Zeit wird auf dieser Seite erneut behandelt. Bekannt sind den Kindern die vollen Stunden, eine Viertelstunde, eine halbe Stunde und eine Dreiviertelstunde.
Mit Hilfe der Uhrzeiten und Situationsbilder wird der Tagesablauf eines Schulkindes strukturiert.
Mit dem Stundenplan wird die Gliederung der Woche in Tage thematisiert.
Der Vormittag wird durch die Schulstunden gegliedert, die Anfangs- und Endzeitpunkte der Schulstunden konkretisieren die Zeiteinteilung. Merkzettel dienen als Gesprächsanlaß über die Nachmittagsgestaltung der Kinder.

Wie kann man vorgehen?

Aufgabe 1:
Die Kinder beschreiben die Situationsbilder und vergleichen mit ihrem Tagesablauf. Wann stehe ich auf? Wann beginnt der Unterricht in unserer Schule? Wie gestalte ich den Nachmittag? Wie lange brauche ich für die Hausaufgaben? Wann mache ich Hausaufgaben?
Es ist empfehlenswert, das Ablesen der Uhrzeiten an weiteren Beispielen und mit den Lernuhren zu üben. Anschließend schreiben die Kinder zu den Bildern die Uhrzeiten auf, die analog oder digital dargestellt sind.
Aufgabe 2 und 3:
Im 2. Schuljahr sollten die Kinder einen Stundenplan selbständig lesen können. Sie sollen für jeden Wochentag Schulbeginn, Schulende und die Anzahl der Unterrichtsstunden aufschreiben. Die unterschiedliche Dauer von Schulstunden und „normalen“ Stunden sollte besprochen werden. Die Nachmittagsaktivitäten sind ein weiterer Sprechanlaß.
Aufgabe 4 und 5:
Die Schüler lernen, mit benannten Größen zu rechnen. Sie sollen zur vollen und zur halben Stunde ergänzen.

Wie könnte es weitergehen?

- In Fernsehzeitungen herausfinden, wann welche Sendungen beginnen und wie lange sie dauern
- Über Fernsehgewohnheiten sprechen. Wann siehst du fern? Wie viele Stunden sitzt du vor dem Fernseher?
- Wie viele Stunden pro Woche sind fest verplant?
- Wie viele Stunden kannst du frei spielen?
- Stundenplan, Kopiervorlagen 12 und 13
  Wochentage (5-Tage-Woche) Anfangs- und Endzeiten der Unterrichtsstunden und Fächer eintragen

51 Kalender 2000

Jahreskalender, Datum, Denkspiel D 5

1. Jana hat am 13. Februar Geburtstag.

2. Wieviel Tage haben die Monate?
1. Monat: Januar, 31 Tage
2. Monat: Februar, ...
3. Monat: ......

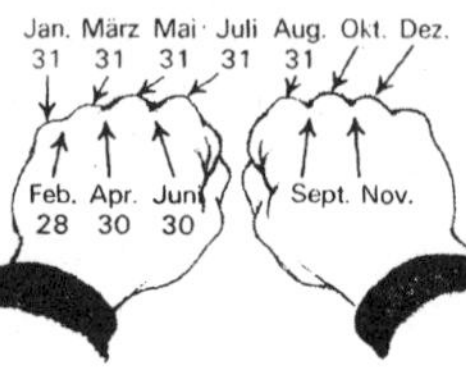

3. Welcher Wochentag? 1. Mai, Montag
1. Januar 14. Februar 31. März
22. Juli 3. Oktober 24. Dezember

4. Schreibe kürzer:
13. Februar 2000, 13. 2. 2000

30. Januar 2000 28. Mai 2000 7. Juli 2000 25. Dezember 2000

Kalender 2000

	Januar	Februar	März
Mo	3 10 17 24 31	7 14 21 28	6 13 20 27
Di	4 11 18 25	1 8 15 22 29	7 14 21 28
Mi	5 12 19 26	2 9 16 23	1 8 15 22 29
Do	6 13 20 27	3 10 17 24	2 9 16 23 30
Fr	7 14 21 28	4 11 18 25	3 10 17 24 31
Sa	1 8 15 22 29	5 12 19 26	4 11 18 25
So	2 9 16 23 30	6 13 20 27	5 12 19 26

	April	Mai	Juni
Mo	3 10 17 24	1 8 15 22 29	5 12 19 26
Di	4 11 18 25	2 9 16 23 30	6 13 20 27
Mi	5 12 19 26	3 10 17 24 31	7 14 21 28
Do	6 13 20 27	4 11 18 25	1 8 15 22 29
Fr	7 14 21 28	5 12 19 26	2 9 16 23 30
Sa	1 8 15 22 29	6 13 20 27	3 10 17 24
So	2 9 16 23 30	7 14 21 28	4 11 18 25

	Juli	August	September
Mo	3 10 17 24 31	7 14 21 28	4 11 18 25
Di	4 11 18 25	1 8 15 22 29	5 12 19 26
Mi	5 12 19 26	2 9 16 23 30	6 13 20 27
Do	6 13 20 27	3 10 17 24 31	7 14 21 28
Fr	7 14 21 28	4 11 18 25	1 8 15 22 29
Sa	1 8 15 22 29	5 12 19 26	2 9 16 23 30
So	2 9 16 23 30	6 13 20 27	3 10 17 24

	Oktober	November	Dezember
Mo	2 9 16 23 30	6 13 20 27	4 11 18 25
Di	3 10 17 24 31	7 14 21 28	5 12 19 26
Mi	4 11 18 25	1 8 15 22 29	6 13 20 27
Do	5 12 19 26	2 9 16 23 30	7 14 21 28
Fr	6 13 20 27	3 10 17 24	1 8 15 22 29
Sa	7 14 21 28	4 11 18 25	2 9 16 23 30
So	1 8 15 22 29	5 12 19 26	3 10 17 24 31

Karfreitag 21. April, Ostern 23./24. April, Christi Himmelfahrt 1. Juni, Pfingsten 11./12. Juni, Fronleichnam 22. Juni, Buß- und Bettag 22. November.

5. Mittwoch, der 19. 1. 2000

ein Tag vorher:	ein Tag später:	eine Woche vorher: ......
zwei Tage vorher:	zwei Tage später:	eine Woche später: ......

6. Welches Datum hat der erste Sonntag im Mai?
Schreibe für alle Sonntage im Mai das Datum auf.

RECHNE WIE DER BLITZ!

a.	b.	c.	d.
50+...... =100	95+...... =100	54+...... =60	44+...... =50
70+...... =100	75+...... =100	32+...... =40	65+...... =70
30+...... =100	45+...... =100	73+...... = 80	30+...... =30
60+...... =100	55+...... =100	91+...... =100	60+...... =90

Was wird benötigt?

Arbeits- und Demonstrationsmaterial: Kalender (im Buch), evtl. aktueller Jahreskalender

Hinweis: Die Einstiegsdoppelseite 0/1 kann dazu benutzt werden, um die Monatsnamen und ihre Einordnung in das Schul- bzw. Kalenderjahr zu besprechen.

Worum geht es?

Die Themen „Jahreskreis" und „Kalender" werden oft fächerübergreifend in den Lernbereichen Sprache/Sachunterricht und Mathematik behandelt.
Hier geht es um die Abfolge der Monate, die Monatsnamen und die unterschiedliche Länge der Monate. Die Herkunft des Namens „Monat" als Länge einer Mondphase wurde bereits auf Seite 25 angesprochen.
Die ausführliche Schreibweise eines Datums mit Wochentag, Tag, Monat, Jahr wird entwickelt und eingeführt.
Mehr arithmetischen Charakter haben die Aufgaben, bei denen von einem festgelegten Datum vor- und zurückgerechnet wird.

Wie kann man vorgehen?

Wenn möglich, bringen die Kinder Jahreskalender mit in die Schule. Allein von der Größe und von der Gestaltung her (Taschenkalender ca. 6 cm x 9 cm und Jahres-Terminkalender 80 x 100 cm) unterscheiden sich Kalender häufig sehr stark. Gemeinsam sind die eigentlichen Kalenderdaten.
Die Kinder erzählen, was sie vom Kalender wissen *(Standortbestimmung)*.
Erste Orientierungsübungen geben Auskunft über die Fähigkeit der Kinder, den Kalender lesen zu können:
Tippe mit dem Bleistift auf den 19. Mai.
Welcher Wochentag ist der 11. September?
In der Regel ist es sinnvoll, als Ausschnitt einen Monat groß an die Tafel zu zeichnen, damit allen Kindern der Aufbau des Kalenders klar wird. Z. B. sind die Abkürzungen für die Wochentage nicht immer allen Kindern geläufig.
Gemeinsam kann die Klasse für das kommende Jahr einen Geburtstagskalender anlegen. Zunächst werden an der Tafel unter dem jeweiligen Monatsnamen alle Geburtstage der Kinder gesammelt, z. B. April: 19. Merle, 21. Ivo, usw.
Dann werden an einem Kalender alle Geburtsdaten gesucht, angekreuzt und anschließend mit Wochentag aufgeschrieben. Beispiel:
Merle: Mittwoch, den 19. 04.
Als Hausaufgabe kann jedes Kind die Geburtstage seiner Familie erfragen und einen Geburtstagskalender wieder mit den Wochentagen erstellen.
Die Buchseite kann nun selbständig bearbeitet werden.
Aufgabe 1:
Die Aufgabe soll anregen, bestimmte Daten im Kalender zu finden.
Aufgabe 2:
Die Erklärung der Monatsnamen muß nicht ausführlich im 2. Schuljahr erfolgen. Die Kinder finden es aber spannend, wenn sie erfahren, daß die Namen z. B. von Götternamen und vom Kaiser Augustus abgeleitet wurden.
Die „Knöchelmethode" hilft, sich die Namen der Monate mit 31 Tagen einzuprägen. Man beginnt auf einem Knöchel mit dem Abzählen. Alle weiteren „Knöchel-Monate" haben 31 Tage.

Aufgabe 3:
Die Schüler sollen vorgegebene Daten im Kalender finden und den Wochentag bestimmen.
Aufgabe 4:
Die Datumschreibweise mit Tag, Monat und Jahr wird eingeführt.
Aufgabe 5:
Ausgehend von einem festgelegten Datum sollen vor- oder zurückliegende Daten bestimmt werden.
Aufgabe 6:
Der erste Sonntag im Mai 2000 hat das Datum: 7.5.2000. Die Daten der folgenden Sonntage stellen Zahlen der 7er-Reihe dar.
Aufgabe 7:
Erinnerung an die Blitzrechenübungen „Ergänzen bis zum nächsten Zehner", „Ergänzen bis 100".

Fortsetzung der Denkschule

Denkspiel D 5 „Zurück in die Reihe" mit 8 Karten vorstellen

Wie könnte es weitergehen?

- Lied: Und wer im Januar geboren ist (Volksmund)
- Handbuch produktiver Rechenübungen Bd. 1, S. 69–71
- Sachkartei für Klasse 3 aus der KUNTERBUNT-Reihe, Klett-Verlag, Nr. 42 a, Herkunft der Monatsnamen

Vorinformation zur Behandlung des Einmaleins-Plans

Seiten 52, 53, 54, 55, 58, 59

1. Aufbau des Einmaleins-Plans

Auf dem Einmaleins-Plan (Beilage Schülerbuch) sind alle Reihen linear dargestellt. Wir nennen ihn kurz Mal-Plan. Jede Reihe ist *dreifach unterteilt*: In der Mitte verläuft eine farbig gegliederte Punktereihe. Sie wird begleitet von einem oberen Streifen, der Zahlenreihe mit eingetragenen 5er- und 10er-Zahlen, und einem unteren Streifen mit den Markierungen der zugehörigen Reihenzahlen. So lassen sich die Ergebnisse von 1 x 1-Aufgaben ohne große Mühe *ablesen*. Die Ergebnisse der Merkaufgaben (Kernaufgaben) sind in diesem Streifen deutlich angegeben. Aus ihnen lassen sich die Ergebnisse der anderen Aufgaben operativ ermitteln. Deshalb sollen zunächst auch *nur die Merkaufgaben gelernt* werden.

Beispiel:	Merkaufgaben zur 2er-Reihe	abgeleitete Aufgaben
	$1 \cdot 2 = 2$	$3 \cdot 2 = 2 \cdot 2 + 1 \cdot 2 = 6$
	$2 \cdot 2 = 4$	$4 \cdot 2 = 5 \cdot 2 - 1 \cdot 2 = 8$
	$5 \cdot 2 = 10$	$6 \cdot 2 = 5 \cdot 2 + 1 \cdot 2 = 12$
	$10 \cdot 2 = 20$	$7 \cdot 2 = 5 \cdot 2 + 2 \cdot 2 = 14$
		$8 \cdot 2 = 10 \cdot 2 - 2 \cdot 2 = 16$
		$9 \cdot 2 = 10 \cdot 2 - 1 \cdot 2 = 18$

Die erste und die letzte Aufgabe der Merkaufgaben sind einfach, die zweite ergibt sich aus der ersten durch Verdoppeln und die dritte durch Halbieren der letzten (Zur Erinnerung: Halbieren und Verdoppeln sind Fertigkeiten des Blitzrechenkurses).
Im Mal-Plan sind die Reihen so angeordnet und gefärbt, daß die enge Verwandtschaft der Reihen untereinander sichtbar wird. Außerdem lassen sich im Mal-Plan (im Gegensatz zum Feld) die Ergebnisse leicht ablesen. Das Teilen mit und ohne Rest läßt sich gut am Mal-Plan veranschaulichen (vgl. hierzu Seite 62 und Seite 89).
Auch auf den Buchseiten sind jeweils verwandte Reihen zusammengefaßt. Als Sachinformation, zur Motivation und als Orientierungshilfe sind den einzelnen Reihen Tiere zugeordnet (vgl. hierzu Sachtext zum Mal-Plan, Abschnitt 3).
Alle Seiten zu den Reihen sind als Doppelseiten mit analogen Aufgabenstellungen konzipiert. Auf der ersten Seite sind Ableseübungen, auf der zweiten Seite jeweils die Merkaufgaben und die aus ihnen operativ abzuleitenden Malaufgaben angeordnet. Den Abschluß bildet die zum Päckchen angeordnete vollständige Reihe. Jedes Päckchen beginnt mit der Aufgabe „0 mal“, um bewußt zu machen, daß „0 mal eine Zahl“ gleich 0 ist. Auch die Tiere bleiben bei 0 stehen, wenn sie 0 mal (gar nicht) springen.

2. Herstellung eines großen Einmaleins-Plans

Arbeitsmaterial: Kopiervorlage 17, Klebestift, 2 DIN A 0-Bogen Packpapier

Falls der Mal-Plan nicht als Poster vorhanden ist, können die Kinder mit Hilfe von Kopiervorlage 17 selbst einen solchen Mal-Plan herstellen. Sie werden sich dabei des Aufbaus bewußt. Zur Aufgabenverteilung wird die Klasse in fünf Gruppen eingeteilt, die jeweils für zwei 1 x 1-Reihen verantwortlich sind.

Gruppe 1: Verantwortlich für 2er- und 8er-Reihe
Zunächst schneidet man das Hunderterfeld von Kopiervorlage 17 quer zur Einfärbung ohne Verschnitt in ein 10 mal 2-Feld und ein 10 mal 8-Feld.

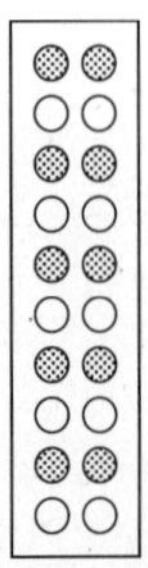
10x2 - Feld

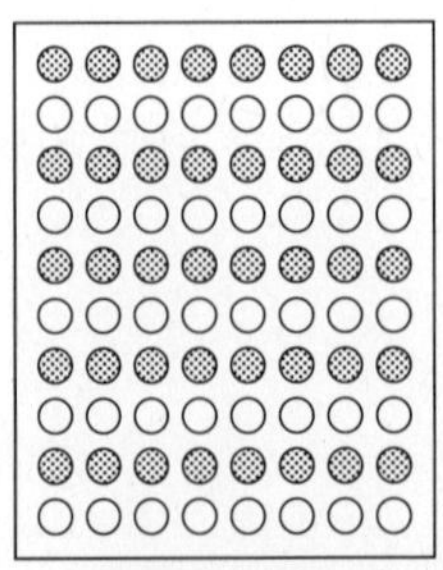
10x8 - Feld

Werden diese Felder in gleichfarbige Zeilen zerschnitten, so hat die Gruppe 5 schwarze und 5 weiße Zweier sowie 5 schwarze und 5 weiße Achter zur Verfügung. Diese lassen sich bei abwechselnder Farbgebung auf zwei zusammengefügten Packpapierbogen zu einer 2er- und 8er-Reihe zusammenkleben. Die Ergebnisse der Merkaufgaben werden eingetragen.

Beispiel:

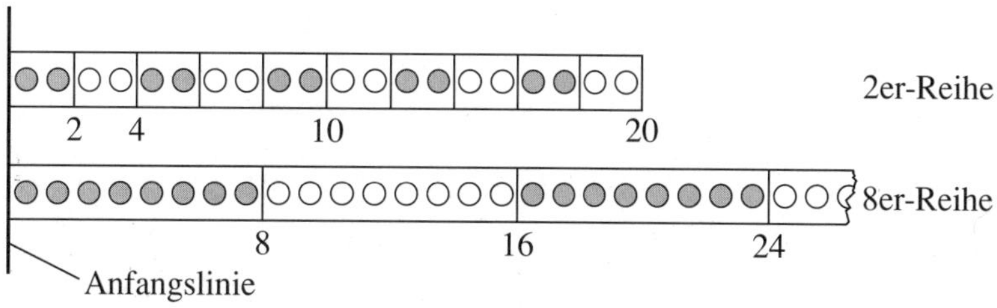

Analog stellen die anderen Gruppen ausgehend von den Feldern die entsprechenden anderen Reihen her und kleben diese auf den großen gemeinsamen Malplan.

Gruppe 2: 3er- und 7er-Reihe

Gruppe 3: 4er- und 6er-Reihe

Gruppe 4: 5er- und 10er-Reihe

Gruppe 5: 9er-Reihe

Bei markierter senkrechter Anfangslinie ist durch die Vorgabe der Punkte der Plan übersichtlich, und die einzelnen Reihen passen zusammen, wenn sie ohne Knicke und Lücken geklebt wurden.
Die 10er-Reihe ist 210 cm lang und hat auf den zwei Packpapierbogen genug Platz.

Der folgende Text kann entweder zu Beginn im Ganzen besprochen oder die einzelnen Textteile können jeweils den entsprechenden Schülerbuchseiten zugeordnet werden.

3. Tiere im Einmaleins-Plan

„Viele Tiere können weit springen. Der Fuchs springt, um Waldmäuse zu fangen. Diese springen blitzschnell weg, um dem Fuchs zu entkommen. Sicherlich hast du schon beobachtet, wie eine Katze beim Spiel einen Riesensprung macht, z. B. um ein Wollknäuel zu erhaschen.
Wenn wir wissen wollen, welches Tier am besten springen kann, wäre es sicherlich ungerecht, mit dem Meterstab einfach nur die Sprungweiten der Tiere zu messen und zu vergleichen. Große Tiere wie der Löwe können natürlich weiter springen als z. B. eine winzige Maus. Wir vereinbaren deshalb folgende Wertung: Der Löwe ist ohne Schwanz 2 Meter lang. Da er 4 Meter, also das *Zweifache* seiner Größe springen kann, erhält er für seinen Sprung *2 Punkte*. Die kleine flinke Waldmaus ist nur etwa 9 cm lang, springt aber 70 cm, also etwa das *Achtfache* ihrer Körperlänge. Sie bekommt dafür *8 Punkte*.
Wie viele Punkte schaffen eigentlich Menschen? Bei einer Körpergröße von 130 cm müßte ein Kind 2,60 m weit springen, um 2 Punkte zu erhalten. Die Leistung der Maus kann es sicherlich nicht erreichen. Dafür müßte es über 10 Meter weit springen. Dies wäre ein neuer Weltrekord, der bei Männern z. Z. bei etwa 9 Metern liegt. Der Olympiasieger im Weitsprung bekäme in unserer Wertung 5 Punkte.
Weltmeister im Weitspringen ist und bleibt der winzige Floh. Er schafft 60 cm. Das ist das 200fache seiner Größe. Der Floh ist nämlich nur 3 Millimeter groß.

In unserem Einmaleinsplan kommen folgende Tiere vor:

Afrikanischer Springhase

Springhasen sehen aus wie kleine Känguruhs mit buschigem Schwanz. Diese Tiere sind aber weder Hasen noch Känguruhs, sondern Verwandte unserer Eichhörnchen. Die geselligen Tiere bewohnen Sandhöhlen in den wüstenartigen Steppen von Afrika. Nachts kommen sie aus ihren Höhlen und knabbern an Pflanzen, Knollen und Wurzeln. Afrikanische Springhasen springen sechs bis zehn Meter weit, das ist das *Zehnfache* ihrer Körpergröße (*10 Punkte*).

Löwe

Löwen leben in Rudeln von etwa 30 Tieren in den Savannen Afrikas und werden von einem männlichen Leitlöwen angeführt. Dieser trägt eine prächtige Mähne. Die Löwen jagen gemeinsam. Die jungen Tiere treiben Zebras, Antilopen und Gazellen den älteren Löwinnen zu, die die Beute dann erlegen. Der Löwe ist ohne Schwanz etwa 2 Meter lang und springt das *Doppelte* seiner Größe, nämlich 4 m (*2 Punkte*).

Rothirsch

Rothirsche sind reine Pflanzenfresser und leben vor allem in den Wäldern Europas, Asiens und Nordamerikas. Die ausgewachsenen Hirsche tragen mächtige Geweihe und kämpfen damit um die Gunst der Hirschkühe. Führer eines Rudels ist eine erfahrene Hirschkuh. Da der Rothirsch etwas über 2 Meter lang ist und 11 Meter springt, das ist das *Fünffache* seiner Körpergröße, erhält er bei unserer Wertung *5 Punkte*.

Fuchs

Füchse sind Einzelgänger. Wie die Rothirsche leben sie in den Wäldern. Sie fressen kleine Tiere (Regenwürmer, Käfer, Mäuse), Obst und Pilze. In einem selbstgegrabenen Bau mit mehreren Gängen zieht ein Fuchspärchen 4 bis 10 Welpen groß. Diese raufen und balgen sich in der Nähe der Höhle wie kleine Menschenkinder. Stört ein Mensch den Bau, dann zieht die Fuchsmutter meistens noch in der Nacht um. Sie schleppt die Jungen nacheinander im Maul in ein neues Versteck. Spätestens nach 9 Monaten müssen die Jungfüchse den elterlichen Bau verlassen. Die Körpergröße des Fuchses ohne seinen buschigen Schwanz ist etwa 70 cm und er springt etwa 2 m 80 cm. Dies ist das *Vierfache* seiner Körpergröße. Er erhält *4 Punkte*.

Waldmaus

Die Waldmaus ist etwa 9 cm lang und wiegt nur 15 bis 20 Gramm. Sie ist also gerade nur so schwer wie ein Brief. Sie frißt gern Bucheckern, Eicheln, Haselnüsse und Tannensamen. Im Winter dringt sie sogar manchmal in Häuser ein und labt sich dort an Mehl, Korn, Obst und Brot. Ein Waldmausweibchen wirft in einem Jahr 20 Junge und mehr. Die Waldmaus springt etwa 70 cm weit, das *Achtfache* ihrer Körpergröße, und erhält dafür *8 Punkte*.

Rennkuckuck

Der Rennkuckuck ist ein 50 cm großer, sehr neugieriger Vogel, der in den Trockengebieten von Mittelamerika lebt. Er kann gut fliegen. Wie schon sein Name verrät, rennt er aber viel lieber auf dem Boden herum, um kleine Tiere als Nahrung zu suchen. Dabei erreicht er große Geschwindigkeiten. Im Gegensatz zu unserem Kuckuck drückt er sich nicht vor dem Brüten und zieht seine Jungen selbst groß. Bei der Flucht kann er bis zu 3 Meter weit springen, das ist das *Sechsfache* seiner Körpergröße. Er erhält *6 Punkte*.

Tiger

Tiger sind im Gegensatz zu Löwen Einzelgänger in einem großen Jagdgebiet, das sie wie Hunde und Katzen mit Harn markieren. Zur Jagd lieben sie Deckung im Wald, Gehölz oder im hohen Gras. Tiger sind wasserliebend und können sogar Meeresarme durchschwimmen. Jeden Tag benötigt der Tiger etwa 7 Kilogramm Fleisch. Er springt 5 Meter, das ist das *Dreifache* seiner Körpergröße. Er erhält *3 Punkte*.

Känguruh

Känguruhs sind Beuteltiere mit besonders starken Hinterbeinen und einem Stützschwanz. Sie leben in Australien und bewegen sich nur auf den Hinterbeinen hüpfend fort. Auf Mahlzähnen kauend fressen sie Pflanzen. Im Streit um die Rangordnung können Känguruhs richtige Ring- und Boxkämpfe veranstalten. Das kleine Känguruh ist bei der Geburt nur 1 Gramm schwer. Lange war den Tierforschern unbekannt, wie dieser Winzling in den Beutel der Mutter gelangt, um dort Milch zu trinken und geschützt aufzuwachsen. Dann entdeckten sie, daß das kleine, noch unfertige Baby selbst am Fell der Mutter hoch in den Beutel klettert. Das erwachsene Känguruh ist etwa 1 Meter groß und springt 7 Meter weit, das *Siebenfache*. Dies sind *7 Punkte* in unserer Wertung.

Ochsenfrosch

Der große Ochsenfrosch lebt in Nordamerika. Er wird 22 cm groß und kann unheimlich laut (so laut wie ein Ochse) quaken. Jedes Ochsenfroschmännchen hat ein eigenes Revier, das es gegen Rivalen verteidigt. Der Ochsenfrosch kann etwa 2 Meter weit springen und erhält dafür in unserer Wertung *9 Punkte*."

Der Einmaleins-Plan

Einführung der 2er-, 5er-, 10er-Reihe

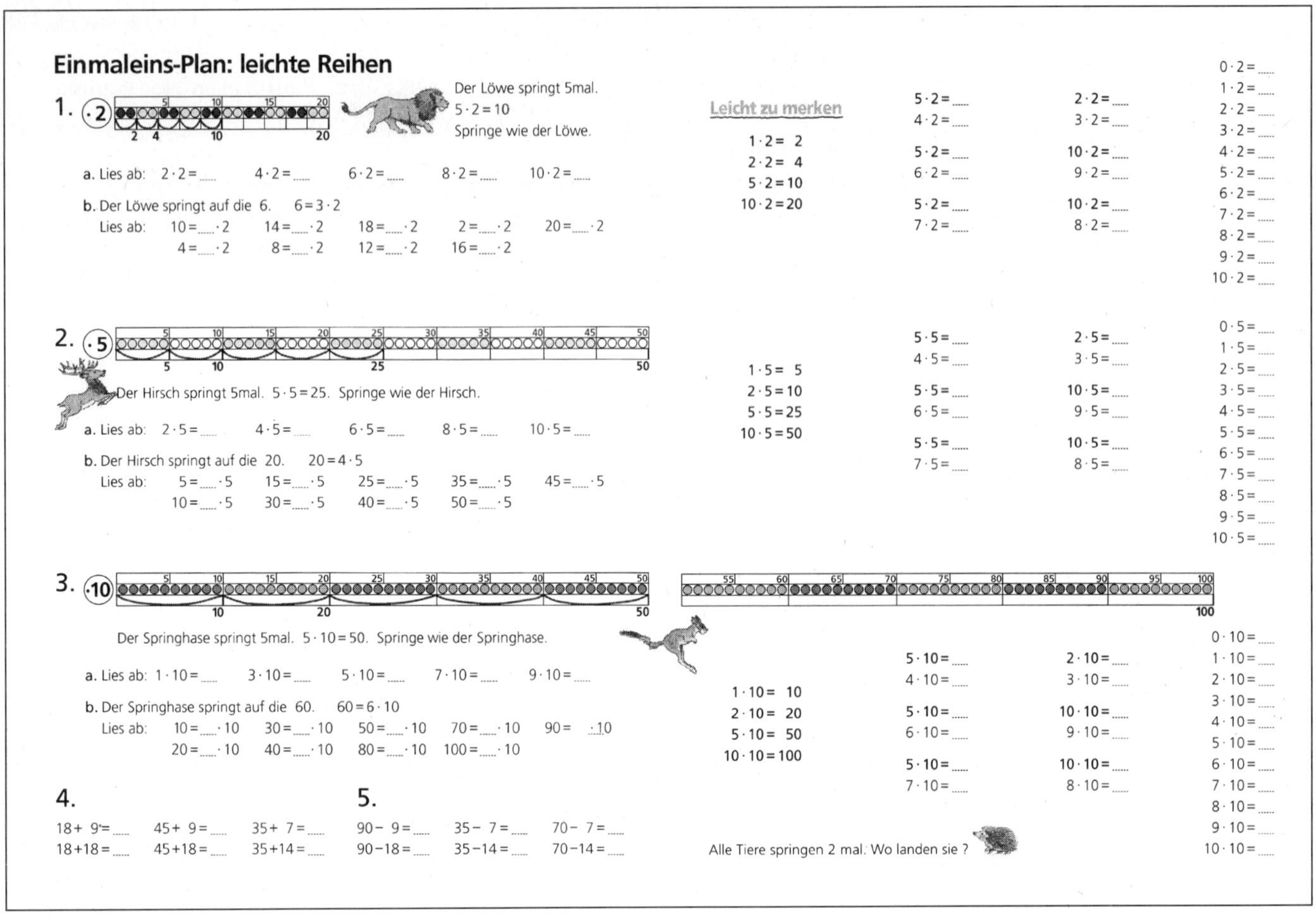

Einmaleins-Plan: leichte Reihen

1. ·2

Der Löwe springt 5mal.
5 · 2 = 10
Springe wie der Löwe.

a. Lies ab: 2 · 2 = … 4 · 2 = … 6 · 2 = … 8 · 2 = … 10 · 2 = …

b. Der Löwe springt auf die 6. 6 = 3 · 2
Lies ab: 10 = … · 2 14 = … · 2 18 = … · 2 2 = … · 2 20 = … · 2
4 = … · 2 8 = … · 2 12 = … · 2 16 = … · 2

Leicht zu merken
1 · 2 = 2
2 · 2 = 4
5 · 2 = 10
10 · 2 = 20

5 · 2 = … 4 · 2 = …
5 · 2 = … 6 · 2 = …
5 · 2 = … 7 · 2 = …
2 · 2 = … 3 · 2 = …
10 · 2 = … 9 · 2 = …
10 · 2 = … 8 · 2 = …

0 · 2 = … 1 · 2 = … 2 · 2 = … 3 · 2 = … 4 · 2 = … 5 · 2 = … 6 · 2 = … 7 · 2 = … 8 · 2 = … 9 · 2 = … 10 · 2 = …

2. ·5

Der Hirsch springt 5mal. 5 · 5 = 25. Springe wie der Hirsch.

a. Lies ab: 2 · 5 = … 4 · 5 = … 6 · 5 = … 8 · 5 = … 10 · 5 = …

b. Der Hirsch springt auf die 20. 20 = 4 · 5
Lies ab: 5 = … · 5 15 = … · 5 25 = … · 5 35 = … · 5 45 = … · 5
10 = … · 5 30 = … · 5 40 = … · 5 50 = … · 5

1 · 5 = 5
2 · 5 = 10
5 · 5 = 25
10 · 5 = 50

5 · 5 = … 4 · 5 = …
5 · 5 = … 6 · 5 = …
5 · 5 = … 7 · 5 = …
2 · 5 = … 3 · 5 = …
10 · 5 = … 9 · 5 = …
10 · 5 = … 8 · 5 = …

0 · 5 = … 1 · 5 = … 2 · 5 = … 3 · 5 = … 4 · 5 = … 5 · 5 = … 6 · 5 = … 7 · 5 = … 8 · 5 = … 9 · 5 = … 10 · 5 = …

3. ·10

Der Springhase springt 5mal. 5 · 10 = 50. Springe wie der Springhase.

a. Lies ab: 1 · 10 = … 3 · 10 = … 5 · 10 = … 7 · 10 = … 9 · 10 = …

b. Der Springhase springt auf die 60. 60 = 6 · 10
Lies ab: 10 = … · 10 30 = … · 10 50 = … · 10 70 = … · 10 90 = … · 10
20 = … · 10 40 = … · 10 80 = … · 10 100 = … · 10

1 · 10 = 10
2 · 10 = 20
5 · 10 = 50
10 · 10 = 100

5 · 10 = … 4 · 10 = …
5 · 10 = … 6 · 10 = …
5 · 10 = … 7 · 10 = …
2 · 10 = … 3 · 10 = …
10 · 10 = … 9 · 10 = …
10 · 10 = … 8 · 10 = …

0 · 10 = … 1 · 10 = … 2 · 10 = … 3 · 10 = … 4 · 10 = … 5 · 10 = … 6 · 10 = … 7 · 10 = … 8 · 10 = … 9 · 10 = … 10 · 10 = …

4.
18 + 9 = … 45 + 9 = … 35 + 7 = …
18 + 18 = … 45 + 18 = … 35 + 14 = …

5.
90 − 9 = … 35 − 7 = … 70 − 7 = …
90 − 18 = … 35 − 14 = … 70 − 14 = …

Alle Tiere springen 2 mal. Wo landen sie ?

Was wird benötigt?

Arbeitsmaterial: kleiner Einmaleins-Plan für jeden Schüler (Beilage im Buch), evtl. Kopiervorlage 15 und 16 (zusammenkleben)
Demonstrationsmaterial: falls vorhanden Einmaleins-Plan als Poster oder als Folienkopie oder selbst hergestellter Mal-Plan (s. Vorinformation S. 126)

Worum geht es?

Die Durcharbeitung des Einmaleins-Plans beginnt mit den „leichten Reihen“: mal 2, mal 5, mal 10, deren Tauschaufgaben gleichzeitig Merkaufgaben (Kernaufgaben) sind.

Wie kann man vorgehen?

Die Kinder „springen“ mit dem Finger wie der Springhase über die 10er-Reihe, wie der Hirsch über die 5er-Reihe, wie der Löwe über die 2er-Reihe, die Anzahl der Sprünge und der „Landeplatz“ werden dabei genannt.
Dann geht es „umgekehrt“: Der Hirsch springt auf die 25: Wie oft muß er springen? Nach wie vielen Sprüngen kommt der Löwe, der Hirsch, auf die 10?
Die entsprechenden Aufgaben werden an der Tafel notiert. Nach dieser Vorbereitung können *Aufgabe 1, 2 und 3* auf Seite 52 bearbeitet werden.
Im Teil a wird jeweils die *Multiplikation* geübt. Der Löwe mit seinen 2er-Sprüngen springt 5-mal, also 5 · 2 = 10.
Im Teil b wird die *Umkehrung der Multiplikation (die Division)* vorbereitet. Der Löwe springt auf die 6, 6 = 3 · 2.
Er ist also *dreimal* gesprungen. Natürlich wird an dieser Stelle noch kein Divisionszeichen verwendet.
Gemeinsam wird am Plan überlegt, wie man aus den Ergebnissen der Kernaufgaben die anderen Ergebnisse erschließen kann. Der Hirsch springt fünfmal, also 5 · 5 = 25. Springt er sechsmal, so sind dies 25 + 5 (ein Sprung mehr), springt er viermal, so sind dies 25 – 5 (ein Sprung weniger). Im Buch sind deshalb immer die leichte Merkaufgabe und die zu rechnende Aufgabe als Paar angeordnet.

Hilfreich ist folgende Sprechweise:
„3 · 2 gleich 2 · 2 plus 1 · 2“
„8 · 2 gleich 10 · 2 minus 2 · 2“

Die Kinder lösen anschließend im Buch die entsprechenden Aufgaben und die Päckchen mit den vollständigen Reihen auf Seite 53.
Die Division wird später am Einmaleins-Plan auf Seite 62 und 89 wieder aufgegriffen. In der Sprache des Mal-Plans lassen sich aber alle Divisionsaufgaben des Einmaleins vorbereiten.

Beispiel: 45 : 5

Der Hirsch mit seinen 5er-Sprüngen springt auf die 45. Wie oft ist er gesprungen? $45 = 9 \cdot 5$, also neunmal.

Aufgabe 4 und 5:
Wiederholung der Addition und Subtraktion. Es wird mit Einmaleinszahlen der Neuner- und Siebenerreihe gerechnet und so gleichzeitig die operative Erschließung dieser Reihen vorbereitet.

Wie könnte es weitergehen?
- Merkaufgaben lernen
- Übungsheft Seite 20/21
- Vergleich der 5er-Sprünge mit den 10er-Sprüngen:
  2 ‚5er-Sprünge' sind 1 ‚10er-Sprung',
  4 ‚5er-Sprünge' sind 2 ‚10er-Sprünge',
  ...
- Die Kinder erhalten eine Schwarz-Weiß-Kopie des Mal-Plans (DIN A 3) und färben im Lauf des Lernprozesses die Reihen, deren Merkaufgaben sie schon sicher beherrschen (Kopiervorlage 15 und 16)
  Tip: DIN A3-Vorlage am linken Rand lochen, so falten, daß die Löcher frei bleiben, abheften. Der Plan läßt sich bei Bedarf jederzeit aufklappen, ohne ihn aus dem Ordner nehmen zu müssen.

Literatur
Wittmann/Müller: Handbuch produktiver Rechenübungen. Klett, Stuttgart 1989, Bd. 1, S. 115–117

54/55 Der Einmaleins-Plan

Einführung der 3er-, 6er-, 9er-Reihe

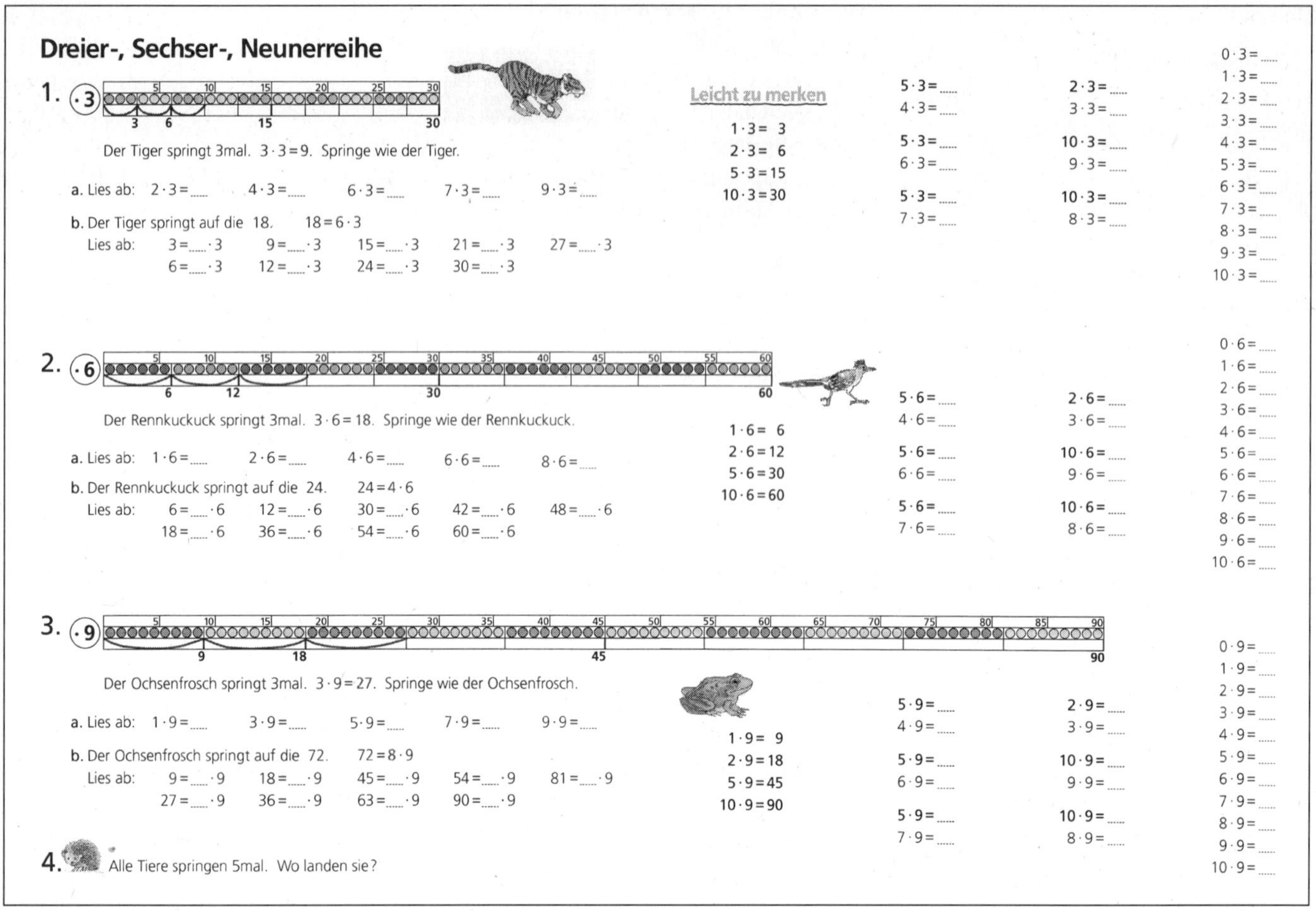

Dreier-, Sechser-, Neunerreihe

1. (·3)

Der Tiger springt 3mal. 3·3=9. Springe wie der Tiger.

a. Lies ab: 2·3=… 4·3=… 6·3=… 7·3=… 9·3=…

b. Der Tiger springt auf die 18. 18=6·3

Lies ab: 3=…·3 9=…·3 15=…·3 21=…·3 27=…·3
6=…·3 12=…·3 24=…·3 30=…·3

Leicht zu merken

1·3= 3
2·3= 6
5·3=15
10·3=30

5·3=… 4·3=…
5·3=… 6·3=…
5·3=… 7·3=…

2·3=… 3·3=…
10·3=… 9·3=…
10·3=… 8·3=…

0·3=… 1·3=… 2·3=… 3·3=… 4·3=… 5·3=… 6·3=… 7·3=… 8·3=… 9·3=… 10·3=…

2. (·6)

Der Rennkuckuck springt 3mal. 3·6=18. Springe wie der Rennkuckuck.

a. Lies ab: 1·6=… 2·6=… 4·6=… 6·6=… 8·6=…

b. Der Rennkuckuck springt auf die 24. 24=4·6

Lies ab: 6=…·6 12=…·6 30=…·6 42=…·6 48=…·6
18=…·6 36=…·6 54=…·6 60=…·6

1·6= 6
2·6=12
5·6=30
10·6=60

5·6=… 4·6=…
5·6=… 6·6=…
5·6=… 7·6=…

2·6=… 3·6=…
10·6=… 9·6=…
10·6=… 8·6=…

0·6=… 1·6=… 2·6=… 3·6=… 4·6=… 5·6=… 6·6=… 7·6=… 8·6=… 9·6=… 10·6=…

3. (·9)

Der Ochsenfrosch springt 3mal. 3·9=27. Springe wie der Ochsenfrosch.

a. Lies ab: 1·9=… 3·9=… 5·9=… 7·9=… 9·9=…

b. Der Ochsenfrosch springt auf die 72. 72=8·9

Lies ab: 9=…·9 18=…·9 45=…·9 54=…·9 81=…·9
27=…·9 36=…·9 63=…·9 90=…·9

1·9= 9
2·9=18
5·9=45
10·9=90

5·9=… 4·9=…
5·9=… 6·9=…
5·9=… 7·9=…

2·9=… 3·9=…
10·9=… 9·9=…
10·9=… 8·9=…

0·9=… 1·9=… 2·9=… 3·9=… 4·9=… 5·9=… 6·9=… 7·9=… 8·9=… 9·9=… 10·9=…

4. Alle Tiere springen 5mal. Wo landen sie?

Was wird benötigt?

Arbeitsmaterial: kleiner Mal-Plan für jeden Schüler

Demonstrationsmaterial: großer 1 x 1-Plan

Worum geht es?

Mit der 3er-, 6er-, 9er-Reihe begegnen den Kindern weitere Reihen. Die kurze 3er-Reihe ist noch leicht überschaubar und schon vom Mini-Einmaleins her gut vorbereitet (1 x 3, 2 x 3, 3 x 3, 4 x 3, 5 x 3). Die Färbung der 3er- und 6er-Reihe (hellgrün – dunkelgrün) zeigt die enge Verwandtschaft der beiden Reihen (zwei 3er-Sprünge entsprechen einem 6er-Sprung).

Die Division als Umkehrung der Multiplikation wird auch hier vorbereitet.

Wie kann man vorgehen?

Die Seiten 54/55 sind bis auf Aufgabe 4 völlig analog zu den Seiten 52/53 aufgebaut, so daß sich die Kinder die neuen Reihen weitgehend selbständig erarbeiten können.

In einer Reflexionsphase sollte über die Ergebnisse, den gleichen Aufbau und erste Beziehungen gesprochen werden.

Aufgabe 4:

„Igelaufgabe". Die Kinder *können* die Beziehungen zwischen den jeweils fünf Sprüngen „erforschen".

Der Rennkuckuck springt doppelt so weit wie der Tiger. Der Ochsenfrosch springt noch 15 Kreise weiter als der Rennkuckuck, dreimal so weit wie der Tiger. Welche Tiere landen auf Zehnerzahlen? Wo landen die Tiere nach weiteren fünf Sprüngen?

Wie könnte es weitergehen?

- Merkaufgaben lernen
- Übungsheft Seite 22/23
- Einfärben der Reihen auf Kopiervorlage 15/16 (Schwarzweiß-Kopie des Mal-Plans)
- Vergleich der 9er-Sprünge mit den 10er-Sprüngen:

1 · 9 1 weniger als 1 · 10 = 10, also 10 – 1 = 9
2 · 9 2 weniger als 2 · 10 = 20, also 20 – 2 = 18
3 · 9 3 weniger als 3 · 10 = 30, also 30 – 3 = 27
4 · 9 4 weniger als 4 · 10 = 40, also 40 – 4 = 36
…
9 · 9 9 weniger als 9 · 10 = 90, also 90 – 9 = 81

56 Genau messen

Messen mit dem Metermaß, Zusammenhang zwischen Körpermaßen und Konfektionsgrößen

Genau messen

Kinder-Bekleidung

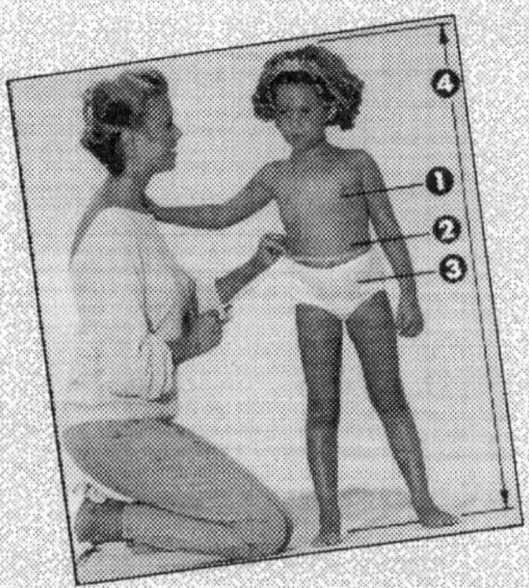

❶ Brust-umfang	❷ Taillen-umfang	❸ Hüft-umfang	❹ Körper-größe	Kleider-größe
60 – 63	55 – 57	63 – 65	111 – 116	116
62 – 65	56 – 58	65 – 67	117 – 122	122
64 – 67	57 – 59	68 – 70	123 – 128	128
66 – 69	58 – 60	70 – 73	129 – 134	134
68 – 71	60 – 63	74 – 76	135 – 140	140
70 – 73	63 – 65	77 – 79	141 – 146	146
72 – 75	65 – 67	80 – 82	147 – 152	152
74 – 77	67 – 69	83 – 85	153 – 158	158
76 – 79	69 – 71	86 – 88	159 – 164	164

Deine Maße:

❶ Brustumfang	❷ Taillenumfang	❸ Hüftumfang	❹ Körpergröße	Kleidergröße
...... cm	...... cm	...... cm	...... cm	......

Was wird benötigt?

Arbeitsmaterial: (von Seite 22 bzw. Kopiervorlage 9) selbst erstelltes oder handelsübliches Zentimetermaß
Demonstrationsmaterial: Folie mit Bekleidungstabelle

Worum geht es?

Der Maßzahlaspekt im Zahlenraum bis 100 (und etwas darüber hinaus, Körpergröße) wird in einem anwendungsorientierten Kontext dargestellt. Die Kinder sollen erfahren, daß die benötigte Kleidergröße etwa der Körpergröße entspricht und deshalb durch Messen ermittelt werden kann. Die Maßeinheit ist Zentimeter (cm).

Der Umgang mit dem Maßband und genaues Messen sowie das Ablesen erforderlicher Angaben aus einer Tabelle werden geübt.

In der Praxis begegnet man *leicht* unterschiedlichen Maßtabellen. Es ist deshalb beim Kauf im Geschäft immer anzuraten, Kleider und Schuhe anzuprobieren. Beim Katalogkauf muß man vorher nachmessen. Dort finden sich immer Maßtabellen.

Insgesamt liefert der Kontext ein gutes Beispiel für die subtile Beziehung zwischen der vieldeutigen, „schmuddeligen" Welt, mit der wir es im Alltag zu tun haben, und exakter Mathematik: *Man darf Zahlen und Rechenergebnisse im Sachkontext nie für bare Münze nehmen. Immer bedürfen sie einer Interpretation.*

Wie kann man vorgehen?

Die Kinder berichten vom Kauf neuer Kleidungsstücke und der Überlegung, welche Kleidergröße sie schon brauchen. Die Angaben werden an der Tafel gesammelt. Viele Kinder werden ihre Körpergröße kennen. Auch diese Angaben werden an die Tafel geschrieben und erste Zusammenhänge erkannt.

Die Lehrerin zeigt die Folie mit den Konfektionsmaßen. Die Begriffe Körpergröße, Brustumfang, Taillenumfang, Hüftumfang werden geklärt (Wie messe ich?). Einige Kinder messen sich nun gegenseitig.

Anschließend arbeiten die Kinder in Partnerarbeit und tragen ihre Maße in eine Tabelle (vgl. Buch) ein.

Die Bilder im Buch regen die Kinder an, über Kleidereinkauf, über zu große und zu kleine Kleider zu sprechen.

Wie könnte es weitergehen?

Auf der folgenden Seite finden sich Textaufgaben zur Kleidergröße, z. B. Maike ist 137 cm groß. Welche Kleidergröße benötigt sie?

57 Genau messen

Bestimmen der Schuh- und Handschuhgröße durch genaues Messen, Ablesen von Tabellen

1. Wie findet man die Schuhgröße?

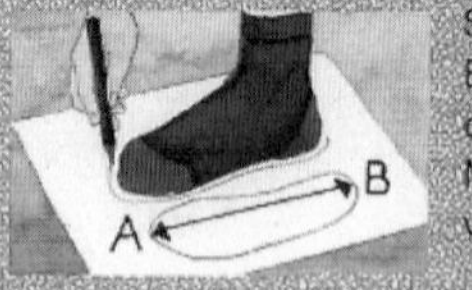

Stelle beide Füße auf ein Blatt Papier und zeichne die Umrisse nach. Miß dann beide Fußlängen von A bis B in cm.

Kindergrößen

Fußlänge bis ... cm	–16,2	– 16,8	–17,4	–18,1	– 18,7	– 19,4	– 20,1	– 20,7	– 21,4	– 22,1	– 22,7	– 23,4
Größe	26	27	28	29	30	31	32	33	34	35	36	37

Deine Fußlänge: links ...... cm, rechts ...... cm. Deine Schuhgröße: ....

2. Auch Handschuhe haben bestimmte Größen.

Miß den Handumfang ohne Daumen über den Knöcheln. Das Maßband darf die Hand nur lose umschließen.

Handumfang bis ... cm	12	13	14	15	16	17	19	22	24,5	27
Handschuhgröße	1	2	3	4	5	6	7	8	9	10

Dein Handumfang: ...... cm. Deine Handschuhgröße: ....

3. Maike ist 137 cm groß. Sie braucht Kleidergröße ....

4. Harun hat einen Hüftumfang von 75 cm. Er braucht Kleidergröße ....

5. Anja hatte Größe 128. Sie ist 6 cm gewachsen.

6. Letztes Jahr hatte Max Größe 122. Inzwischen ist er 12 cm gewachsen.

7. Kevins Handumfang beträgt 16 cm. Er braucht neue Handschuhe.

8. Im Schuhgeschäft werden Sinas Füße gemessen. Sie sind 23 cm lang.

9. Brittas rechter Fuß ist 21 cm lang, ihr linker Fuß 22 cm. Sie braucht Schuhgröße ......

Was wird benötigt?

Arbeitsmaterial: Zentimetermaß
Demonstrationsmaterial: evtl. OHP-Folie der Tabellen (Schuh-, Handschuhgrößen) bzw. Tafelbild

Worum geht es?

Nicht nur Kleidergrößen, sondern auch die Schuh- und Handschuhgrößen sind festgelegt und lassen sich in Konfektionstabellen ablesen, wenn man seine entsprechenden Körpermaße kennt.
Die Kinder lernen, wie man diese Maße exakt feststellt.
Bei der Tabelle treten naturgemäß Kommazahlen und Bruchzahlen auf. Dies weist auf die Zone der nächsten Entwicklung hin. Sicherlich wissen einige Kinder, daß bei 10,8 cm die Zahl vor dem Komma die Zentimeter, die Zahl nach dem Komma die Millimeter bezeichnet. Dies ist Anlaß, sich das Maßband noch einmal genau anzuschauen. Sicherlich kauft keiner Schuhe gerne zu knapp, *so daß es eigentlich genügt, beim Messen auf ganze Zentimeter aufzurunden.* Die Kinder, die es gerne wollen, dürfen aber mit Millimetern messen.
Hinweis: Messen hilft bei der Vorauswahl. Die ausgewählten Stücke sollte man immer zur Sicherheit auch anprobieren.

Wie kann man vorgehen?

Vielleicht sind einigen Kindern beim Schuhkauf schon einmal die Füße gemessen worden. Sie können davon erzählen. Bestimmt kennen einige Kinder ihre Schuhgröße oder finden die Schuhgröße auf ihren Schuhen. Die Füße können dann mit dem Zentimetermaß gemessen werden. Dabei stimmen die beiden Zahlen nicht wie bei der Körpergröße überein.
Daraufhin wird als Lösung im Buch die Tabelle über die Schuhgrößen bei Kindern betrachtet und bei einigen Kindern überprüft.
Aufgabe 1:
Jedes Kind bestimmt nun mit dem Zentimetermaß seine Fußlängen und seine Schuhgröße.
Hinweis: Manchmal sind der rechte und der linke Fuß unterschiedlich lang.
Aufgabe 2:
Die Kinder bestimmen in Partnerarbeit ihre Handumfänge und die entsprechenden Handschuhgrößen.
Aufgabe 3–9:
Die Textaufgaben zu den Größen sollten in Gruppenarbeit behandelt und dann gemeinsam besprochen werden. Sie führen teilweise über 100 hinaus.

Wie könnte es weitergehen?

Jedes Kind mißt den Umfang seines Handgelenkes (Bündchen), die Halsweite und die Taillenweite in Zentimetern.
Es ergeben sich folgende Faustformeln:

- Die Halsweite ist etwa doppelt so groß wie der Umfang des Handgelenks.
- Die Taillenweite ist etwa doppelt so groß wie die Halsweite.
- Die Fußlänge ist dem Handumfang vergleichbar. (So kann man messen, ob die Socken passen.)
- Die Körpergröße von Jungen und Mädchen nimmt von Jahr zu Jahr ziemlich gleichmäßig zu, wobei die Mädchen die Jungen im 10. Lebensjahr überholen und erst im 14. Lebensjahr wieder von den Jungen überholt werden. Der jährliche (durchschnittliche) Wachstumsschub kann an einer Tabelle berechnet werden. (Vgl. hierzu: Kopiervorlage: Wir werden größer. In: Wittmann/Müller, Handbuch produktiver Rechenübungen, Bd. 1)

- „Meßstelle für Körpergröße“ im Klassenraum installieren, auf Tesaband Namen schreiben und an der gemessenen Stelle aufkleben.

Vergleich jeweils 1, 2, 3, ... 6 Monate später.

- Die Lehrerin kann die fehlenden Kleinkindermaße bei Bedarf ergänzen

Kinderbekleidung

Brustumfang	Taillenumfang	Hüftumfang	Körpergröße	Kleidergröße
52–56	50–52	56–57	87–92	92
54–57	51–53	57–59	93–98	98
56–59	52–54	59–61	99–104	104
58–61	54–56	61–63	105–110	110

Fußlänge bis ... cm	10,8–11,3	–11,9	–12,5	–13,1	–13,7	–14,3	–15,5
Schuhgröße	18	19	20	21	22	23	25

Der Einmaleins-Plan

Einführung der 4er-, 8er-, 7er-Reihe

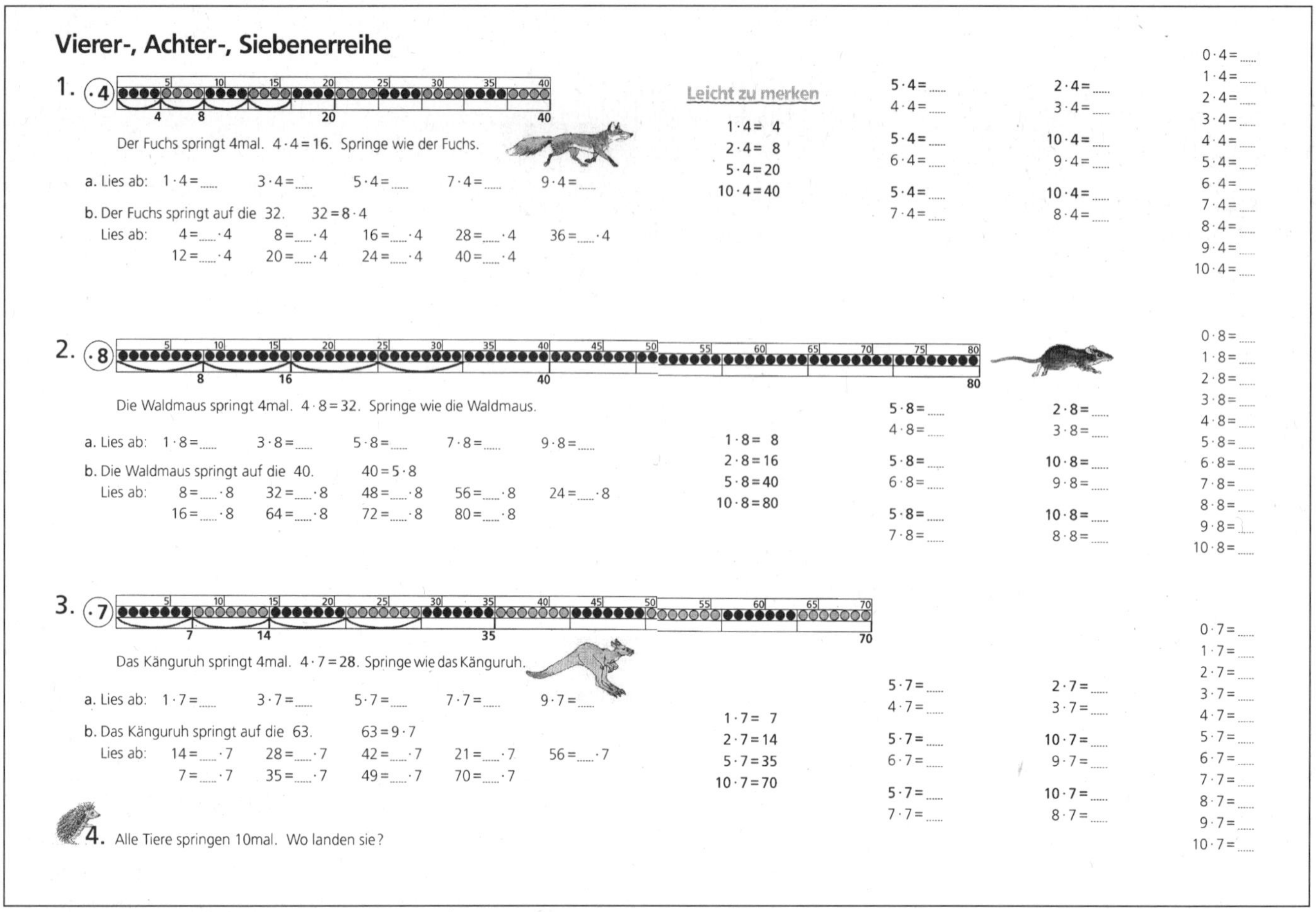

Vierer-, Achter-, Siebenerreihe

1. (·4)

Der Fuchs springt 4mal. 4 · 4 = 16. Springe wie der Fuchs.

a. Lies ab: 1 · 4 = ___ 3 · 4 = ___ 5 · 4 = ___ 7 · 4 = ___ 9 · 4 = ___

b. Der Fuchs springt auf die 32. 32 = 8 · 4
Lies ab: 4 = ___ · 4 8 = ___ · 4 16 = ___ · 4 28 = ___ · 4 36 = ___ · 4
12 = ___ · 4 20 = ___ · 4 24 = ___ · 4 40 = ___ · 4

Leicht zu merken
1 · 4 = 4
2 · 4 = 8
5 · 4 = 20
10 · 4 = 40

5 · 4 = ___ 4 · 4 = ___ 5 · 4 = ___ 6 · 4 = ___ 5 · 4 = ___ 7 · 4 = ___
2 · 4 = ___ 3 · 4 = ___ 10 · 4 = ___ 9 · 4 = ___ 10 · 4 = ___ 8 · 4 = ___
0 · 4 = ___ 1 · 4 = ___ 2 · 4 = ___ 3 · 4 = ___ 4 · 4 = ___ 5 · 4 = ___ 6 · 4 = ___ 7 · 4 = ___ 8 · 4 = ___ 9 · 4 = ___ 10 · 4 = ___

2. (·8)

Die Waldmaus springt 4mal. 4 · 8 = 32. Springe wie die Waldmaus.

a. Lies ab: 1 · 8 = ___ 3 · 8 = ___ 5 · 8 = ___ 7 · 8 = ___ 9 · 8 = ___

b. Die Waldmaus springt auf die 40. 40 = 5 · 8
Lies ab: 8 = ___ · 8 32 = ___ · 8 48 = ___ · 8 56 = ___ · 8 24 = ___ · 8
16 = ___ · 8 64 = ___ · 8 72 = ___ · 8 80 = ___ · 8

1 · 8 = 8
2 · 8 = 16
5 · 8 = 40
10 · 8 = 80

5 · 8 = ___ 4 · 8 = ___ 5 · 8 = ___ 6 · 8 = ___ 5 · 8 = ___ 7 · 8 = ___
2 · 8 = ___ 3 · 8 = ___ 10 · 8 = ___ 9 · 8 = ___ 10 · 8 = ___ 8 · 8 = ___
0 · 8 = ___ 1 · 8 = ___ 2 · 8 = ___ 3 · 8 = ___ 4 · 8 = ___ 5 · 8 = ___ 6 · 8 = ___ 7 · 8 = ___ 8 · 8 = ___ 9 · 8 = ___ 10 · 8 = ___

3. (·7)

Das Känguruh springt 4mal. 4 · 7 = 28. Springe wie das Känguruh.

a. Lies ab: 1 · 7 = ___ 3 · 7 = ___ 5 · 7 = ___ 7 · 7 = ___ 9 · 7 = ___

b. Das Känguruh springt auf die 63. 63 = 9 · 7
Lies ab: 14 = ___ · 7 28 = ___ · 7 42 = ___ · 7 21 = ___ · 7 56 = ___ · 7
7 = ___ · 7 35 = ___ · 7 49 = ___ · 7 70 = ___ · 7

1 · 7 = 7
2 · 7 = 14
5 · 7 = 35
10 · 7 = 70

5 · 7 = ___ 4 · 7 = ___ 5 · 7 = ___ 6 · 7 = ___ 5 · 7 = ___ 7 · 7 = ___
2 · 7 = ___ 3 · 7 = ___ 10 · 7 = ___ 9 · 7 = ___ 10 · 7 = ___ 8 · 7 = ___
0 · 7 = ___ 1 · 7 = ___ 2 · 7 = ___ 3 · 7 = ___ 4 · 7 = ___ 5 · 7 = ___ 6 · 7 = ___ 7 · 7 = ___ 8 · 7 = ___ 9 · 7 = ___ 10 · 7 = ___

4. Alle Tiere springen 10mal. Wo landen sie?

Was wird benötigt?

Arbeitsmaterial: kleiner Mal-Plan für jeden Schüler
Demonstrationsmaterial: großer Mal-Plan

Worum geht es?

Die Arbeit an den 1 x 1-Reihen wird wie auf Seite 52/53 und 54/55 fortgesetzt. Nach Bearbeitung dieser Doppelseite sind alle Einmaleinsreihen eingeführt. Die Merkaufgaben aller Reihen sollten ins „Blitzrechenprogramm" aufgenommen werden. Die Automatisierung der ganzen Reihen erfolgt ab Seite 78 bei den Übungen zur Einmaleins-Tafel. Die „Verwandtschaft" der 4er- und 8er-Reihe wird durch die Rotfärbung beider Reihen deutlich. Die 8er-Reihe ist doppelt so lang wie die 4er-Reihe. Die Sonderstellung der 7er-Reihe ist auch an der Farbe erkennbar.

Wie kann man vorgehen?

Da die Aufgabentypen den Kindern von den vorhergehenden Seiten bekannt sind, kann nach Übungen zu bekannten Reihen und dem Herausstellen der noch zu erarbeitenden Reihen am großen Plan die Arbeit an der Buchseite beginnen. Die Kinder erarbeiten sich die Seite ihrem Leistungsvermögen entsprechend und lernen die Merkaufgaben.
Aufgabe 4:
Erkundungsaufgabe

Wie könnte es weitergehen?

- Merkaufgaben lernen
- Übungsheft Seite 24/25
- Färben der Reihen in der Schwarz-weiß-Kopie des Einmaleins-Plans (Kopiervorlage 15 und 16)
- Vergleich der 4er-Reihe mit der 8er-Reihe:
  2 ‚4er-Sprünge' sind 1 ‚8er-Sprung':
  2 · 4 = 1 · 8 = 8
  4 ‚4er-Sprünge' sind 2 ‚8er-Sprünge':
  4 · 4 = 2 · 8 = 16
  6 ‚4er-Sprünge' sind 3 ‚8er-Sprünge':
  6 · 4 = 3 · 8 = 24
- Vergleich der 7er-Reihe mit der 10er-Reihe:
  3 ‚7er-Sprünge' sind 2 ‚10er-Sprünge' plus 1: 20 + 1 = 21
  6 ‚7er-Sprünge' sind 4 ‚10er-Sprünge' plus 2: 40 + 2 = 42
  9 ‚7er-Sprünge' sind 6 ‚10er-Sprünge' plus 3: 60 + 3 = 63
- Vergleich der 7er-Reihe mit der 6er- und 8er-Reihe:
  3 ‚7er-Sprünge' sind 3 ‚6er-Sprünge' plus 3: 18 + 3 = 21
  3 ‚7er-Sprünge' sind 3 ‚8er-Sprünge' minus 3: 24 – 3 = 21
- Umrechnen von Wochen in Tage:

1 Woche	7 Tage
2 Wochen	14 Tage
3 Wochen	21 Tage
4 Wochen	28 Tage
…	…

60 Praktische Anwendungen des Einmaleins

Lösung von Bildaufgaben mit Hilfe des Einmaleins

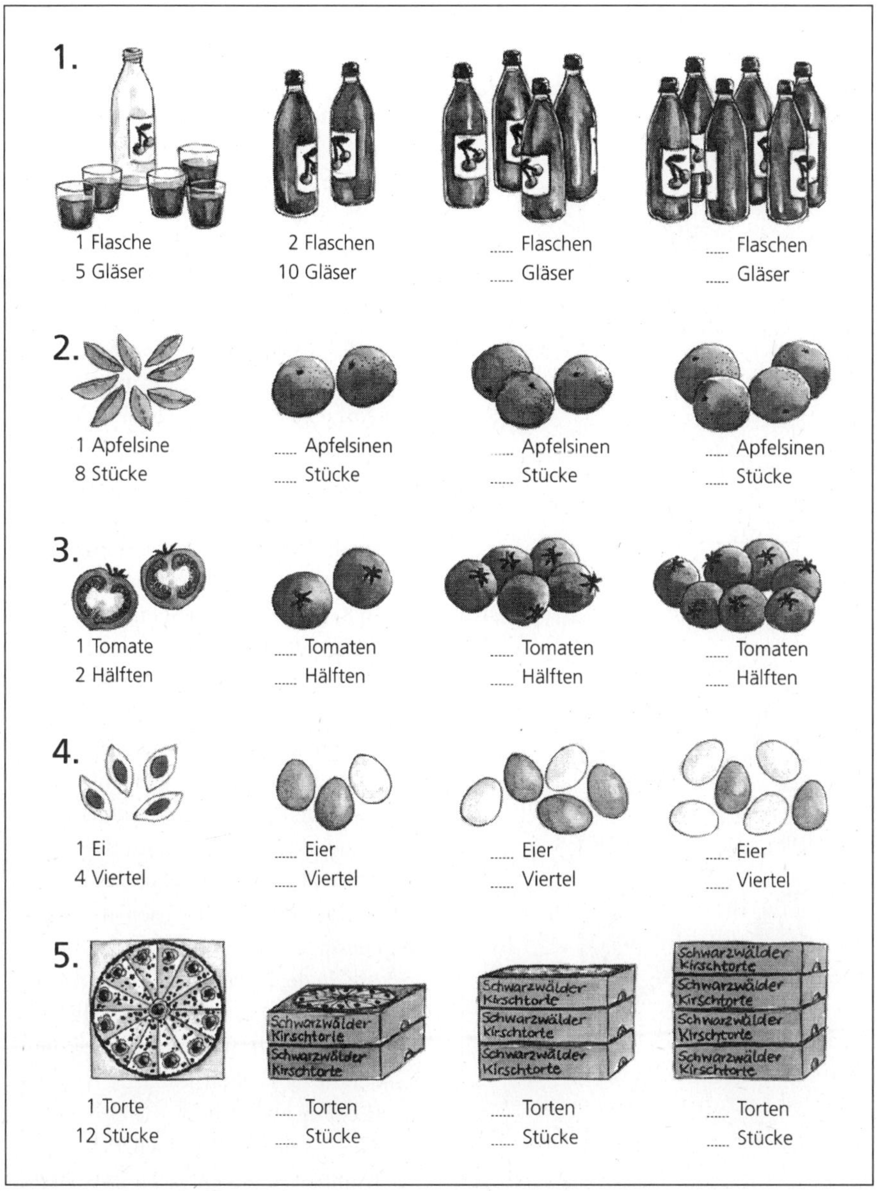

Was wird benötigt?

Demonstrationsmaterial: z. B. mehrere Äpfel, Messer oder Literflasche mit Wasser, 5 Gläser, Tafelzeichnung einer Aufgabe der Seite 60 entsprechend oder Folie von Seite 60

Worum geht es?

Alle bildlichen Darstellungen der Seite stehen in einem Sachzusammenhang. Es könnte sich um die Vorbereitung eines Festes handeln. Verschiedene Nahrungsmittel werden vorbereitet. Man muß überlegen, wie viele Teile man bei entsprechender Zerlegung bekommt.
Die Aufgabenstellung erfolgt fast sprachfrei, so daß Kinder mit Leseschwierigkeiten genauso erfolgreich mitarbeiten können wie andere. Die Darstellungen müssen als zusammenhängende Folge interpretiert werden. Beispiel:
Eine Apfelsine wird in 8 Stücke zerteilt. Wie viele Stücke erhält man, wenn 2, 3, 4 Apfelsinen zerteilt werden?
Die Lösung läßt sich entweder durch entsprechende Sprünge am Mal-Plan ablesen oder mit Hilfe der Merkaufgaben berechnen.
Mathematisch wird auf dieser Seite die *Proportionalität* behandelt, die eine herausragende Stellung bei den mathematischen Anwendungen hat. Sie soll deshalb bereits hier beim Einmaleins vorbereitet werden:

1 Tomate	2 Hälften
2 Tomaten	4 Hälften
3 Tomaten	6 Hälften
4 Tomaten	8 Hälften

Die Proportionalität ist Grundlage für den *Dreisatz* und die Bruchrechnung.

Wie kann man vorgehen?

Die Kinder sitzen im Kreis, die Lehrerin legt mehrere Äpfel in den Kreis, teilt einen in Viertel und spricht dazu: „Ich teile den Apfel in 4 Viertel. Wie viele Viertel bekomme ich, wenn ich zwei Äpfel zerschneide?“ Die Kinder nennen neben der Antwort auch die Rechnung: „2 x 4 = 8“ „Es sind 8 Viertel“. Weitere Aufgaben werden mündlich gelöst.
Anschließend wird eine Bildfolge betrachtet. Die Kinder erzählen, was zu sehen ist und wie die Aufgaben zu lösen sind.

Zur Buchseite:
Die *Aufgaben 1–4* werden selbständig bearbeitet.
Aufgabe 5:
Erhöhter Schwierigkeitsgrad, da mal 12 gerechnet werden muß. Verdoppeln und schon errechnete Ergebnisse können dabei als Rechenhilfen genutzt werden.

Wie könnte es weitergehen?

Die Kinder zeichnen selber ähnliche Aufgaben in ihr Heft, z. B.:
1 Pizza, 6 Stücke, usw.

61 Praktische Anwendungen des 1 x 1

Übung zum Einmaleins in zwei Sachkontexten

1. Tiere bekommen Junge.

Eine Katze bekommt oft im Frühjahr und im Herbst Junge. Manchmal bekommt sie 2, manchmal 3 und manchmal 4 Junge. Zu jedem Wurf gehören durchschnittlich 3 Junge.

	Junge pro Wurf	Würfe in einem Jahr	Junge in einem Jahr
Katze	3	2	6
Maus	7	4	
Eichhörnchen	5	5	
Kaninchen	7	5	
Hase	3	3	
Reh	2	1	
Ratte	8	5	

2. Wie viele Minuten sind vergangen?

a.

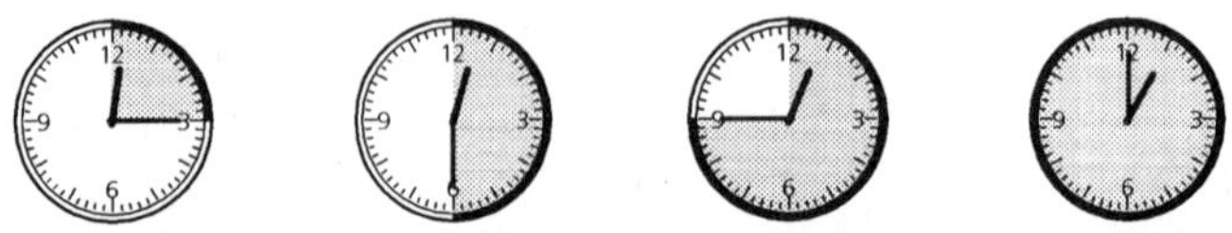

3 · 5 min	...... · 5 min	...... · 5 min	...... · 5 min
15 min	...... min	...... min	...... min

b.

...... · 5 min	...... · 5 min	...... · 5 min	...... · 5 min
...... min	...... min	...... min	...... min

3. Ein Ei muß 8 min kochen. Wie lange brauchen 5 Eier?

Was wird benötigt?

Arbeitsmaterial: Rechenuhr bzw. Kopiervorlage 10
Demonstrationsmaterial: Demonstrationsuhr, Tafelzeichnung der Tabelle zu Aufgabe 1

Worum geht es?

„Tiere bekommen Junge" ist ein Thema, das Kinder sehr interessiert. Es ist für sie sicher überraschend, daß Eichhörnchen so viele Junge bekommen, Kaninchen mehr Junge werfen als Mäuse. Viele erfahren sicher zum ersten Mal, daß Katzen zweimal im Jahr Junge werfen können. Wenn die Kinder Schwierigkeiten haben, sich die Aufgaben vorzustellen, so sollten diese gemalt oder gelegt werden. Werden z. B. bei der Maus für jeden Wurf 4 Plättchen (kleine Mauskinder) hingelegt, so erhält man bei 7 Würfen 28 Plättchen. Die hohen Zahlen lassen sich einleuchtend erklären: Je kürzer (z. B. bedingt durch Feinde) die Lebensdauer einer Tierart ist, desto stärker muß sie sich vermehren.

Der zweite Kontext „Uhr" wird im Zusammenhang mit dem Einmaleins erneut aufgegriffen, da auf dem Zifferblatt die Minuten in „Fünfer" gegliedert sind. Es geht darum, mit Hilfe der 5er-Reihe die vergangenen Minuten zu berechnen bzw. die Stunde, halbe Stunde, Stundenteile mit 5 Minuten auszumessen.
Den Kindern wird deutlich:
15 min = 3 · 5 min,
eine halbe Stunde sind 6 · 5 min = 30 min,
eine Stunde sind 12 · 5 min = 60 min.
Mit Aufgabe 3 erscheint im „Zahlenbuch" zum ersten Mal eine sogenannte „Kapitänsaufgabe". Dieser Typ von Aufgaben ist nach einer mittlerweile klassischen Untersuchung französischer Didaktiker im Jahre 1980 benannt, bei denen 8- und 9jährigen Schülern u. a. die folgende Aufgabe gestellt wurde: „Auf einem Schiff befinden sich 26 Schafe und 10 Ziegen. Wie alt ist der Kapitän?" Die Untersuchung bestätigte, daß Kinder dazu neigen, aus den gegebenen Zahlen die gesuchten Zahlen zu berechnen, ob das sinnvoll ist oder nicht. Im Beispiel: 26 + 10 = 36. Alter des Kapitäns = 36 Jahre. Die Ursache für diese Fehlhaltung liegt darin, daß in der Schule meist nur lösbare, in der Regel sogar eindeutig lösbare Aufgaben gestellt werden. Diesem „heimlichen Lehrplan" entnehmen die Kinder die Gewißheit, daß *jede* Aufgabe eine Lösung haben *muß*.
Zur Gegensteuerung müssen ab und zu „Kapitänsaufgaben" gestellt werden, die die Kinder auf die Probe stellen. Wer von den Kindern hereinfällt, weil er nicht mitdenkt, sondern nur „stur" rechnet, kann hoffentlich anschließend darüber lachen. Er sollte sich jedoch vornehmen, beim nächsten Mal besser aufzupassen.

Wie kann man vorgehen?

Aufgabe 1:
Die Sachsituation muß zunächst geklärt werden: Was heißt: „Zu jedem Wurf gehören *durchschnittlich* 3 Junge?".
Dann kann die Tabelle berechnet werden. Anschließend sollte über die Ergebnisse gesprochen werden.
Aufgabe 2:
Die Lehrerin stellt die Demonstrationsuhr, indem sie den Minutenzeiger 15 min weiterdreht. Die Kinder beantworten

die Frage, wieviel mal 5 min vergangen sind. Nach ein, zwei weiteren Einstellungen kann Aufgabe 2 bearbeitet werden.

Aufgabe 3:
„Kapitänsaufgabe". Der Igel liegt auf dem Rücken! Die Kinder sollten zunächst die Aufgabe lösen, erst dann sollte über den Text und die im allgemeinen realistische Lösung – 8 min – gesprochen werden. Sinn der Aufgabe ist es, die Kinder zu einem sinnvollen Umgang mit Textaufgaben zu führen. Sie sollen nicht einfach blind rechnen, sondern ihren „gesunden Menschenverstand" benutzen. Bei Sachaufgaben muß *immer* überlegt werden, ob eine Rechnung sinnvoll ist und die Lösung stimmen kann. Dies hängt von den Umständen ab. Wenn es einen Eierkocher für ein einziges Ei gäbe und man die drei Eier mit ihm kochen würde, wäre $3 \cdot 8$ min = 24 min eine angemessene Lösung. Mit einem Eierkocher für zwei Eier gleichzeitig würden 3 Eier $2 \cdot 8$ min = 16 min dauern.

Wie könnte es weitergehen?

- Thematik „Tiere bekommen Junge" fächerübergreifend behandeln (Sachunterricht, Sprache)
- Weitere Übungen zu der Vermehrungsrate von Tieren (vgl. Kopiervorlage 2/25: „Tiere bekommen Junge". In: Wittmann/Müller, Handbuch produktiver Rechenübungen, Bd. 1)

62 Übungen am Einmaleins-Plan

Zu einer vorgegebenen Zahl die Zerlegungsaufgaben am Einmaleins-Plan finden

1.

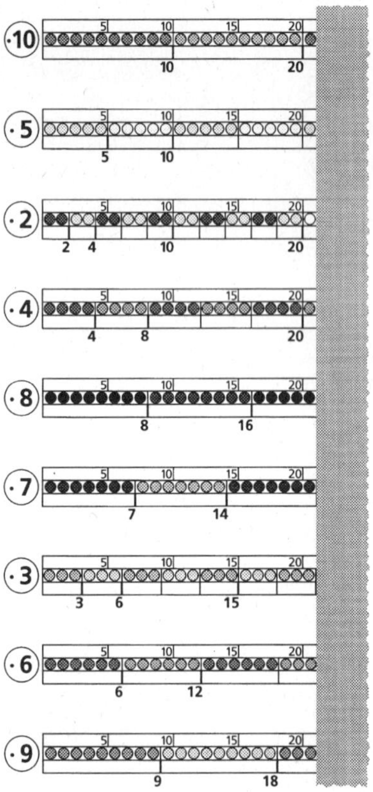

a.	b.
21 = 2 · 10 + 1	18 = 1 · 10 + 8
21 = 4 · 5 + 1	18 = ... · 5 + ...
21 = ... · 2 + 1	18 = ... · 2
21 = ... · 4 + ...	18 = ... · 4 + ...
21 = ... · 8 + ...	18 = ... · 8 + ...
21 = ... · 7	18 = ... · 7 + ...
21 = ... · 3	18 = ... · 3
21 = ... · 6 + ...	18 = ... · 6
21 = ... · 9 + ...	18 = ... · 9

2. Decke auf deinem Einmaleins-Plan ab. Rechne und schreibe:

a.	b.	c.	d.
12 = 1 · 10 + 2	15 = ... · 10 + ...	16 = ... · 10 + ...	20 = ... · 10
12 = ... · 5 + ...	15 = ... · 5 + ...	.....	.....
.....	.....	.....	.....

3. In einer Schachtel sind 38 Streichhölzer. Ali legt schöne Muster.

a. Wie viele Quadrate kann er legen?
b. Wie viele Dreiecke kann er legen?
c. Wie viele Häuser kann er legen?

Was wird benötigt?

Arbeitsmaterial: Einmaleins-Plan und kleines Lineal (bzw. Papierstreifen), Streichhölzer
Demonstrationsmaterial: Einmaleins-Plan und großes Lineal (ca. 1 Meter)
Hinweis: Aufwendiger als ein Lineal, aber besser geeignet ist eine Folie mit einer aufgezeichneten Geraden (permanenter Folienstift). Mit der „Foliengeraden" können Zahlen *vor und hinter* einer markierten Zahl am Mal-Plan gelesen werden.

Worum geht es?

Auf dieser Seite wird die Division am Mal-Plan vorbereitet. Alle multiplikativen Zerlegungen einer Zahl lassen sich leicht ablesen.
Eine Zahl wird auf dem Mal-Plan durch ein Lineal oder eine Foliengerade markiert. Dabei trifft das Lineal bzw. die Foliengerade auf allen Zahlstreifen der 1 x 1-Reihen die gleiche Markierung, z. B. 21. Die Zahl 21 wird dann mit den Zahlen 10, 5, 2, 4, 8, 7, 3, 6, 9 *ausgemessen*. D. h. 21 = 2 · 10 + 1, 21 = 4 · 5 + 1, usw. Auf dem Mal-Plan lassen sich die Resultate des Ausmessens leicht ablesen.
Das Musterlegen mit Streichhölzern ist eine Konkretisierung der multiplikativen Zerlegung einer Zahl.

Wie kann man vorgehen?

Der ganze Einmaleins-Plan wird präsentiert. Mit einem Lineal wird auf dem Plan eine bestimmte Zahl markiert, z. B. 21. Die Schüler lesen nun ab: 20 besteht aus 2 Zehnern und ein Plättchen bleibt übrig. Die Lehrerin hilft beim Übersetzen in die „Zahlensprache":
21 = 2 mal 10 plus 1 = 2 · 10 + 1.
Analog werden alle weiteren Aufgaben erarbeitet und aufgeschrieben.
Aufgabe 1:
Die Schüler vervollständigen die Zerlegungsaufgaben unter a. Dann wird die Zahl 18 abgedeckt. Die Zerlegungsaufgaben unter b. werden aufgeschrieben.
Aufgabe 2:
Analog zu der Aufgabe 1 werden die Zahlen 12, 15, 16 und 20 abgedeckt. Die Schüler schreiben die zugehörigen Zerlegungsaufgaben ins Heft.
Aufgabe 3:
Mit den 38 Streichhölzern einer Streichholzschachtel legt Ali schöne Muster. Dies stellt eine anwendungsbezogene Sachaufgabe dar. Die Schüler finden die Lösungen durch konkretes Handeln mit einfachen Materialien. Die Schüler legen so oft wie möglich die Muster und beschreiben das Ergebnis mündlich, z. B. bei a.: „Ich konnte 9 Quadrate legen und 2 Streichhölzer blieben übrig."

Wie könnte es weitergehen?

- Anzahl der Streichhölzer variieren, Aufgabenstellung wie in Aufgabe 3
- Mit Streichhölzern neue Muster erfinden und legen
- Weitere Zahlen auf dem Plan abdecken
- Übungsheft Seite 26

63 Rechnen mit Einmaleins-Reihen

Wiederholen der Einmaleins-Reihen und Vertiefen der Zusammenhänge, größer-kleiner-Beziehungen bei Malaufgaben

1.

5er Reihe	5	10	15	20	25	30				
2er Reihe	2	4	6							
Summe	7	14								

2.

4er Reihe	4	8								
3er Reihe	3	6								
Summe	7									

3.

6er Reihe	6	12								
3er Reihe	3	6								
Summe	9									

4.

8er Reihe	8	16								
6er Reihe	6	12								
Unterschied	2									

5.

9er Reihe	9	18								
7er Reihe	7	14								
Unterschied	2									

6. < oder = oder > ? Setze ein.

3 · 5 < 25	40 > 5 · 7	5 · 5 ▒ 50	75 ▒ 10 · 7
4 · 5 ▒ 25	40 ▒ 7 · 5	6 · 6 ▒ 50	75 ▒ 9 · 8
5 · 5 ▒ 25	40 ▒ 5 · 8	7 · 7 ▒ 50	75 ▒ 10 · 8
6 · 5 ▒ 25	40 ▒ 8 · 5	8 · 8 ▒ 50	75 ▒ 9 · 9
7 · 5 ▒ 25	40 ▒ 5 · 9	9 · 9 ▒ 50	75 ▒ 10 · 9

Was wird benötigt?

Arbeitsmaterial: kleiner Mal-Plan
Demonstrationsmaterial: großer Mal-Plan

Worum geht es?

Bei diesen dreizeiligen Tabellen werden die Reihen mit der Addition und Subtraktion in Verbindung gebracht.
1. Zeile: Die Ergebnisse einer Einmaleins-Reihe werden fortlaufend notiert, z. B. 5er-Reihe
5 10 15 20 25 30 35 40 45 50
2. Zeile: Analog eine zweite Einmaleins-Reihe, z. B. 2er-Reihe
2 4 6 8 10 12 14 16 18 20
3. Zeile: Die jeweils untereinanderstehenden Zahlen der Reihen werden addiert bzw. subtrahiert.

Beim Betrachten der Ergebnisse der 3. Zeile fällt auf, daß immer eine neue Einmaleins-Reihe entsteht.

Summe: 5er-Reihe + 2er-Reihe = 7er-Reihe

Unterschied: 5er-Reihe − 2er-Reihe = 3er-Reihe

Wenn man für die Aufgaben Plättchen legt, sind die „neu entstehenden" Einmaleins-Reihen zu sehen. Das Erkennen der neuen Einmaleins-Reihe bietet den Kindern eine gute Selbstkontrolle. Wo ein Ergebnis nicht in die Reihe paßt, liegt ein Fehler vor.
Bei den Ungleichungen sollen die Kinder mit Hilfe des Mal-Plans oder schon auswendig die Ergebnisse von Malaufgaben mit 25, 40, 50 und 75 vergleichen.

Wie kann man vorgehen?

An der Tafel wird das Ausfüllen der Tabellen besprochen. Die Wörter „Summe" (addieren) und „Unterschied" (subtrahieren) müssen geklärt werden. Die Tiere vor den Reihen dienen als Erinnerung an den Mal-Plan, auf den sich noch unsichere Kinder stützen können.

Zur Buchseite:
Als Ergebnis entsteht in den Aufgaben jeweils folgende Reihe:
Aufgabe 1: 7er-Reihe
Aufgabe 2: 7er-Reihe
Aufgabe 3: 9er-Reihe
Aufgabe 4: 2er-Reihe
Aufgabe 5: 2er-Reihe
Bei allen Aufgaben sollen die Kinder die entstehenden Muster beschreiben und wenigstens versuchen, sie zu begründen.
Aufgabe 6:
Zur Unterstützung können die Zahlen jeweils mit der Foliengerade am Mal-Plan markiert und mit den Aufgaben verglichen werden.

Wie könnte es weitergehen?

- Übungsheft Seite 27
- Lehrerin erstellt an der Tafel weitere Tabellen, in denen die Reihen auch abwärts notiert werden können, z. B.:

6er-Reihe abwärts	60	54	48	42
6er-Reihe aufwärts	6	12	18	24
Summe	66	66	66	66

Es entsteht ein Muster:
Immer 66

6er-Reihe abwärts	60	54	48	42
5er-Reihe aufwärts	5	10	15	20
Summe	65	64	63	62

Es entsteht ein Muster:
Zahlfolge von 65 abwärts

6er-Reihe aufwärts	6	12	18	24
6er-Reihe aufwärts	6	12	18	24
Summe	12	24	36	48

Es entsteht ein Muster:
12er-Reihe aufwärts

64/65 Was der Spiegel alles kann

Handelnder Umgang mit dem Spiegel, Erfahrungen zur Symmetrie, Denkspiel D 7

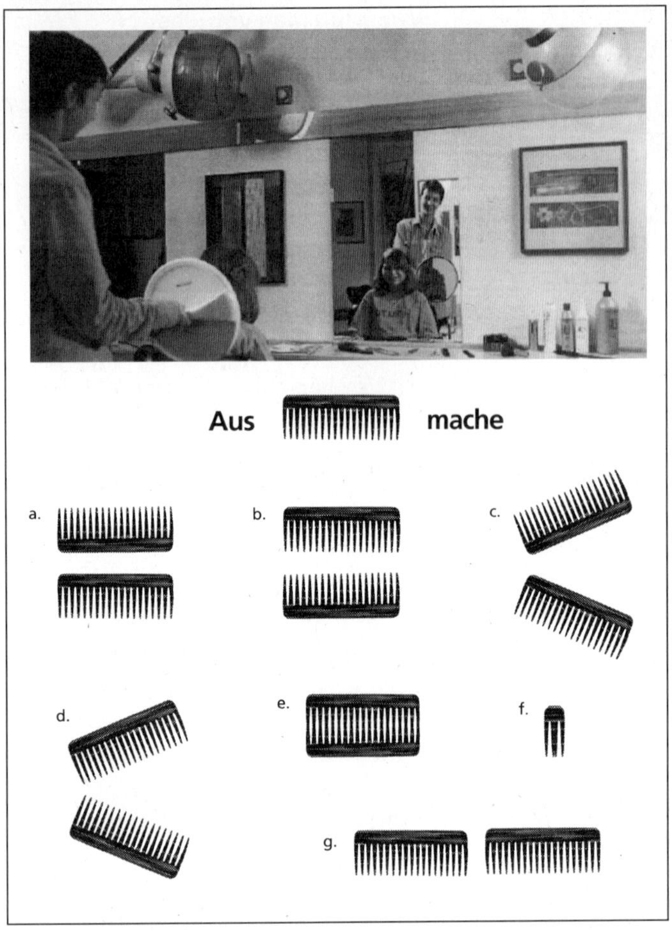

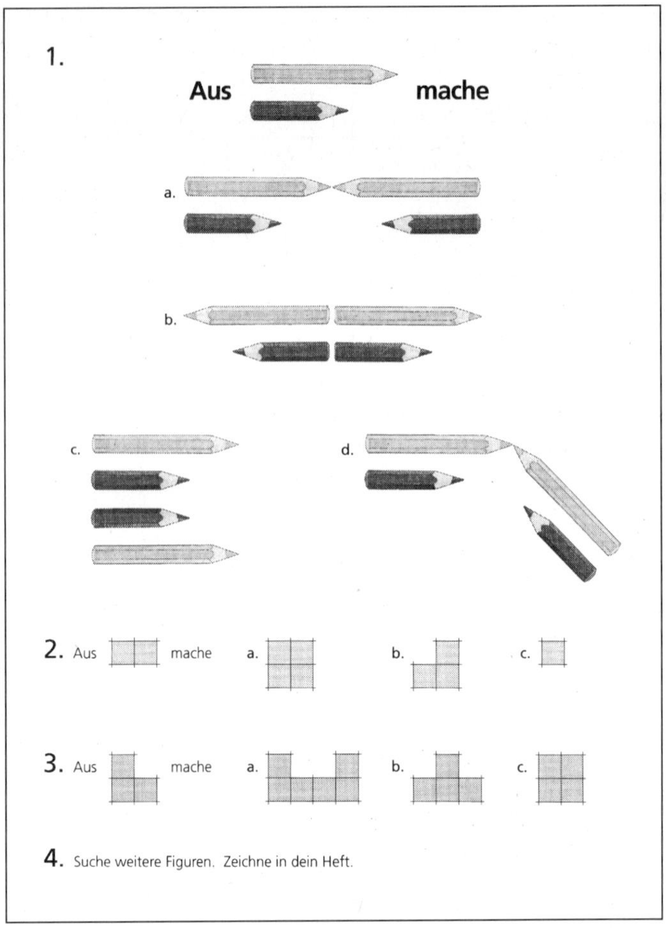

Was wird benötigt?

Arbeitsmaterial: Taschenspiegel möglichst ohne Rahmen
Rahmenlose, unzerbrechliche Handspiegel (6,5 cm x 8,5 cm) gibt es im Klassensatz (25) bei den Lehrmittelverlagen. Eine Adresse: Arnulf Betzold GmbH, Veit-Heschmann-Straße 12, 73479 Ellwangen
Demonstrationsmaterial: großer Kamm, rahmenloser Spiegel, vergrößerte Abbildung einer Zielfigur von Seite 64
Hinweis: Oft gibt es im Klassenzimmer am Waschbecken einen rahmenlosen Spiegel, der sich aus der Halterung heben läßt.

Worum geht es?

Die Aufgabenstellung „Aus – mache“ regt die Schüler zu gezielten Aktivitäten mit dem Spiegel an. Sie erfahren dabei,

- daß die Lagebeziehung Bild – Spiegelbild, insbesondere der Winkel zwischen Bild und Spiegelbild, sich verändert, wenn der Spiegel bewegt wird,
- daß die zwei parallel nebeneinanderliegenden Bleistifte auch im Spiegelbild parallel nebeneinander liegen bleiben.
- daß aus Figuren mit zwei und drei Quadraten je nach Lage der Spiegelachse Figuren aus 3, 4, 5, 6 Quadraten verschiedener Bauart werden können.

Eine fachsprachliche Beschreibung der Beobachtungen ist auch im 2. Schuljahr noch nicht anzustreben. Im Gegensatz zum 1. Schuljahr soll aber die gefundene Spiegelachse jeweils eingezeichnet und auch der Begriff „Spiegelachse“ als Ort, wo der Spiegel steht, verwendet werden.

Wie kann man vorgehen?

Die Kinder sitzen im Halbkreis.
Die Lehrerin läßt sie in einen großen Spiegel schauen. Die Kinder erzählen, was sie sehen, wenn sie sich vor dem Spiegel bewegen.
Die Lehrerin legt einen Kamm auf einen Bogen Papier und läßt die Kinder vermuten, was sie sehen, wenn sie den Spiegel hinter die glatte Seite des Kamms stellt. Die Vermutungen werden überprüft. Dann wird der Spiegel ein wenig gedreht, verschoben, senkrecht zum Kamm gestellt. Die Kinder beschreiben die entstehenden Figuren.
Die Lehrerin legt ein Bild mit einer Zielfigur dazu. Der Spiegel wird so lange gedreht, bis die Zielfigur erreicht ist. Die Spiegelachse wird in die Abbildung eingezeichnet.

Zu den Buchseiten:
Seite 64
Anschließend wird das Bild auf der Buchseite betrachtet und mit eigenen Erfahrungen verglichen. Fragen wie „Was steht auf dem Pulli des Mädchens?“

„Auf welcher Seite trägt sie die Haarschleife?“ „Auf welcher Seite sieht man die Haarschleife im Spiegel?“ regen zur genaueren Beobachtung an.
Danach kann die Aufgabe mit den Kämmen bearbeitet werden.

Seite 65
Aufgabe 1:
Die Aufgabenstellung ist die gleiche wie auf Seite 64. Statt der Kämme werden Bleistifte verwendet.
Aufgabe 2 und 3:
Jetzt werden Quadratkonfigurationen gespiegelt, es entstehen unterschiedliche Formen. Die Untersuchungen ebener Figuren und räumlicher Körper auf Symmetrie, Umfang, Oberfläche, Inhalt, Konstruierbarkeit, Zusammensetzbarkeit wird vorbereitet.
Bei Aufgabe 2 können aus der Ausgangsfigur „Vierlinge“ und „Drillinge“ in unterschiedlicher Form, ein „Zwilling“ und ein „Einling“ erzeugt werden.
Für die Figuren in a., b., und c. soll die Spiegelachse gesucht werden.

Lösungen:

↑ Blickrichtung in den Spiegel

a. b. c.

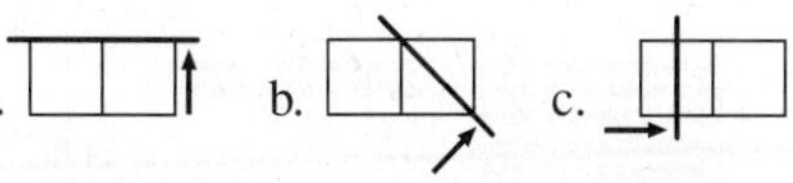

Analog können bei Aufgabe 3 mit Hilfe des Spiegels „Sechslinge“, „Fünflinge“, „Vierlinge“ usw. hergestellt werden.
Es ist herauszufinden, wie man den Spiegel halten muß, um die Zielfiguren zu erhalten.

Lösungen:

a. b. c.

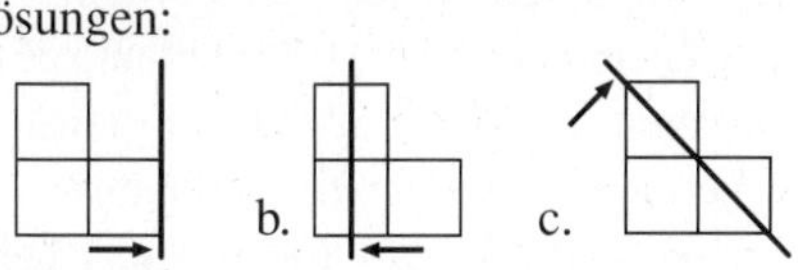

Aufgabe 4:
Aus den Startfiguren der Aufgabe 2 und 3 sollen weitere Figuren hergestellt und ins Heft gezeichnet werden.

Fortsetzung der Denkschule
Denkspiel D 7 „Ausgleich der Felder“.
Das Spiel ist eine Fortsetzung des gleichnamigen Spiels aus dem 1. Schuljahr.

Wie könnte es weitergehen?
- Übungsheft Seite 28
- Die Kinder zeichnen eine neue Quadratkonfiguration, z. B.

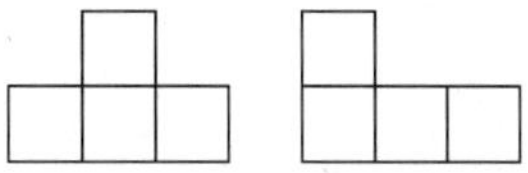

  als Ausgangsfigur in ihr Heft, suchen und zeichnen mögliche Spiegelbilder.
- Die Kinder können eigene Serien aus Einzelkarten herstellen, die als Freiarbeitsmaterial genutzt werden

Literatur
Hartmut Spiegel: Entdeckungen mit Spiegelkarten. In: mathematik lehren 3/84, Seite 12 ff.

66 Addition: Beschreiben und Notieren von Rechenwegen

Halbschriftliche Addition, Bewußtmachen der Rechenwege durch Aufschreiben der Zwischenschritte

1. Rechne und schreibe deinen Rechenweg auf.

68 + 23 = ...	37 + 56 = ...	75 + 16 = ...	15 + 56 = ...	74 + 18 = ...
63 + 28 = ...	36 + 57 = ...	76 + 15 = ...	25 + 46 = ...	64 + 28 = ...

2.

42 + 39 = ...	21 + 79 = ...	57 + 24 = ...	58 + 27 = ...	69 + 24 = ...
49 + 32 = ...	29 + 71 = ...	54 + 27 = ...	48 + 37 = ...	79 + 14 = ...

3.

35 + 17 = ...	29 + 24 = ...
45 + 17 = ...	29 + 25 = ...
55 + 17 = ...	29 + 26 = ...
65 + 17 = ...	29 + 28 = ...
75 + 17 = ...	29 + 29 = ...

4.

46 + 35 = ...	57 + 28 = ...
47 + 34 = ...	46 + 39 = ...
48 + 33 = ...	35 + 50 = ...
49 + 32 = ...	24 + 61 = ...
50 + 31 = ...	13 + 72 = ...

Was wird benötigt?

Arbeits- und Demonstrationsmaterial: falls vorhanden Russische Rechenmaschine, Rechengeld

Worum geht es?

Auf den Seiten 30–33 wurde die halbschriftliche Addition mit Hilfe von Anschauungsmitteln eingeführt, aber noch *ohne* schriftliche Notation der Zwischenergebnisse und der Rechenwege. In einem *zweiten Durchgang* sollen nun die Rechenwege notiert und bewußt gemacht werden. Auf dieser Seite sollen auch Schüler ihren Rechenweg aufschreiben, die die Aufgabe schon im Kopf lösen können. Die schrittweise Berechnung der Ergebnisse ist eine Vorstufe zur Algebra. Sie stellt ein Angebot dar, das aber *nicht zwingend* ist. Es bleibt ganz den Schülern überlassen, ob und in welchem Umfang sie Rechenschritte und Zwischenergebnisse aufschreiben wollen. *Hier sollte keine Festlegung erfolgen.*

Die Notation der Rechenwege unter der Aufgabe, abgetrennt durch einen Strich, hat nur vorübergehende Bedeutung. Wichtiger ist die schrittweise Ermittlung des Ergebnisses in einer Gleichungskette hinter der Aufgabe.

Auf dieser Seite sind folgende halbschriftliche Verfahren der Addition dargestellt:

– „Zehner plus Zehner, Einer plus Einer" (René)

57 + 26 = 70 + 13 = 83
50 + 20
7 + 6

– „Erst Zehner dazu, dann Einer dazu" (Tina)

57 + 26 = 77 + 6 = 83
57 + 20 + 6

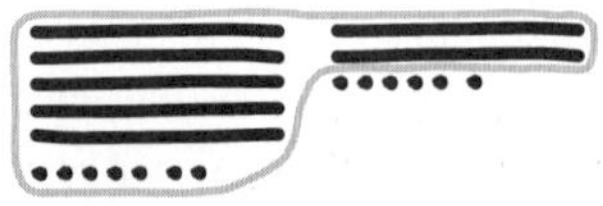

– „Erst Einer dazu, dann Zehner dazu" (Leoni)

57 + 26 = 63 + 20 = 83
57 + 6 + 20

Den verschiedenen halbschriftlichen Strategien entsprechen auch verschiedene Handlungsfolgen beim Ausrechnen an der Russischen Rechenmaschine oder beim Zusammenlegen von Rechengeld. Die obige Notation hat sich bewährt. Die Gleichungskette steht oberhalb des Striches, die Nebenrechnungen stehen unterhalb. Diese Notation kann unverändert für die Subtraktion und auch bei Erweiterung des Zahlraums benutzt werden.

Wie kann man vorgehen?

Bei der Einführung des Einmaleins sind Addition und Subtraktion etwas in den Hintergrund getreten. Deshalb ist es sinnvoll, einige Aufgaben unter Zuhilfenahme der Russischen Rechenmaschine oder von Rechengeld zu wiederholen und verschiedene Lösungsmethoden (siehe Seite 30) nochmals anschaulich darzustellen.

Anschließend wird eine Plusaufgabe zeichnerisch mit Zehnerstrichen und Einerpunkten dargestellt. Die Kinder werden aufgefordert, die Aufgabe ins Heft zu übertragen und zu lösen. Da es die Kinder gewohnt sind, die Aufgabe auf ihre Weise zu lösen, werden sie bei der Besprechung der Aufgabe mündlich sicherlich unterschiedliche Lösungswege angeben.
Die Lehrerin notiert einige dieser Wege an der Tafel.

Zur Buchseite:
Die Kinder besprechen und diskutieren die abgebildeten Rechenwege und vergleichen mit ihren Lösungen.
Aufgabe 1 und 2:
Die Schüler lösen die Aufgaben und schreiben ihren Rechenweg auf.
Die untereinanderstehenden Aufgaben haben das gleiche Ergebnis. Ein Summand ist dabei jeweils vergrößert, der andere Summand um die gleiche Zahl verkleinert. Bei einigen Aufgaben sind nur die Einer der beiden Summanden vertauscht. Sie haben also sicher das gleiche Ergebnis.

Beispiel:
68 + 23 = 80 + 11 = 91
60 + 20
8 + 3

63 + 28 = 80 + 11 = 91
60 + 20
3 + 8

Aufgabe 3:
Bei dem ersten Päckchen wird der Zehner des ersten Summanden um eins größer, bei dem zweiten Päckchen der Einer des zweiten Summanden (Störung: + 27 fehlt).
Aufgabe 4:
Im ersten Päckchen wird der erste Summand auf Kosten des zweiten um 1 vergrößert, im zweiten Päckchen der zweite Summand auf Kosten des ersten um 11 vergrößert.

Wie könnte es weitergehen?
- Übungsheft Seite 29, Aufgabe 1
- Die Schüler sollen teilweise vorgegebene Rechenwege nachvollziehen und zu Ende aufschreiben.

  Beispiele:
  57 + 26 = 77 + …
  57 + 20

  57 + 26 = 13 + …
  7 + 6

67 Leichte und schwere Aufgaben bei der Addition

Schwere Additionsaufgaben auf leichtere zurückführen

63 + 24 = ...

68 + 27 = ...

René rechnet:

63 + 24 = 80 + 7 = 87
60 + 20
3 + 4

68 + 27 = 80 + 15 = 95
60 + 20
8 + 7

Zehner plus Zehner
Einer plus Einer

1. Rechne wie René.

24 + 53 = ...	65 + 24 = ...	57 + 32 = ...	31 + 69 = ...	45 + 43 = ...
26 + 55 = ...	68 + 27 = ...	58 + 34 = ...	32 + 69 = ...	49 + 43 = ...

2.

71 + 17 = ...	55 + 20 = ...	46 + 2 = ...	83 + 15 = ...	63 + 36 = ...
72 + 28 = ...	55 + 25 = ...	47 + 42 = ...	83 + 16 = ...	64 + 38 = ...

Tobias und Maria rechnen so:

57 + 39 = 97 − 1 = 96
57 + 40 − 1

57 + 39 = 96
56 + 40

3.

68 + 19 = ...	37 + 59 = ...	65 + 29 = ...	26 + 49 = ...	59 + 39 = ...
58 + 29 = ...	47 + 49 = ...	75 + 19 = ...	16 + 59 = ...	69 + 29 = ...

4.

48 + 48 = ...	19 + 35 = ...
48 + 49 = ...	29 + 35 = ...
48 + 50 = ...	39 + 35 = ...
48 + 47 = ...	49 + 35 = ...
48 + 46 = ...	59 + 35 = ...

5.

74 + 16 = ...	36 + 59 = ...
75 + 17 = ...	47 + 16 = ...
76 + 18 = ...	46 + 17 = ...
77 + 19 = ...	55 + 19 = ...
79 + 21 = ...	67 + 28 = ...

6 a. Ich denke mir eine Zahl. Ich halbiere die Zahl und erhalte 33.
b. Ich denke mir eine Zahl. Ich halbiere sie und erhalte 38.

Was wird benötigt?

Arbeits- und Demonstrationsmaterial: Russische Rechenmaschine

Worum geht es?

Die Rechenmethode von René (Zehner extra, Einer extra) wird besonders betont, da sie im 3. Schuljahr zur schriftlichen Addition verwendet wird.
Die vorgestellten Rechenwege werden weiter geübt und vertieft.
Als weitere Rechenstrategie wird die Methode „Vereinfachen" thematisiert. Die Aufgabe 57 + 39 läßt sich dadurch lösen, daß zunächst 40 addiert (das ist einfach) und dann 1 abgezogen wird.

57 + 39 = 97 − 1 = 96
57 + 40 − 1

Man kann die Aufgabe aber auch dadurch lösen, daß man einen Summanden um 1 erniedrigt, den anderen um 1 erhöht:

57 + 39 = 96
56 + 40

Algebraische Notation:
57 + 39 = 56 + 40 = 96

Man könnte aber auch den ersten Summanden um 3 erhöhen, den zweiten Summanden um 3 erniedrigen:

57 + 39 = 96
60 + 36

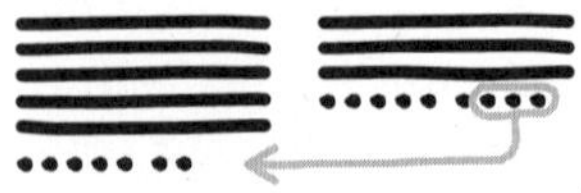

Algebraische Notation:
57 + 39 = 60 + 36 = 96

Alle Strategien können durch Handlungsfolgen an der Russischen Rechenmaschine oder am Rechengeld erläutert werden. Ob die Kinder diese etwas raffiniertere Strategie nutzen oder nicht: Die Strategie regt auf jeden Fall dazu an, sich beim halbschriftlichen Rechnen die Aufgaben zuerst „zurechtzulegen", ehe man „Rechenenergie" investiert.

Wie kann man vorgehen?

Nach Beispielaufgaben mit Notation der Rechenwege können die Schüler die Aufgaben selbst rechnen.
Aufgabe 1:
Die obere Aufgabe ist immer leichter als die zweite darunter stehende Aufgabe. Die Aufgaben stehen immer im operativen Zusammenhang (z. B. 26 + 55 = 81 ist um 4 größer als 24 + 53 = 77).
Bei zwei Aufgaben findet sich eine leichte Überschreitung des Hunderters (31 + 69 = 100, 32 + 69 ist um 1 größer).
Aufgabe 2:
Operativ leicht abgewandelte Aufgaben.
Aufgabe 3:
Zwei Aufgabenpaare haben stets das gleiche Ergebnis, denn ein Summand ist um 10 größer, der andere Summand um 10 kleiner. Die einzelnen Aufgaben können mit der angegebenen Strategie „Vereinfachen" gelöst werden, z. B. 68 + 19 mit der Aufgabe 67 + 20 = 87.
Aufgabe 4:
Im ersten Päckchen kann man geschickt so vorgehen, daß zuerst die Aufgabe 48 + 50 gelöst wird, dann 48 + 49, …

Im zweiten Päckchen erhöht sich der erste Summand jeweils um 10, damit wird auch das Ergebnis immer um 10 größer, 54, 64, ...

Aufgabe 5:

Erstes Päckchen: Der erste und zweite Summand werden immer um 1 größer, das Ergebnis wird damit immer um 2 größer. Störung: bei der letzten Aufgabe.

Lösung des ersten Päckchens:	Lösung des zweiten Päckchens:
90	95
92	63
94	63
96	74
100	95

Aufgabe 6:

Erkundungsaufgabe: Die Kinder denken sich eine Zahl, z. B. 60.
Sie halbieren die Zahl und erhalten 30. Dies wird bei einigen Zahlen, z. B. 70, 56, 72 ausprobiert. Nun sollen sie versuchen, die Zahlen zu finden, die bei Halbierung 33 bzw. 38 ergeben (Lösungen: a. 66, b. 76).

Wie könnte es weitergehen?

– Übungsheft Seite 29, Aufgabe 2–4

Getränke für die Schule

Flaschen und Kästen zählen, Tabellen lesen und ausfüllen

Getränke für die Schule

1. Prüfe den Lieferschein.

2. Getränkeliste der Klasse 2b.

Namen	1. Woche	2. Woche	3. Woche	4. Woche	5. W
Lisa A.	K	K	K	K	
Ingo B.	M	M	M	M	
Jens B.	K	K	K	K	
Ülya C.	K	K	–	–	
Pascal D.	–	V	V	V	
Pia F.	–	–	M	M	
Sabine G.	M	M	M	M	
Ali G.	V	–	M	M	
Steve I.	K	K	K	K	
Hanna L.	M	M	M	M	
Marlen M.	K	K	–	–	
Timo N.	K	K	K	K	
Michael P.	–	K	–	–	
Hans R.	M	M	M	M	
Serdar S.	–	V	V	–	
Anna Sch.	M	V	V	M	
Bernd St.	–	K	–	–	
Nermin T.	V	V	V	V	
Ingo W.	K	K	K	K	
Karin W.	K	K	K	K	
Sara Z.	M	M	M	M	
Kakao	8	10			
Milch	6	5			
Vanille	2	4			
zusammen	16	19			

3. Klasse 2b, 1. Woche:

	Anzahl	Preis
Kakao, je 2,50 DM	8	20,— DM
Milch, je 2,— DM	6	
Vanille, je 2,50 DM	2	
zusammen		

4. Klasse 2b, 2. Woche:

	Anzahl	Preis
Kakao, je 2,50 DM		
Milch, je 2,— DM		
Vanille, je 2,50 DM		
zusammen		

5. Zeichne ebenso für die 3. Woche und die 4. Woche eine Tabelle.

6. Wie teuer sind eure Getränke?

Was wird benötigt?

Demonstrationsmaterial: Kakaolisten, falls vorhanden Bestellzettel und Lieferscheine, Kästen mit Flaschen

Worum geht es?

Der Sachkontext „Schul-Getränke" bietet viele Zähl- und Additionsaufgaben. Der Umgang mit Geld und Tabellen wird lebensnah und ganzheitlich geübt. Die Schüler lernen, Daten zu sammeln (Bestelliste) und Informationen aus Datenträgern (Lieferschein) zu entnehmen. Sie zählen und überprüfen das abgegebene Geld und müssen Wechselgeld herausgeben. Das eingesammelte Kleingeld muß gezählt und mit dem rechnerisch ermittelten Betrag verglichen werden.

Wie kann man vorgehen?

Vor der Behandlung der Buchseite sollten die Schüler aktiv in die Schulgetränkebestellung einbezogen werden. Schon zu Anfang des 2. Schuljahres kann ein Schüler seine Mitschüler in der Reihenfolge der Getränkeliste aufrufen und den Getränkewunsch eintragen. Ein zweiter Schüler nimmt das Geld entgegen und zählt es nach. Bei der Rückgabe von Wechselgeld ist zu Anfang noch die Mithilfe der Lehrerin notwendig.

Beim Nachzählen der Gesamteinnahmen wird die Lehrerin in der Regel Vorschläge zum übersichtlichen Zählen anbieten müssen, z. B.: Zuerst die Silbermünzen zu Stapeln von jeweils 10 DM aufschichten. Dann das übrige Kleingeld zu Stapeln von jeweils 1 DM sortieren.

Abhängig vom Leistungsvermögen der Kinder wird die Lehrerin ihre Mithilfe anbieten müssen.

Das schon an sich lästige Geldeinsammeln wird durch Einbeziehung der Schüler zunächst nicht erleichtert.

Die Begeisterung der beteiligten Kinder und der erzielte Lerneffekt machen die anfängliche Mitarbeit aber schon für sich genommen sinnvoll. Am Ende der 2. Klasse schaffen es viele Schüler, die Schulmilchbestellung allein aufzunehmen, was dann bis zum 4. Schuljahr eine Arbeitsentlastung bedeutet.

Zur Buchseite:

Aufgabe 1:

Die Mehrwegflaschen werden in Kästen geliefert. Die Lieferung wird mit dem Lieferschein verglichen. Für visuell schwächere Kinder ist es hilfreich, aufgestapelte Kästen im Original zu sehen, denn die Flaschen, die sie auf dem Bild nicht sehen, zählen sie nicht mit. Wenn dieses konkrete Stapeln von Kästen nicht möglich ist, so muß die Schwierigkeit der nicht sichtbaren Kästen und Flaschen thematisiert werden.

Die Kinder sollen herausfinden, daß 2 Vanille-Mix-Flaschen fehlen.

Aufgabe 2:

Die Getränkeliste an sich wird den Kindern bekannt sein. Mit Hilfe einer Folie sollte der Aufbau der Liste erarbeitet werden (Namen, Bestellung hier pro Woche, in einigen Schulen auch vierzehntägig oder monatlich), unten die Anzahl der bestellten Getränke insgesamt und getrennt nach Getränkeart.

Es schließen sich folgende Übungen an:

- Was hat Ingo in der 2. Woche bestellt?
- Welches Kind hat in der 1. und 2. Woche Kakao und dann nichts mehr bestellt?

Bei der Erarbeitung der Wochenbestellungen ist es hilfreich, die anderen Wochen mit einem Blatt abzudecken, damit die Fülle der Informationen reduziert wird. Die Kinder zählen in der Liste nach und bestätigen, daß in der ersten Woche 8 Kakao, 6 Milch und 2 Vanille-Mix bestellt wurden, insgesamt 16 Getränke.

Entsprechend zählen und berechnen die Kinder die Getränke für die 2., 3. und 4. Woche.

Aufgabe 3:
Der Bestellzettel der Klasse wird zu dem Geld in die Kakaodose gelegt und dem Hausmeister, der die Bestellung für die gesamte Schule macht, übergeben.
Der Bestellzettel gibt Informationen über:
- die Klasse,
- die Woche,
- die Anzahl der Getränke,
- die Einzelpreise und den Gesamtpreis.

Die Schüler berechnen die Gesamtanzahl der Getränke und die jeweiligen Preise.
Die Aufgabe 8 mal 2,50 DM ist noch schwierig. Sie kann jedoch einfach dadurch gelöst werden, daß 8 mal 2,50 DM mit Rechengeld gelegt und danach zusammen Mark für Mark addiert wird.

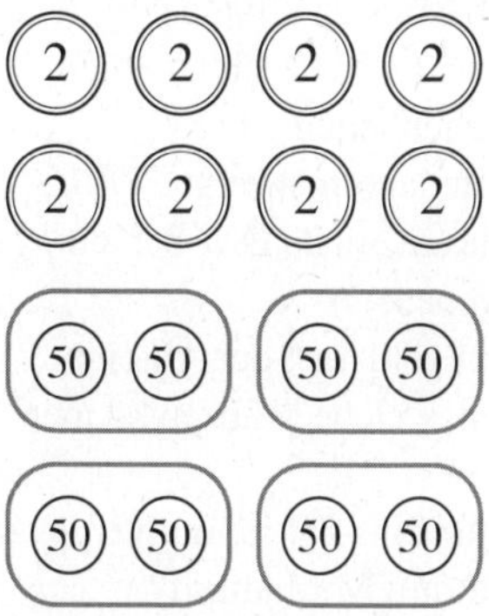

ergeben 16 DM + 4 DM = 20 DM

Aufgabe 4:
In dieser Aufgabe müssen die Kinder zusätzlich die Informationen für die 2. Woche aus der Getränkeliste auf den Bestellzettel übertragen.

Aufgabe 5:
An der Tafel wird erarbeitet, wie die Tabelle auf Gitterpapier gezeichnet werden kann (10 mal 16 Kästchen). Dann werden die Informationen aus der Getränkeliste übertragen.

Aufgabe 6:
Hier sollen die Preise im Buch mit den aktuellen Preisen verglichen werden („Alles wird teurer").

Wie könnte es weitergehen?
- Die Kinder übernehmen zunehmend die Schulmilchbestellung und auch weitere Bestellungen, die im Laufe eines Schuljahres anfallen.

69 Gebühren

Kenntnisse von Gebühren erwerben und nutzen, Gebühren berechnen, mit Münzen/Banknoten am Automaten umgehen

Gebühren

1.

Fahrpreise		
Erwachsene		DM
Kurzstrecke	K	1.50
Normalstrecke	N	2.00
5 Fahrten	5	9.00
Kinder		DM
Kurzstrecke	K	0.80
Normalstrecke	N	1.00
5 Fahrten	5	4.50

2. Melanie will telefonieren.

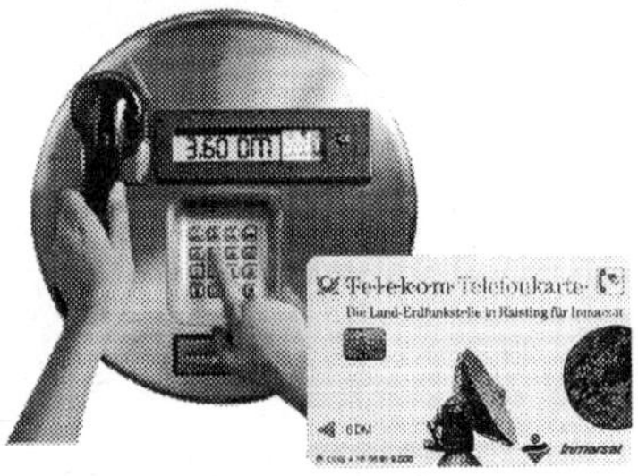

3. Uli hat einen Brief an seinen Opa geschrieben.

Ina hat eine Postkarte für Tante Moni.

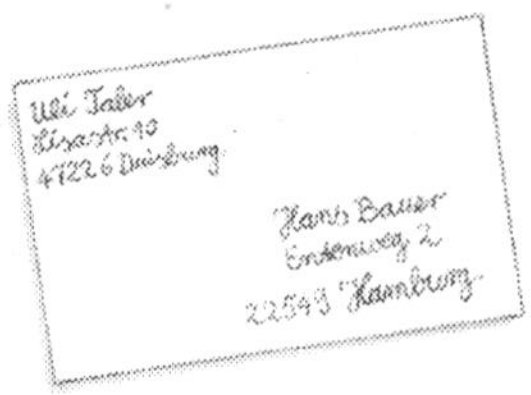

Erkundige dich bei der Post nach dem Porto.

Was wird benötigt?

Arbeitsmaterial: verschiedene Briefmarken, Postgebührentabellen, Rechengeld, Fahrpreistabellen der örtlichen Verkehrsbetriebe

Worum geht es?

In vielen Situationen des täglichen Lebens benötigen bereits Kinder Kenntnisse über Gebühren und Gebührenautomaten. Die Kinder sollen hier einen Fahrkartenautomaten, eine Telefonzelle mit Münz- oder Kartenautomaten und Postgebühren (Briefmarken) kennenlernen. Hierzu gehört sowohl die Kenntnis einer Gebühr, das Rechnen mit Geld, das Eingeben richtiger Münzen oder Scheine als auch die richtige Bedienung der Geräte. Natürlich ist es sinnvoll, einen Unterrichtsgang zu einer Telefonzelle und/oder einem Fahrkartenautomaten zu machen.

Wie kann man vorgehen?

Eventuell Unterrichtsgang zur Post, zur Telefonzelle oder zur Haltestelle der Verkehrsbetriebe (Ansprechpartner: Pressestelle der örtlichen Post oder Telekom, öffentliche Verkehrsbetriebe des Ortes)

Zur Buchseite:

Aufgabe 1:

Beim Fahrkartenautomaten können folgende Fragen besprochen werden:

- Welche Münzen (Banknoten) können bei diesem Automaten benutzt werden?
- Welche Taste müssen Erwachsene (Kinder) bei einer Kurzstrecke, bei einer Normalfahrt, bei 5 Fahrten drücken?
- Mit welchen Münzen könnte der Fahrpreis von 2 DM bezahlt werden, welche Möglichkeiten gibt es?
- Der Fahrkartenautomat zeigt 2 DM als Fahrpreis an, ein 20 DM-Schein wird eingegeben: Wieviel Rückgeld muß der Automat zurückgeben, welche Münzen können es sein?
- Wieviel kostet eine Fahrt für zwei Erwachsene zum Normaltarif?
- Um wieviel preiswerter sind die Fünfer-Karten für Erwachsene, für Kinder?
- Wieviel muß eure Familie ausgeben, um in die Stadt zu fahren?
- Wieviel kostet eine Hin- und Rückfahrt für dich?
- Opa will mit zwei Enkeln in die Stadt. Wieviel kostet die Normalstrecke für alle?
- Mutter, Vater und zwei Kinder wollen nur eine Station fahren.

Aufgabe 2:

Melanie will telefonieren. Es gibt zwei Möglichkeiten: mit der Telefonkarte oder an einem Münztelefon mit Münzen.
Das Foto im Buch zeigt ein Guthaben von 3,60 DM, die Telefonkarte hat ein Anfangsguthaben von 6,00 DM.
Obwohl das Rechnen mit Kommazahlen erst im 3. Schuljahr thematisiert wird, können sicherlich schon einige Kinder damit umgehen (Standortbestimmung: Was bedeutet 3,60 DM? Wieviel DM, wieviel Pf?)

Mögliche Rechnungen:
Für wieviel Geld hat Melanie bereits telefoniert? Berechnung aus dem Anfangsguthaben der Telefonkarte und dem angezeigten Guthaben auf dem Telefon. Welche Münzen kann sie zum Telefonieren benutzen? Wieviel kostet ein Telefongespräch im Ort? Wie ist das bei Ferngesprächen?
Hinweise für die Kinder: Alle Ferngespräche fangen mit einer 0 an, alle Auslandsgespräche mit 00. Diese sind besonders teuer – achte darauf! Die Notrufnummern von Polizei (110) und Feuerwehr (112) sollten den Kindern geläufig sein!
Es ist wichtig, daß sich die Kinder über die Telefonrechnung ihrer Familie informieren. Auch zu Hause kostet das Telefonieren Geld. Vielleicht können Rechnungen mitgebracht werden. Hinweise auf unterschiedliche Preise bei Orts- und Ferngesprächen können den Tabellen der Telefonverzeichnisse entnommen werden.
Aufgabe 3:
Hier sollten die Kinder allein, in Gruppen oder mit der Schulklasse zur Post gehen und das Porto erfragen. Das Porto ist abhängig vom Gewicht und von der Größe eines Briefes. Obwohl Gewicht und genaue Größen (bzw. DIN-Formate) erst im 3. Schuljahr thematisiert werden, können sicherlich einige Kinder damit umgehen.
Wichtig für die Kinder: Ein Brief in *Normalgröße* mit 1 oder 2 Briefbogen kostet das Normalporto (1994: 1 DM). Analog das Porto für Karten. Kinder sollen auch Briefmarken mit den verschiedenen Werten von 10 Pf bis 100 Pf =1 DM) kennenlernen und damit einen Normal-Brief und eine Postkarte richtig frankieren. Wie kann man das Porto von 1 DM mit Briefmarken zusammenstellen?

Wie könnte es weitergehen?
– Übungsheft Seite 30

70 Subtraktion: Beschreiben und Notieren von Rechenwegen

Halbschriftliche Subtraktion mit Notation, Bewußtmachen der Rechenwege durch Aufschreiben der Zwischenschritte

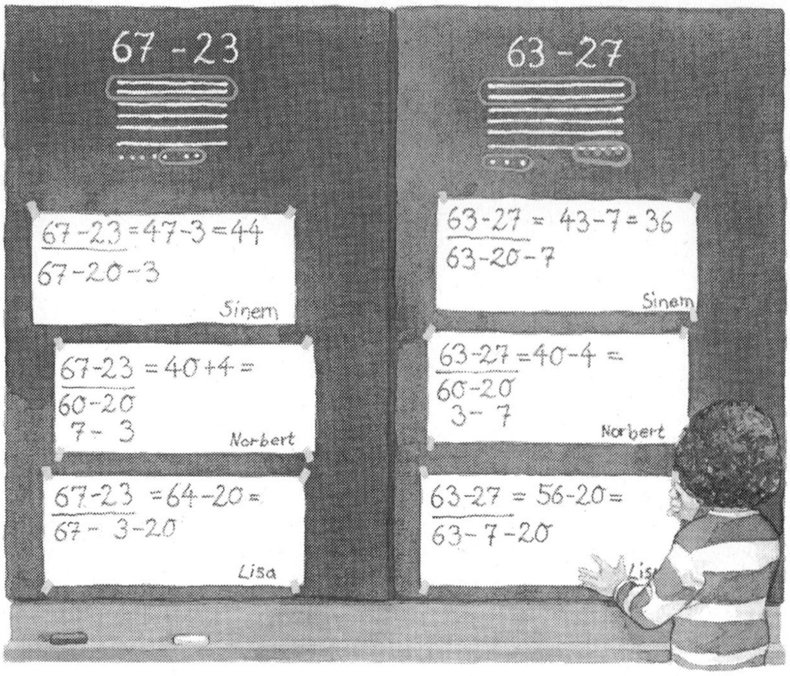

1. Rechne und schreibe deinen Rechenweg auf.

58 - 34 = ...	42 - 27 = ...	99 - 55 = ...	83 - 38 = ...	75 - 23 = ...
54 - 38 = ...	47 - 21 = ...	95 - 59 = ...	88 - 33 = ...	65 - 43 = ...

2.

73 - 39 = ...	94 - 62 = ...	52 - 24 = ...	62 - 26 = ...	63 - 46 = ...
79 - 33 = ...	92 - 64 = ...	54 - 22 = ...	66 - 22 = ...	73 - 36 = ...

3.

52 - 17 = ...	72 - 6 = ...
62 - 27 = ...	73 - 16 = ...
72 - 37 = ...	74 - 26 = ...
82 - 47 = ...	75 - 36 = ...
92 - 17 = ...	76 - 47 = ...

4.

62 - 58 = ...	80 - 53 = ...
64 - 56 = ...	81 - 54 = ...
66 - 54 = ...	82 - 55 = ...
68 - 52 = ...	83 - 57 = ...
70 - 50 = ...	84 - 58 = ...

Was wird benötigt?

Arbeits- und Demonstrationsmaterial: Russische Rechenmaschine, Rechengeld

Worum geht es?

Auf den Seiten 38, 39, 40 wurde die halbschriftliche Subtraktion mit Hilfe von Anschauungsmitteln, aber noch ohne schriftliche Notation der Zwischenergebnisse und der Rechenwege behandelt. Wie bei der Addition sollen in einem *zweiten Durchgang* nun die Rechenwege bewußter gemacht und notiert werden. Auf dieser und der nächsten Seite sollen Schüler ihren Rechenweg aufschreiben. Die eingeführten Notationen sind jedoch für das weitere Rechnen nicht zwingend. Es bleibt jedem Schüler weiterhin selbst überlassen, ob und in welchem Umfang er Zwischenergebnisse aufschreibt.

Es werden die wichtigsten Rechenstrategien *ohne und mit* Zehnerunterschreitung vorgestellt. Im folgenden sind andere Beispiele als im Buch gewählt:

- „Erst Zehner weg, dann Einer weg" (Sinem)

  57 - 26 = 37 - 6 = 31
  57 - 20 - 6
  (ohne Zehnerunterschreitung)

  56 - 27 = 36 - 7 = 29
  56 - 20 - 7
  (mit Zehnerunterschreitung)

- „Zehner extra, Einer extra" (Norbert)

  57 - 26 = 30 + 1 = 31
  50 - 20
  7 - 6
  (ohne Zehnerunterschreitung)

  56 - 27 = 30 - 1 = 29
  50 - 20
  6 - 7
  (mit Zehnerunterschreitung)
  „Von 50 kann man 20 abziehen, von 6 kann man nur 6 abziehen, 1 muß noch abgezogen werden. Dazu muß man einen Zehner *anknabbern*"

- „Erst Einer weg, dann Zehner weg" (Lisa)

  57 - 26 = 51 - 20 = 31
  57 - 6 - 20
  (ohne Zehnerunterschreitung)

  56 - 27 = 49 - 20 = 29
  56 - 7 - 20
  (mit Zehnerunterschreitung)

Wie bereits in Abschnitt 2.3.1 beschrieben, läßt sich nicht verhindern, daß Kinder die bei der Addition erfolgreiche Strategie „Zehner *plus* Zehner, Einer *plus* Einer" auf „Zehner *minus* Zehner, Einer *minus* Einer" auf die Subtraktion übertragen.

Dabei kommt, wie viele Untersuchungen zeigen, folgender Fehler häufig vor: Die Kinder verkürzen die Strategie: „Zehner minus Zehner, Einer minus Einer" auf: „Unterschied der Zehnerziffern, Unterschied der Einerziffern" und erhalten bei 57 - 26 = 31 zwar das richtige Ergebnis, bei 56 - 27 aber das falsche Ergebnis. Die Strategie „Zehner extra, Einer extra" wird deshalb auf dieser Seite bewußt thematisiert. Es handelt sich dabei nicht um ein Rechnen mit negativen Zahlen, sondern um ein schrittweises Abziehen.

Bei der ikonischen Darstellung mit Zehnerstrichen und Einerpunkten ist leicht festzustellen, ob bei der Strategie „Zehner extra, Einer extra“ im Zwischenschritt *addiert* oder *subtrahiert* werden muß.

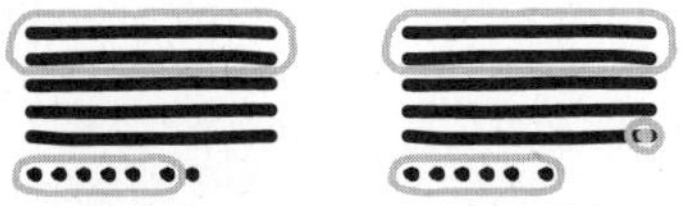

57 – 26 56 – 27

Bei 57 - 26 bleibt beim Wegnehmen ein Einer stehen, es wird kein Zehner angeknabbert, also
57 - 26 = 30 + 1 (30 *plus* 1).

Bei 56 - 27 muß beim Wegnehmen ein Zehner durch 1 Einer angeknabbert werden, also
56 - 27 = 30 - 1 (30 *minus* 1).

Wie bei der Addition entsprechen den verschiedenen halbschriftlichen Strategien verschiedene Handlungsfolgen beim Ausrechnen an der Russischen Rechenmaschine oder beim Wegnehmen von Rechengeld. Bei der vorgeschlagenen Notation steht die Gleichung immer oberhalb des Strichs, die Nebenrechnung unterhalb des Strichs.
Die Notation kann unverändert auch bei der Erweiterung des Zahlraumes im 3. Schuljahr benutzt werden. Wenn die Nebenrechnung unter dem Strich weggelassen wird, bleibt ein fortlaufendes algebraisches Rechnen auf der Linie übrig, z. B.
67 - 23 = 47 - 3 = 44 oder
67 - 23 = 44.

Wie kann man vorgehen?
Es ist wie bei der Addition sinnvoll, zunächst einige Subtraktionsaufgaben (z. B. 57 - 26 und 56 - 27) unter Zuhilfenahme der Russischen Rechenmaschine oder von Rechengeld zu wiederholen und verschiedene Lösungsmethoden (siehe Seite 38/39) grafisch (Zehnerstrich, Einerpunkte) darzustellen. Verschiedene Lösungswege der Kinder werden von der Lehrerin an der Tafel aufgeschrieben.

Zur Buchseite:
Die Kinder besprechen und diskutieren die abgebildeten Rechenwege und vergleichen mit ihren Lösungen. Bei den Aufgaben 1 und 2 werden bewußt Einer- und Zehnerziffern des Subtrahenden und Minuenden verändert, z. B. 73 - 39 und 79 - 33 oder auch 62 - 26 und 66 - 22. Hierbei muß man ganz besonders aufpassen und die Strategie gut begründen.
Lösungen:

Aufgabe 1:

24	15	44	45	52
16	26	36	55	22

Aufgabe 2:

34	32	28	36	17
46	28	32	44	37

Aufgabe 3:

35	66
35	57
35	48
35	39
75	29

Aufgabe 4:

4	27
8	27
12	27
16	26
20	26

Hinweis: Es besteht kein Zwang, alle Lösungswege zu nutzen. Sie werden nur als Angebot dargestellt.

Wie könnte es weitergehen?
– Übungsheft Seite 31, Aufgabe 1

71 Leichte und schwere Aufgaben

Schwere Subtraktionsaufgaben auf leichte zurückführen

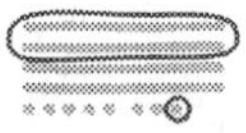

48 – 21 = ...

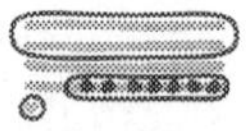

41 – 28 = ...

Sinem rechnet:

48 – 21 = 28 – 1 = 27
48 – 20 – 1

41 – 28 = 21 – 8 = 13
41 – 20 – 8

Zehner weg
dann Einer weg

1. Rechne wie Sinem.

54 – 23 = ...	87 – 34 = ...	95 – 46 = ...	77 – 66 = ...	96 – 32 = ...
53 – 24 = ...	84 – 37 = ...	96 – 45 = ...	76 – 67 = ...	92 – 36 = ...

2.

45 – 33 = ...	63 – 55 = ...	32 – 24 = ...	72 – 39 = ...	80 – 75 = ...
43 – 35 = ...	65 – 53 = ...	34 – 22 = ...	79 – 32 = ...	85 – 70 = ...

Michael und Michaela rechnen so:

63 – 29 = 33 + 1 = 34
63 – 30 + 1

63 – 29 = 34
64 – 30

3.

64 – 39 = ...	63 – 39 = ...	77 – 49 = ...	86 – 59 = ...	75 – 29 = ...
74 – 49 = ...	83 – 59 = ...	67 – 39 = ...	76 – 39 = ...	95 – 39 = ...

4.

63 – 30 = ...	74 – 40 = ...
63 – 29 = ...	74 – 39 = ...
63 – 28 = ...	74 – 38 = ...
63 – 31 = ...	74 – 37 = ...
63 – 32 = ...	74 – 41 = ...

5.

92 – 59 = ...	86 – 69 = ...
92 – 58 = ...	86 – 58 = ...
82 – 59 = ...	86 – 47 = ...
82 – 58 = ...	86 – 36 = ...
72 – 59 = ...	86 – 25 = ...

6a. Ich denke mir eine Zahl. Ich verdoppele sie und erhalte 44.

b. Ich denke mir eine Zahl. Ich verdoppele sie und erhalte 48.

Wie kann man vorgehen?

Aufgabe 1 und 2:
Sinems Rechenweg wird nochmals besprochen. Der genaue Rechenweg wird jeweils notiert. Durch Vertauschen der Einerziffern entstehen Aufgaben mit und ohne Zehnerunterschreitung.

Aufgabe 3:
Rechenwege von Michael und Michaela besprechen, z. B.

64 – 39 = 25
65 – 40

Die ersten drei Aufgabenpaare haben gleiche Ergebnisse, da sich Minuend und Subtrahend jeweils um die gleiche Zahl unterscheiden. Bei den letzten beiden Aufgaben ist eine leichte Störung eingebaut.

Aufgabe 4:
Es ist sinnvoll, mit der leichten Aufgabe 63 – 30 = 33 (bzw. 74 – 40 = 34) zu beginnen und dann die anderen Aufgaben zu erschließen.

Aufgabe 5:
Operatives Päckchen, z. B.
92 – 59 = 33, 82 – 59 = 23, 72 – 59 = 13
92 – 58 = 34, 82 – 58 = 24, ...

Aufgabe 6:
Erkundungsaufgabe. Die Kinder denken sich eine Zahl, z. B. 20. Sie verdoppeln die Zahl und erhalten 40. Dies wird mit weiteren Zahlen: 15, 21, 35, 43 ausprobiert.
Nun sollen sie versuchen, Zahlen zu finden, die bei Verdopplung 44 (bzw. 48) ergeben (Lösungen: a. 22 und b. 24).

Was wird benötigt?

Arbeits- und Demonstrationsmaterial: Russische Rechenmaschine, Rechengeld

Worum geht es?

Die vorgestellten Rechenstrategien werden weiter geübt und vertieft. Die Strategie „Erst Zehner weg, dann Einer weg" wird bei den Strategien zur Subtraktion besonders betont und sowohl bei einfachen Aufgaben ohne Zehnerunterschreitung, als auch bei schweren Aufgaben mit Zehnerunterschreitung geübt.
Als weitere Rechenstrategie wird die Methode „Vereinfachen" thematisiert. Die Aufgabe 63 – 29 läßt sich dadurch lösen, daß man zunächst 30 subtrahiert (das ist einfach, aber es wurde 1 zuviel abgezogen) und dann 1 addiert.

63 – 29 = 33 + 1 = 34
63 – 30 + 1

Andere Lösung: Minuend und Subtrahend werden jeweils um 1 erhöht (Gesetz von der Konstanz der Differenz).

63 – 29 = 34
64 – 30

Algebraische Notation:
63 – 29 = 64 – 30 = 34

Der Unterschied zwischen 63 und 29 ist gleich dem Unterschied zwischen 64 und 30 (Darstellung am Zahlenstrahl):

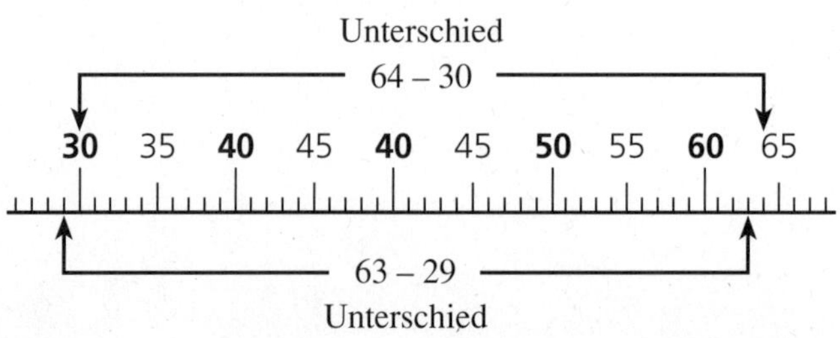

Wie könnte es weitergehen?

– Übungsheft Seite 31, Aufgabe 2–4

72 Integrierende Übungen

Multiplizieren, Addieren, Subtrahieren, Ergänzen, Zerlegen beziehungsreich üben

1. Schreibe deinen Rechenweg auf.

a. 58 + 24 = ... 58 − 24 = ...
54 + 28 = ... 54 − 28 = ...

b. 63 + 37 = ... 63 − 37 = ...
67 + 33 = ... 67 − 33 = ...

c. 46 + 19 = ... 46 − 19 = ...
66 + 39 = ... 66 − 39 = ...

d. 57 + 29 = ... 57 − 29 = ...
47 + 19 = ... 47 − 19 = ...

2 a.

32			
8			
4	4	4	4

b.

64			
		16	
8	8	8	

c.

72			
9	9	9	9

3 a.

92			
21		25	
	11		13

b.

68			
7	8	9	10

c. Denke dir selbst Zahlenmauern aus.

4.
20 + 4 = ... 40 − 4 = ...
20 + 8 = ... 40 − 8 = ...
20 + 12 = ... 40 − 12 = ...
20 + 16 = ... 40 − 16 = ...
20 + 20 = ... 40 − 20 = ...

5.
16 + 8 = ... 80 − 8 = ...
24 + 8 = ... 72 − 8 = ...
32 + 8 = ... 64 − 9 = ...
40 + 8 = ... 56 − 8 = ...
48 + 8 = ... 48 − 8 = ...

6.
6 + 30 = ... 60 − 54 = ...
12 + 24 = ... 60 − 48 = ...
18 + 18 = ... 60 − 42 = ...
24 + 12 = ... 60 − 36 = ...
30 + 6 = ... 60 − 30 = ...

7.
35 + 35 = ... 70 − 7 = ...
42 + 28 = ... 70 − 15 = ...
49 + 21 = ... 70 − 21 = ...
56 + 14 = ... 70 − 28 = ...
63 + 7 = ... 70 − 35 = ...

8.

12	20	24	36	49
3 · 4	10 ·	·	·	·
4 · 3				
2 · 6				
6 · 2				

Was wird benötigt?

Arbeitsmaterial: evtl. Kopiervorlage 1/2 (Zahlenhäuser, Zahlenmauern)

Worum geht es?

Bekannte Rechenformate werden wiederholt. Erstmalig werden die Zahlenhäuser zum Üben der verschiedenen Zerlegungen von 1 x 1-Zahlen benutzt. Die Schüler finden 1-, 2-, 3- und 4stöckige Häuser.

Gesucht sind hier Zerlegungen in Aufgaben des *kleinen* Einmaleins, also 24 = 8 · 3 und nicht 24 = 2 · 12. (Je nach Leistungsstand der Klasse kann man natürlich auch Zerlegungen in größere Faktoren zulassen, was die Anzahl der Möglichkeiten erhöht.) Bei den additiven Übungsformaten werden innerhalb einer Aufgabe schwerpunktmäßig Zahlen aus den Einmaleins-Reihen benutzt.

20	24	36	15	49
10 · 2	8 · 3	6 · 6	5 · 3	7 · 7
2 · 10	3 · 8	9 · 4	3 · 5	
4 · 5	6 · 4	4 · 9		
5 · 4	4 · 6			

Die Zahlenmauern werden mit dem kleinen Einmaleins in Verbindung gebracht. Sind in der ersten Reihe lauter Steine mit dem Wert a, so erhält man in der zweiten Reihe lauter Steine mit dem Wert 2a, in der dritten Reihe mit dem Wert 4a und als Deckstein 8a.

Beispiele:

2 a.

32			
16	16		
8	8	8	
4	4	4	4

2 c.

72			
36	36		
18	18	18	
9	9	9	9

Man könnte es auch so beschreiben: Von Reihe zu Reihe verdoppeln sich die Zahlen. Der Deckstein hat den 8fachen Wert eines Grundsteins.

Wie kann man vorgehen?

Die Rechenformate werden gemeinsam an Beispielen wiederholt.

Aufgabe 1:
Additions- und Subtraktionsaufgaben mit Rechenweg

Aufgabe 2 und 3:
Zahlenmauern mit operativen Veränderungen und Zielzahl als Selbstkontrolle. Die Schüler sollten das Muster der Aufgaben 2a.–2c. beschreiben und begründen.

Aufgabe 4:
Plus- und Minusaufgaben aus der 4er-Reihe

Aufgabe 5:
Plus- und Minusaufgaben aus der 8er-Reihe mit Störung

Aufgabe 6:
Plus- und Minusaufgaben aus der 6er-Reihe

Aufgabe 7:
Plus- und Minusaufgaben aus der 7er-Reihe

Aufgabe 8:
Malaufgaben suchen. Bei 49 gibt es nur eine Malaufgabe (7 · 7). Sollten Schüler Malaufgaben außerhalb des kleinen Einmaleins finden, werden diese zugelassen (z. B. 24 = 3 · 8, aber auch 24 = 2 · 12).

Wie könnte es weitergehen?

- Übungsheft Seite 32, Aufgabe 1–4
- Weitere Zahlenhäuser (Kopiervorlage 1)
- Zum Kennenlernen der 1 x 1-Zahlen werden am Hunderterfeld (Kopiervorlage 8) die Zahlen einer festen Reihe farbig markiert, dabei ergeben sich Muster von Einmaleinszahlen.

Spaltenmuster: 2er-, 5er-, 10er-Reihe
Diagonale Muster: 3er-, 9er- (6er-) Reihe (Beispiel rechts)
Rösselsprungmuster: 8er-Reihe

Die sehr schön zu entdeckenden Muster helfen beim Lernen des Einmaleins.

1	2	3	4	5	6	7	8	9	10
11	12	13	14	15	16	17	18	19	20
21	22	23	24	25	26	27	28	29	30
31	32	33	34	35	36	37	38	39	40
41	42	43	44	45	46	47	48	49	50
51	52	53	54	55	56	57	58	59	60
61	62	63	64	65	66	67	68	69	70
71	72	73	74	75	76	77	78	79	80
81	82	83	84	85	86	87	88	89	90
91	92	93	94	95	96	97	98	99	100

73 Naturschutz für Störche

Zahlen und Größen über Störche veranschaulichen, vergleichen, Interpretation/Umgang mit einer Tabelle (über Jungstörche)

So viele junge Störche gab es*

	1978	1979	1980	1981	1982	1983	1984	1985	1986	1987	1988	1989	1990	1991	1992
Schlüsselburg	3	2	1			4	2	2	4	2	4	1	5		1
Döhren										2		1	3		3
Windheim	4	2	3			1	3	3	2		1	3		3	
Jössen						2						3	2	3	2
Hartum	3														
Gehlenbeck	2	2	1	1		1			4						
Levern	3	4	2		3										

* In NRW, Kreis Minden - Lübbecke, Weser

Was wird benötigt?

Arbeits- und Demonstrationsmaterial: Material über Störche aus Sachbüchern und Lexika, Kalender, ca. 30 kleine Stöcke (ca. 20–30 cm) aus dem Garten zur Veranschaulichung eines Horstes, Maßband

Informationen zum Umweltschutz und über die Weißstörche im Kreis Minden-Lübbecke gibt die NRW-Stiftung Naturschutz, Heimat- und Umweltpflege, Förderverein der NRW-Stiftung, Tel. (0211) 54485-0, Roßstraße 133, 40476 Düsseldorf

Worum geht es?

Diese Seite ist *lehrgangsunabhängig* und kann dann eingesetzt werden, wenn im Sach- oder Sprachunterricht der Storch oder andere Vögel besprochen werden. Die Kinder lernen in Zeitschriften und Büchern viele Zahlen und Größen über ihre Umwelt kennen. Zum Verständnis müssen diese von den Kindern erst veranschaulicht und interpretiert werden. Dies soll hier am Beispiel des Weißstorches geschehen. Gleichzeitig soll damit ein Beispiel für positiven Umweltschutz gegeben werden.

Störche gehören zu den Vögeln, die in Märchen, Fabeln und Geschichten vorkommen und gern in der Nähe von Menschen leben. Ihr Lebensraum – grundwassernahe Feuchtwiesenbereiche – ist durch fortschreitende Intensivierung der Landwirtschaft und wasserbauliche Maßnahmen zunehmend zurückgegangen. In NRW gibt es nur noch im Kreis Minden-Lübbecke ein Gebiet um die Weserauen, das von Störchen bewohnt wird.

Der Weißstorch wurde vom „Naturschutzbund Deutschland" zum Vogel des Jahres 1994 gewählt. Er gilt nach der „Roten Liste" als bedroht und seine Erhaltung wird in letzter Zeit durch verschiedene Initiativen von Umweltschützern und Stiftungen gefördert. Dazu gehört auch die Führung einer genauen Statistik der vorhandenen Anzahlen (Populationen).

Dies soll durch die Tabelle über Anzahlen von Jungvögeln in den letzten Jahren verdeutlicht werden. Mittlerweile gibt es in Deutschland nur noch 3.000 Storchenpaare. Davon nur 500 Paare in den alten Bundesländern.

Zahlen der Buchseite geben Informationen zu Nahrungsaufnahme, Körperbau und Brutverhalten der Störche. Diese fächerübergreifenden sachunterrichtlichen Informationen werden hier nur stichwortartig gegeben und können im Sachunterricht eventuell ergänzt und ausgebaut werden.

Weitere Informationen über Störche:

Nahrung: Jeder Vogel braucht pro Tag etwa 300 bis 360 g Nahrung, die aus Mäusen, Fröschen, Fischen, Würmern, Käfern besteht. Die frisch geschlüpften Jungstörche werden ausschließlich mit Kleintieren (Würmern, Schnecken und Insekten) ernährt. Die Vögel suchen auf frisch gemähten Wiesen, Äckern und Ufern nach Nahrung. Der Storch erspäht seine Beute mit den Augen. Für ein Storchenpaar mit Jungen müssen im Umkreis von rund 2,5 km etwa 200 ha grundwassernahe Wiesenflächen vorhanden sein.

Brutpflege: Störche sind brutorttreu. An der Mindener Weseraue kehren die Störche am 12./13. April (+/- 5 Tage) zurück, inspizieren den Horst und legen schon wenige Tage nach der Paarbildung 3–4 Eier im Abstand von 48 Stunden. Die Paare wechseln sich beim Brüten ab. Horste werden immer wieder repariert und im Laufe der Jahre vergrößert. Sie können bis zu einer halben Tonne wiegen. Die Jungen fliegen nach 6 Wochen aus, kehren aber bis zum Abflug nach Süden immer wieder in den Horst zurück.

	1978	1979	1980	1981	1982	1983	1984	1985	1986	1987	1988	1989	1990	1991	1992	
Schlüsselburg	3	2	1			4	2	2	4	2	4	1	5		1	31
Döhren										2		1	3		3	9
Windheim	4	2	3			1	3	3	2		1	3		3		25
Jössen						2						3	2	3	2	12
Hartum	3															3
Gehlenbeck	2	2	1	1		1			4							11
Levern	3	4	2		3											12
	15	10	7	1	3	8	5	5	10	4	5	8	10	6	6	103

Wie kann man vorgehen?

Natürlich können im Sach- und Sprachunterricht die Kinder verschiedene Geschichten, Fotos, Informationen über Störche mitbringen und darüber sprechen. Im folgenden wird der Umgang mit den Informationen der Buchseite beschrieben.

1. Interpretation der Zahlen
   Zunächst werden Informationen von der Buchseite vorgelesen. Die Zahlen werden dabei interpretiert und veranschaulicht, z. B.:
   a) Die *Größe* des Storches von 120 cm wird abgemessen und mit der Größe der Kinder verglichen.
   b) Die imposante *Flügelspannweite* von 2 m wird mit dem Meterstab an der Tafel gezeigt.
   c) Der *Horst mit einem Durchmesser* von 2 Meter wird im Umriß mit kleinen Stöcken (ca. 20–30 cm) nachgelegt. Man benötigt dazu allein zur Markierung des Umrisses etwa 30 Stöckchen, denn der Umfang beträgt über 6 Meter. Kein Wunder, daß der Horst halb so viel wie ein Auto wiegt.
   d) Störche können am Tag bis zu 200 km fliegen. Diese Strecke von 200 km wird mit bekannten Strecken (z. B. Fahrt in den Urlaub, an die Nordsee) verglichen. Nach Afrika fliegen die „Langstreckenflieger" bis zu 10.000 km.
   e) Ein Storch frißt am Tag 10–15 Mäuse, 40–50 Regenwürmer oder 70 Käfer. Wieviel müssen die Storcheneltern täglich für ihre 3 oder 4 Kinder sammeln?
   f) Ein Ei ist 7 cm lang (Maßband) und 120 g schwer. Zum Vergleich: Ein Hühnerei wiegt etwa 50 g.
   g) Die Brutzeit beträgt 35 Tage. Wir können am Kalender ausrechnen, wie alt die Jungstörche sind, wenn sie im Herbst nach Afrika fliegen.
   Rückkehr aus Afrika: 15. April
   Beginn der Brutzeit: 4. Mai
   Ende der Brutzeit: _______
   7 Wochen bleiben die Jungstörche im Nest.
   Erste Flugversuche: _______
   h) Weitere Zahlen:
   Gewicht: 4,4 kg schwer
   Geschwindigkeit: 45 km in der Stunde
   Höchstalter: Im Zoo 70–100 Jahre
2. Ableseübungen
   Die Tabelle wird zunächst besprochen. Die Horste (Schlüsselburg, Döhren, Windheim, ...) sind nach Ortschaften benannt und liegen im Kreis Minden-Lübbecke in NRW. In Schlüsselburg gab es im Jahre 1978 3 Jungstörche, im Jahre 1979 2 Jungstörche usw.
3. Rechnungen mit der Tabelle
   Von 1978–1992 gab es in Schlüsselburg insgesamt 3 + 2 + 1 + 4 + 2 + 2 + 4 + 2 + 4 + 1 + 5 + 1 = 31 Jungstörche (hier wird waagerecht addiert) usw. Dann wird für ein bestimmtes Jahr senkrecht die Anzahl der Jungstörche in den einzelnen Horsten addiert. Beispiel: 1978 gab es im ganzen Gebiet 3 + 4 + 3 + 2 + 3 = 15 Jungstörche. Nun können alle weiteren Additionen (zeilenweise, spaltenweise) von den Kindern selbst durchgeführt werden.

In den 15 Jahren von 1978 bis 1992 gab es im ganzen Gebiet 103 Jungstörche. Diese Zahl läßt sich auf zwei Weisen ermitteln:

Anzahl der Jungstörche in den einzelnen Horsten addiert (rechte Spalte):
31 + 9 + 25 + 12 + 3 + 11 + 12 = 103

Anzahl der Jungstörche in den einzelnen Jahren addiert (unterste Zeile):
15 + 10 + 7 + 1 + 3 + 8 + 5 + 5 + 10 + 4 + 5 + 8 + 10 + 6 + 6 = 103

Aus der Tabelle ist ersichtlich, daß es in dem Gebiet in jedem Jahr nur noch wenige (6–7) Jungstörche gibt. Die engagierten Leute der Umweltschutzaktion „Rettet die Weißstörche" bessern Horste aus, beringen diese Jungvögel und versuchen ihr Überleben zu sichern. In Mecklenburg/Vorpommern, Osteuropa und in der Schweiz (Kanton Solothurn) gibt es noch Gegenden mit mehr Störchen, weil dort die Lebensbedingungen für sie noch besser sind. Es wäre schade, wenn wir Störche nur noch in Gefangenschaft (im Zoo) bewundern könnten.

74 Bald ist Ostern, Hasenfamilie Braunweiß

Kombinatorische Fragestellung, Einführung des Baumdiagramms, Ablesen von Wegen im Baumdiagramm

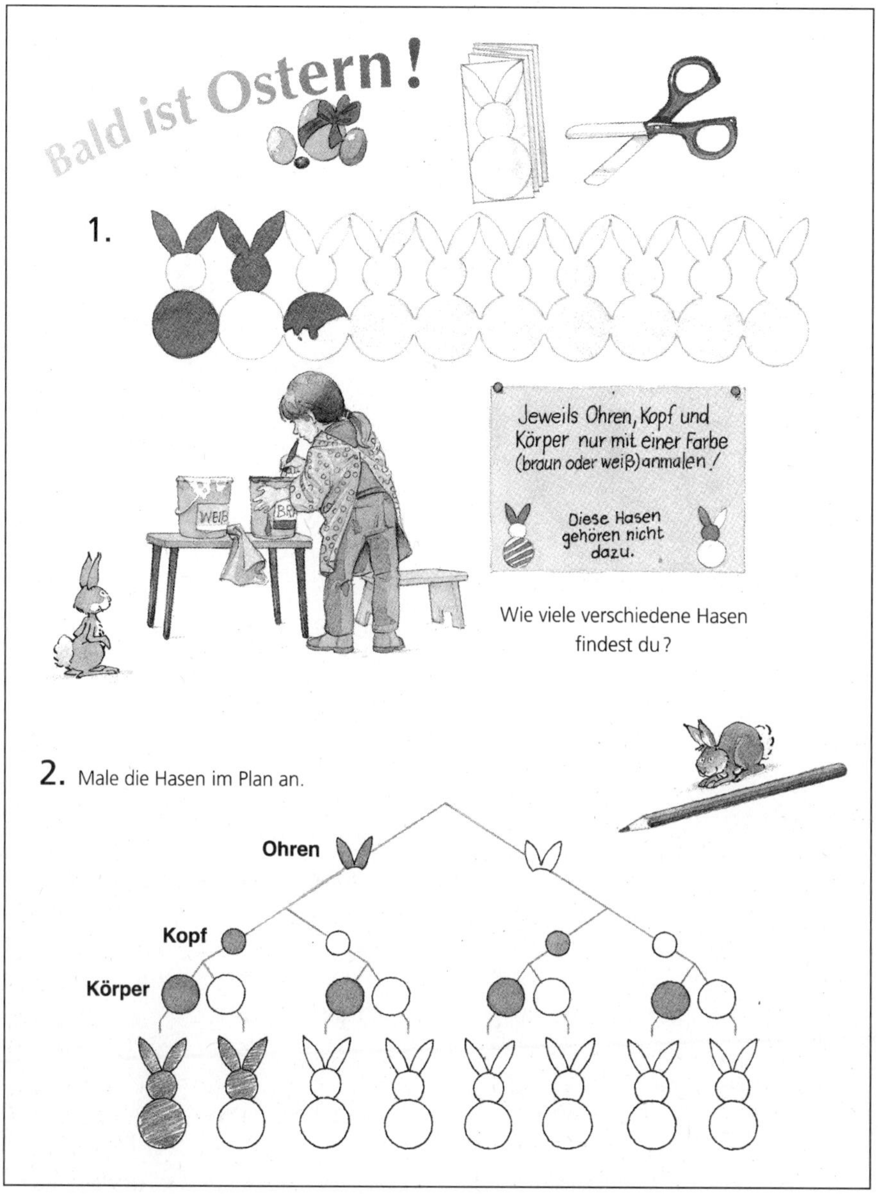

Was wird benötigt?

Arbeitsmaterial: Papier, Farbstifte, Kopiervorlage 18

Demonstrationsmaterial: ggf. Folienkopie der Buchseite oder Tafelbild mit 8 unterschiedlich gefärbten Hasen zum Anheften

Auch von Kopiervorlage 18 kann eine Folienkopie hergestellt und mit Folienstiften gefärbt werden.

Worum geht es?

Die thematisch zusammengehörende Doppelseite „Ostern" sollte wie im 1. Schuljahr *lehrgangsunabhängig* zur entsprechenden Zeit bearbeitet werden. Neben den vielfältigen Möglichkeiten, sich auch fächerübergreifend mit dem Thema auseinanderzusetzen (z. B. Kunst: Eier färben, Hasen malen oder basteln; Sprache: Geschichten, Gedichte, ...) bestehen die mathematischen Schwerpunkte in der kombinatorischen Fragestellung „Wie viele verschiedene Hasen gibt es?" und dem Kennenlernen des Baumdiagramms als einer Beweismöglichkeit.

Bei den Hasen der Hasenfamilie Braunweiß können die drei Körperteile Ohren, Kopf und Körper unabhängig voneinander in den 2 Farben braun oder weiß gefärbt werden. Mischformen (wie z. B. hellbraun [braun mit weiß gemischt], 2 unterschiedliche Ohren, braun-weiß gestreift) sind nicht zugelassen.

Die Frage „Wie viele unterschiedliche Hasen gibt es?" kann handelnd gelöst werden, indem man versucht, alle Hasen zu zeichnen. Um sicher zu sein, *alle* Hasen gefunden zu haben, bietet sich das Baumdiagramm als mathematische Kontrollmöglichkeit an.

1. Entscheidung: Die *Ohren* können braun oder weiß sein.
2. Entscheidung: Unabhängig von den Ohren kann der *Kopf* braun oder weiß sein.
3. Entscheidung: Unabhängig von Ohren und Kopf kann der *Körper* braun oder weiß sein.

Insgesamt ergeben sich also $2 \cdot 2 \cdot 2 = 8$ verschiedene Möglichkeiten (Hasen).

Wie kann man vorgehen?

Die Hasenfamilie Braunweiß wird von der Lehrerin vorgestellt. Wie viele verschieden aussehende Hasen gibt es in der Familie?

Zunächst werden mit einem *Scherenschnitt* Hasen hergestellt und als verschiedene Hasen der Hasenfamilie Braunweiß ausgemalt.

Dies kann in Partnerarbeit geschehen, bei der jedes Kind vier Hasen herstellt. Anstelle der Scherenschnitte können die Hasen auch frei von Hand von den Kindern gemalt, gefärbt und ausgeschnitten werden. Verschiedene Größen und Formen spielen bei der kombinatorischen Fragestellung keine Rolle.

Die Anzahl der gefundenen Hasen wird im Klassengespräch diskutiert. Als Kontrolle, ob auch wirklich alle Hasen gefunden wurden, entwickelt die Lehrerin an der Tafel gemeinsam mit den Kindern Stufe für Stufe das Baumdiagramm. Zum Schluß gehen die Kinder die Wege im Baumdiagramm erneut nach und malen am Ende die entsprechend gefärbten Hasen bzw. kleben die vorbereiteten Hasen an die Tafel.

Zur Buchseite:
Aufgabe 1:
Die Kinder entdecken auf dem oberen Bild ihre Aktivität wieder.
Aufgabe 2:
Dem Tafelbild entsprechend gehen die Kinder im Baumdiagramm die Wege nach und färben die Hasen (Kopiervorlage 18).

75 Bald ist Ostern, Osterschmuck

Kombinatorische Fragestellung, Vertiefung des Baumdiagramms, Ablesen von Wegen im Baumdiagramm, Denkspiel D 8

Was wird benötigt?

Arbeitsmaterial: Tonpapier in den Farben rot, blau, gelb, Schere (Kopiervorlage 19 und 20)

Demonstrationsmaterial: für das Tafelbild 9 verschiedene Eier (siehe Kopiervorlage)

Worum geht es?

Wie auf Seite 74 geht es hier um eine kombinatorische Fragestellung:
„Wie viele verschiedene Eier mit Schleife gibt es?“

Die Schmuckeier bestehen aus 2 Bestandteilen (Eier und Schleife) und man kann jeweils zwischen 3 Farben auswählen.

1. Entscheidung: Soll die *Schleife* rot, blau oder gelb sein.
2. Entscheidung: Unabhängig von der Schleife kann das *Ei* rot, blau oder gelb gefärbt sein.

Insgesamt ergeben sich also mit Hilfe des Baumdiagramms $3 \cdot 3 = 9$ Möglichkeiten (Schmuckeier).

Wie kann man vorgehen?

Aus Tonpapier in den Farben rot, blau, gelb werden Ostereier und Schleifen geschnitten (Kopiervorlage 19).
Die Kinder sollen die Ostereier und die Schleifen so zusammenkleben, daß sie unterschiedliche Schmuckeier bekommen. An der Tafel werden mit Hilfe des Baumdiagramms alle verschiedenen Eier gefunden.

Zur Buchseite:
Aufgabe 3:
Die Kinder entdecken ihre durchgeführte Aktivität wieder. Es gibt 9 verschiedene Eier.
Aufgabe 4:
Die Kinder färben die Eier im Baumdiagramm (Kopiervorlage).
Aufgabe 5:
Es gibt $4 \cdot 4 = 16$ verschiedene Schmuckeier.

Fortsetzung der Denkschule

Münzspiel D 8 „Paare verschieben“ vorstellen.

Wie könnte es weitergehen?

- 2 Eierfarben: blau, rot
  3 Schleifenfarben: blau, rot, gelb
  Wie viele Eier gibt es jetzt?

  Lösung:

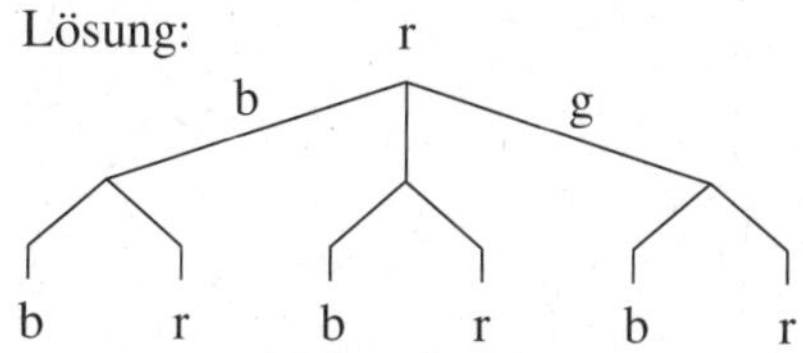

6 Möglichkeiten

- 3 Eierfarben: blau, rot, gelb
  2 Schleifenfarben: blau, rot
  Wie viele Eier gibt es jetzt?

  Lösung:

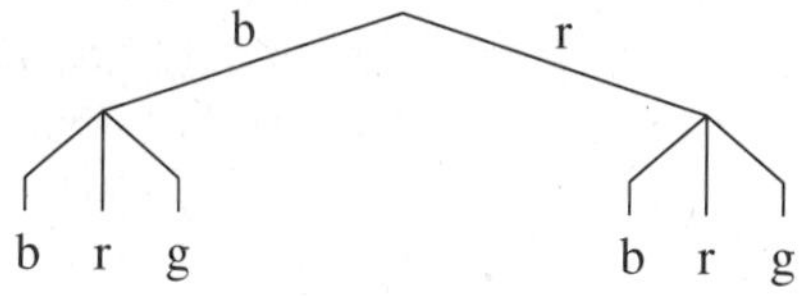

6 Möglichkeiten

76 Integrierende Übungen

Übung der kurzen Einmaleinsreihen sowie der Addition, Subtraktion, des Ergänzens und Zerlegens

1.

2 · 3 = ...	2 · 4 = ...	2 · 5 = ...	2 · 6 = ...	2 · 7 = ...
5 · 3 = ...	5 · 4 = ...	5 · 5 = ...	5 · 6 = ...	5 · 7 = ...
10 · 3 = ...	10 · 4 = ...	10 · 5 = ...	10 · 6 = ...	10 · 7 = ...

2.

2 · 8 = ...	2 · 9 = ...	2 · 10 = ...	2 · 2 = ...	2 · 1 = ...
5 · 8 = ...	5 · 9 = ...	5 · 10 = ...	5 · 2 = ...	5 · 1 = ...
10 · 8 = ...	10 · 9 = ...	10 · 10 = ...	10 · 2 = ...	10 · 1 = ...

3.

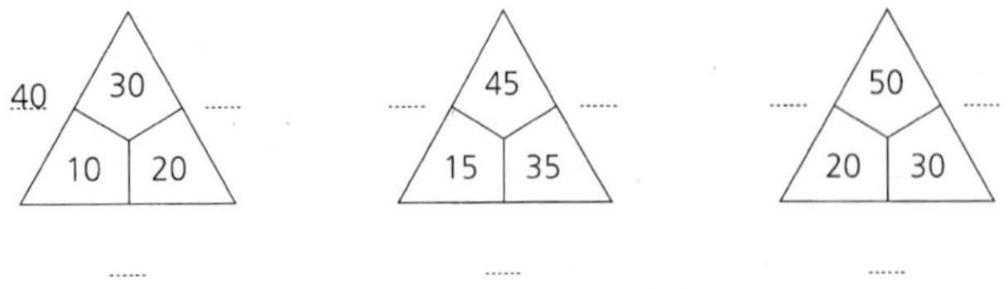

4.

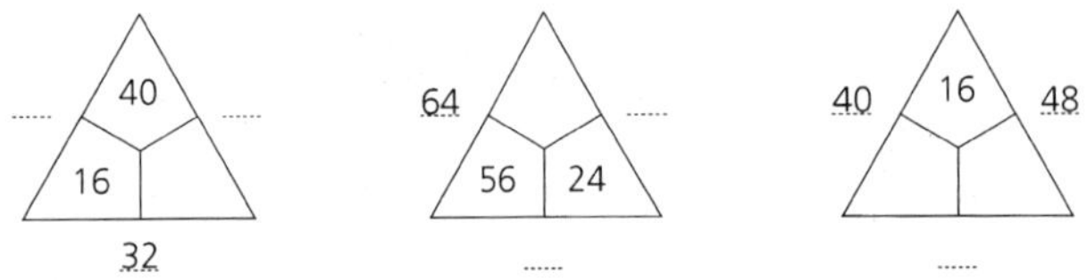

5. Wie viele verschiedene Plus-Aufgaben gibt es für die Zahlen?

2	3	4	5	6
1 + 1	2 + 1	3 + 1	4 + 1	......
1 Aufgabe	1 + 1 + 1	2 + 2	3 + 2	......
	2 Aufgaben	2 + 1 + 1	3 + 1 + 1	......
		1 + 1 + 1 + 1	2 + 2 + 1	......
		...... Aufgaben	2 + 1 + 1 + 1	......
			1 + 1 + 1 + 1 + 1	......
			...... Aufgaben	......
				......
				......
				......
				10 Aufgaben

Was wird benötigt?

Arbeitsmaterial: Kopiervorlage 3 (Rechendreiecke)
Demonstrationsmaterial: –

Worum geht es?

Die kurzen Einmaleinsreihen werden wiederholt und Rechendreiecke (mit 1x1-Zahlen) gelöst. Zur Schnüffelaufgabe 5: Untersucht wird die Frage: Wie viele Möglichkeiten gibt es, eine vorgegebene Zahl in zwei, drei, vier, fünf und mehr Summanden zu zerlegen?
Damit man die Zerlegungen mit vertauschten Summanden nicht mehrfach zählt (z. B. $6 = 3 + 2 + 1$, $6 = 1 + 3 + 2$, $6 = 1 + 2 + 3, \ldots$), wird vereinbart, Summanden *jeweils der Größe nach* zu ordnen, also in unserem Falle: $6 = 3 + 2 + 1$. Außerdem muß die Zahl 0 als Summand ausgeschlossen werden. Sie könnte ja in einer Zerlegung 2mal, 3mal, also beliebig oft vorkommen, was bei dieser Fragestellung keinen Sinn ergibt.

Mit dieser Vereinbarung ergeben sich folgende Möglichkeiten:

2	3
	2 + 1
1 + 1	1 + 1 + 1
1 Möglichkeit	2 Möglichkeiten

4	5
	4 + 1
	3 + 2
3 + 1	3 + 1 + 1
2 + 2	2 + 2 + 1
2 + 1 + 1	2 + 1 + 1 + 1
1 + 1 + 1 + 1	1 + 1 + 1 + 1 + 1
4 Möglichkeiten	6 Möglichkeiten

Der indische Mathematiker Srinivasa Ramanujan (1887–1920), der am Ende des Buches (Schülerbuchseite 107) vorgestellt wird, hat sich für diese Fragestellung interessiert und Gesetzmäßigkeiten für die Anzahlen dieser Zerlegungsmöglichkeiten (Partitionen) gefunden (s. Hinweise zu S. 107).

Hier geht es um die möglichst systematische Aufzählung der Möglichkeiten für kleine Zahlen – für Kinder im 2. Schuljahr ein hübscher Kontext zum Forschen und Erkunden.

Wie kann man vorgehen?

Nach einer Erinnerung an das Rechenformat „Rechendreiecke“ werden die Aufgaben 1–4 zur wiederholenden Übung eingesetzt.
Aufgabe 1 und 2:
Merkaufgaben zu den 1 x 1-Reihen.
Aufgabe 3 und 4:
Rechendreiecke mit 1 x 1-Zahlen aus der 10er-, 5er- und 8er-Reihe.
Aufgabe 5:
Diese Schnüffelaufgabe muß vorbereitet werden. Sie eignet sich, an mehreren Tagen nacheinander bearbeitet zu werden. Die Lehrerin erzählt, daß der indische Junge Srinivasa Ramanujan, der später ein großer Mathematiker wurde, sich viel mit Zahlen beschäftigt hat und Plusaufgaben zu Zahlen gesucht hat. Er wollte wissen, wie viele verschiedene Plusaufgaben es für Zahlen gibt. Gemeinsam werden dann für die Zahlen 2 und 3 alle Plusaufgaben an der Tafel

gesucht. Achtung: keine 0, Summanden der Größe nach ordnen, damit nicht doppelt gezählt wird.
Wer findet alle Plusaufgaben zur Zahl 4? (4 Möglichkeiten).
Am nächsten Tag:
Wer findet alle Plusaufgaben zur Zahl 5? (6 Möglichkeiten) usw.
Die Kinder werden aufgefordert, alle 10 Möglichkeiten für die Zerlegung der Zahl 6 zu finden.

6

5 + 1
4 + 2
4 + 1 + 1
3 + 3
3 + 2 + 1
3 + 1 + 1 + 1
2 + 2 + 2
2 + 2 + 1 + 1
2 + 1 + 1 + 1 + 1
1 + 1 + 1 + 1 + 1 + 1

10 Möglichkeiten

Wie könnte es weitergehen?

- Übungsheft Seite 32, Aufgabe 5, 6 und 7
- Weitere Rechendreiecke (Kopiervorlage 3)
- Wie viele Plusaufgaben gibt es bei den Zahlen 7 und 8?

7

6 + 1
5 + 2
5 + 1 + 1
4 + 3
4 + 2 + 1
4 + 1 + 1 + 1
3 + 3 + 1
3 + 2 + 2
3 + 2 + 1 + 1
3 + 1 + 1 + 1 + 1
2 + 2 + 2 + 1
2 + 2 + 1 + 1 + 1
2 + 1 + 1 + 1 + 1 + 1
1 + 1 + 1 + 1 + 1 + 1 + 1

14 Möglichkeiten

8

7 + 1
6 + 2
6 + 1 + 1
5 + 3
5 + 2 + 1
5 + 1 + 1 + 1
4 + 4
4 + 3 + 1
4 + 2 + 2
4 + 2 + 1 + 1
4 + 1 + 1 + 1 + 1
3 + 3 + 2
3 + 3 + 1 + 1
3 + 2 + 2 + 1
3 + 2 + 1 + 1 + 1
3 + 1 + 1 + 1 + 1 + 1
2 + 2 + 2 + 2
2 + 2 + 2 + 1 + 1
2 + 2 + 1 + 1 + 1 + 1
2 + 1 + 1 + 1 + 1 + 1 + 1
1 + 1 + 1 + 1 + 1 + 1 + 1 + 1

21 Möglichkeiten

77 Pflanzen messen

Umfänge von Baumstämmen, Wuchshöhen und Pflanztiefen messen

Pflanzen messen

1.

2. Vergleiche die Wuchshöhen und Pflanztiefen.

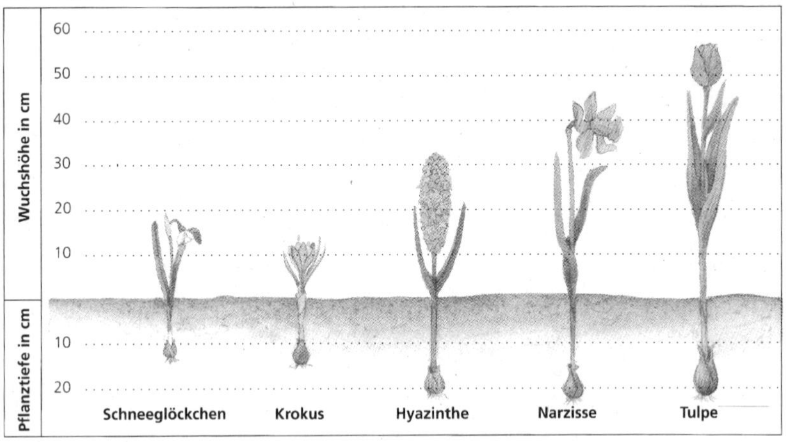

Was wird benötigt?

Arbeitsmaterial: Zollstock, Metermaß, Meterstab, evtl. Baumschutz-Satzung der Gemeinde, evtl. Frühblüher

Worum geht es?

Diese Seite ist *lehrgangsunabhängig* und kann dann eingesetzt werden, wenn im Sach- oder Sprachunterricht Frühblüher und/oder Bäume besprochen werden.
Im 1. Schuljahr haben die Schüler die Längeneinheit 1 m kennengelernt und mit dem Meterstab Längen bestimmt.
Auf den Seiten 56/57 wurde im 2. Schuljahr zur Bestimmung von Konfektionsgrößen gemessen. Hier wird das Messen an den Themen „Baumschutz-Satzung" und „Frühblüher" aufgegriffen.
Die Schüler wenden ihre Meßerfahrungen an und erwerben differenzierte Vorstellungen zu den Einheiten „Meter" und „Zentimeter".
Baumschutz-Satzungen werden in immer mehr Städten und Gemeinden aufgestellt. Die darin angeführten Maße sind nicht immer identisch. Als Richtmaß kann aber formuliert werden:
Ein Baum ist geschützt und darf nicht ohne Genehmigung durch das Ordnungsamt gefällt werden, wenn sein Umfang *größer als 80 cm* ist. Gemessen wird 1 m über dem Boden. Bei mehrstämmigen Bäumen werden die Umfänge der einzelnen Stämme addiert.
Das Thema „Frühblüher" wird im Sachunterricht behandelt. Dabei werden die verschiedenen Frühblüher und die unterschiedlichen Blütezeiten (dargestellt in der Tabelle von links nach rechts) besprochen. Zum Verstehen der frühen Entwicklungsfähigkeit wird notwendigerweise über die unterirdischen Pflanzenteile, die Zwiebeln, gesprochen.
Die Zwiebeln werden von Anfang September bis Mitte Dezember gepflanzt. Im allgemeinen wählt man als Pflanztiefe den doppelten Zwiebelumfang.
Die Größe der Pflanze hängt von der Größe der Zwiebel („Vorratskammer") ab.
Wenn es noch kälter ist, sind die Frühblüher noch klein. Je länger die Sonne scheint und je wärmer es wird, umso größer werden auch die Pflanzen (Grunderfahrung zur Photosynthese).
Es sollte bei der Behandlung deutlich werden, daß die angegebenen Werte ungefähre Durchschnittswerte sind. Einzelne Pflanzen können davon nach oben und unten abweichen.

Wie kann man vorgehen?

Die Buchseite dient als Gesprächsanlaß und als Anregung für die anschließenden Meßaktivitäten.
Aufgabe 1:
Als Einstieg in die Problematik eignen sich Zeitungsmeldungen, die sich mit diesem Umweltschutzthema auseinandersetzen, z. B. „Alte Bäume abgeholzt – 1.000 DM Strafe".
Mit den Kindern wird besprochen, welche Bedeutung die Bäume für eine gesunde Umwelt haben (Lebensraum für andere Tiere, Sauerstoffspender und Klimaverbesserer, Schattenspender, Wasserhaushalt im Boden, Schutz vor Austrocknung). Anschließend wird der Umfang von Bäumen in der näheren Umgebung (Schulhof) gemessen.

Welche Bäume sind nach der örtlichen Baumschutzsatzung geschützt?

Aufgabe 2:

In Gärtnereien kann man die im Buch abgebildeten Frühblüher kaufen. Im Herbst wurden die Zwiebeln in Blumentöpfe gepflanzt und über den Winter in Gewächshäusern gelagert. Ab Februar werden die keimenden Frühblüher verkauft. Das Wachsen der Narzissen im Klassenraum ist besonders eindrucksvoll. In etwa 14 Tagen können sie bis zu einer Länge von 50 cm heranwachsen. Wenn ein Holzstab in den Topf gesteckt wird, kann man täglich abmessen und markieren.

Zur Tabelle:
Anhand der Grafik wird die Pflanzenhöhe und Pflanztiefe geschätzt und mit dem Maßband dargestellt. Das eigentliche Ziel im Unterricht ist das Nachmessen der Pflanzenhöhen und Pflanztiefen, um bei den Kindern eine realistische Vorstellung der Maßeinheit „cm" zu entwickeln. Auch die Gesamtlänge der Pflanze (Wuchshöhe und Pflanztiefe) kann aus den Schätz- und den Meßwerten berechnet werden.

Lösungen:

1) Schneeglöckchen:
   12 cm unter der Erde
   20 cm über der Erde
   insgesamt: 32 cm
2) Krokus:
   15 cm unter der Erde
   13 cm über der Erde
   insgesamt: 28 cm (etwa 30 cm)
3) Hyazinthe:
   21 cm unter der Erde
   33 cm über der Erde
   insgesamt: 54 cm
4) Narzisse:
   22 cm unter der Erde
   45 cm über der Erde
   insgesamt: 67 cm (etwa 70 cm)
5) Tulpe:
   22 cm unter der Erde
   57 cm über der Erde
   insgesamt: 79 cm (etwa 80 cm)

Wie könnte es weitergehen?

Im Laufe des Schuljahres wird das Wachsen von Pflanzen weiter beobachtet (z. B. Bohnen, Mais, andere Getreide, Blüten, Blätter). Die jeweilige Höhe der Pflanze mit Datum wird aufgeschrieben.

Literatur

Christina, Björk, Lena Anderson:
Die schnellste Bohne der Stadt.
C. Bertelsmann Verlag, 1980

78 Die Einmaleins-Tafel

Vertiefung des Einmaleins, Orientierungsübungen an der Einmaleins-Tafel

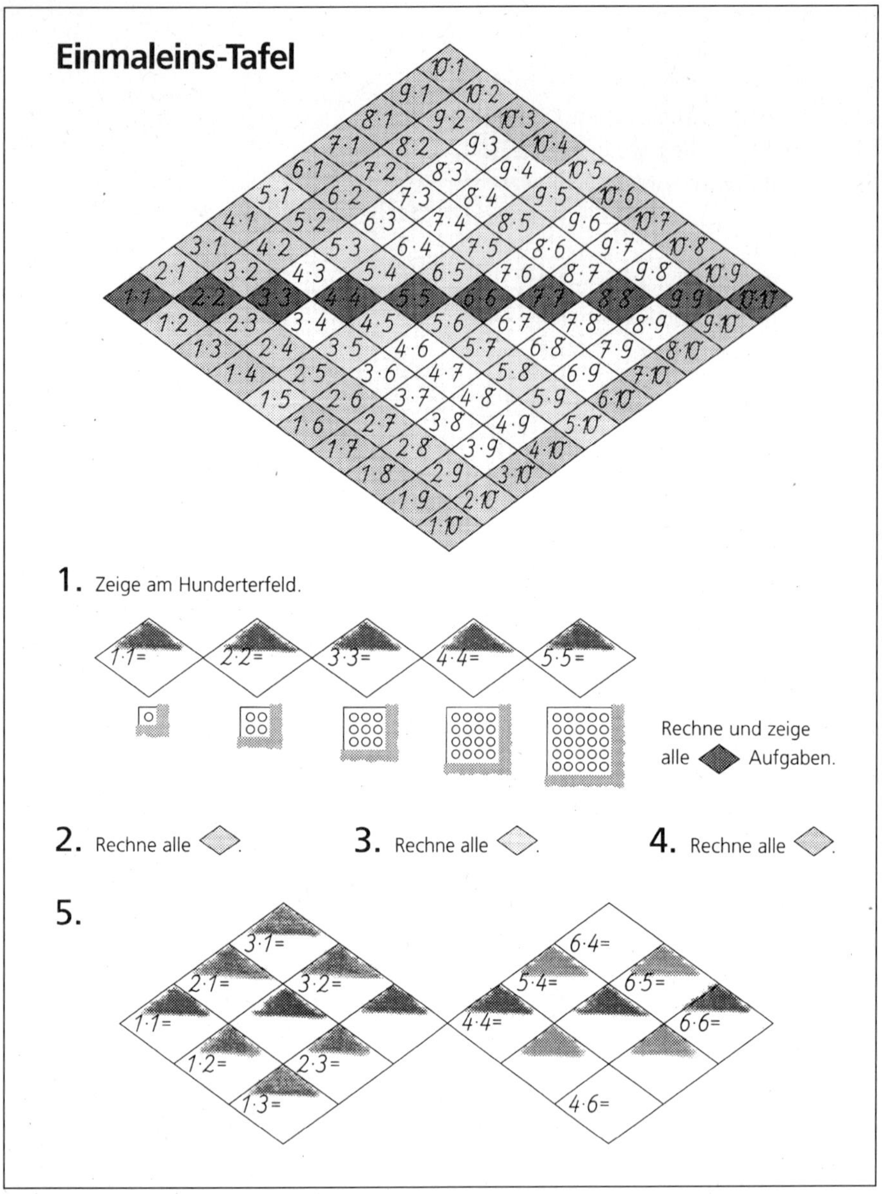

Was wird benötigt?

Arbeitsmaterial: kleine Einmaleins-Tafeln für jeden Schüler (siehe Buchrückseite und Kopiervorlage 21), Hunderterfeld mit Malwinkel

Demonstrationsmaterial: Tafel als Poster (Klett-Nr. 18806) oder Farbkopie der Seite als Folie für den Lichtschreiber, Hunderterfeld als Folie mit Malwinkel. Wird das Poster auf eine Magnettafel geheftet, so können Aufgaben mit Wendeplättchen markiert werden.

Worum geht es?

Die Einmaleins-Tafel (kurz: Mal-Tafel) ist analog zur Einspluseins-Tafel aufgebaut und bietet in übersichtlicher Form eine Systematik aller 100 Einmaleins-Aufgaben des 2. Schuljahres. Sie stellt die operativen Zusammenhänge zwischen den Aufgaben, nicht deren Ergebnisse in den Vordergrund. Deshalb ist sie besonders zur Vertiefung des Einmaleins geeignet. Durch die Farbgebung werden die Kernaufgaben des Einmaleins hervorgehoben.

Rote Zeile:
Malaufgaben mit gleichen Faktoren (Quadratzahl-Aufgaben)

Blaue Diagonalen:
Malaufgaben mit 2 (Verdopplungsaufgaben und ihre Tauschaufgaben)

Gelbe Diagonalen:
Malaufgaben mit 5

Grüne Randaufgaben:
Malaufgaben mit 1 und 10

Die Randaufgaben sind einfach und brauchen nicht gesondert gelernt zu werden. Die Fünferaufgaben ergeben sich über die Halbierung der Zehneraufgaben; die Malaufgaben mit 2 sind bereits aus dem 1. Schuljahr her bekannt. Dies wurde schon bei den „kurzen Reihen" ausgenützt. Bis auf die Quadratzahlen sind somit alle Kernaufgaben oder ihre Tauschaufgaben bereits geübt und z. T. im Gedächtnis verankert.

Außer den farbigen Rand- und Kernaufgaben enthält die Mal-Tafel, wenn man Paare von Tauschaufgaben nur einmal zählt, nicht mehr als *15 weitere* Aufgaben:

$4 \cdot 3 = 3 \cdot 4$, $6 \cdot 3 = 3 \cdot 6$, $7 \cdot 3 = 3 \cdot 7$, $8 \cdot 3 = 3 \cdot 8$, $9 \cdot 3 = 3 \cdot 9$

$6 \cdot 4 = 4 \cdot 6$, $7 \cdot 4 = 4 \cdot 7$, $8 \cdot 4 = 4 \cdot 8$ $9 \cdot 4 = 4 \cdot 9$

$7 \cdot 6 = 6 \cdot 7$, $8 \cdot 6 = 6 \cdot 8$, $9 \cdot 6 = 6 \cdot 9$

$8 \cdot 7 = 7 \cdot 8$, $9 \cdot 7 = 7 \cdot 9$

$9 \cdot 8 = 8 \cdot 9$

Diese Aufgaben können, wie vom Mal-Plan her bekannt, auf verschiedene Weise operativ aus den gefärbten Kernaufgaben erschlossen werden. Beispiel:

$6 \cdot 7 = 6 \cdot 6 + 6$, $6 \cdot 7 = 7 \cdot 7 - 7$ oder $6 \cdot 7 = 5 \cdot 7 + 7$

Wie die Einspluseins-Tafel im 1. Schuljahr soll die Einmaleins-Tafel den Kindern helfen, ökonomisch zu lernen. Natürlich können die Kinder die Komplexität der Tafel nicht auf einen Schlag erfassen. Sie brauchen und erhalten Zeit, um sich auf der Tafel immer besser zurechtzufinden und die Feinheiten zu erkennen.

Die Gesetzmäßigkeiten der operativen Aufgabenserien erschließen sich aus dem Verschieben des Malwinkels am Hunderterfeld. Bei den Quadratzahlen beispielsweise wird der Malwinkel diagonal verschoben. Sie bilden deshalb eine gute Ergänzung zu den bekannten Einmaleinsreihen, bei denen der Malwinkel waagerecht nach rechts bzw. senkrecht nach unten verschoben wird.

Beispiele:

Klassische Viererreihe

1 x 1-Winkel nach unten verschieben ↓

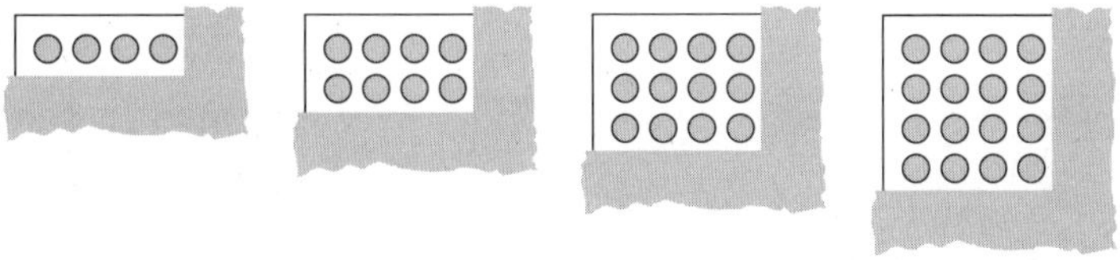

1 · 4 2 · 4 3 · 4 4 · 4

Quadratzahlen

1 x 1-Winkel diagonal verschieben ↘

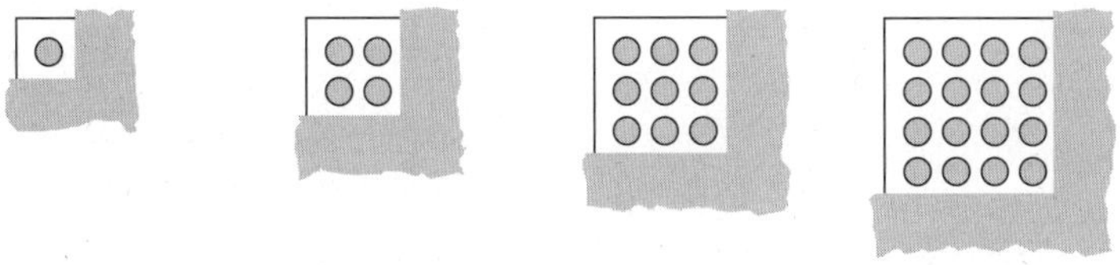

1 · 1 2 · 2 3 · 3 4 · 4

Wie kann man vorgehen?

Vorstellen der Tafel:

Es ist möglich, die Mal-Tafel vor ihrer Benutzung in der Klasse aufzuhängen, damit sich die Kinder zwanglos damit vertraut machen können. Bei der eigentlichen Vorstellung als Poster oder als Folie wird der Name „Einmaleins-Tafel“, kurz „Mal-Tafel“, genannt, und die Kinder werden aufgefordert, sich spontan über die Tafel und ihren Zweck zu äußern.

Orientierungsübungen:

Die Kinder zeigen selbstgewählte Aufgaben mit dem Zeigestock am Poster oder mit dem Stift am OHP, rechnen sie aus und markieren sie mit einem Wendeplättchen als gerechnet. Jedes Kind kann dabei die seinem Leistungsstand entsprechende Aufgabe auswählen.

Zur Buchseite:

Aufgabe 1:

Die *roten* Aufgaben werden alle am Hunderterfeld mit dem Malwinkel einzeln gezeigt und gerechnet. Dann werden alle roten Aufgaben durch Verschieben des Winkels gezeigt und die Ergebnisse jeweils genannt.

Aufgabe 2:

Die *blauen* Verdopplungsaufgaben und ihre Tauschaufgaben werden einzeln gerechnet und an der Tafel gezeigt. Dann werden alle Verdopplungsaufgaben durch Verschieben des Winkels gezeigt und die Ergebnisse genannt.

Aufgabe 3 und 4:

Analog dazu werden alle Malaufgaben mit 5 (gelb) und alle grünen Randaufgaben (Malaufgaben mit 1 und 10) im Heft gerechnet und dann an der Tafel gezeigt.

Aufgabe 5:

Hier werden Ausschnitte aus der Mal-Tafel zur weiteren Orientierung gegeben. Die Kinder suchen die entsprechenden Ausschnitte auf der Tafel auf und rechnen die Aufgaben im Heft aus. Diese Aufgaben bereiten auch schon die Erschließung schwieriger Aufgaben von den leichten her vor.

Wie könnte es weitergehen?

- Ausmalen der Mal-Tafel
  Die Kinder erhalten eine unausgemalte Kopie der Einmaleins-Tafel und färben sie entsprechend ein (Kopiervorlage 21)
- Kinder suchen an der Mal-Tafel Aufgaben, bei denen die 6 vorkommt, rechnen sie aus und markieren sie mit einem Plättchen
- Mit Plättchen werden Aufgaben an der Mal-Tafel abgedeckt. Welche Aufgaben haben sich darunter versteckt?
- Wer findet Aufgaben, bei denen 20 als Ergebnis herauskommt? Sie werden mit Plättchen markiert!
  4 · 5, 5 · 4, 2 · 10, 10 · 2

79 Die Einmaleins-Tafel

Einmaleinsreihen an der Mal-Tafel, Tauschaufgaben; Erschließen von Nachbaraufgaben der leichten Malaufgaben

1. Fange bei der leichtesten Aufgabe an.

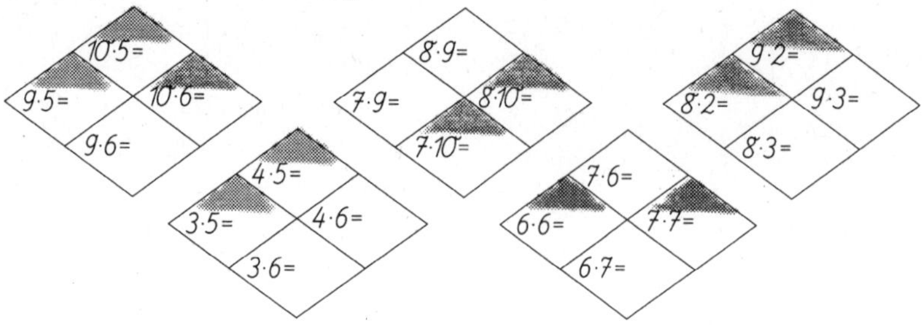

2. Rechne weiter.

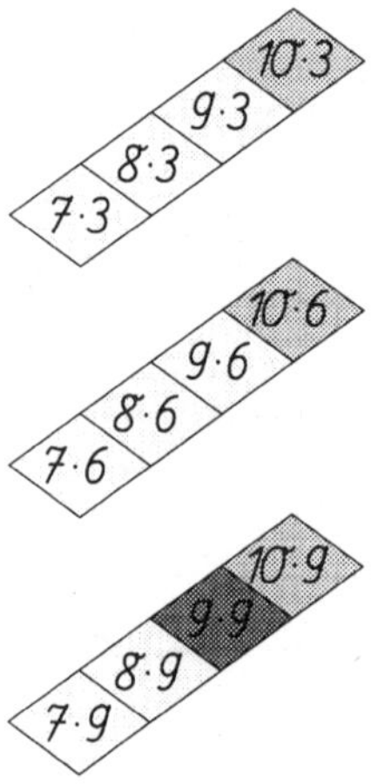

10 · 3 = ...
9 · 3 = ...
.....

10 · 6 = ...
9 · 6 = ...
.....

10 · 9 = ...
9 · 9 = ...
.....

3.

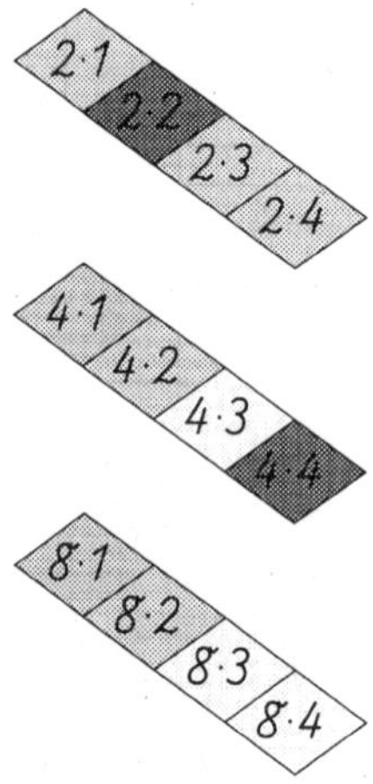

2 · 1 = ...
2 · 2 = ...
.....

4 · 1 = ...
4 · 2 = ...
.....

8 · 1 = ...
8 · 2 = ...
.....

4.

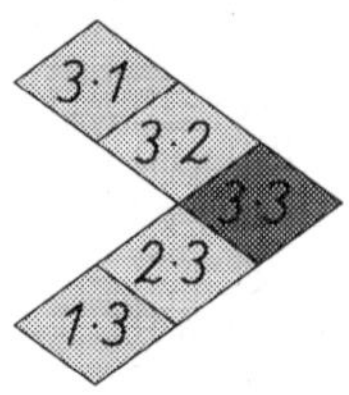

3 · 1 = ...
1 · 3 = ...
.....

5.

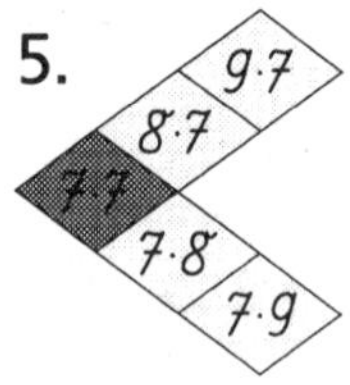

9 · 7 = ...
7 · 9 = ...
.....

Was wird benötigt?

Arbeitsmaterial: kleine Mal-Tafeln für jeden Schüler, evtl. Einmaleins-Plan (Beilage), evtl. Kopiervorlage 23–25
Demonstrationsmaterial: Einmaleins-Tafel als Poster oder Kopie auf Folie, Hunderterfeld, Malwinkel

Worum geht es?

Hier geht es darum, nach den Kernaufgaben kleinere Ausschnitte aus der Tafel im Zusammenhang zu behandeln. Insbesondere soll deutlich werden, daß in den Diagonalen die Reihen in der Mal-Tafel wiederzufinden sind. Tauschaufgaben liegen spiegelbildlich zur „roten" Mittelachse.
Bei der Berechnung der Ergebnisse in den Feldern kann man immer mit einer einfachen Aufgabe anfangen und dann die Nachbaraufgabe in Angriff nehmen.

Wie kann man vorgehen?

Vor der Buchseite:
Ein 2 x 2-Ausschnitt wird an die Tafel gezeichnet (Fig. 1).
Der Ausschnitt wird an der Mal-Tafel gesucht. Dann werden die Aufgaben mit den einfachen beginnend ausgerechnet (10 · 8, 10 · 9, ...).

Als zweites wird eine Diagonale an die Tafel gezeichnet (Fig. 2).
In den Leerfeldern werden die fehlenden Aufgaben ergänzt, dann werden die Aufgaben (mit den Kernaufgaben beginnend) ausgerechnet.

Zur Buchseite:
Aufgabe 1:
Die Ausschnitte werden an der Mal-Tafel gesucht und ausgerechnet.
Aufgabe 2 und 3:
Die Reihen werden jeweils an der Mal-Tafel gesucht, die fehlenden Aufgaben ergänzt und gerechnet.
Aufgabe 4 und 5:
Auch hier werden die fehlenden Aufgaben ergänzt.
Beim Ausrechnen wird der Zusammenhang zwischen Aufgabe und Tauschaufgabe deutlich („Reihe" und „getauschte Reihe" schneiden sich in der roten Quadratzahlaufgabe).

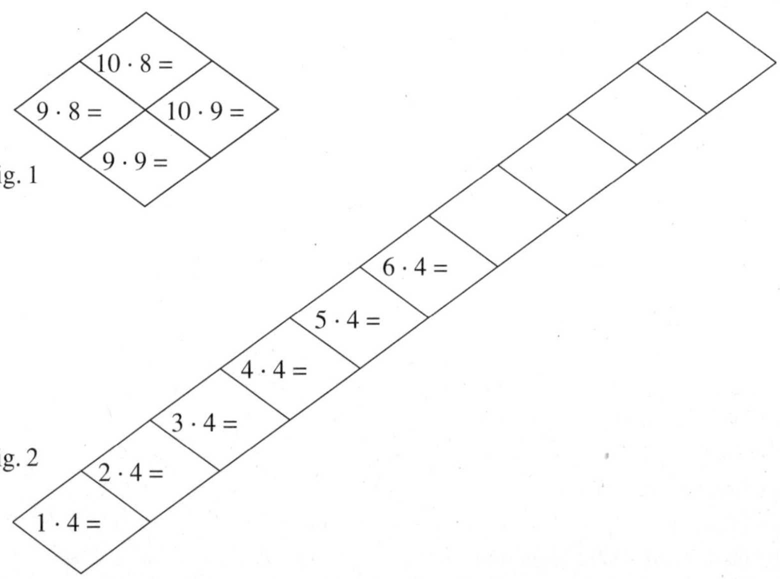

Fig. 1

Fig. 2

Wie könnte es weitergehen?

- Übungsheft Seite 33, Aufgabe 1–3
- Die anderen Einmaleinsreihen werden gerechnet
- Weitere Aufgabenfelder (siehe Kopiervorlagen 23, 24, 25)
- Koordinierungsübungen: Eine Aufgabe, z. B. $4 \cdot 7$ wird an der Mal-Tafel, am Mal-Plan, am Hunderterfeld mit dem Malwinkel gezeigt und ausgerechnet
- An „vier beliebigen Nachbarfeldern" wird so gerechnet:

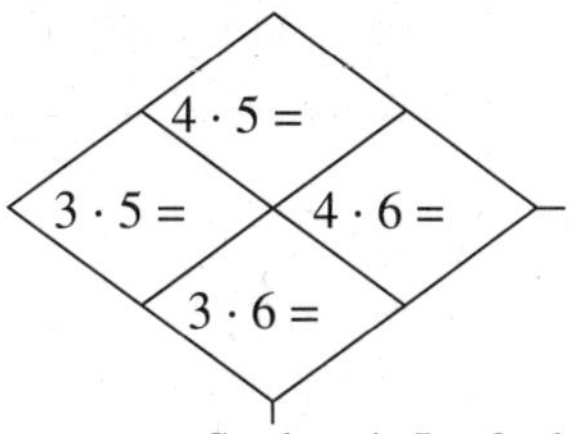

Zeile: $3 \cdot 5 + 4 \cdot 6 = 15 + 24 = 39$

Spalte: $4 \cdot 5 + 3 \cdot 6 = 20 + 18 = 38$

Muster: Die Zeilensumme ist immer um 1 größer als die Spaltensumme (vgl. Wittmann/Müller: Handbuch produktiver Rechenübungen, Bd. 1, S. 125)

80 Übungen an der Einmaleins-Tafel

Operative Aufgabenserien an der Mal-Tafel, Gesetzmäßigkeiten von Zahlen, Tauschaufgaben, Quadratzahlaufgaben

1. Rechne und überlege.

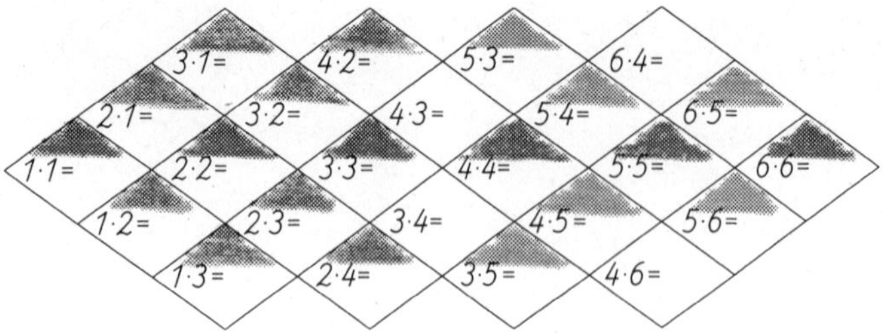

2a. 3 · 1 = ...
4 · 2 = ...
5 · 3 = ...
6 · 4 = ...
7 · 5 = ...

b. 10 · 4 = ...
9 · 3 = ...
8 · 2 = ...
7 · 1 = ...
6 · 0 = ...

c. 5 · 4 = ...
6 · 5 = ...
7 · 6 = ...
8 · 7 = ...
9 · 8 = ...

0 · 0 = ...

d. 2 · 3 = ...
3 · 4 = ...
4 · 5 = ...
5 · 6 = ...
6 · 7 = ...

e. 7 · 10 = ...
6 · 9 = ...
5 · 8 = ...
4 · 7 = ...
3 · 6 = ...

3.

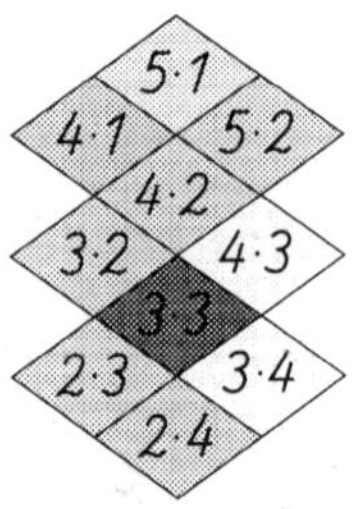

4 · 1 = ...
3 · 2 = ...
2 · 3 = ...

5 · 1 = ...
4 · 2 = ...
3 · 3 = ...
2 · 4 = ...

5 · 2 = ...
4 · 3 = ...
3 · 4 = ...

4.

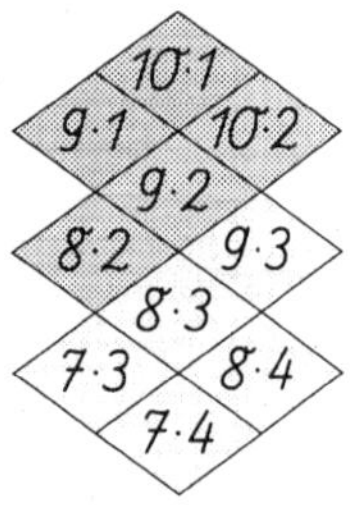

9 · 1 = ...
8 · 2 = ...
7 · 3 = ...

10 · 1 = ...
9 · 2 = ...
8 · 3 = ...
7 · 4 = ...

10 · 2 = ...
9 · 3 = ...
8 · 4 = ...

5.

Start				Ziel
4	·5 →	20	·2 →	40
3		......		......
6		......		......

6.

Start				Ziel
6	·2 →	12	·2 →	24
7		......		......
8		......		......

Worum geht es?

Nachdem sich die Kinder nun auf der Mal-Tafel orientieren können, werden die operativen Bezüge der Malaufgaben untereinander vertiefend erarbeitet.
Es geht hier nicht darum, alle Muster in der Tafel zu entdecken oder gar zu begründen, aber sicher entdecken Kinder einfache Muster.

Beispiel:
Vergleich der Quadratzahlreihe mit der Zeile darunter:

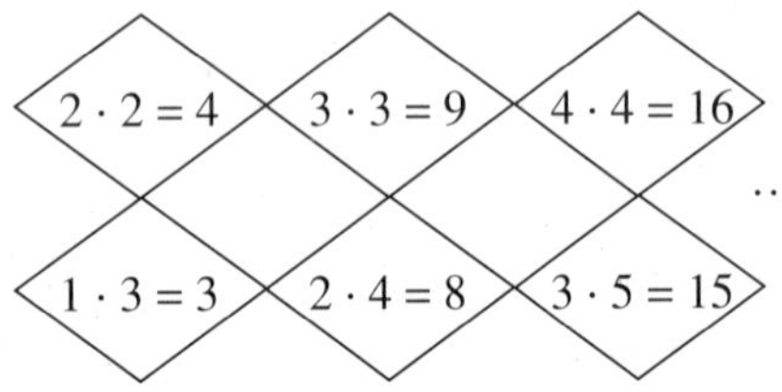

Das Ergebnis der unteren Aufgabe ist immer um 1 kleiner.
Man begründet das Muster, indem man ein Plättchen-Quadrat in ein Rechteck umlegt:

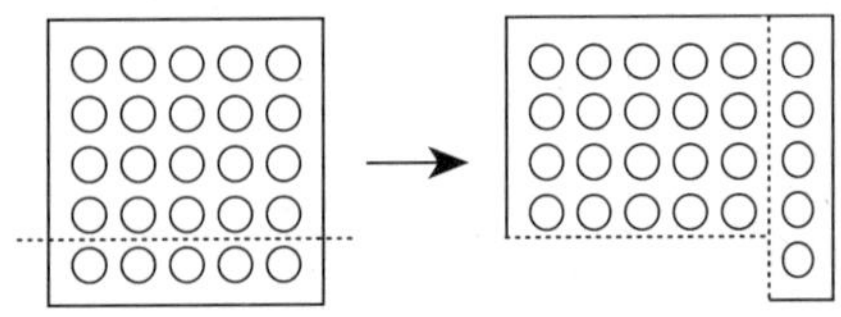

5 · 5	4 · 6 + 1
obere Aufgabe	untere Aufgabe

Weitere Muster:
Die Ergebnisse in den waagerechten Zeilen wachsen regelmäßig, z. B.:

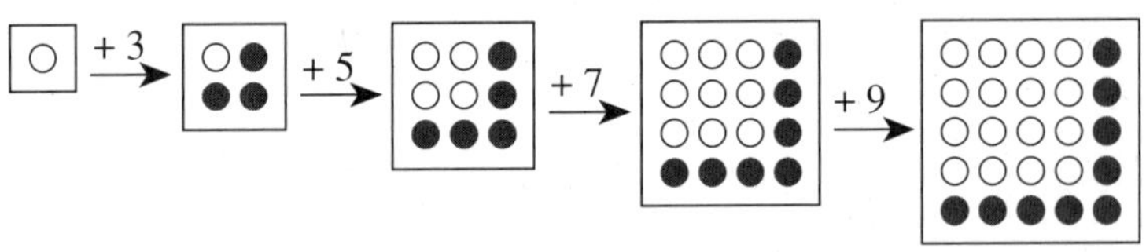

1 · 1 = 1 2 · 2 = 4 3 · 3 = 9 4 · 4 = 16 5 · 5 = 25

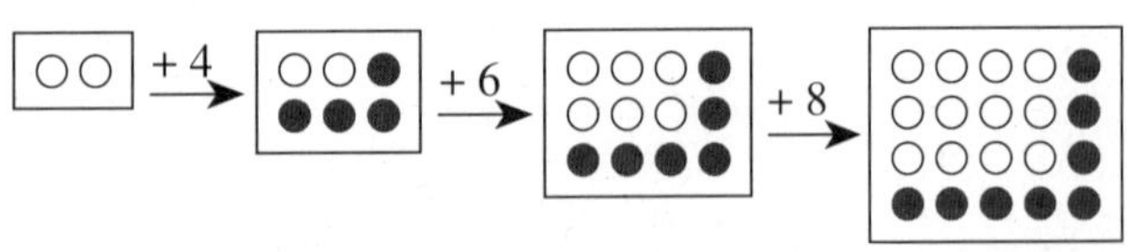

2 · 1 = 2 3 · 2 = 6 4 · 3 = 12 5 · 4 = 20

Entsprechende Muster und Zusammenhänge lassen sich auch in den senkrechten Spalten finden und mit Feldern begründen.
(Vgl. dazu Handbuch produktiver Rechenübungen, Bd. 1)

Was wird benötigt?

Arbeitsmaterial: kleine Mal-Tafeln, Hunderterfeld, Malwinkel
Demonstrationsmaterial: Mal-Tafel, Hunderterfeld, Malwinkel, falls vorhanden magnetische Wendeplättchen zum Legen von Mustern

Die Seite hat auch ihren Stellenwert als schlichte Wiederholung des Einmaleins, ohne daß explizit auf die Zusammenhänge zwischen den Aufgaben eingegangen werden muß.

Malaufgaben mit 0:

Die Ergebnisse von Aufgaben wie $1 \cdot 0$, $2 \cdot 0$, $3 \cdot 0$ usw. lassen sich inhaltlich begründen: $1 \cdot 0 = 0$, $2 \cdot 0 = 0 + 0 = 0$, $3 \cdot 0 = 0 + 0 + 0 = 0$ usw.

Dagegen lassen sich die Ergebnisse von $0 \cdot 1$, $0 \cdot 2$, $0 \cdot 3$ usw. nicht mehr inhaltlich deuten. An dieser Stelle zieht man das *Permanenzprinzip* heran: Die Ergebnisse solcher Aufgaben werden so festgelegt, daß die bekannten Rechengesetze weiterbestehen.

Nach dem *Vertauschungsgesetz* müssen wir daher $0 \cdot 1 = 1 \cdot 0 = 0$, $0 \cdot 2 = 2 \cdot 0 = 0$ setzen usw. Für $0 \cdot 0$ hilft uns das Vertauschungsgesetz nicht weiter, dafür aber das Distributivgesetz:

$$\underbrace{0 \cdot 1}_{\substack{\parallel \\ 0}} = 0 \cdot (1+0) = \underbrace{0 \cdot 1}_{\substack{\parallel \\ 0}} + 0 \cdot 0$$

d. h. $0 = 0 + 0 \cdot 0$. Diese Gleichung verlangt die *Setzung* $0 \cdot 0 = 0$.

Wie kann man vorgehen?

An der Wandtafel wird das Aufgabenpäckchen $1 \cdot 4 =$, $2 \cdot 5 =$, $3 \cdot 6 =$, $4 \cdot 7 =$, ... aufgeschrieben. Die Aufgaben werden an der Mal-Tafel gesucht und gerechnet. Den Zuwachs kann man am Hunderterfeld mit dem Malwinkel und einer farbigen Folie zeigen.

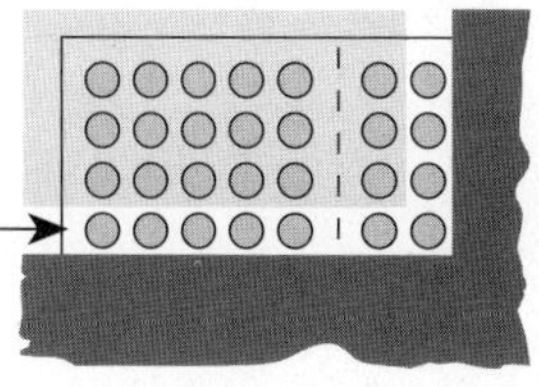

$$3 \cdot 6 = 18 \xrightarrow[]{\text{Zuwachs } +10} 4 \cdot 7 = 28$$

Aufgabe 1:

Der Aufgabenausschnitt wird von den Kindern gerechnet. Man sollte es den Kindern überlassen, wie sie dabei vorgehen: Reihenweise, zeilenweise oder spaltenweise. Sicherlich werden auch einige Kinder das Vertauschungsgesetz ausnutzen.

Aufgabe 2:

Die Aufgabenserien werden an der Mal-Tafel gesucht, am Feld mit dem Malwinkel gezeigt und gerechnet.

Für die Malaufgaben mit der 0 kann man im Unterricht die Grundidee des Permanenzprinzips über die monotone Struktur der folgenden Aufgabenreihen einfangen: $10 \cdot 0 = 0$, $9 \cdot 0 = 0$, $8 \cdot 0 = 0$, ..., $1 \cdot 0 = 0$, $0 \cdot 0 = 0$ und das Vertauschungsgesetz heranziehen.

Aufgabe 3 und 4:

Zu einem Ausschnitt der Mal-Tafel sollen alle Aufgaben aufgeschrieben und gerechnet werden.

Aufgabe 5 und 6:

Kettenaufgaben: Erst „mal 5", dann „mal 2" ergibt „mal 10". „Zweimal verdoppeln" ergibt „mal 4".

Hinweis: Die Quadratzahlen werden auf S. 87 nochmals behandelt. Dort erfolgt dann die Grundlegung der Blitzrechenübung B 10.

Wie könnte es weitergehen?

- An einer eigenen Mal-Tafel (Kopiervorlage 22) markieren die Kinder mit dem Aufschreiben des Ergebnisses alle Aufgaben, die sie schon gut beherrschen.
  Die zu *lernenden* Aufgaben werden farbig eingerahmt. Jeder Schüler weiß dann, auf welche Aufgaben er sein weiteres Lernen konzentrieren muß.
- Weitere Kettenaufgaben mit Malaufgaben:

  Start ... $\xrightarrow{\cdot 2}$ ... $\xrightarrow{\cdot 3}$ ... Ziel

  Start ... $\xrightarrow{\cdot 2}$ ... $\xrightarrow{\cdot 4}$ ... Ziel

  Start ... $\xrightarrow{\cdot 3}$ ... $\xrightarrow{\cdot 3}$ ... Ziel

- Übungsheft Seite 33, Aufgabe 4 und Seite 34

Hinweis: Zur Festigung des Einmaleins in der Freiarbeit können Spiele mit den „1 x 1-Spielkarten" (Klett-Nr. 19902) herangezogen werden, z. B.: „1 x 1-Memory", „1 x 1-Rommé".

81 Tabula rasa

Übung der Multiplikation und ihrer Umkehrung an Maltabellen

1. Rechne aus.

•	2	4	8
2			
5			
10			

•	3	6	9
2			
5			
10			

•	0	5	10
2			
5			
10			

2. Tabula rasa

·	5		4
2	10	12	
		30	20
3	15		

·	2	5	9
	20		90
4		20	
	10	25	

3.

•		4	
2	6		10
5			25
10	30		

•		6	9
3	9	18	
		36	
9			

•		5	10
2			20
4			
	0	40	80

RECHNE WIE DER BLITZ!

1 · 1 = …   4 · 4 = …   7 · 7 = …   3 · 5 = …   2 · 9 = …
2 · 2 = …   5 · 5 = …   8 · 8 = …   4 · 5 = …   9 · 2 = …
3 · 3 = …   6 · 6 = …   9 · 9 = …   7 · 5 = …   4 · 9 = …

Kurze Reihen
6, 12, 30, 60   7, …, …, …
4, …, …, …   8, …, …, …

Reihen vorwärts und rückwärts
3, 6, 9, …   50, 45, 40, …
9, 18, 27, …   20, 18, 16, …

Was wird benötigt?

Arbeitsmaterial: kleine Maltabellen (Kopiervorlage 26)
Demonstrationsmaterial: –

Worum geht es?

Ausgegangen wird von einer normalen Multiplikationstabelle, zum Beispiel:

·	5	6	4
2			
5			
3			

·	5	6	4
2	10	12	8
5	25	30	20
3	15	18	12

In die leeren Felder wird jeweils das Ergebnis der entsprechenden Malaufgabe eingetragen. Dabei wird das Einmaleins geübt.
Werden nun den Schülern zum Ausfüllen nicht alle Zahlen auf dem Rand (Randzahlen) vorgegeben, sondern dafür geschickt ausgewählte Zahlen im Innern und auf dem Rand, so erhält man ein neues Übungsformat, die „Tabula Rasa" (lat. tabula = Tafel, vgl. Fremdwort „Tabelle", lat. radere = schaben, kratzen, säubern, glätten, vgl. Fremdwörter „Radiergummi" und „rasieren").

Läßt man z. B. in der Tabelle Zahlen weg,

·	5		4
2	10	12	
		30	20
3	15		

so kann man die „ausgelöschten" Zahlen berechnen. Eine gute Strategie ist, zuerst die Randzahlen zu berechnen.
In unserem Beispiel:

2 · ☐ = 12,

man erhält die Randzahl 6 (oben).

☐ · 4 = 20,

man erhält die Randzahl 5 (links).
Dann können die restlichen 4 Plätze in der Tabelle durch Multiplikation (2 · 4, 5 · 5, 3 · 6 und 3 · 4) berechnet werden.
Bei diesem neuen Aufgabenformat müssen also nicht nur Multiplikationsaufgaben, sondern im Wechsel auch deren Umkehraufgaben, d. h. Divisionsaufgaben, gerechnet werden.
Natürlich gibt es dabei mehrere Möglichkeiten des Vorgehens, was den Reiz dieser Übungsform ausmacht.

Wie kann man vorgehen?

Zuerst wird eine Multiplikationstabelle

·	5	4	3	9
2				
3				
8				
6				

an der Tafel gerechnet und ausgefüllt. Dann löscht die Lehrerin mit dem Schwamm einige Zahlen aus.

·	5		3	
	10			
	15	12		
			24	
6				54

Die Kinder überlegen gemeinsam, wie sie die fehlenden Zahlen finden können. Natürlich muß der Name „Tabula rasa" erklärt werden.

Aufgabe 1:
Tabellen durch Multiplikation ausfüllen.
Aufgabe 2:
Durch Multiplikation und Division die Tabellen wiederherstellen.

Lösungen:

·	5	6	4
2	10	12	8
5	25	30	20
3	15	18	12

·	2	5	9
10	20	50	90
4	8	20	36
5	10	25	45

Aufgabe 3:
Lösungen:

·	3	4	5
2	6	8	10
5	15	20	25
10	30	40	50

·	3	6	9
3	9	18	27
6	18	36	54
9	27	54	81

·	0	5	10
2	0	10	20
4	0	20	40
8	0	40	80

Blitzrechnen:
Eng am Blitzrechenkurs: Quadratzahlen, einfache Malaufgaben, kurze Reihen, Reihen vorwärts und rückwärts.

Wie könnte es weitergehen?

- Weitere „Tabulae rasae" auf Kopiervorlage 26 vorgeben und berechnen lassen, zum Beispiel:

·	3		
	6	8	12
	18		
	21		

·			
2	10		
		15	12
		32	24

·	2	3	
			24
5			30
		6	

·		3	
		12	
7	35		
			18

Bei der letzten Tabula rasa sind mehrere Lösungen möglich.

- Die Kinder konstruieren durch Ausfüllen einer Maltabelle mit weichem Bleistift und Löschen von Feldern selbst eine Tabula rasa. Der Partner versucht, diese zu lösen.

82 Eiscafé Mattelini

Sachstrukturierte Übungen zum Rechnen mit Geld am Beispiel Eiscafé

1. Schreibe die Rechnungen.
2. Erik lädt seine drei Freunde zu Spaghetti-Eis ein.
3. Iris kauft 4 Kugeln mit Sahne.
4. Timo hat 10 DM. Er bestellt einen Bananensplit und einen Mini-Becher für seine kleine Schwester.
5. Denke dir selbst Aufgaben aus.
6. Lea mag Vanille, Erdbeer und Schokolade. Wie kann sie 3 Kugeln nehmen?

.....

Was wird benötigt?

Arbeitsmaterial: evtl. kleine Rechnungsblöcke, Rechengeld

Demonstrationsmaterial: Kopie der Eiskarte, Rechnungszettel, Rechengeld

Worum geht es?

In einem ganzheitlichen Kontext werden das Rechnen mit Geld geübt und die Regeln in einem Restaurant besprochen. Anhand der Karte eines Eiscafés können

- Bestellungen aufgegeben,
- Preise ermittelt,
- Rechnungen geschrieben und gelesen,
- Rechnungen bezahlt und
- Wechselgelder herausgegeben werden.

Dabei treten Additions-, Multiplikations-, Divisions- und Ergänzungsaufgaben mit Geldbeträgen auf. Die Preise der Eiskarte sind auf ganze DM und halbe DM begrenzt. Zur Klärung der Situation können die Szenen nachgespielt werden.

Wie kann man vorgehen?

Zuerst sollte die Situation gespielt werden. Einige Kinder sitzen an einem kleinen Tisch, erhalten die Eiskarte auf der Schulbuchseite und suchen sich etwas aus. Ein Kind übernimmt die Rolle des Kellners, nimmt die Bestellung auf, bringt das Eis und rechnet ab. Das Kind schreibt eine Rechnung auf einen Rechnungsblock. Anschließend wird mit Rechengeld bezahlt.

Die Rechnung wird an der Tafel notiert und gemeinsam wird nochmals besprochen, wie der Gesamtpreis errechnet wurde. Zusätzlich sollte die richtige Rückgabe von Wechselgeld geübt werden. Anschließend bekommen alle Kinder Rechengeld und Rechnungsblöcke. Die Eiskarte von der Buchseite wird dabei verwendet. Es bietet sich Gruppenarbeit an, in der die Kinder die vorgestellte Situation mit wechselnden Rollen nachspielen können.

Zur Buchseite:

Die Sachsituation ist durch das vorangegangene Spiel geklärt. Es können sich nun weitere mündliche Aufgaben aus der Eiskarte entwickeln. Aufgaben mit dem Betrag von 0,50 DM werden, falls es sich noch nicht ergeben hat, angesprochen. Sicherlich wissen die Kinder, daß dies 50 Pf sind und zwei 50 Pf-Stücke eine Mark ergeben.

Aufgabe 1:

Diese Aufgabe entspricht der Spielsituation und wird entsprechend ausgerechnet. Die Geldrückgabe mit Wechselgeld ist ausgespart.

Aufgabe 2–5:

Hier werden beispielhaft Sachaufgaben vorgestellt, die sich aus der Karte ergeben. Eventuell können sie zur Klärung der Situation mit Rechengeld nachgelegt werden.

Aufgabe 6:

Diese kombinatorische Aufgabe wird zeichnerisch gelöst. Alle drei Eissorten sind farblich unterschieden.

Es gibt 10 verschiedene Kombinationsmöglichkeiten:

Vanille	Erdbeer	Schokolade
○○○		
○○	●	
○○		●
○	●	●
○	●●	
○		●●
	●●●	
	●●	●
	●	●●
		●●●

Diese Systematik ist „logo“, denn es gibt 1 Möglichkeit mit 3 Vanillekugeln, 2 Möglichkeiten mit 2 Vanillekugeln, 3 Möglichkeiten mit 1 Vanillekugel und 4 Möglichkeiten mit 0 Vanillekugeln:

○
○○
○○○
○○○○

$1 + 2 + 3 + 4 = 10$

Wie könnte es weitergehen?

- Übungsheft Seite 35
- Wie kann Lea 4 Kugeln nehmen?
  (1 + 2 + 3 + 4 + 5 = 15 Möglichkeiten)

Vanille	Erdbeer	Schokolade
4	0	0
3	1	0
3	0	1
2	2	0
2	0	2
2	1	1
1	3	0
1	0	3
1	2	1
1	1	2
0	4	0
0	0	4
0	3	1
0	1	3
0	2	2

- Wie kann man 3 Kugeln aus 4 Sorten (Vanille, Erdbeer, Schokolade, Nuss) zusammenstellen?
  (20 Möglichkeiten)

83 Bio-Hof Meise

Sachstrukturierte Übungen zum Rechnen mit Geld am Beispiel „Einkaufen im Bio-Hof"

1. Katrin kauft — Bauer Meise rechnet

10 Eier	3 DM
1 Schale Erdbeeren	3 DM
2 Flaschen Apfelsaft	4 DM

3 DM + 3 DM + 4 DM = ... DM

2. Herr Schmidt kauft

10 Eier
1 Bund Möhren
2 kg Äpfel
1 Schale Erdbeeren

Familie Mormann kauft

2 x Erdbeeren
1 x Radieschen
3 x Marmelade
3 x Salat
1 x Petersilie

Elena kauft

2 Glas Honig
5 Fl. Apfelsaft
1 Bund Möhren
3 Gurken

Berechne die Einkäufe.

3. Stelle selbst Einkaufszettel zusammen und rechne aus.

4. Frau Wiesner hat im Supermarkt 1 Bund Möhren, 1 Glas Honig, 1 kg Äpfel und 10 Eier gekauft. Vergleiche mit dem BIO-HOF.

Was wird benötigt?

Arbeitsmaterial: Rechengeld
Demonstrationsmaterial: große Preisliste, evtl. vorhandenes Obst oder Gemüse

Worum geht es?

Auch hier werden in einem ganzheitlichen Kontext der Größenbereich Geld und die Regeln beim Einkauf geübt. Wieder treten alle Grundrechenarten im Größenbereich Geld auf.
Anhand des Angebotes eines Bio-Hofes können

- Einkaufszettel geschrieben und gelesen,
- Preise ermittelt,
- Rechnungen geschrieben und gelesen,
- Rechnungen bezahlt und
- Wechselgelder herausgegeben werden.

Auf dem Bio-Hof Meise sind die Preise (wie häufig in Bio-Läden) auf volle Mark gerundet.
In diesem Kontext sollten die verschiedenen Schreibweisen 3 DM; 3,– DM; 3,00 DM; 3.00 DM oder auch einfach 3,00 auf Kassenbons angesprochen werden, damit die Kinder Kassenbelege lesen können.

Wie kann man vorgehen?

Auch hier besteht die Möglichkeit, mit einer Spielsituation anzufangen. Einige Gegenstände sind in einem Verkaufsstand vorhanden und mit Preisen ausgezeichnet. An der Tafel oder auf einem großen Blatt Papier wird die Einkaufsliste vorgestellt. Der Verkäufer stellt die Sachen zusammen und berechnet auf der Einkaufsliste die jeweiligen Preise.
Die Kinder stellen dann selbst einige Einkaufszettel auf und berechnen diese Aufgaben.
Bei diesen Rechnungen wird die Multiplikation (z. B. 3 Bund Möhren kosten 3 mal 3 DM) im Kopf ausgeführt.
Die anschließenden Additionen werden notiert.
Alternativ kann man sofort mit dem Buch und der Preisliste des Bio-Hofes Meise beginnen.

Zur Buchseite:
Das Bild vom Bio-Hof Meise wird eingehend betrachtet, die Preise werden besprochen und eventuelle Sachfragen geklärt. Einige leichte Aufgaben werden mündlich berechnet, z. B. „Sabine kauft 5 Kopf Salat", „Familie Schneider kauft 6 Schalen Erdbeeren", um die Multiplikation nochmals zu verdeutlichen.

Aufgabe 1:
Die Einzelpreise werden herausgesucht und zum Gesamtpreis addiert.

Aufgabe 2:
Die vorgegebenen Einkaufszettel werden berechnet. Die Einzelpreise werden gesucht, multipliziert und anschließend addiert.

Aufgabe 3:
Die Kinder erstellen selbst ähnliche Einkaufslisten und berechnen die Gesamtpreise. Hier kann jedes Kind nach seiner individuellen Schreib- und Lesefertigkeit die Einkaufsgegenstände abgekürzt schreiben.

Aufgabe 4:
Zum Vergleich mit den Bio-Hof-Preisen ist ein Kassenbon aus dem Supermarkt abgebildet. Hier werden häufig Preise mit Kommazahlen (0,99 DM) ausgezeichnet. Rechnungen sind dort schwieriger. Dafür übernimmt sie der Computer in der Kasse. Auf dem Bon ist durch den Computer bereits die Gesamtsumme

erstellt und sogar das Wechselgeld berechnet. Über diese Details muß gesprochen werden. Eventuell können einige Kinder die Rechnung genau überprüfen. Die Möglichkeit des Rundens wird angesprochen. Die Preise werden auf volle DM gerundet und addiert.

Gerundeter Kassenbon aus dem Buch:		Vergleich mit Bio-Hof:	
Möhren	2 DM	Möhren	3 DM
Honig	4 DM	Honig	6 DM
Äpfel	2 DM	Äpfel	4 DM
Eier	2 DM	Eier	3 DM
Summe	10 DM	Summe	16 DM

Der gerundete Wert ist erstaunlich gut.

Die Lehrerin muß darauf hinweisen, daß man bei einem Vergleich der Angebote des Bio-Hofs und des Supermarkts nicht nur auf die Preise, sondern auch auf die Packungsgröße, die Qualität der Produkte und vor allem auf die Art ihrer Erzeugung (umweltschonend oder umweltbelastend) achten muß.

Wie könnte es weitergehen?

- Übungsheft Seite 36
- Mitgebrachte Kassenbons können entsprechend gerundet werden

84 Legen und Zeichnen

Aus Quadraten kleinere Quadrate/Rechtecke erzeugen, daraus Parkettmuster herstellen (kleben), auf Karopapier zeichnen

Legen und zeichnen

1. Stelle aus Faltpapier verschiedene Fliesen her.

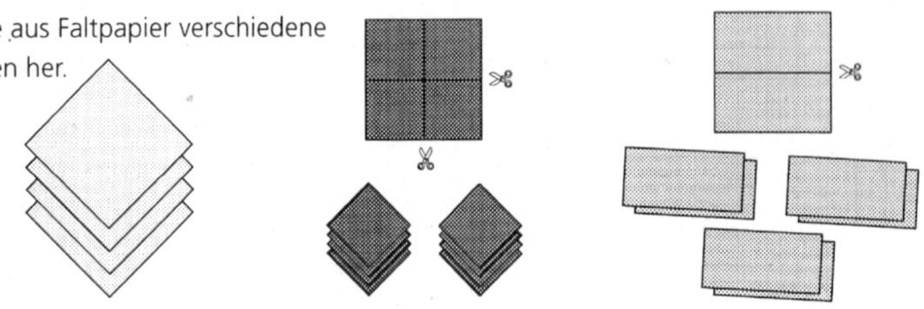

2. Lege und klebe Fliesenmuster.
Zeichne die Muster ins Heft und setze sie fort.

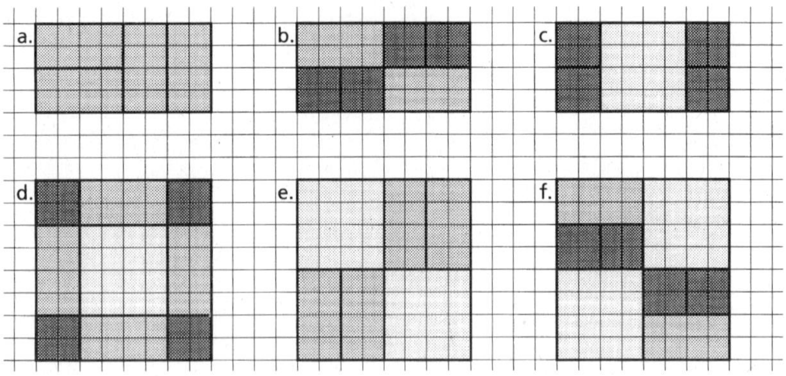

Was wird benötigt?

Arbeitsmaterial: quadratisches Faltpapier in verschiedenen Farben (etwa 10 cm x 10 cm), Schere, Klebstoff, Zeichenblock (DIN A 3), Bleistifte, Buntstifte zum Zeichnen im Heft

Worum geht es?

Auf dieser Seite werden aus quadratischem Faltpapier durch Falten und Schneiden Rechtecke und kleinere Quadrate hergestellt. Aus den Rechtecken und den Quadraten werden auf verschiedenste Art und Weise Parkette zusammengestellt. Die Abbildungen auf dieser Seite sollen die Phantasie und Kreativität der Kinder anregen, eigene Muster zu erfinden.
In einem letzten Schritt werden die Muster auf Karopapier im Heft gezeichnet, fortgesetzt und gefärbt. Dabei entstehen immer wieder neue Parkette.

Wie kann man vorgehen?

Aufgabe 1:
Faltpapier hat für Kinder einen hohen Aufforderungscharakter und ist aus dem 1. Schuljahr her bekannt. Durch Falten eines Quadrats an einer Mittellinie („Zeitung falten“) und Zerschneiden längs der Faltlinie werden verschiedenfarbige Rechtecke hergestellt.
Durch weiteres Falten (Vierteln) und Zerschneiden an den Faltlinien entstehen vier kleinere Quadrate.
Aufgabe 2:
Auf einem Zeichenblock werden nun mit den Rechtecken, den kleinen und großen Quadraten als „Fliesen“ Parkette geklebt. Hier sollte man den Kindern viel Freiraum zum Experimentieren lassen. Erinnert werden kann in diesem Zusammenhang an Fliesenmuster in der Umgebung der Kinder (Schwimmbad, Schule, Garten, Wohnung, usw.).
Ein Kennzeichen der Fliesenmuster ist es, daß sie sich periodisch wiederholen. Neben dem im Buch dargestellten Muster können dabei versetzte Muster gelegt werden:

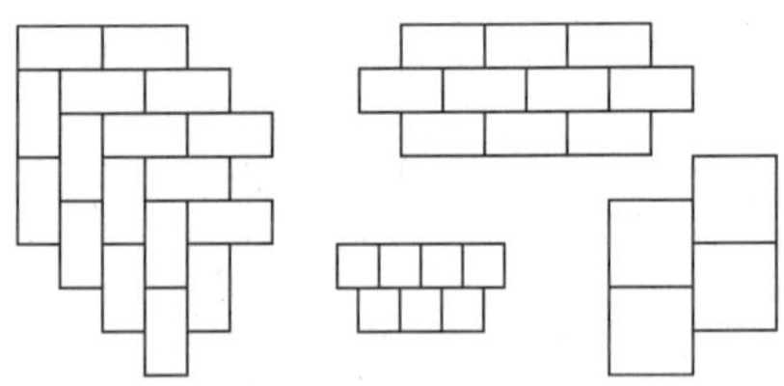

In einem letzten Schritt werden die geklebten Muster auf Karopapier gezeichnet und fortgesetzt.
Dabei müssen Maße vereinbart werden, z. B. 2 x 2 Karoquadrate als kleines Quadrat, 4 x 4 Karoquadrate als großes Quadrat und 2 x 4 Karoquadrate als Rechteck.
Es sollte mit einem weichen Bleistift gezeichnet werden, damit gut korrigiert werden kann. Auch ein Lineal kann benutzt werden.

Wie könnte es weitergehen?

– Übungsheft Seite 37, Aufgabe 1
– Fortsetzung der Arbeit im Kunstunterricht

85 Zeichnen und Messen

Strecken zeichnen, messen und vergleichen, Figuren auf Karopapier nachzeichnen, Denkspiel D 9

Zeichnen und messen

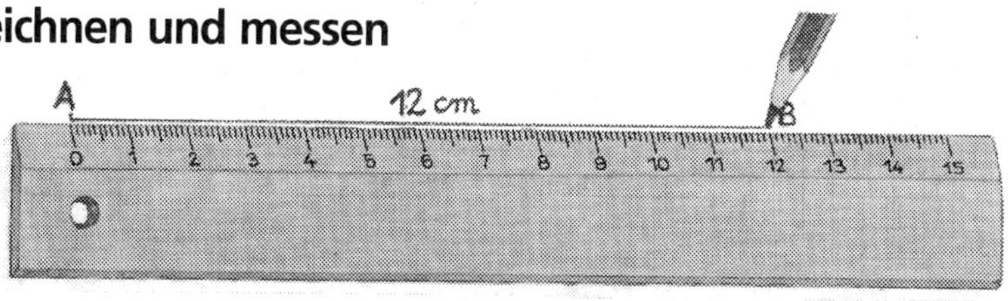

1. Zeichne Strecken von 3 cm, 5 cm, 6 cm und 9 cm Länge.

2. Miß die farbigen Strecken in der Figur.

$\overline{AB}$ = ... cm

$\overline{EF}$ = ... cm

$\overline{AC}$ = ... cm

$\overline{EG}$ = ... cm

Was fällt dir auf?

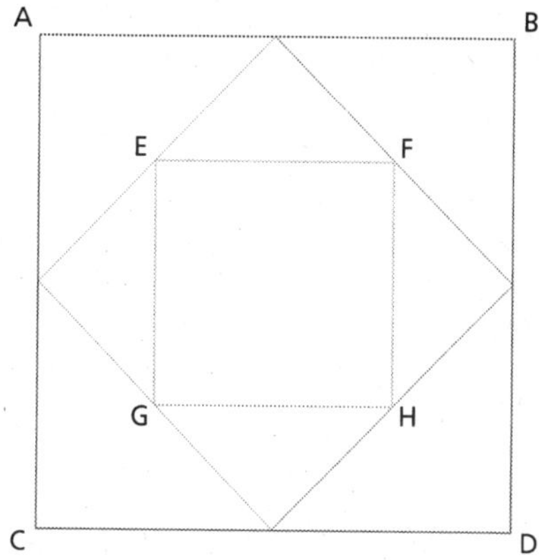

3. Miß die farbigen Strecken in der Figur.

$\overline{AB}$ = ... cm

$\overline{CB}$ = ... cm

$\overline{AC}$ = ... cm

$\overline{DE}$ = ... cm

$\overline{DF}$ = ... cm

$\overline{FE}$ = ... cm

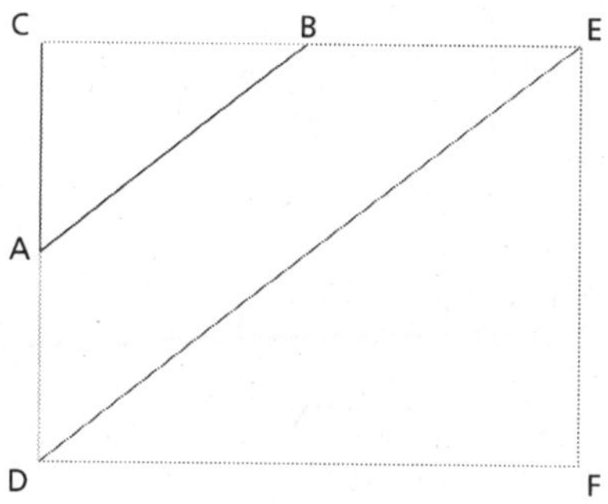

Was wird benötigt?

Arbeitsmaterial: Heft mit Karopapier, Lineal, weicher Bleistift und Radiergummi

Demonstrationsmaterial: –

Worum geht es?

Auf dieser Seite werden Strecken gezeichnet und gemessen.

Die Punkte werden in der Geometrie mit großen Buchstaben (A, B, C, D, E, F), die Streckenlänge zwischen den Punkten A und B mit $\overline{AB}$ bezeichnet.

Die erste geometrische Figur entsteht durch Halbieren eines Quadrates ABCD mit der Seitenlänge 8 cm.

Die zweite Figur entsteht durch Halbieren eines Rechteckes mit den Seitenlängen 8 cm und 6 cm.

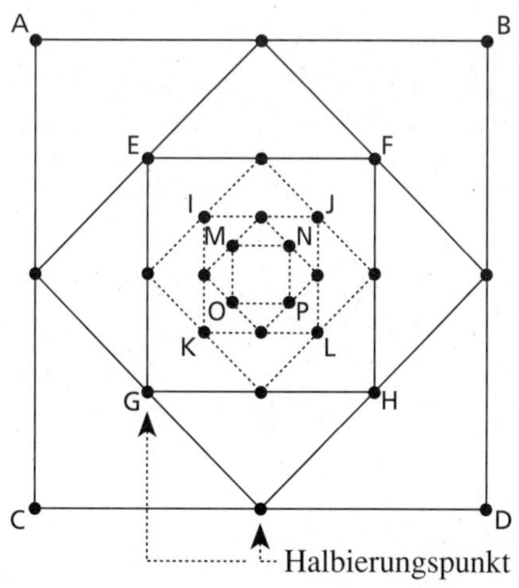

Würde man bei diesen Figuren das Verfahren (Halbieren der Seiten) fortsetzen, so entstünden immer weitere Quadrate.

$\overline{AB}$ = 8 cm, $\overline{EF}$ = 4 cm,

$\overline{IJ}$ = 2 cm, $\overline{MN}$ = 1 cm.

Die Ecken der Quadrate liegen auf der Diagonalen des Ausgangsquadrates. Die schräggestellten Quadrate haben keine ganzzahligen Seitenlängen.

In der zweiten Figur hingegen versteckt sich (neben der Halbierung) der bekannte Satz des Pythagoras.

$\overline{AC}$ = 3 cm
$\overline{CB}$ = 4 cm
$\overline{AB}$ = 5 cm
(alle Seitenlängen ganzzahlig: $3^2 + 4^2 = 5^2$, $9 + 16 = 25$)

$\overline{EF}$ = 6 cm
$\overline{DF}$ = 8 cm
$\overline{DE}$ = 10 cm
(alle Seitenlängen ganzzahlig: $6^2 + 8^2 = 10^2$, $36 + 64 = 100$)

Alle Strecken in der Figur sind ganzzahlig. (Die beiden Dreiecke ABC und DEC sind ähnlich.)

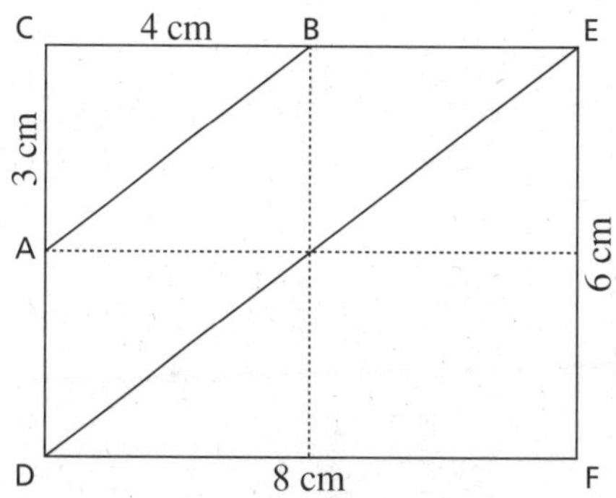

Im Buch haben entsprechende Seiten die gleiche Grundfarbe.

Wie kann man vorgehen?

Aufgabe 1:

Zunächst werden Strecken von 3 cm, 5 cm, 6 cm und 9 cm ins Heft gezeichnet. Dabei üben die Kinder den sorgfältigen Umgang mit einem Lineal, das immer bei 0 angelegt werden muß. Wenn nötig, werden weitere Zeichnungen angefertigt.

Aufgabe 2:

In der Figur werden benannte Strecken gemessen.

$\overline{AB}$ = 8 cm, $\overline{AC}$ = 8 cm,

$\overline{CD}$ = 8 cm, $\overline{BD}$ = 8 cm.

Die große Figur ist ein Quadrat.

$\overline{EF}$ = 4 cm, $\overline{EG}$ = 4 cm,

$\overline{GH}$ = 4 cm, $\overline{FH}$ = 4 cm.

Die kleine Figur ist ein Quadrat mit der halben Seitenlänge.

Die Kinder versuchen, die Gesamtfigur ins Heft abzuzeichnen. Dabei fällt auf, daß auch das schräggestellte Quadrat durch Halbieren entsteht bzw. die Punkte E und H auf der Strecke AD liegen.

Aufgabe 3:

In der Figur werden benannte Strecken gemessen:

$\overline{AB} = 5$ cm, $\overline{CB} = 4$ cm,
$\overline{AC} = 3$ cm, $\overline{DE} = 10$ cm,
$\overline{DF} = 8$ cm, $\overline{EF} = 6$ cm.

Die Seiten des großen Dreiecks sind doppelt so lang wie die des kleinen. Auch hier sollten die Kinder versuchen, die Figur ins Heft abzuzeichnen. Dabei fällt auf, daß die Figuren durch Halbieren des Ausgangsrechteckes CEDF entstehen.

Fortsetzung der Denkschule

Denkspiel D 9 „Zwei auf einem Gleis" vorstellen.

Wie könnte es weitergehen?

- Übungsheft Seite 37, Aufgabe 2–4
- Die Kinder versuchen, auch die Seitenlänge des schräggestellten Quadrates zu messen (Seitenlänge zwischen 5 cm und 6 cm oder sogar 5 cm und etwa 6 Millimeter) (Zone der nächsten Entwicklung)
- Die Kinder versuchen, die Figur der geschachtelten Quadrate weiter zu zeichnen
- Die Kinder versuchen, die Flächen zu vergleichen. Das schräggestellte Quadrat ist halb so groß wie das große Quadrat, das kleine Quadrat hat nur ein Viertel der Fläche.
  In der unteren Figur paßt dann das kleine Dreieck viermal in das große Dreieck.

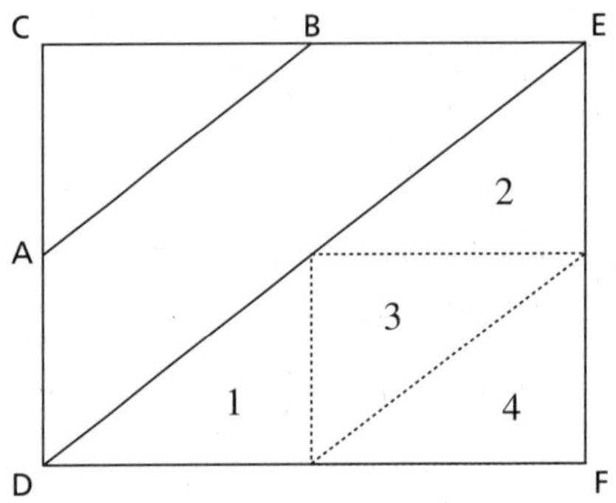

Einführung der Division

Aufteilen

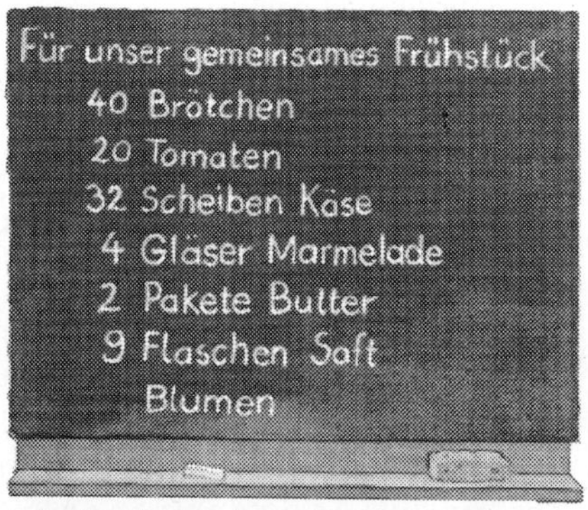

Teile die mitgebrachten Dinge auf.

1. 20 Tomaten. Pro Teller 5 Tomaten.
Lege mit Plättchen.

Zeichne.

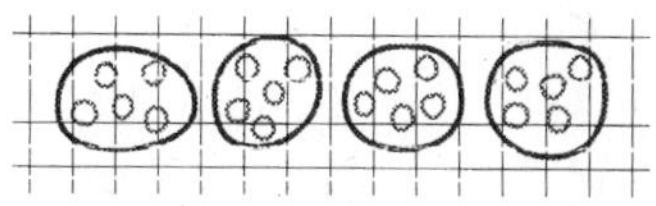

Du erhältst ...... Teller.

2. 40 Brötchen. Pro Körbchen 10 Brötchen.
Du erhältst ...... Körbchen.

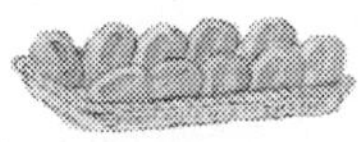

3. 32 Scheiben Käse. Pro Brettchen 8 Scheiben.
Du erhältst ...... Brettchen.

4. 20 Tulpen. Pro Vase 5 Tulpen.
Du erhältst ...... Vasen.

Kannst du auch diese Aufgaben lösen?

5. 4 Gruppentische sind gedeckt.

a. Wie kannst du Marmelade, Saft und Butter auf die Tische stellen?

b. Wie können 23 Kinder und die Lehrerin an den Tischen sitzen?

Was wird benötigt?

Arbeits- und Demonstrationsmaterial: Wendeplättchen, evtl. Zutaten für ein gemeinsames Frühstück

Worum geht es?

Wie die Addition und Subtraktion im 1. Schuljahr und die Multiplikation im 2. Schuljahr, soll auch die Division in einem ganzheitlichen Zusammenhang eingeführt werden.
Gewählt wurde hier die Situation eines gemeinsamen Klassenfrühstücks (Klassenfestes). Zunächst geht es um ein *Aufteilen*:
20 Tomaten sollen aufgeteilt werden, *pro Teller* 5 Tomaten;
40 Brötchen sollen aufgeteilt werden, *pro Körbchen* 10 Brötchen;
32 Scheiben Käse sollen aufgeteilt werden, *pro Brettchen* 8 Scheiben;
20 Tulpen sollen aufgeteilt werden, *pro Vase* 5 Tulpen.
Die Anzahl der Teller, Körbchen, Brettchen und Vasen ist jeweils gefragt.
Das Wörtchen *pro* signalisiert jeweils, wie viele auf jeden Teller, auf jedes Körbchen, auf jedes Brettchen gelegt werden sollen.

Diese Aufgaben können leicht dadurch gelöst werden, daß man z. B. immer 5 Tomaten abzählt und auf einem Teller zusammenfaßt. Die Situation kann leicht mit Plättchen nachgespielt werden:

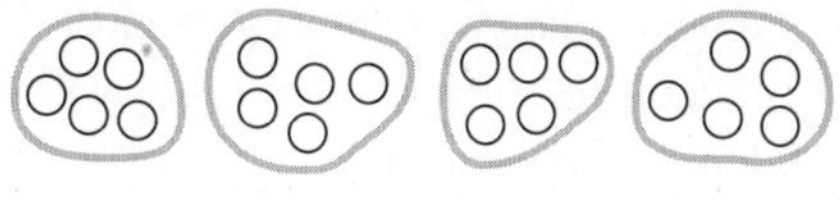

Wie kann man vorgehen?

Ein gemeinsames Frühstück bietet einen guten Rahmen zur ganzheitlichen Einführung des Aufteilens. Die Aufgaben sind aber auch gedanklich oder mit Wendeplättchen zu lösen.
Einführungsaufgabe:
30 Äpfel. Pro Teller 6 Äpfel. Wie viele Teller brauchen wir?
Diese Aufgabe wird mit Wendeplättchen an der Magnettafel gelegt. Teller können hier mit Kreide gezeichnet werden.
Aufgabe 1–4:
Danach erhalten die Kinder Wendeplättchen und Bierdeckel als Teller (Brettchen, Körbchen, usw.) und versuchen in Gruppenarbeit, die Aufgaben zu lösen. Diese können dann zur Vertiefung noch einmal an der Magnettafel dargestellt werden. Wer keine magnetischen Wendeplättchen zur Verfügung hat, kann auch normale Wendeplättchen auf dem OHP verschieben und dort mit Folienstift entsprechende Teller zusammenfassen.
Aufgabe 5a:
4 Gruppentische werden gedeckt. 1 Glas Marmelade pro Tisch, 2 Flaschen Saft pro Tisch (1 Flasche bleibt als Reserve) und die Butter muß aufgeteilt werden, jeweils ein halbes Paket pro Tisch.
Aufgabe 5b:
Die 24 Personen (23 Kinder und 1 Lehrerin) können so sitzen: An drei Tischen je 6 Kinder, an einem Tisch 5 Kinder und die Lehrerin, also an jedem Tisch 6 Personen.

Wie könnte es weitergehen?

- Aufgaben in Kurzform an der Tafel:
  40 Tomaten – 8 pro Teller
  36 Brötchen – 4 pro Teller
  usw.

87 Einführung der Division

Verteilen

Frau Berger räumt mit 5 Kindern die Klasse auf.

1. Sie verteilt 15 Luftballons.
15 : 5 = ...
15 durch 5 = ...
Jedes Kind bekommt ...... Luftballons.

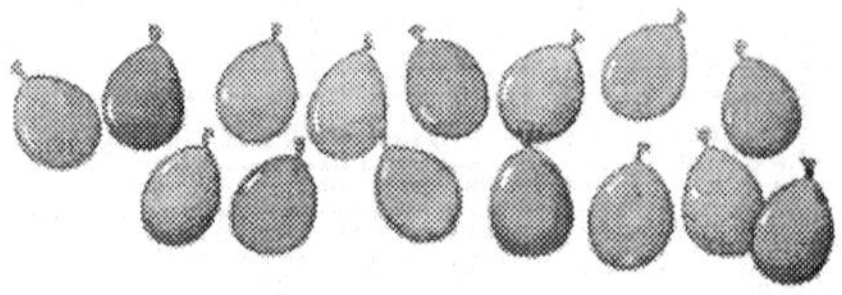

2.

Nun werden die Blumen verteilt.
20 : 5 =
Jedes Kind bekommt ...... Blumen.

3.

Verteile 2 Waffeln an die 5 Kinder.
Jedes Kind bekommt ...... Waffelherzen.

4. Rechne.

a.	b.	c.	d.	e.
30 : 5 = ...	40 : 4 = ...	10 : 2 = ...	18 : 6 = ...	9 : 3 = ...
10 : 5 = ...	20 : 4 = ...	20 : 2 = ...	30 : 6 = ...	15 : 3 = ...
20 : 5 = ...	4 : 4 = ...	8 : 2 = ...	12 : 6 = ...	27 : 3 = ...
15 : 5 = ...	8 : 4 = ...	4 : 2 = ...	36 : 6 = ...	30 : 3 = ...
40 : 5 = ...	36 : 4 = ...	12 : 2 = ...	24 : 6 = ...	21 : 3 = ...

Was wird benötigt?

Arbeits- und Demonstrationsmaterial: Wendeplättchen, evtl. Materialien zum Verteilen (Luftballons, Luftschlangen, Blumen, Waffeln, …)

Worum geht es?

Die ganzheitliche Einführung der Division wird am Kontext „Klassenfest" fortgeführt. Hier geht es um das *Verteilen* von Dingen an 5 Kinder *nach* dem Klassenfest:

15 Luftballons sollen an 5 Kinder verteilt werden;

20 Blumen sollen an 5 Kinder verteilt werden;

2 Waffeln (10 Waffelherzen) sollen an 5 Kinder verteilt werden.

Während das Verteilen auf der Handlungsebene sehr einfach und naheliegend ist, man denke etwa an das Verteilen von 32 Spielkarten an 4 Spieler, läßt es sich bildlich nur unzureichend darstellen. Die Aufgaben sollten deshalb handelnd gelöst werden.

Wie kann man vorgehen?

Einführungsaufgabe:

28 Spielkarten sollen an 4 Spieler verteilt werden. Wie viele Spielkarten erhält jeder?

Durch wiederholtes reihum Verteilen erhält man die Lösung. Anschließend wird die Lösung an der Magnettafel mit Wendeplättchen wiederholt. Dazu können die Namen der 4 Spieler an die Tafel geschrieben werden.

Aufgabe 1–3:

Die Kinder nehmen ihre Wendeplättchen. In Gruppenarbeit sollen sie die Aufgaben durch Verteilen an 5 Kinder lösen. Jedes Kind bekommt dann für die Mithilfe beim Aufräumen 3 Luftballons, 4 Blumen und 2 Waffelherzen.

Aufgabe 4:

Die Kinder lösen die Aufgaben gedanklich oder durch Aufteilen oder Verteilen der entsprechenden Anzahl von Plättchen.

Wie könnte es weitergehen?

- Übungsheft Seite 38 und 39
- Eine bestimmte Anzahl Plättchen in Reihen legen lassen, z. B. 40 Plättchen in
  - 8 Reihen (5 pro Reihe)
  - 5 Reihen (8 pro Reihe)
  - 10 pro Reihe (4 Reihen)
  - 8 pro Reihe (5 Reihen)

88 Einführung der Division mit Rest

Teilen mit Rest, Restschreibweise

1.

8 Dreier
1 Kind bleibt übrig.

25 = 8 · 3 + 1
25 : 3 = 8 Rest 1

2. Lege 25 Plättchen. Bilde Gruppen.

a. Vierer
25 = ... · 4 + ...
25 : 4 = ...Rest ......

b. Sechser
25 = ... · 6 + ...
25 : 6 = ... Rest ......

c. Achter
25 = ... · 8 + ...
25 : 8 = ...Rest ......

d. Fünfer
25 = ... · 5
25 : 5 = ...

3. Lege Plättchen.

a. 18 : 3 = ...
18 : 6 = ...

b. 24 : 4 = ...
24 : 6 = ...

c. 16 : 3 = ... Rest ......
16 : 5 = ... Rest ......

d. 21 : 2 = ... Rest ......
21 : 4 = ... Rest ......

4. Lege und rechne ebenso.

a. 20 : 4 = ...
20 : 5 = ...

b. 12 : 4 = ...
12 : 6 = ...

c. 14 : 2 = ...
14 : 3 = ... Rest ......

d. 15 : 3 = ...
15 : 4 = ... Rest ......

Was wird benötigt?

Arbeits- und Demonstrationsmaterial: Wendeplättchen

Worum geht es?

Beim Dividieren (sowohl beim Aufteilen als auch beim Verteilen) können Reste auftreten. Neben der bereits auf Seite 62 beim Malplan eingeführten Zerlegungsform 25 = 8 · 3 + 1 soll nun auch die bewährte Restschreibweise 25 : 3 = 8 Rest 1 eingeführt werden.
Diese Schreibweise hat viele Vorteile:

- Sie gibt klar die Handlung des Teilens wieder.
- Sie benennt wie bisher klar auf der linken Seite die Aufgabe: 25 : 3.
- Sie schreibt auch wie bisher auf der rechten Seite das Ergebnis: 8 mit dem Rest 1, der natürlich noch interpretiert werden muß.

Selbst 25 : 3 = 7 Rest 4 ist ein korrektes Zwischenergebnis, wobei 4 allerdings noch weiter aufgeteilt werden kann.
Solange bei den Kindern die Handlung des Teilens im Vordergrund steht, sollte unbedingt die Restschreibweise benutzt werden.
Auch in der Mathematik als Wissenschaft findet die Restschreibweise in der klassischen Zahlentheorie durchaus Verwendung, da es dort oft gerade auf die Reste ankommt. Eine verfrühte Einführung der Zerlegungsschreibweise provoziert zudem zwangsläufig unnötige Schülerfehler (z. B. 25 : 3 = 8 + 1).
Die Restschreibweise findet ihre natürliche Fortsetzung in der schrittweisen halbschriftlichen Division im 3. Schuljahr. Erst im Laufe des 4. Schuljahres, wenn die Division als eigenständige Operation verstanden und eingeübt ist, werden wir die Restschreibweise 25 : 3 = 8 Rest 1 durch die formalere, schwerer verständliche Schreibweise 25 : 3 = 8 + 1 : 3 ersetzen, wie sie die Richtlinien in Nordrhein-Westfalen als Endform verlangen.

Wie kann man vorgehen?

Aufgabe 1:
Besonders geeignet zur Einführung ist das bekannte „Atom-Spiel“: Ruft der Spielleiter „Dreier“, müssen die Kinder Dreier-Gruppen bilden. Es können ein oder zwei Kinder übrig bleiben. Sagt der Spielleiter „Fünfer“ an, können je nach Klassengröße 1, 2, 3, oder 4 Kinder übrig bleiben.
Wenn das Spiel vom Sportunterricht bekannt ist, können die Schüler sofort das Einstiegsbild beschreiben, ansonsten sollte das Spiel zunächst einmal gespielt werden.
Die zeichnerisch dargestellte Situation ist symbolisch in Stichworten (8 Dreier, 1 Kind bleibt übrig), in einer Zerlegungsaufgabe (25 = 8 · 3 + 1) und in der neuen Restschreibweise 25 : 3 = 8 Rest 1 notiert.
Aufgabe 2:
Die Spielsituation wird jetzt mit Plättchen dargestellt. Die Gesamtanzahl wird vorgegeben und bleibt dann fest. Welche Zerlegungs- oder Aufteilmöglichkeiten gibt es? Bei welchen Zahlen bleibt ein Rest? Wie groß kann der Rest sein?
Vom Aufteilen ist die zeichnerische Darstellungsform bekannt. Alle Aufgaben sollten auch mit Plättchen gelegt werden.

Aufgabe 3 und 4:
Die Kinder sollten immer wieder aufgefordert werden, zu „nüchternen" symbolischen Divisionsaufgaben Rechengeschichten zu erzählen.
Zur Aufgabe 18 : 3 kann z. B. folgende Geschichte erfunden werden:
„Beim Atomspiel sind 18 Kinder.
Sie sollen Dreier bilden". Oder:
„18 Nüsse sollen an 3 Kinder verteilt werden."
Die Schüler legen 18 Plättchen auf den Tisch und bilden Dreier-Mengen. Dann zählen sie die Teilmengen und schauen, ob ein Plättchen übrig bleibt.
Lösung: 6 Dreier, Rest 0, der nicht aufgeschrieben werden muß.
In den Aufgaben 3 c. und d. kann besprochen werden, warum der gleiche Rest herauskommt.

Wie könnte es weitergehen?

- Übungsheft Seite 40, Aufgabe 1
- Zu weiteren Divisionsaufgaben entsprechende Zeichnungen ins Heft malen und die Aufgaben ausrechnen
- Folgende Erkundungsaufgaben können gestellt werden:
  Welche Zahlen sind ohne Rest durch 3 *und* durch 4 teilbar?
  Lösung: 12, 24, 36, ...
  Welche Zahlen sind ohne Rest durch 4 *und* durch 5 teilbar?
  Lösung: 20, 40, 60, ...

89 Teilen mit und ohne Rest am Einmaleins-Plan

Am Einmaleins-Plan Divisionsaufgaben mit und ohne Rest lösen, beim Verteilen mit Spielkarten Aufgaben lösen

1.

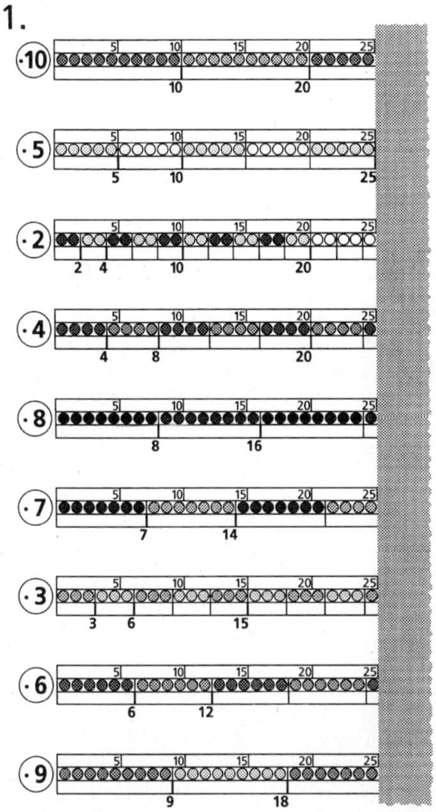

25 = 2 · 10 + 5	25 : 10 = 2 Rest 5
25 = 5 · 5	25 : 5 = 5
25 = 10 · 2 + 5 25 = 12 · 2 + 1	25 : 2 = 10 Rest 5 25 : 2 = 12 Rest 1
25 = ... · 4 + ...	25 : 4 = ... Rest ......
25 = ... · 8 + ...	25 : 8 = ... Rest ......
25 = ... · 7 + ...	25 : 7 = ... Rest ......
25 = ... · 3 + ...	25 : 3 = ... Rest ......
25 = ... · 6 + ...	25 : 6 = ... Rest ......
25 = ... · 9 + ...	25 : 9 = ... Rest ......

2. Decke auf deinem Einmaleins-Plan ab. Rechne und schreibe:

a. 18 = 1 · 10 + 8	18 : 10 = 1 Rest 8	b. 24 = 2 · 10 + 4	24 : 10 = 2 Rest 4
18 = 3 · 5 + ...	18 : 5 = 3 Rest	24 = 4 · 5 + ...	24 : 5 = 4 Rest ......
.....	.....	.....	.....

3. 32 Spielkarten werden verteilt.

a. 4 Mitspieler b. 8 Mitspieler c. 2 Mitspieler d. 3 Mitspieler
e. 5 Mitspieler f. 6 Mitspieler g. 7 Mitspieler

Was wird benötigt?

Arbeits- und Demonstrationsmaterial: Einmaleins-Plan, Lineal oder Papierstreifen oder Foliengerade zum Abdecken, 32 Spielkarten

Worum geht es?

Mit Hilfe des Einmaleins-Plans werden Zerlegungsaufgaben und Divisionsaufgaben gelöst.
Aus der bekannten Zerlegungsform wird die Restschreibweise abgeleitet. Bei dieser Vorgehensweise kommt noch einmal die Verwandtschaft der Einmaleins-Reihen klar zum Ausdruck.

Beim Einmaleins-Plan liegt es nahe, jeweils immer die gleiche Zahl durch 10, 5, 2, 4, 8, 7, 3, 6, 9 zu teilen.

25 = 2 · 10 + 5	25 : 10 = 2 Rest 5 In 25 geht 10 zweimal, 5 bleiben übrig.
25 = 5 · 5	25 : 5 = 5 In 25 geht 5 fünfmal.

25 = 10 · 2 + 5	25 : 2 = 10 Rest 5
25 = 12 · 2 + 1	25 : 2 = 12 Rest 1
25 = 6 · 4 + 1	25 : 4 = 6 Rest 1
25 = 3 · 8 + 1	25 : 8 = 3 Rest 1
25 = 3 · 7 + 4	25 : 7 = 3 Rest 4
25 = 8 · 3 + 1	25 : 3 = 8 Rest 1
25 = 4 · 6 + 1	25 : 6 = 4 Rest 1
25 = 2 · 9 + 7	25 : 9 = 2 Rest 7

Dadurch werden auch operative Zusammenhänge in der Division sichtbar:

25 : 4 = 6 Rest 1 und
25 : 8 = 3 Rest 1
oder umgekehrt 25 : 3 = 8 Rest 1 und
25 : 6 = 4 Rest 1

Als sachbezogenes Beispiel werden Spielkarten verteilt. Den Kindern ist bekannt, daß abhängig von der Mitspielerzahl jeder gleich viele bekommt oder Karten übrig bleiben (Verteilen mit Rest).

Wie kann man vorgehen?

Aufgabe 1:
Die Schüler markieren auf dem Einmaleins-Plan (Beilage) mit einem Lineal eine bestimmte Zahl, z. B. 25. Zu jeder Einmaleins-Reihe wird eine Zerlegungsaufgabe und eine Divisionsaufgabe notiert. Die Ergebnisse sind am Plan ablesbar.
25 = 10 · 2 + 5 kann interpretiert werden als: 25 besteht aus 10 Zweiern und 5 bleiben übrig. Natürlich ist auch die Lösung 25 = 12 · 2 + 1 richtig (25 besteht aus 12 Zweiern und 1 bleibt übrig).
Die übrigen Aufgaben lösen die Kinder in Einzelarbeit.

Aufgabe 2:
Die von Aufgabe 1 bekannte Arbeitsweise wird nun zur Vertiefung auf die Zahlen 18 und 24 übertragen. Bei Zahlen größer als 20 sind mehrere Schreibweisen bei der 2er-Reihe möglich.
24 : 2 = 10 Rest 4 (Reihe hört im Plan bei 20 auf) oder 24 : 2 = 12.

Aufgabe 3:
Wenn mehrere Kartenspiele zur Verfügung stehen, kann diese Aufgabe am besten in Gruppenarbeit gelöst werden. Die Gruppengröße variiert. Die Karten werden verteilt. Es wird festgestellt, wieviel Karten jeder bekommen hat und wie viele übrig bleiben. Die Kontrollrechnung kann durch die Zerlegungsaufgabe erfolgen. Ansonsten können Plättchen wie Karten verteilt werden.

Die Aufgabenlösung ist auch in Einzelarbeit möglich. In Aufgabe a. (4 Mitspieler) legt der Schüler 4 Karten nebeneinander, darunter legt er eine weitere Reihe mit 4 Karten, usw., bis er alle Karten ausgelegt hat oder bis er einen Rest übrighält.
Dieses Verfahren ist auch zeichnerisch gut darzustellen.

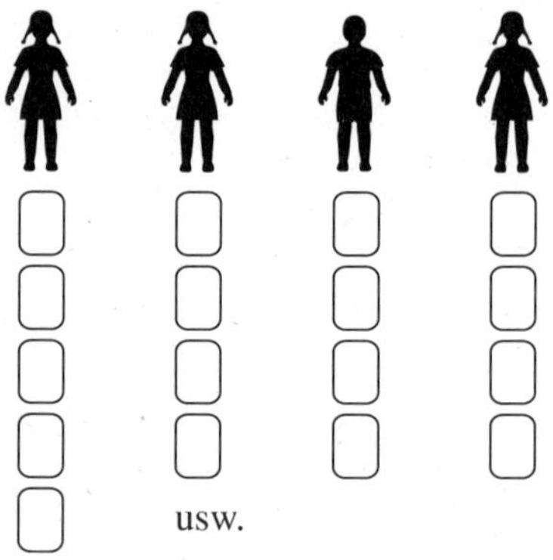

und führt auf die Felddarstellung zurück:

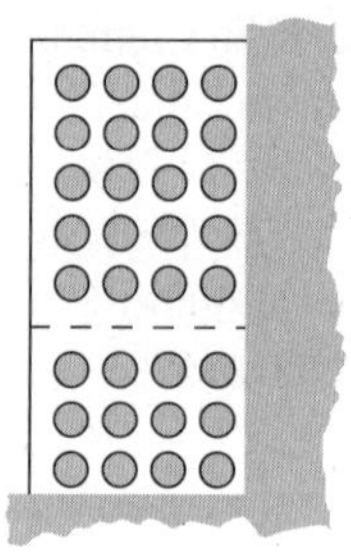

$8 \cdot 4 = 32$
$32 : 4 = 8$

Wie könnte es weitergehen?

- Übungsheft Seite 40, Aufgabe 2–4
- Folgende Erkundungsaufgaben können gestellt werden:
  Welche Zahlen haben durch 5 geteilt den Rest 1?
  (6, 11, 16, 21, 26, …)
  Welche Zahlen haben durch 4 geteilt den Rest 3?
  (7, 11, 15, 19, 23, …)
  Welche Zahlen haben durch 7 geteilt den Rest 2?
  (9, 16, 23, …)
  Welche Zahlen haben durch 5 geteilt den Rest 1 und
  durch 2 geteilt den Rest 1?
  (11, 21, 31, …)

90 Lo Shu und ihre Freunde

Ausrechnen von Dreiersummen, Regeln verstehen und anwenden

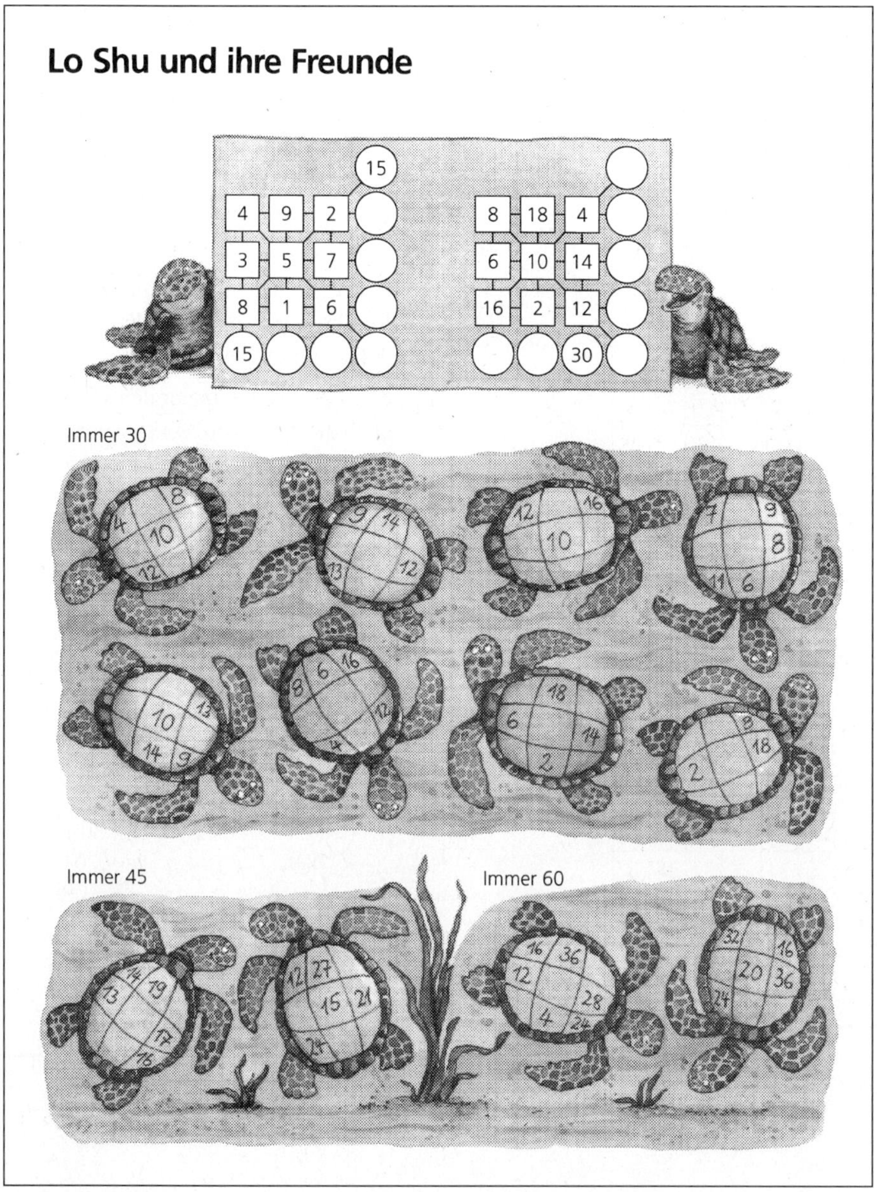

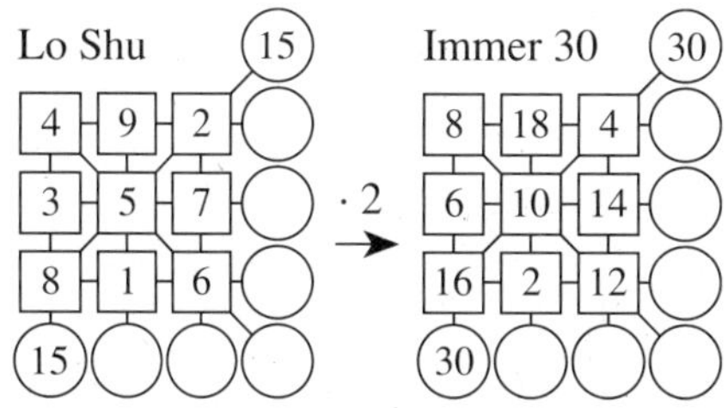

10 steht in der Mitte, diametral gegenüberliegende Zahlen ergänzen sich zu 20.

Bei der Aufgabe „Immer 30" stehen dann Quadrate, die durch Drehen und Spiegeln aus dem neuen Quadrat hervorgehen und drei Quadrate, die man dadurch erhält, daß man bei Lo Shu oder ihren Geschwistern zu jeder Zahl 5 dazuzählt:

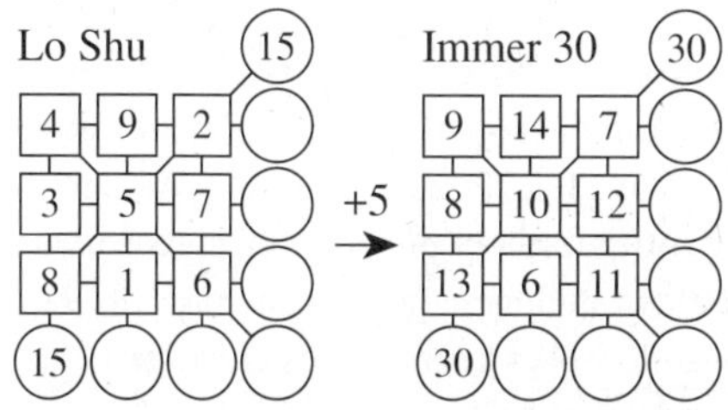

Auch bei diesen Freunden von Lo Shu steht 10 in der Mitte, in den Feldern kommen aber auch ungerade Zahlen vor. Diametral gegenüberliegende Zahlen ergänzen sich zu 20.

Die Magischen Quadrate „Immer 45" wurden hergestellt, indem zum einen die Zahlen von Lo Shu mit 3 multipliziert wurden, zum anderen immer 10 dazugezählt wurde. Hier steht dann 15 in der Mitte, diametral gegenüberliegende Zahlen ergänzen sich zu 30.

Lo Shu

4	9	2
3	5	7
8	1	6

· 3 →

Immer 45

12	27	6
9	15	21
24	3	18

Lo Shu

4	9	2
3	5	7
8	1	6

+ 10 →

Immer 45

14	19	12
13	15	17
18	11	16

Die Magischen Quadrate „Immer 60" wurden hergestellt, indem die Zahlen mit 4 multipliziert und einmal um 90° gedreht wurden. Hier steht dann 20 in der Mitte, diametral gegenüberliegende Zahlen ergänzen sich dann zu 30.

Was wird benötigt?

Arbeitsmaterial: ggf. Wendekarten aus dem 1. Schuljahr

Demonstrationsmaterial: ggf. Wendekarten aus dem 1. Schuljahr, Folienkopie der Buchseite

Worum geht es?

Wie bereits im 1. Schuljahr erläutert, haben magische Quadrate in den alten Kulturen eine große Rolle gespielt, weil die Menschen sie als Sinnbild kosmischer Kräfte angesehen haben. In der „Urschildkröte" Lo Shu (aus dem 1. Schuljahr) sind alle Zahlen von 1 bis 9 so angeordnet, daß die geraden Zahlen in den Ecken stehen und die ungeraden dazwischen; alle Reihen, Spalten und Diagonalen ergeben die Summe 15; 5 steht in der Mitte; diametral gegenüberliegende Zahlen ergänzen sich zu 10.

Bei der „neuen" Schildkröte, einer Freundin von Lo Shu, wurden alle Felder mit 2 multipliziert, d. h. als magische Summe ergibt sich 30, im Quadrat stehen nur gerade Zahlen.

Lo Shu

4	9	2
3	5	7
8	1	6

$\cdot 4 \longrightarrow$

Immer 60

16	36	8
12	20	28
32	4	24

Bei der Bearbeitung der Seite müssen die Kinder keine magischen Quadrate konstruieren, sondern jeweils nur zur vorgegebenen magischen Summe ergänzen.

Wie kann man vorgehen?

Die Lehrerin erinnert an die Legende von „Lo Shu", die vor ungefähr 4.000 Jahren dem chinesischen Kaiser Yü am Fluß begegnete. Der Kaiser Yü ließ damals die 10 Weisen seines Landes holen, um die eigentümlichen Zeichen auf Lo Shus Panzer zu deuten. Die Weisen identifizierten 9 im Quadrat angeordnete Felder, in denen die Zahlen von 1 bis 9 standen. Wer kennt dieses Quadrat noch?

Mit Hilfe der Kinder zeichnet die Lehrerin das Quadrat an die Tafel, und die Kinder rechnen die 8 Dreiersummen aus. Die Besonderheiten von Zauberquadraten werden in Erinnerung gebracht. Daneben zeichnet die Lehrerin das Quadrat einer Freundin von Lo Shu, der „neuen" Schildkröte. Auch hier rechnen die Kinder die 8 Dreiersummen aus. Was fällt auf? (Immer 30). Was haben Lo Shu und ihre Freundin gemeinsam? (Lo Shus Zahlen wurden bei der Freundin mit 2 multipliziert).

Zur Buchseite:

Beim Betrachten der Buchseite erkennen die Kinder Lo Shu und ihre Freundin wieder. Die Kinder lösen die Zauberquadrate der Aufgabenstellung „Immer 30". Fünf Schildkröten sind Geschwister von Lo Shus Freundin, denn bei ihnen wurden die gleichen ersten neun geraden Zahlen (2, 4, …, 18) benutzt. Drei magische Quadrate bestehen jedoch aus den Zahlen 6, 7, 8, 9, 10, 11, 12, 13, 14; auch bei ihnen ist 10 in der Mitte. Analog werden die magischen Zauberquadrate „Immer 45" und „Immer 60" gelöst. Zur Kontrolle werden jeweils die diametral gegenüberliegenden Seiten addiert.

Lösungen:

Immer 30

4	18	8
14	10	6
12	2	16

9	14	7
8	10	12
13	6	11

12	2	16
14	10	6
4	18	8

7	14	9
12	10	8
11	6	13

11	6	13
12	10	8
7	14	9

8	6	16
18	10	2
4	14	12

8	18	4
6	10	14
16	2	12

16	6	8
2	10	18
12	14	4

Immer 45

14	19	12
13	15	17
18	11	16

12	27	6
9	15	21
24	3	18

Immer 60

16	36	8
12	20	28
32	4	24

32	12	16
4	20	36
24	28	8

Wie könnte es weitergehen?

- Besprechen von Gesetzmäßigkeiten:
  „Immer 45":
  Alle Zahlen des Zauberquadrates von Lo Shu sind um 10 erhöht, bzw.
  Alle Zahlen des Zauberquadrates von Lo Shu sind mit 3 multipliziert
  „Immer 60":
  Alle Zahlen des Zauberquadrates von Lo Shu sind mit 4 multipliziert, dann gedreht
- Nach den Zauberquadraten können auch die Zauberdreiecke (vgl. Schulbuchseite 7 und Kopiervorlage 5) wiederholt werden, z. B.:

Immer 100

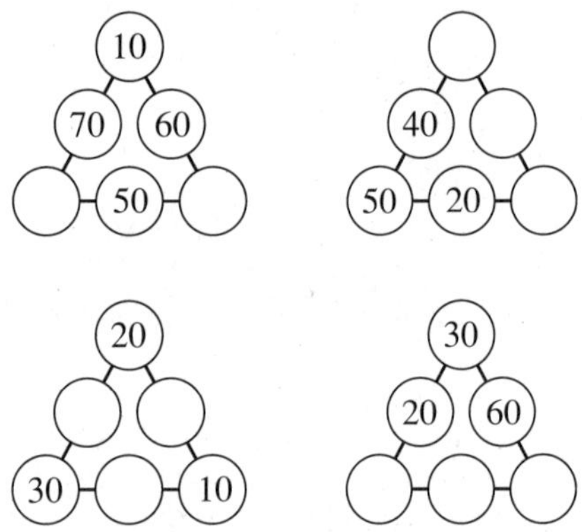

Immer 40

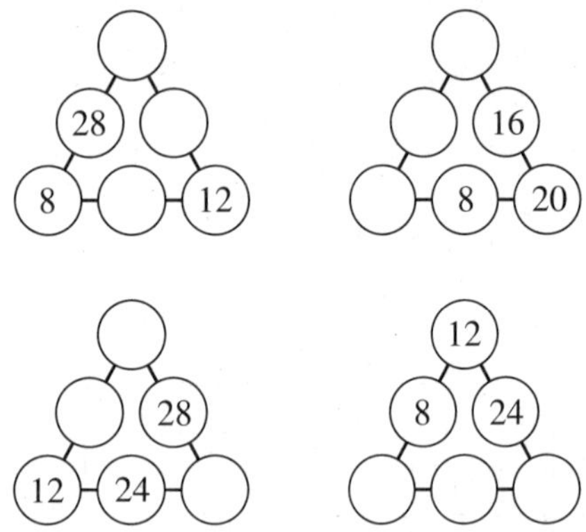

91 Zahlen und Muster

Quadratzahlen und Dreieckszahlen, Grundlegung der Blitzrechenübung B 10 (bis 100)

1. Quadratzahlen

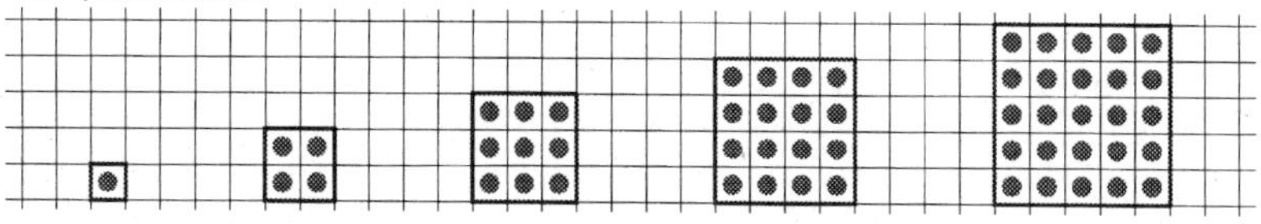

1 · 1	2 · 2	3 · 3	4 · 4	5 · 5
1	4	9	16	25

Wie geht es weiter?

2. Dreieckszahlen

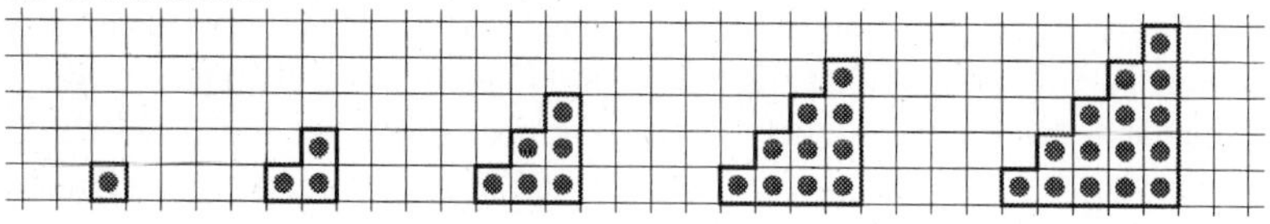

1	1 + 2	1 + 2 + 3	1 + 2 + 3 + 4	1 + 2 + 3 + 4 + 5
1	3	6	10	15

Findest du noch mehr Dreieckszahlen?

3.

a. 1 + 3 = ...
3 + 6 = ...
6 + 10 = ...
10 + 15 = ...
15 + 21 = ...

b. 21 + 28 = ...
28 + 36 = ...
36 + 45 = ...
45 + 55 = ...
55 + 66 = ...

Was fällt dir auf?

4.

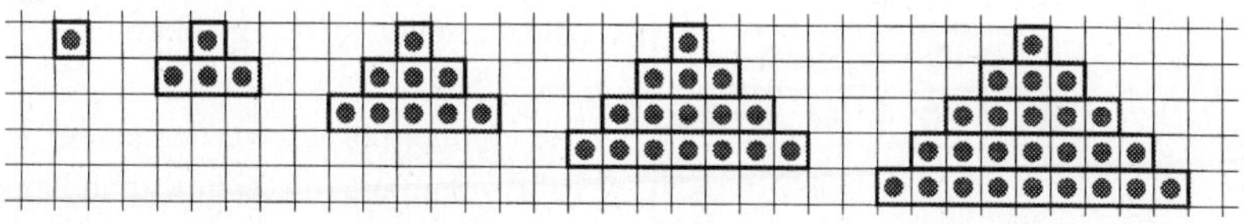

1	1 + 3	1 + 3 + 5	1 + 3 + 5 + 7	1 + 3 + 5 + 7 + 9
1	4	9	16	25

Wie geht es weiter?

Was wird benötigt?

Arbeitsmaterial: Wendeplättchen, kariertes Papier, Farbstifte, Schere, evtl. Kopiervorlage 17
Demonstrationsmaterial: Magnettafel mit magnetischen Wendeplättchen oder OHP mit kleinen Wendeplättchen (die dann dunkel auf der Projektionsfläche erscheinen) bzw. mit Winkeln und Feldern aus Folie oder Pappe, evtl. Karofolie

Worum geht es?

Diese Seite setzt die Punktmuster-Aktivitäten über gerade und ungerade Zahlen von Band 1 fort (s. auch Seite 92/93). Im Mittelpunkt stehen hier Quadrat- und Dreieckszahlen.

Während die Kinder Quadratzahlen bisher als Ergebnis von Aufgaben mit zwei gleichen Faktoren (z. B. 4 · 4) kennengelernt haben, soll nun auch die zugrundeliegende Figur, *das Quadrat*, verdeutlicht werden. Im Buch sind deshalb die Figuren aus Plättchen mit Gitter unterlegt und umrandet.
Geometrisch kann man vier Quadrate immer zu einem größeren Quadrat zusammensetzen (Fig. 1). Auf der Zahlenebene bedeutet dies, daß das 4fache einer Quadratzahl wieder eine Quadratzahl ist:

$4 \cdot 1 = 4$, $4 \cdot 4 = 16$, $4 \cdot 9 = 36$,
$4 \cdot 16 = 64$, $4 \cdot 25 = 100$, usw.

Zusätzlich zu den Quadratzahlen führen wir als Figuren die Dreieckszahlen ein, die sich durch *Treppen* darstellen lassen (Fig. 2).
Die Dreieckszahlen berechnen sich als Summe aufeinanderfolgender Zahlen. Die ersten zehn Dreieckszahlen sind 1, 3, 6, 10, 15, 21, 28, 36, 45, 55, denn

$1 = 1$
$1 + 2 = 3$
$1 + 2 + 3 = 6$
$1 + 2 + 3 + 4 = 10$
$1 + 2 + 3 + 4 + 5 = 15$
$1 + 2 + 3 + 4 + 5 + 6 = 21$
$1 + 2 + 3 + 4 + 5 + 6 + 7 = 28$
$1 + 2 + 3 + 4 + 5 + 6 + 7 + 8 = 36$
$1 + 2 + 3 + 4 + 5 + 6 + 7 + 8 + 9 = 45$
$1 + 2 + 3 + 4 + 5 + 6 + 7 + 8 + 9 + 10 = 55$

Aus Rechenbeispielen

$1 + 3 = 4 = 2 \cdot 2$
$3 + 6 = 9 = 3 \cdot 3$
$6 + 10 = 16 = 4 \cdot 4$
...

ergibt sich die Vermutung, daß die Summe zweier aufeinanderfolgender Dreieckszahlen immer eine Quadratzahl ist.

Fig. 1

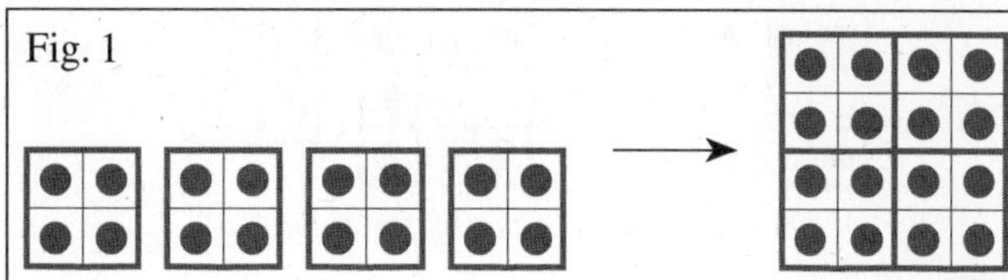

Fig. 2

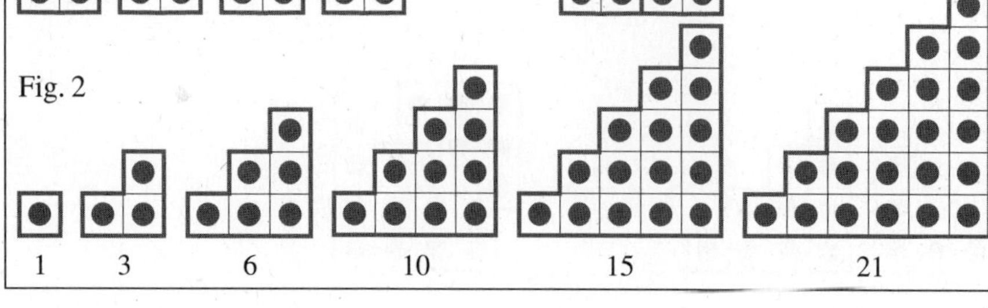

1 3 6 10 15 21

Daß diese Vermutung richtig ist, kann man auf Figurenebene durch Aneinanderfügen von zwei Dreiecken beweisen (Fig. 3).
Auch die Figurenmuster von Doppeltreppen (Fig. 4) ergeben Quadratzahlen. Man kann hier wieder einen Beweis führen, indem man eine Doppeltreppe in zwei Dreieckszahlmuster zerschneidet und zu einem Quadrat zusammenfügt (Fig. 5).
Diese Punktmusterbeweise sind voll gültige Beweise. Sie beruhen jeweils auf einer allgemein durchführbaren Operation zur Umstrukturierung eines Musters in ein anderes, bei der kein Plättchen hinzugefügt und keines weggenommen wird.

Wie kann man vorgehen?
Bei diesem Thema bietet sich Gruppenarbeit an.
Jede Gruppe von etwa 5 Kindern zeichnet jeweils Punktmuster der ersten zehn Quadratzahlen und Dreieckszahlen.
Um die Figuren anschließend mit der Schere ausschneiden zu können, sollten Wendeplättchen (Ø 16 mm) auf die Quadratfelder (2 cm x 2 cm) gelegt und umfahren werden. Anschließend werden die Quadratgitter gezeichnet und ausgeschnitten. Kopiervorlage 17 ist brauchbar, wenn die hellen Punkte dunkel gefärbt werden.
Auch etwas stärkeres Papier (Karton) ist vorteilhaft. Evtl. kann Karopapier auf dünnen Karton aufgeklebt werden.

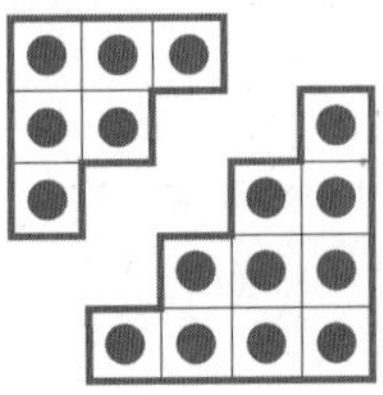
Fig. 3

Fig. 4
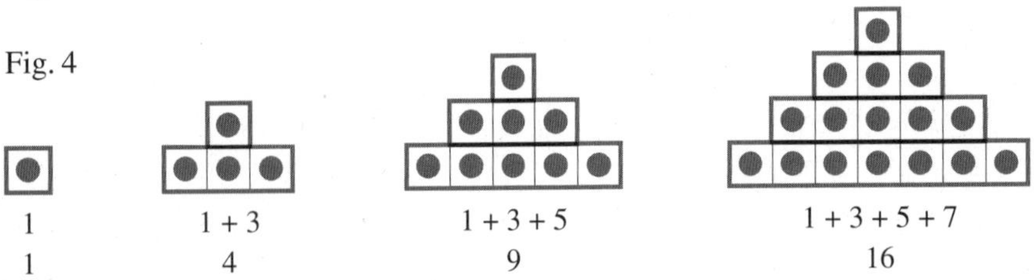

Fig. 5
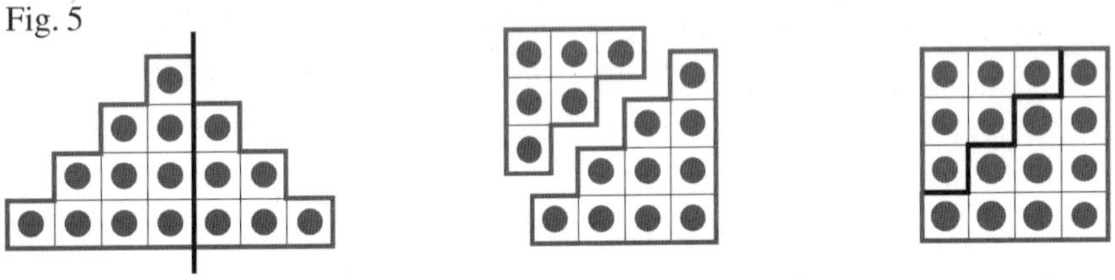

Fig. 6
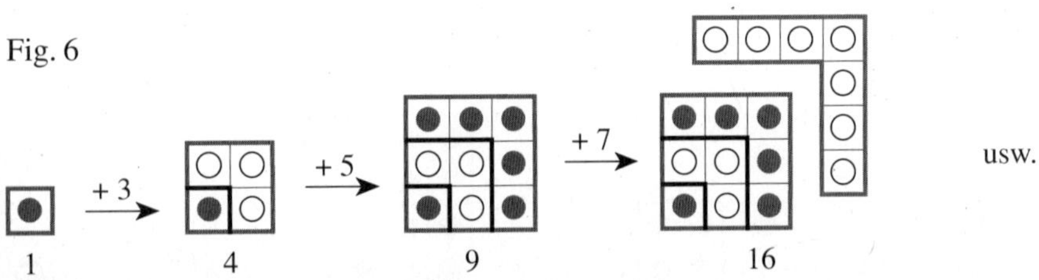

Fig. 7
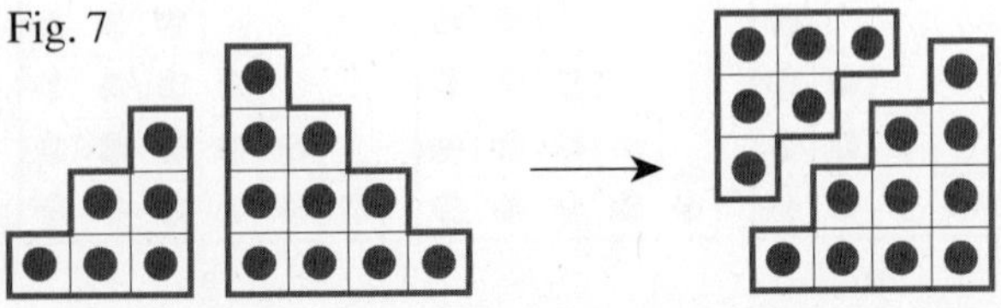

Zur Buchseite:
Aufgabe 1:
Zunächst werden Quadratzahlen an der Magnettafel mit Wendeplättchen gelegt, dann werden die ersten zehn Quadratzahlen in der Gruppe gezeichnet und berechnet. Man kann gut darstellen, wie viele Plättchen in einem Winkel von einer Quadratzahl zur nächsten jeweils hinzukommen (Fig. 6).
Aufgabe 2:
Die Dreieckszahlen werden an der Tafel mit Plättchen gelegt und dann von jeder Gruppe gezeichnet und ausgeschnitten. Dann werden die ersten zehn Dreieckszahlen berechnet.
Aufgabe 3:
Als Übungsaufgabe werden jeweils zwei aufeinanderfolgende Dreieckszahlen addiert. Einige Kinder werden die Ergebnisse sicher als Quadratzahlen identifizieren. Es stellt sich die Frage, warum zwei aufeinanderfolgende Dreieckszahlen zusammen eine Quadratzahl ergeben.
Die Erklärung dafür liefert der Beweis: Dreieckszahlen werden zu Quadraten umstrukturiert. Dabei paßt das kleinere Muster genau an das größere.
Aufgabe 4:
Die Doppeltreppen werden an der Tafel gelegt und die ersten zehn Doppeltreppen berechnet. Auch hier ergeben sich wieder Quadratzahlen. Warum *muß* dies so sein?
Zum Beweis kann jede Gruppe aus zwei Dreieckszahlen eine Doppeltreppe zusammenlegen und zu einem Quadrat umlegen (Fig. 7).

Fortsetzung des Blitzrechenkurses
Grundlegung der Übung B 10 „Quadratzahlenreihe“: Unmittelbar an den Unterricht anknüpfend wird mit Hilfe des Hunderterfeldes und des Einmaleinswinkels die Quadratzahlreihe gelegt und gesprochen.

Wie könnte es weitergehen?

– Abbau von Zahlen (Erkundungsaufgabe!)

Von beliebig vorgegebenen Zahlen im Hunderterraum werden in Form einer Aufgabenkette die Zahlen 1, 2, 3, 4, 5, … abgezogen.

Frage: Wann „geht es auf", d. h. wann endet die Aufgabenkette bei dem Ergebnis 0?

Beispiele:

40 - 1 = 39	36 - 1 = 35	45 - 1 = 44
39 - 2 = 37	35 - 2 = 33	44 - 2 = 42
37 - 3 = 34	33 - 3 = 30	42 - 3 = 39
34 - 4 = 30	30 - 4 = 26	39 - 4 = 35
30 - 5 = 25	26 - 5 = 21	35 - 5 = 30
25 - 6 = 19	21 - 6 = 15	30 - 6 = 24
19 - 7 = 12	15 - 7 = 8	24 - 7 = 17
12 - 8 = 4	8 - 8 = 0	17 - 8 = 9
		9 - 9 = 0
Es geht nicht auf!	Es geht auf!	Es geht auf!

Ergebnis: Genau bei den Dreieckszahlen „geht es auf".

Gerade und ungerade Zahlen

Halbieren und Fast-halbieren

Gerade und ungerade Zahlen

1. Erzähle.

2. Zähle weiter.

1	3	5	7	
2	4	6		10

11				
				20

3. Zerlege in gleiche oder fast gleiche Zahlen. Gerade oder ungerade?

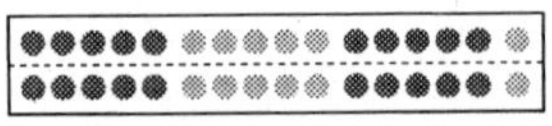

32 = 16 + 16 32 ist gerade.

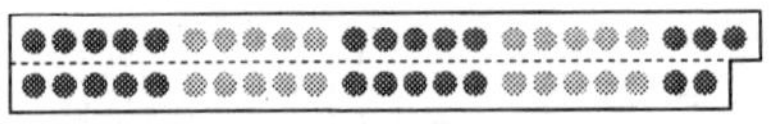

45 = 23 + 22 45 ist ungerade.

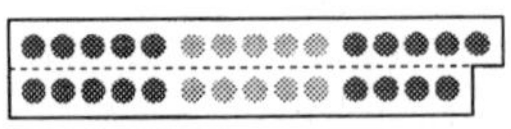

29 = ... + ... 29 ist ......

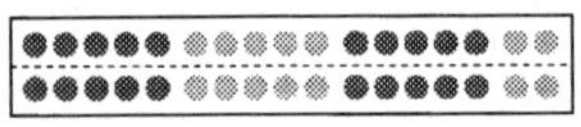

34 = ... + ... 34 ist ......

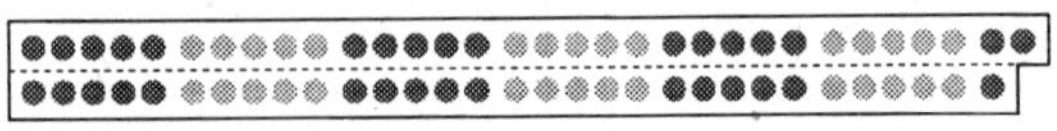

63 = ... + ... 63 ist ......

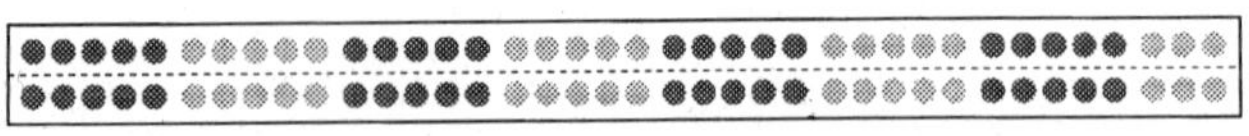

76 = ... + ... 76 ist ......

Was wird benötigt?

Arbeitsmaterial: Plättchen, Arbeitsheft mit Karopapier
Demonstrationsmaterial: Wendeplättchen auf Magnettafel, normale Wendeplättchen auf OHP oder Karofolie mit farbigen Folienstiften

Worum geht es?

Bereits im 1. Schuljahr haben die Schüler gerade und ungerade Zahlen als „figurierte Zahlen" kennengelernt. Zahlen, die sich als „aufgehende Doppelreihe" darstellen lassen, sind gerade, „nicht aufgehende Doppelreihen" stellen ungerade Zahlen dar.

Im 2. Schuljahr soll jetzt das Zahlenmuster „gerade, ungerade" auf den Hunderterraum übertragen und auf die Division angewandt werden.
Zahlen, die sich *gerecht* in zwei gleiche Teile zerlegen (d. h. *halbieren*) lassen, sind gerade: 32 = 16 + 16. Zahlen, die sich *nicht gerecht* teilen lassen, sondern nur „fast gerecht" in die Summe zweier fast gleicher (d. h. *aufeinanderfolgender*) Zahlen, heißen ungerade: 33 = 17 + 16. Man nennt die entsprechende Zerlegung „Fast-halbieren".

Wie kann man vorgehen?

Aufgabe 1:
Das Einstiegsbild erinnert an gerade und ungerade Zahlen aus dem ersten Schuljahr. Auf der rechten Seite der Straße befinden sich die geraden, auf der linken Seite die ungeraden Hausnummern. Fragen: Wenn die Straße weitergehen würde, auf welcher Straßenseite würden sich die Hausnummern 12, 20, 30, … befinden, auf welcher Straßenseite die Hausnummern 17, 25, …?
Aufgabe 2:
Die Zahlfolgen (ungerade, gerade Zahlen an einer Straße) werden ergänzt und gezeigt.
Aufgabe 3:
An der Magnettafel (bzw. am OHP) werden gerade und ungerade Zahlen gelegt und halbiert bzw. fast-halbiert. Anschließend werden die Aufgaben im Buch von den Kindern selbständig gelöst.
Hinweis: Bei den Aufgaben im Buch ermöglicht die Fünfer- und die Zehnerstruktur strukturiertes Zählen, so daß nicht einzeln abgezählt werden muß.

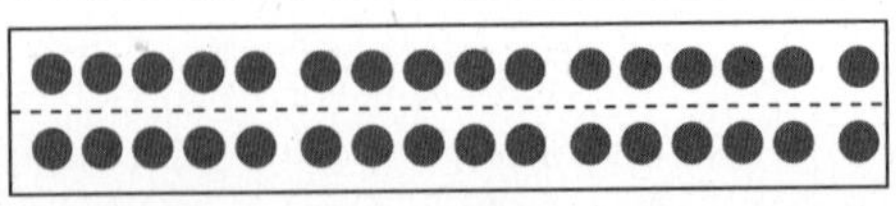

32 gerade

$$\begin{array}{r} 16 \\ +16 \\ \hline 32 \end{array}$$

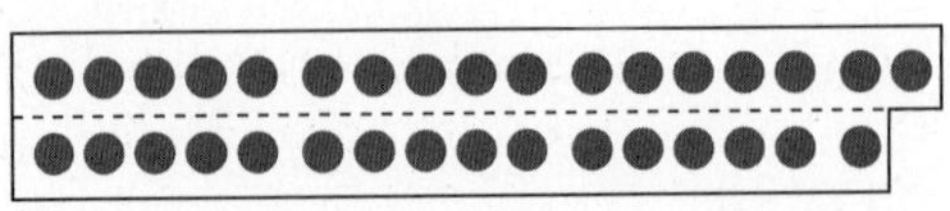

33 ungerade

$$\begin{array}{r} 17 \\ +16 \\ \hline 33 \end{array}$$

93 Gerade und ungerade Zahlen

Halbieren und Fast-halbieren

1. Zerlege in gleiche oder fast gleiche Zahlen.

10 = 5 + 5	25 = 13 + 12	30 = ... + ...	41 = ... + ...
11 = 6 + 5	26 = ... + ...	32 = ... + ...	43 = ... + ...
12 = ... + ...	27 = ... + ...	34 = ... + ...	45 = ... + ...
13 = ... + ...	28 = ... + ...	36 = ... + ...	47 = ... + ...
14 = ... + ...	29 = ... + ...	38 = ... + ...	49 = ... + ...

2. Zerlege 76, 99, 52, 81 in gleiche oder fast gleiche Zahlen.
Zerlege zuerst die Zehner, dann die Einer.

70 = 35 + 35	90 = ... + ...	50 = ... + ...	80 = ... + ...
6 = 3 + 3	9 = ... + ...	2 = ... + ...	1 = 1 + 0
76 = 38 + 38	99 = ... + ...	52 = ... + ...	81 = ... + ...

Rechne ebenso mit 54, 55, 83, 84.

3.

28 + 12 = ...	46 + 35 = ...	55 + 32 = ...	55 + 33 = ...
46 + 28 = ...	58 + 13 = ...	43 + 46 = ...	39 + 27 = ...
32 + 36 = ...	44 + 27 = ...	71 + 20 = ...	47 + 41 = ...
24 + 50 = ...	62 + 31 = ...	59 + 34 = ...	63 + 29 = ...
60 + 34 = ...	40 + 39 = ...	47 + 48 = ...	71 + 25 = ...

Wo stehen gerade Zahlen? Kreise ein.

4.

Zahl	16	18	19	22	25	27	28	30	32	33	37	39
das Doppelte												

5.

Zahl	42	48	50	52	58	60	64	66	70	74	76	80
die Hälfte	21											

RECHNE WIE DER BLITZ!

Zahl	15	20	45	35	30
das Doppelte					

Zahl	50	80	30	40	70
die Hälfte					

Wie kann man vorgehen?

An der Tafel wird die Zahlreihe von 20 bis 25 in Doppelreihen mit Plättchen gelegt, dann halbiert oder fast-halbiert:

20 = 10 + 10 gerade
21 = 11 + 10 ungerade
22 = 11 + 11 gerade
23 = 12 + 11 ungerade
24 = 12 + 12 gerade
25 = 13 + 12 ungerade

Zur Buchseite:

Aufgabe 1:

Zerlegen von Zahlen, wie an der Tafel vorbereitet. Es entstehen Muster:

10 = 5 + 5	25 = 13 + 12
11 = 6 + 5	26 = 13 + 13
12 = 6 + 6	27 = 14 + 13
13 = 7 + 6	28 = 14 + 14
14 = 7 + 7	29 = 15 + 14
30 = 15 + 15	41 = 21 + 20
32 = 16 + 16	43 = 22 + 21
34 = 17 + 17	45 = 23 + 22
36 = 18 + 18	47 = 24 + 23
38 = 19 + 19	49 = 25 + 24

Aufgabe 2:

Halbieren und fast-halbieren nach der Strategie: Erst Zehner, dann Einer!

55 soll zerlegt werden:

50 = 25 + 25 Zehner halbiert
5 = 3 + 2 Einer fast-halbiert
55 = 28 + 27 Zahl fast-halbiert

64 soll zerlegt werden:

60 = 30 + 30 Zehner halbiert
4 = 2 + 2 Einer halbiert
64 = 32 + 32 Zahl halbiert

Was wird benötigt?

Arbeits- und Demonstrationsmaterial: selbsterstelltes Meterband von Seite 24/25 (individuell: Hunderterfeld als Lösungshilfe)

Worum geht es?

Durch Halbieren und Fast-halbieren von Zahlen werden die Begriffe „gerade" und „ungerade" im Hunderterraum gefestigt. Die Strategie „Erst Zehner halbieren, dann Einer halbieren oder fast-halbieren" wird besonders herausgestellt.
In Aufgabe 3 wird die Summe von geraden und ungeraden Zahlen behandelt (Abbildungen rechts).

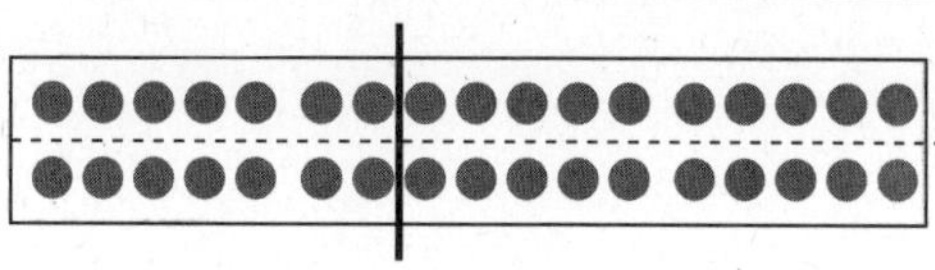

gerade + gerade = gerade

14 + 20 = 34

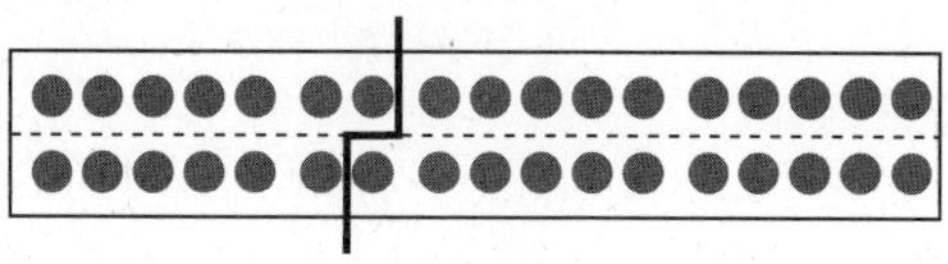

ungerade + ungerade = gerade

13 + 21 = 34

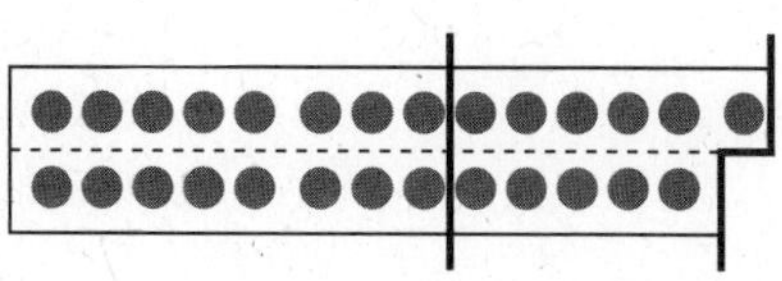

gerade + ungerade = ungerade

16 + 11 = 27

Aufgabe 3:
Addieren von Zahlen. Es entstehen arithmetische Muster. Diese werden sichtbar, wenn die geraden Zahlen eingekreist werden.

1. Päckchen:
   gerade + gerade = gerade
2. Päckchen:
   gerade + ungerade = ungerade
3. Päckchen:
   ungerade + gerade = ungerade
4. Päckchen:
   ungerade + ungerade = gerade

Aufgabe 4:
Das Verdoppeln wird in Tabellenform geübt.

Aufgabe 5:
Das Halbieren wird in Tabellenform geübt.
Im Blitzrechnen wird das Verdoppeln von Fünfer- und Zehnerzahlen und das Halbieren von Zehnerzahlen trainiert.

Wie könnte es weitergehen?

- Übungsheft Seite 41
- Erkundungsaufgabe: Abbau des Hunderters und anderer Zahlen mit ungeraden Zahlen (vgl. Seite 91).
  Von beliebig vorgegebenen Zahlen des Hunderterraums werden die ungeraden Zahlen 1, 3, 5, 7, … in Form einer Aufgabenkette subtrahiert.
  Frage: Wann „geht es auf", d. h. wann endet die Aufgabenkette bei dem Ergebnis 0?

100 - 1 = 99	50 - 1 = 49	49 - 1 = 48
99 - 3 = 96	49 - 3 = 46	48 - 3 = 45
96 - 5 = 91	46 - 5 = 41	45 - 5 = 40
91 - 7 = 84	41 - 7 = 34	40 - 7 = 33
84 - 9 = 75	34 - 9 = 25	33 - 9 = 24
75 - 11 = 64	25 - 11 = 14	24 - 11 = 13
64 - 13 = 51	14 - 13 = 1	13 - 13 = 0
51 - 15 = 36		
36 - 17 = 19		
19 - 19 = 0		
Es geht auf!	Es geht nicht auf!	Es geht auf!

Ergebnis: Genau bei den Quadratzahlen „geht es auf".
(Vgl. hierzu Handbuch produktiver Rechenübungen, Bd. 1, S. 101–102)

94 Vermischte Übungen

Wiederholende und vertiefende Übungen zu allen vier Grundrechenarten

1.

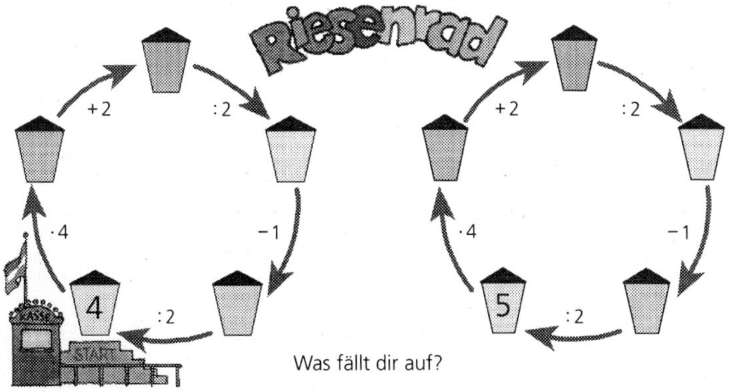

Was fällt dir auf?

2. Start 3 $\xrightarrow{\cdot 4}$ 12 $\xrightarrow{+2}$ 14 $\xrightarrow{:2}$ 7 $\xrightarrow{-1}$ ...... $\xrightarrow{:2}$ Ziel ......

6 ....

10 ....

....

Wähle selbst Zahlen und rechne.

3. Start 5 $\xrightarrow{\cdot 6}$ 30 $\xrightarrow{+3}$ 33 $\xrightarrow{:3}$ 11 $\xrightarrow{-1}$ ...... $\xrightarrow{:2}$ Ziel ......

....

Wähle selbst Zahlen und rechne.

4. Start 4 $\xrightarrow{\cdot 8}$ 32 $\xrightarrow{+4}$ ...... $\xrightarrow{:2}$ ...... $\xrightarrow{-2}$ ...... $\xrightarrow{:4}$ Ziel ......

....

Wähle selbst Zahlen und rechne.

5a.	**b.**	**c.**	**d.**
13 + 31 = ...	61 + 16 = ...	31 − 13 = ...	61 − 16 = ...
24 + 42 = ...	52 + 25 = ...	42 − 24 = ...	52 − 25 = ...
35 + 53 = ...	43 + 34 = ...	53 − 35 = ...	43 − 34 = ...
26 + 62 = ...	32 + 23 = ...	62 − 26 = ...	32 − 23 = ...
17 + 71 = ...	41 + 14 = ...	71 − 17 = ...	41 − 14 = ...

Was wird benötigt?

Arbeitsmaterial: –

Demonstrationsmaterial: Tafelbild, evtl. Ziffernkarten

Worum geht es?

Addition und Subtraktion, Multiplikation und Division werden an verschiedenen Beispielen wiederholend geübt. Als ein weiteres Aufgabenformat wird dabei die Rechenkette genutzt, eine Übungsform mit langer Tradition. Bei einer Rechenkette werden mit verschiedenen Zahlen die gleichen Rechnungen durchgeführt. Dabei entstehen Zusammenhänge von Startzahl und Zielzahl, die die Kinder entdecken können. Beim Riesenrad ist die Startzahl gleich der Zielzahl (Fig. 1).

Das läßt sich folgendermaßen beweisen: Wir wählen eine Startzahl, verraten sie aber nicht. Genau diese Zahl von Plättchen legen wir in einen Beutel. Wir vervierfachen, d. h. nehmen drei weitere Beutel *gleichen Inhalts* hinzu. Im nächsten Schritt kommen zwei Plättchen hinzu. Wir teilen dies nun gerecht an zwei Personen. Jeder erhält zwei Beutel und ein Plättchen. Dann geben wir ein Plättchen ab und teilen durch 2. Wir haben zum Schluß genau einen Beutel, also die gleiche Anzahl wie am Start (Fig. 2).

In Aufgabe 5 werden die Ziffern der einzelnen Zahlen bei Addition und Subtraktion vertauscht (Zahl und Umkehrzahl). Bei den Plusaufgaben haben die Ergebnisse immer gleiche Einer- und Zehnerziffern (Vielfache von 11). Dies sieht man ein, wenn man nach der Strategie „Zehner extra, Einer extra“ addiert und immer die gleiche Anzahl von Zehnern und Einern erhält.

Beispiel: Addition von Zahl und Umkehrzahl

$\underline{31 + 13} = 40 + 4 = \mathit{44} = 4 \cdot 11$
$30 + 10$
$1 + 3$

$\underline{72 + 27} = 90 + 9 = \mathit{99} = 9 \cdot 11$
$70 + 20$
$2 + 7$

Bei den Minusaufgaben sind die Ergebnisse immer Neunerzahlen (Vielfache von 9). Auch dies sieht man ein, wenn man nach der Strategie „Zehner extra, Einer extra“ subtrahiert und mit $10 - 1 = 9$, $20 - 2 = 2 \cdot 9$, $30 - 3 = 3 \cdot 9$, $40 - 4 = 4 \cdot 9$, … immer Neunerzahlen erhält.

Beispiel: Subtraktion von Zahl und Umkehrzahl

$\underline{61 - 16} = 50 - 5 = \mathit{45} = 5 \cdot 9$
$60 - 10$
$1 - 6$

$\underline{73 - 37} = 40 - 4 = \mathit{36} = 4 \cdot 9$
$70 - 30$
$3 - 7$

(Vgl. hierzu Handbuch produktiver Rechenübungen, Bd. 1, S. 99–100)

Fig. 1

Start	$\xrightarrow{\cdot 4}$	$\xrightarrow{+2}$	$\xrightarrow{:2}$	$\xrightarrow{-1}$	$\xrightarrow{:2}$ Ziel
4	16	18	9	8	4
10	40	42	21	20	10
9	36	38	19	18	9

Fig. 2

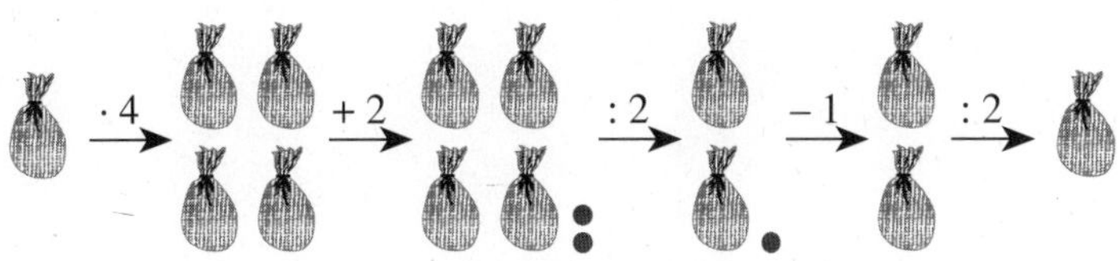

Wie kann man vorgehen?

Aufgabe 1–4:

Das Übungsformat „Rechenkette" wird zunächst an der Tafel wiederholt. Dann werden die Aufgaben im Buch von den Schülern mit selbst gewählten Startzahlen gerechnet. Anschließend wird diskutiert: Was fällt auf? Natürlich „Startzahl = Zielzahl".

Eine Begründung geht über die Möglichkeiten der Kinder hinaus. Trotzdem sollte man die Frage „Warum?" stellen. Vielleicht haben die Kinder Ideen für eine Begründung (Zone der nächsten Entwicklung).

Achtung: Wenn die Kinder selbst ihre Startzahlen wählen, werden sie teilweise rasch auf Aufgaben stoßen, die sie vielleicht noch nicht gelöst haben. Dies kann für einige Kinder eine Herausforderung darstellen.

Beispiel:

$8 \xrightarrow{\cdot 6} 48 \xrightarrow{+3} 51 \xrightarrow{:3}$ _

Aufgabe 5:

Zunächst werden die Aufgaben gerechnet. Anschließend wird diskutiert. Was fällt auf?

Plusaufgaben: Ergebnisse haben gleiche Einer- und Zehnerziffer oder sind Vielfache von 11.

Minuszahlen: Ergebnisse sind Zahlen aus der Neunerreihe.

Die Vermutungen können an weiteren Beispielen getestet werden. Vielleicht finden die Kinder auch Ansätze für Erklärungen der Muster.

Wie könnte es weitergehen?

- Übungsheft Seite 42 und 46 (Stafettenlauf)
- Finde bei den Plusaufgaben in Aufgabe 5 *alle* Aufgaben mit Ergebnis 99: 45 + 54, 36 + 63, 27 + 72, 18 + 81, Grenzfall 90 + 09
- Finde bei den Plusaufgaben *alle* Aufgaben mit Ergebnis 88, 77, 66, ...
- Finde bei den Minusaufgaben in Aufgabe 5 *alle* Aufgaben mit Ergebnis 9: 21 - 12, 32 - 23, 43 - 34, 54 - 45, 65 - 56, 76 - 67, 87 - 78, 98 - 89
- Finde bei den Minusaufgaben *alle* Aufgaben mit Ergebnis 18, 27, 36, 45, 54, 63 und 72
  (Es fällt auf, daß es 8 Aufgaben mit Ergebnis 9, 7 Aufgaben mit Ergebnis 18, 6 Aufgaben mit Ergebnis 27, ... und nur eine einzige Aufgabe 91 - 19 mit Ergebnis 72 gibt, es sei denn, man bezieht Aufgaben der Form 10 - 01 = 9, 20 - 02 = 8, ... 80 - 08 = 72 ein, wodurch sich die Aufgabenanzahlen um jeweils 1 erhöhen und eine einzige Aufgabe 90 - 09 = 81 für das Ergebnis 81 entsteht.)

95 Sitzplan

Lagebeziehungen rechts – links – gegenüber, Lesen eines Plans

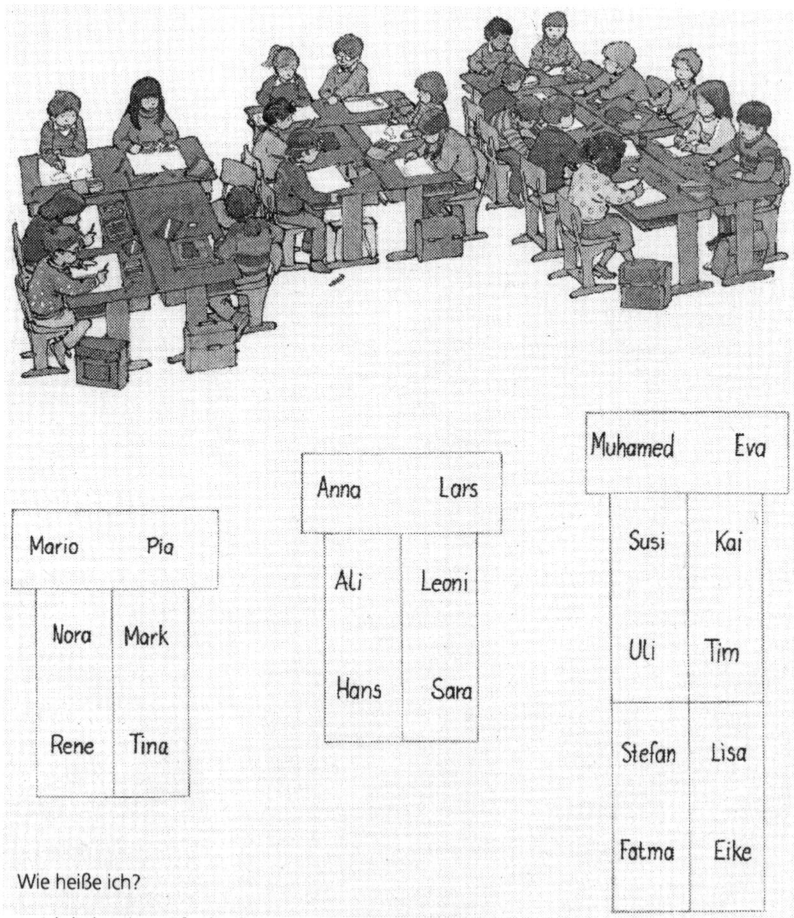

Wie heiße ich?

a. Ich habe einen Pferdeschwanz und einen gelben Pullover.
b. Ich trage eine Brille und sitze rechts neben Nora.
c. Der Junge links von mir trägt einen roten Pullover.
d. Mein rechter Nachbar ist heute nicht da.
e. Der Junge gegenüber von mir trägt ein Stirnband.
f. Meine linke Nachbarin hat lange schwarze Haare.
g. Mein rechter Nachbar kramt in seiner Schultasche.

Worum geht es?

Im 1. Schuljahr sollten die Kinder aus dem Plan eines Stuhlkreises Informationen entnehmen und mit Informationen der Stuhlkreise selbst verknüpfen. Nun wird die Stuhlkreissituation erweitert auf die komplexere Aufgabenstellung „Sitzplan einer Klasse". Das obere Bild zeigt eine Klassensituation. Darunter ist diese Situation in einem schematischen Sitzplan abgebildet.
Die Kinder sollen nun mit Hilfe des Planes die Namen der Kinder herausfinden und die Informationen des Planes mit dem Bild verknüpfen.

Wie kann man vorgehen?

Man sollte hier mit einer *Standortbestimmung* beginnen.
Die Lehrerin fordert die Schüler auf, einen Plan von der Klasse zu entwerfen, der einer fremden Lehrerin helfen soll, die Kinder mit dem richtigen Vornamen anzusprechen. Zur Orientierung auf dem Plan sollten auch Tafel, Fenster, Tür, Regale, Schrank, etc. eingezeichnet werden.
Die Zeichnungen der Kinder werden sehr unterschiedlich ausfallen. Schwierigkeiten könnten auftreten, wenn Kinder sehr wirklichkeitsgetreu Tische und Stühle zeichnen wollen und feststellen, daß sie damit überfordert sind. Hier hilft oft der Hinweis: „Es reicht, wenn du den Tisch von oben zeichnest." Je nach Leistungsfähigkeit können die Kinder dann ihren Platz kennzeichnen, die Namen der Kinder ihrer Tischgruppe oder auch alle Namen der Kinder der Klasse in den Plan eintragen. Beim Herstellen der Pläne werden die Kinder in vielfältiger Weise ihr Wissen über Lagebeziehungen anwenden und vertiefen.

Zur Buchseite:
Die Kinder äußern sich zur dargestellten Klassensituation: Anordnung der Tische, Anzahl der Kinder (der Mädchen, der Jungen), Aussehen der Kinder, Tätigkeiten der Kinder, Erkenntnisse zur Sitzordnung (fast alle Jungen sitzen neben einem Mädchen).

Vergleich mit dem Sitzplan:
Wie heißen die Kinder der linken, mittleren und rechten Tischgruppe? Die Namen werden vorgelesen.
Nun können sich Beschreibungsübungen anschließen:

1. Vom Plan aus:
Beschreibe Lars:
„mittlere Tischgruppe",
„sitzt neben Anna",
„gestreifter Pullover",
„Brille",
„malt ein Bild"
usw.

2. Von der Klassensituation aus:
Umgekehrt wird nun ein Kind beschrieben:
„Ich meine ein Mädchen der rechten Tischgruppe,
es hat braune Haare,
links und rechts von ihm sitzt ein Junge"
(Lisa).

Wenn sich die Kinder auf dem Bild und im Plan gut auskennen, schreibt die Lehrerin an die Tafel:
„Wie heiße ich?
Ich sitze gegenüber einem Mädchen, das mit Plättchen rechnet" (Eike).

Anschließend werden weitere ähnliche „Rätselaufgaben" gemeinsam gelöst.
Je nach Lesefertigkeit der Kinder werden die Aufgaben im Buch noch gemeinsam erarbeitet oder sofort in Einzel- oder Partnerarbeit gelöst.

Lösungen:

a. Ich bin Anna.
b. Ich bin Rene.
c. Ich bin Fatma. Mein Nachbar mit dem roten Pullover ist Stefan.
d. Ich bin Tina. Mein fehlender Nachbar heißt Mark.
e. Ich bin Sara. Der Junge mit dem Stirnband heißt Hans.
f. Ich bin Mario. Meine Nachbarin mit den schwarzen Haaren heißt Pia.
g. Ich bin Susi. Mein Nachbar Uli kramt in der Schultasche.

Wie könnte es weitergehen?

- Die Kinder erfinden selbst Aufgaben und stellen sie der Klasse
- Die Kinder zeichnen einen Sitzplan des *eigenen* Klassenzimmers
- Sehr anschaulich läßt sich auch mit Bauklötzen, die auf Plakatkarton gelegt werden, der Sitzplan darstellen. Nachdem die Klötze gelegt sind, zeichnet man die Umrisse nach, kann die Klötze wegnehmen und erhält so automatisch die schematische Sitzplandarstellung.
  Dieser große Sitzplan eignet sich vorzüglich für Orientierungsübungen im Sitzkreis (Zeige, wo du sitzt! Wo ist Yasmins Platz?). Diese Übung ist besonders reizvoll, weil jeder Schüler den Sitzplan aus einer anderen Perspektive sieht.
- Kinder zeichnen einen Plan von ihrem Kinderzimmer

96 Eckenhausen

Orientierungsübungen am Stadtplan, Wege nachgehen und beschreiben, Kennenlernen der Himmelsrichtungen

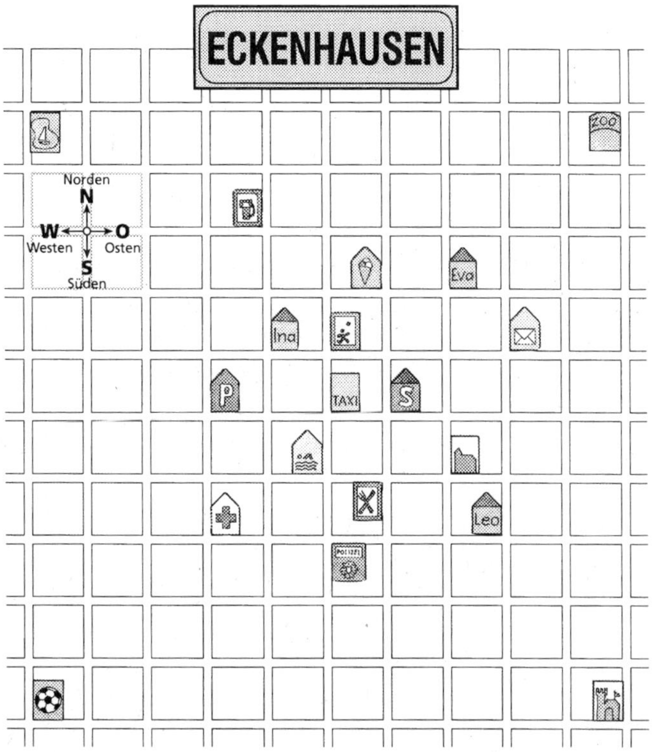

1. Leo geht zur Schule.
   a. Er geht immer 4 Wegstücke. Wie kann er gehen?
   b. Leo geht heute: ↑Norden, ←Westen, ↑Norden, ←Westen
   c. Leo geht nach Hause. Er geht heute: ↓Süden, →Osten, ↓Süden, →Osten

2. Wohin gehen Ina und Eva?
   Ina geht: **N, O, O, S, W.** Eva geht: **W, S, W, W, S, S, O.**

3. Eva besucht Ina. Schreibe auf, wie sie geht.

Wie kann man vorgehen?
Je nach Interesse und Platzmöglichkeiten kann Eckenhausen auf dem Klassenboden mit Klebestreifen aufgeklebt, mit Kreide aufgezeichnet oder auf ein großes Stück Papier gezeichnet ausgelegt werden. Man kann auch eine Folie der Buchseite am OHP betrachten.

Die Kinder gehen mit Spielpuppen die Straßen nach. Im Gespräch werden dabei die Himmelsrichtungen geklärt. Durch Nachgehen von Wegen nach Beschreibung, z. B. „Gehe nach Norden, dann nach Westen und anschließend nach Norden" werden die Himmelsrichtungen eingeübt.

Zur Buchseite:
Die Pictogramme stehen für:

 Tankstelle

 Eisdiele

 Spielplatz

 Postamt

 Parkhaus

 Schule

 Schwimmbad

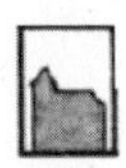 Kirche

 Krankenhaus

 Gasthof

 Polizei

 See

Was wird benötigt?
Arbeitsmaterial: –
Demonstrationsmaterial: großer Stadtplan auf Fußboden oder Folienkopie der Buchseite

Worum geht es?
Bereits im 1. Schuljahr haben die Kinder die Stadt Eckenhausen, in der alle Straßen senkrecht oder parallel zueinander laufen, kennengelernt. Die Straßenanordnung und das Arbeiten mit dem Plan dient einer langfristigen Vorbereitung des rechtwinkligen Koordinatensystems in der Ebene. Die Gebäude sind identisch mit denen aus dem 1. Schuljahr.
4 Freizeitangebote außerhalb der Stadt Eckenhausen sind neu hinzugekommen.
Die Gebäude sind so angeordnet, daß sie an einer Kreuzung liegen, um den Startpunkt eines Weges eindeutig festzulegen. Jeder Weg beginnt und endet an dem entsprechenden *Kreuzungspunkt, d. h. dem Mittelpunkt der Kreuzung. Die Wegstücke werden von Kreuzungspunkt zu Kreuzungspunkt gezählt.* Diese Verabredung muß unbedingt beachtet werden.
Im Unterschied zum 1. Schuljahr erfolgt die Wegbeschreibung nicht durch die relativen Lagebeziehungen rechts/links, sondern durch die Himmelsrichtungen.

Zoo

Sportplatz

Burg

Nach einem allgemeinen Gespräch über den Stadtplan von Eckenhausen (Was ist in dieser Stadt anders als in anderen Städten, was bedeuten die Pictogramme, was bedeutet die Windrose ...) liest ein Kind den Text von Aufgabe 1.

Aufgabe 1:

Die Kinder beschreiben, wie Leo zur Schule gehen kann (ggf. auch mit Umwegen).

a. Verschiedene Wege mit 4 Wegstücken suchen,
b. Vorgeschriebenen Weg nachgehen,
c. Vorgeschriebenen Weg nachgehen.

Dabei muß *allen* Kindern klar werden, daß *Wege von Kreuzungspunkt zu Kreuzungspunkt* gezählt werden, auch wenn die Gebäude an einer Ecke stehen.

Aufgabe 2:

Wege nachgehen und Endpunkte (Spielplatz, Schwimmbad) suchen.

Aufgabe 3:

Verschiedene Wege mit Hilfe der Himmelsrichtungen beschreiben.

Wie könnte es weitergehen?

– Die Aufgaben 1–3 sind nur als Anregungen zu verstehen. Ähnliche Aufgaben können von der Lehrerin oder von den Kindern selbst gestellt werden.

97 Eckenhausen

Länge der Wege bestimmen, Wege nachgehen, Rundwege erkennen

1. Das Taxi fährt: zum See. Es braucht 10 Wegstücke.
zum Zoo. Es braucht ...... Wegstücke.
zur Burg. Es braucht ...... Wegstücke.
zum Sportplatz. Es braucht ...... Wegstücke.

2. Das Taxi fährt: vom See zur Burg, am Sportplatz vorbei.
vom See zur Burg, am Krankenhaus vorbei.
vom See zur Burg, an der Tankstelle vorbei.

Suche den kürzesten Weg.

3. Gehe immer **N**, **W**, **S**, **O**. Wohin kommst du?

Start: **a.** Schule **b.** Schwimmbad **c.** Post **d.** Kirche

Was fällt dir auf?

4. Gehe immer **S**, **S**, **O**, **N**, **N**, **W**. Wohin kommst du?

Start: **a.** Taxistand **b.** Spielplatz **c.** Polizei **d.** Tankstelle

Was fällt dir auf?

5. Suche eigene Rundwege. 

Spierenstich

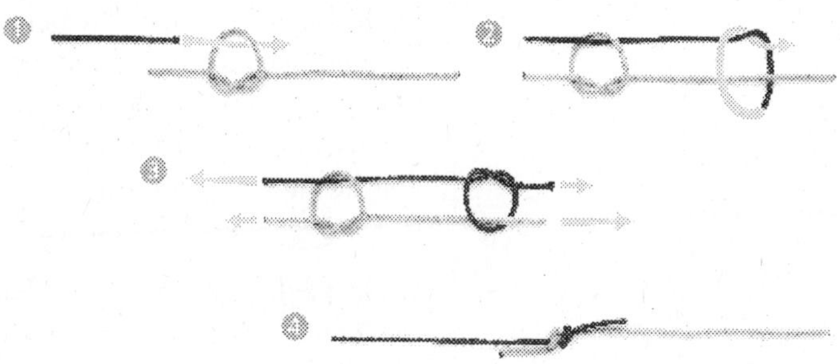

Was wird benötigt?

Arbeitsmaterial: Stadtplan „Eckenhausen“ von Buchseite 96
Demonstrationsmaterial: ggf. Folie von Buchseite 96

Worum geht es?

Zwei unterschiedliche Fragestellungen werden behandelt:
1. Kürzeste Wege und 2. Rundwege.
1. Nachdem die Kinder auf Seite 96 Wege mit Hilfe der Himmelsrichtungen beschrieben haben und nachgegangen sind, sollen sie die Anzahl der Wegstücke des *kürzesten Weges* zwischen zwei Punkten bestimmen *(keine Umwege)*. Die Kinder werden feststellen, daß es verschiedene Wege mit gleicher Streckenlänge gibt (kürzeste Wege). Auch diese Aktivität hängt ganz entscheidend davon ab, daß die Wege von *Kreuzungspunkt zu Kreuzungspunkt* gezählt werden.
2. Beim Nachfahren der vorgegebenen Wege auf dieser Seite ist der Startpunkt identisch mit dem Zielpunkt. Einen solchen Weg nennt man Rundweg. Es fällt auf, daß bei einem Rundweg die Anzahl der Wegstücke nach Norden gleich der Anzahl der Wegstücke nach Süden ist und ebenso die Anzahl der Wegstücke nach Westen gleich der Anzahl der Wegstücke nach Osten. Dies ist unmittelbar klar, weil die jeweiligen Paare von Himmelsrichtungen einander entgegengesetzt sind.

Wie kann man vorgehen?

Aufgabe 1 und 2:
Kinder zählen ihre Wegstücke und erzählen, wie „ihr“ Taxi gefahren ist. Dabei starten und enden sie betont an Kreuzungspunkten.
Aufgabe 3:
Start- und Zielpunkt sind identisch. Die Kinder stoßen hier erstmals auf einen *Rundweg* und damit auf eine *neue Fragestellung*, bei der es jetzt *nicht* auf kürzeste Wege ankommt.
Aufgabe 4:
Ein längerer Rundweg.
Aufgabe 5:
Das Typische eines Rundweges, gleiche Anzahlen der Wegestücke in entgegengesetzten Himmelsrichtungen, sollen die Kinder bei eigenen Rundwegen feststellen und begründen.
Fortsetzung der Knotenschule:
Der Spierenstichknoten wird geübt. Er verbindet zwei Seile fest miteinander. Von seinem Aufbau her vereinigt er in sich zwei einfache Knoten, die vor dem Zuziehen ineinander geschoben werden. Wenn es auf Sicherheit ankommt (wie z. B. beim Bergsteigen, wo dieser Knoten häufig verwendet wird), müssen die beiden Knoten jeweils gleichsinnig (*nicht seitenverkehrt*) geknüpft werden.

Wie könnte es weitergehen?

- An vorgegebenen Wegen kann untersucht werden, ob sie Rundwege sind

  Beispiele:
  S, S, W, N, O, N (Rundweg)

  S, S, W, N, O, N

  S, W, S, W, N, N, O (kein Rundweg)

  S, W, S, W, N, N, O

- Vorgegebene Wege, die keine Rundwege sind, sollen so verändert werden, daß Rundwege entstehen

Ungleichungen im Einmaleins-Plan

Lösungen für Ungleichungen mit einer Variablen finden, Produkte mit vorgegebenen Zahlen vergleichen

Ungleichungen

1. Der Tiger springt. Lies ab.

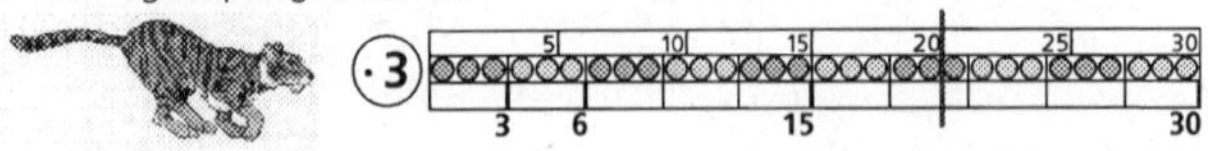

a. Bei welchen Sprüngen bleibt er unter 20?

....· 3 < 20

1 · 3 < 20	....· 3 < 20
2 · 3 < 20	....· 3 < 20
....· 3 < 20	....· 3 < 20

b. Bei welchen Sprüngen kommt er über 20?

....· 3 > 20

7 · 3 > 20	....· 3 > 20
....· 3 > 20	....· 3 > 20

2. Der Fuchs springt. Lies ab.

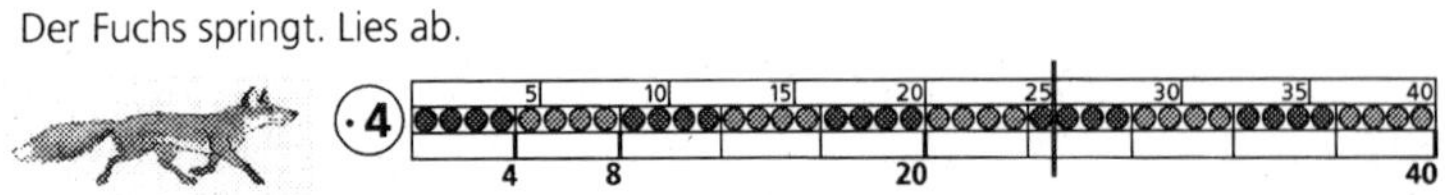

a. Bei welchen Sprüngen bleibt er unter 25?

....· 4 < 25

1 · 4 < 25	....· 4 < 25
....· 4 < 25	....· 4 < 25
....· 4 < 25	....· 4 < 25

b. Bei welchen Sprüngen kommt er über 25?

....· 4 > 25

....· 4 > 25	....· 4 > 25
....· 4 > 25	....· 4 > 25

3. Welche Zahlen passen? Überprüfe am Einmaleinsplan.

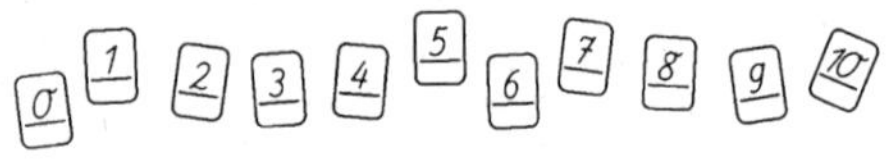

a.

....· 9 < 50

0 · 9 < 50	....· 9 < 50
1 · 9 < 50	....· 9 < 50
....· 9 < 50	....· 9 < 50

b.

....· 9 > 50

....· 9 > 50	....· 9 > 50
....· 9 > 50	....· 9 > 50
....· 9 > 50	

Was wird benötigt?

Arbeitsmaterial: Einmaleins-Plan (Beilage), falls noch vorhanden die Wendekarten

Demonstrationsmaterial: Einmaleins-Plan, Wendekarten

Worum geht es?

Die Kinder haben im 1. Schuljahr die Zeichen <, >, = für den Vergleich einer Summe mit einer Zahl kennengelernt und Ungleichungen dieser Art mit einer Variablen gelöst.

Im 2. Schuljahr werden einzelne Produkte mit Einmaleinszahlen verglichen (Seite 63). Auf dieser Doppelseite wird der Kontext Ungleichungen auf die Multiplikation übertragen. Platzhalter ist dabei der erste Faktor. Wie bei der Addition werden die Ungleichungen nur für eine kleine überschaubare Zahlenmenge betrachtet, die durch die Vorgabe der Reihen am Einmaleins-Plan bzw. der Zahlenkarten von 0 bis 10 bestimmt ist. Durch eine Markierung wird an der zu vergleichenden Zahl eine „Hürde“ auf dem Einmaleins-Plan errichtet. Durchgängige Fragestellung: Bei welchen Sprüngen schafft das Tier es nicht, über die Hürde zu kommen? (Ungleichungen mit <). Bei welchen Sprüngen kommt das Tier über die Hürde (Ungleichungen mit >)?

Nachdem das Aufgabenprinzip am Einmaleins-Plan verstanden ist, wird es auf abstraktere Zahlenkarten übertragen. Als Hilfe und zur Überprüfung kann der Einmaleins-Plan hinzugenommen werden.

Wie im 1. Schuljahr veranschaulichen besonders die Zahlenkarten folgende Lösungsstrategie: Sind die höchste und die niedrigste Lösungszahl ermittelt, dann liegen alle übrigen Lösungszahlen dazwischen.

Wie kann man vorgehen?

Als Einstieg wird am Einmaleins-Plan demonstriert, wie der Tiger springt. Dann wird ein Streichholz als „Hürde“ hinter die Zahl 20 gelegt.

Fragestellung: Bei welchen Sprüngen kommt der Tiger über 20? Bei welchen Sprüngen bleibt der Tiger unter 20?

Diese Fragestellung wird in die mathematische Zahlensprache übersetzt und an die Tafel geschrieben:

$\_ \cdot 3 < 20 \qquad \_ \cdot 3 > 20$

Alle möglichen Sprünge werden durchgeführt. Nach jedem Sprung wird das Ergebnis in die Zahlensprache übersetzt und als Ungleichung festgehalten.

$5 \cdot 3 < 20,\ 6 \cdot 3 < 20,\ 7 \cdot 3 > 20, \ldots$

Was besagen diese Ungleichungen? Wenn der Tiger 5 Sprünge macht, kommt er nicht über 20 – wenn er 6 Sprünge macht, auch nicht. Erst wenn er 7 Sprünge macht, kommt er über 20. Wenn der Tiger die Hürde mit 7 Sprüngen schafft, dann wird er sie erst recht mit 8, 9 und 10 Sprüngen schaffen. Damit sind weitere Lösungen der Ungleichung $\_ \cdot 3 > 20$ gefunden. Wenn der Tiger mit 6 Sprüngen die Hürde nicht schafft, dann auch nicht mit 5, 4, 3, 2 und 1 Sprüngen.

(Weitere Hinweise zum Kontext Ungleichungen Lehrerband 1, Seite 171)

Nach diesen Beispielaufgaben können die Kinder die Aufgaben 1 und 2 aus dem Buch lösen.

Aufgabe 1:
Der Tiger springt an der Dreierreihe. Hürde ist die Zahl 20.
Aufgabe 2:
Der Fuchs springt an der Viererreihe. Hürde ist die Zahl 25.
Aufgabe 3:
Als Einstieg werden die Wendekarten von 0 bis 10 an die Tafel geheftet. Falls diese nicht zur Verfügung stehen, kann man einfache Zahlenkarten aus Papier oder Pappe an die Tafel kleben. Darunter wird eine Ungleichung geschrieben, z. B.

$\_ \cdot 9 < 50$

Übersetzung: Welche der Zahlen paßt? Die passenden Karten werden über die Aufgabe geheftet. Zusätzlich werden alle Lösungen festgehalten:

$0 \cdot 9 < 50$, $1 \cdot 9 < 50$, usw.

Die Kinder finden heraus: Wenn die Zahl 6 nicht mehr paßt, dann werden die Zahlen 7, 8, 9 und 10 auch nicht mehr passen. Danach sind die Zahlen 0 bis 5 die Lösungen der Teilaufgabe a., die Zahlen 6 bis 10 die Lösungen der Teilaufgabe b..
Als Lösungs- und Überprüfungshilfe dient der Einmaleins-Plan, mit dem die Ungleichung interpretiert werden kann: Wie oft muß der Ochsenfrosch springen, um über die 50 zu kommen? Wann bleibt er unter der 50?

Wie könnte es weitergehen?

– Kinder finden selbst Aufgaben mit Ungleichungen und lösen sie am Einmaleins-Plan

99 Ungleichungen mit Einmaleinsaufgaben

Lösungen von Ungleichungen finden, Sachaufgaben zur Multiplikation

1. Welche Zahlen passen? Schreibe die Ungleichungen auf.

a. ......· 2 < 15 c. ......· 6 < 15 e. ......· 8 < 15

b. ......· 2 > 15 d. ......· 6 > 15 f. ......· 8 > 15

2. < oder = oder >? Setze ein.

a.	b.	c.	d.
2 · 7 □ 20	4 · 9 □ 45	35 : 5 □ 5	30 : 3 □ 7
3 · 7 □ 20	5 · 9 □ 45	30 : 5 □ 5	27 : 3 □ 7
4 · 7 □ 20	9 · 5 □ 45	25 : 5 □ 5	18 : 3 □ 7
5 · 7 □ 20	9 · 6 □ 45	20 : 5 □ 5	24 : 3 □ 7
6 · 7 □ 20	6 · 9 □ 45	15 : 5 □ 5	21 : 3 □ 7

3. Wie viele Beine haben a. 2 Schafe und 3 Enten?
b. 3 Schafe und 2 Enten?
c. 4 Schafe und 2 Enten?

4. Ich zähle 22 Beine. Wie viele Schafe und wie viele Enten können es sein?

Ali zeichnet:

Eva rechnet:

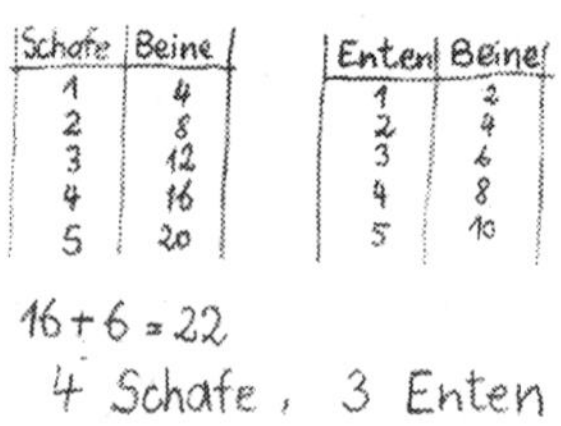

Was wird benötigt?

Arbeitsmaterial: Einmaleins-Plan, ggf. Wendekarten
Demonstrationsmaterial: Einmaleins-Plan, ggf. Wendekarten

Worum geht es?

Neben der Fortführung der Ungleichungen von Seite 98 wird hier eine Erkundungsaufgabe zur Multiplikation gestellt, Aufgabe 4:
Ich zähle 22 Beine. Wie viele Schafe und Enten können es sein? Die Aufgabe kann zeichnerisch oder rechnerisch gelöst werden, sie hat mehrere (genau 6) Lösungen:

Schafe	Beine
1	4
2	8
3	12
4	16
5	20

Enten	Beine
1	2
2	4
3	6
4	8
5	10
6	12
7	14
8	16
9	18
10	20
11	22

Lösungen:

16 + 6 = 22, also	4 Schafe, 3 Enten
20 + 2 = 22, also	5 Schafe, 1 Ente
4 + 18 = 22, also	1 Schaf, 9 Enten
0 + 22 = 22, also	11 Enten
8 + 14 = 22, also	2 Schafe, 7 Enten
12 + 10 = 22, also	3 Schafe, 5 Enten

Wie kann man vorgehen?

Aufgabe 1:
Nachdem in Aufgabe 3 Seite 98 zusätzlich zur Aufgabenstellung noch alle Ungleichungen zum Eintragen der Zahlen vorgegeben wurden, wird hier nur noch die Aufgabenstellung angegeben.
Die zu überspringende Zahl ist in allen drei Reihen die Zahl 15. In a. und b. sollen die Ungleichungen zur Zweierreihe, in c. und d. die Ungleichungen zur Sechserreihe und in e. und f. die Ungleichungen zur Achterreihe aufgeschrieben werden. Die Kinder finden im Vergleich der Reihen heraus, daß sie in der Zweierreihe viele Sprünge bis zur „Hürdenzahl" machen müssen und in der Achterreihe die Hürde schon mit dem zweiten Sprung geschafft ist.

Als Beispielaufgaben für die Tafel sind möglich:

__ · 4 < 30 __ · 8 < 30
__ · 4 > 30 __ · 8 > 30

Aufgabe 2:
Die Kinder sollen in die vorgegebenen Aufgaben das passende Relationszeichen einsetzen.

a. Aufgaben der Siebenerreihe im Vergleich mit 20
b. Aufgaben der Neunerreihe und Tauschaufgaben im Vergleich mit 45
c. Divisionsaufgaben mit 5 im Vergleich zu 5
d. Divisionsaufgaben mit 3 im Vergleich zu 7

Aufgabe 3:
Unterstützt und angeregt durch die Illustrationen sollen die Kinder die Sachaufgaben lösen. Zur Kontrolle werden sie angeregt, wie in Teil a. die Lösungen zu zeichnen. Dabei muß den Kindern klar werden, daß es nicht darum geht, die Tiere möglichst schön zu zeichnen. Es kommt darauf an, durch einfache Strichzeichnungen das *mathematisch Wesentliche* herauszustellen (Tierkörperumrisse mit 2 Beinen und mit 4 Beinen).

Aufgabe 4:
Die Aufgabe ist bewußt so gestellt, daß viele Lösungen möglich sind. Dazu sind zwei Schülerlösungsmöglichkeiten exemplarisch abgebildet.
Während Ali genau eine Lösungsmöglichkeit darstellt, kann man aus Evas Tabelle verschiedene Möglichkeiten ablesen und weitere selbst entwickeln (z. B. 1 Schaf und 9 Enten haben zusammen auch 22 Beine).
Im Unterricht kann man den Kindern die Aufgabe frei stellen oder zunächst Alis und Evas Lösung exemplarisch besprechen und dann die noch fehlenden (4) Lösungen suchen lassen.
Die Aufgabe regt im Sinne des operativen Prinzips zum Abwandeln und Neukombinieren der Zahlen an. Die Kinder können dabei exemplarisch erfahren, wie man durch Verändern von Zahlen Lösungsansätze flexibel an die Aufgabenbedingungen anpassen kann.

Wie könnte es weitergehen?
- Die Kinder suchen selbst weitere Ungleichungen am Einmaleins-Plan
- Eingekleidete Rechenaufgaben wie in Aufgabe 3 werden beim täglichen Kopfrechnen aufgegriffen:
  Wie viele Beine haben 3 Fliegen?
  2 Spinnen?
- Eine Anzahl von Fliegen und Spinnen haben zusammen 48 Beine. Wie viele Fliegen (Spinnen) *könnten* es sein?
  (z. B. 6 Spinnen, keine Fliege:
  $6 \cdot 8 = 48$, 3 Spinnen und 4 Fliegen:
  $3 \cdot 8 + 4 \cdot 6 = 24 + 24 = 48$)

100/101 Villa Kunterbunt

Wiederholung von Multiplikation und Division, Übungsformat „Tabula rasa"

Was wird benötigt?
Arbeitsmaterial: Kopiervorlage 26 (Tabula rasa), 1 x 1-Plan und 1 x 1-Tafel
Demonstrationsmaterial: 1 x 1-Plan und 1 x 1-Tafel

Worum geht es?
Nachdem Multiplikation und Division eingeführt und hauptsächlich für sich geübt wurden, sollen auf einer Doppelseite die beiden Rechenverfahren verknüpft und vertieft werden.
Als außermathematischer Rahmen fungiert „Pippi Langstrumpf". Aufhänger ist die Geschichte „Pippi geht in die Schule". Aus diesem Kontext ergeben sich Malaufgaben. Pippi Langstrumpf und ihre Freunde Thomas und Annika stellen auch eigene, überraschende Sachaufgaben.

Die Malaufgaben mit mehreren Faktoren auf S. 101 oben gehören zur Zone der nächsten Entwicklung und damit nicht zum Pflichtstoff. Die Kinder, die möchten, können sich an den Aufgaben versuchen.

Wie kann man vorgehen?
Zuerst erzählen die Kinder von Pippi Langstrumpf. Dann wird ein Ausschnitt aus dem Kapitel „Pippi geht zur Schule" vorgelesen, aus dem gekürzt und auf die Multiplikation abgewandelt das im Schülerbuch verwendete Zitat stammt. Gemeinsam können in der Klasse zu vorgegebenen Ergebnissen passende Malaufgaben gefunden werden. So entstehen an der Tafel Zahlenhäuser.

Beispiel:

12
2 · 6
6 · 2
3 · 4
4 · 3

Die Kinder werden sich daran erinnern, daß Zahlenhäuser für unterschiedliche Zahlen unterschiedlich groß sein können.

Zur Buchseite:
Die Kinder erzählen zu dem Bild. Der Text wird gelesen. Dann werden Übungsformate aufgefrischt. Ansonsten bearbeiten die Kinder die Seiten selbständig, wobei sie selbst entscheiden, ob sie auch die Kettenaufgaben auf S. 101 oben versuchen wollen. Für diese Aufgaben hilft der Hinweis, daß man das Ergebnis einer Aufgabe bei der jeweils nächsten Aufgabe einsetzen kann.

Zu den Aufgaben:
In Pippis Plan für „Plutimikation" (so nennt Pippi die Multiplikation) sind die kurzen Reihen versteckt, geordnet nach geraden und ungeraden Zahlen. (Evtl. kann die 11er-Reihe hinzugenommen werden.)

Die „Tabula rasa"-Aufgaben auf den Zetteln am Baum werden durch Multiplikation und Division gelöst.

Lösungen:

·	6	3	9
2	12	6	18
3	18	9	27
4	24	12	36

·	5	4	6
7	35	28	42
8	40	32	48
9	45	36	54

Auf den Zaunlatten sind Divisionsaufgaben zu lösen. Die Ergebnisse sind immer 5, 9, 4 und 10. Hinzu kommen Divisionsaufgaben mit 100 und 50. Eine lebhafte Diskussion kann der kleine Zettel für die Lieblingsmalaufgabe der Kinder auslösen. Einige Kinder werden sich besonders schwere Malaufgaben, andere besonders interessante wie z. B. $0 \cdot 0$ oder $1 \cdot 1$ aussuchen. Im Dach der Villa Kunterbunt auf Seite 101 sind ganz spezielle Malaufgaben zu finden:

$2 \cdot 2 = 4$,
$2 \cdot 2 \cdot 2 = 2 \cdot 4 = 8$,
$2 \cdot 2 \cdot 2 \cdot 2 = 2 \cdot 8 = 16$,
$2 \cdot 2 \cdot 2 \cdot 2 \cdot 2 = 2 \cdot 16 = 32, \ldots$
Wie weit können die Kinder rechnen?

Ebenso:
$0 \cdot 1 = 0,\ 1 \cdot 2 = 2,\ 2 \cdot 3 = 6,\ 3 \cdot 4 = 12,$
$4 \cdot 5 = 20, \ldots$ und
$1 \cdot 2 = 2$,
$1 \cdot 2 \cdot 3 = 6$,
$1 \cdot 2 \cdot 3 \cdot 4 = 6 \cdot 4 = 24$,
$1 \cdot 2 \cdot 3 \cdot 4 \cdot 5 = 24 \cdot 5 = 120, \ldots$
Die fortlaufenden Multiplikationsketten gehen z. T. etwas über den Zahlenraum hinaus und fordern starke Rechner zur Fortsetzung auf.

Auf den Pfosten stehen ebenfalls Aufgaben:
$1 \cdot 1,\ 1 \cdot 1 \cdot 1,\ 1 \cdot 1 \cdot 1 \cdot 1, \ldots$

$3 \cdot 3 = 9,\ 3 \cdot 3 \cdot 3 = 9 \cdot 3 = 27,$
$3 \cdot 3 \cdot 3 \cdot 3 = 81, \ldots$

$2:2,\ 5:5,\ 10:10, \ldots$

$10:1,\ 5:1,\ 2:1, \ldots$

Auf den Zaunlatten sind einige von Pippi und ihren Freunden Thomas und Annika erfundene Textaufgaben angeschlagen. Während sich Pippi zwei mathematisch unlösbare, sogenannte „Kapitänsaufgaben" ausgedacht hat, können die Aufgaben von Thomas und Annika durch Multiplikation gelöst werden.

Wie könnte es weitergehen?
- Die Kinder denken sich ähnliche Aufgaben wie auf dem Bild aus
- Die Kinder denken sich neue Aufgaben über Multiplikation und Division aus

Literatur

Astrid Lindgren, Pippi Langstrumpf. Oetinger, Hamburg 1986, darin besonders das 4. Kapitel: Pippi geht in die Schule

In diesem Kapitel findet sich (gekürzt und geändert in bezug auf die Multiplikation) die Schulsituation, die hier im Buch aufgegriffen wurde.

Astrid Lindgren, Pippi Langstrumpf geht an Bord. Oetinger, Hamburg 1986, darin besonders das 3. Kapitel: Pippi schreibt einen Brief und geht in die Schule – aber nur ein bißchen (hier prägt Pippi den Begriff Plutimikation)

Über Hundert hinaus

Erweiterung des Zahlenraumes, Orientierungsübungen im ersten und zweiten Hunderter, Zählübungen

Über Hundert hinaus

1	2	3	4	5	6	7	8	9	10	101		103	104		106	107	108	109	110
11	12	13	14	15	16	17	18	19	20	111	112	113	114		116	117		119	120
21	22	23	24	25	26	27	28	29	30	121	122	123	124		126	127	128	129	
31	32	33	34	35	36	37	38	39	40	131			134		136	137	138	139	140
41	42	43	44	45	46	47	48	49	50	141	142	143	144	145	146	147		149	150
51	52	53	54	55	56	57	58	59	60	151	152	153		155	156	157		159	160
61	62	63	64	65	66	67	68	69	70		162	163	164	165	166		168	169	170
71	72	73	74	75	76	77	78	79	80	171		173	174	175		177		179	180
81	82	83	84	85	86	87	88	89	90	181	182	183	184		186	187	188		190
91	92	93	94	95	96	97	98	99	100	191	192		194	195	196	197	198	199	200

1. Schreibe die fehlenden Zahlen auf. Beginne in der obersten Zeile.

2. Zähle weiter.

a. 95, 96, 97, ..., 105
b. 50, 60, 70, ..., 140
c. 70, 80, 90, ..., 160
d. 80, 85, 90, ..., 120
e. 98, 99, 100, ..., 110
f. 150 ,140, 130, ..., 60
g. 180, 170, 160, ..., 90
h. 115, 110, 105, ..., 70
i. 111, 110, 109, ..., 100

3.

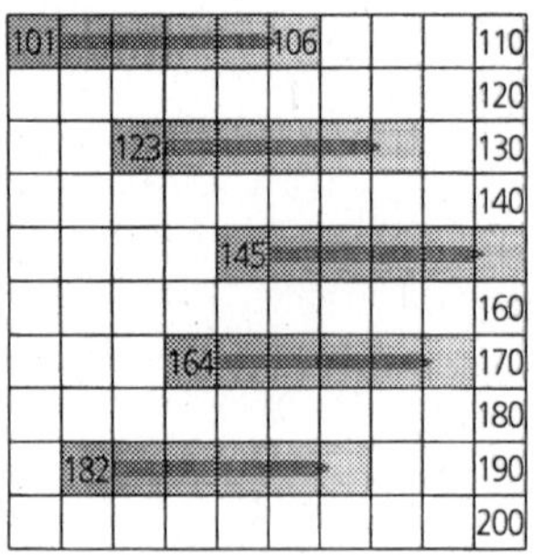

Start	101	123	145	164	182
Ziel	106				

4.

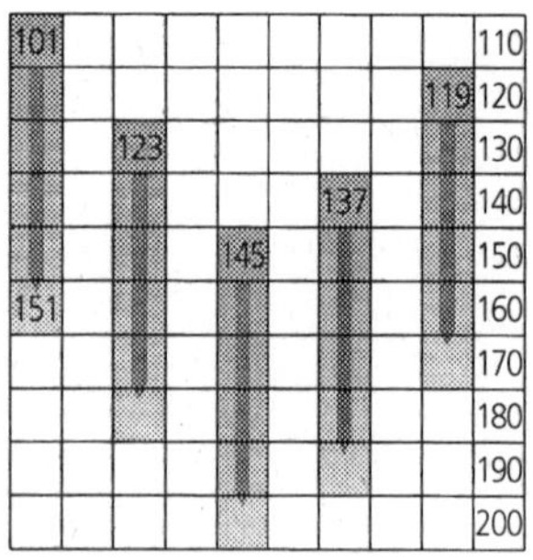

Start	101	123	145	137	119
Ziel					

Was wird benötigt?

Arbeits- und Demonstrationsmaterial: als Fortsetzung der Hundertertafel eine Tafel mit den Zahlen von 101 bis 200 (evtl. als Folie auf dem OHP), leere 10 mal 10-Tafel (Kopiervorlage 8), evtl. Maßband oder Zollstock von 200 cm Länge

Worum geht es?

An verschiedenen Stellen (z. B. Seite 56/57, Kleidergrößen) wurde über 100 hinaus gerechnet. Bevor im 3. Schuljahr ganzheitlich mit dem Tausenderbuch in den Zahlenraum bis 1000 eingeführt wird, soll an dieser Stelle ein Ausblick gegeben werden.

Dabei sollte allen Schülern bewußt werden, daß der zweite Hunderter analog zum ersten aufgebaut ist. Im ersten Hunderter auf der Buchseite sind alle Zahlen eingetragen, im zweiten Hunderter fehlen Zahlen, die ergänzt werden müssen.

Wie kann man vorgehen?

Standortbestimmung:
Der Einstieg sollte hier mit einer *Standortbestimmung* erfolgen.
Wer kann schon über 100 hinaus zählen und rechnen? Jeder Schüler kann zu diesem Thema sicherlich Zahlen, Zahlfolgen und Aufgaben aufschreiben.

Operative Päckchen, nur leicht über 100 hinaus:
Wer möchte, kann auch mit operativen Päckchen an der Hundertertafel über 100 hinaus rechnen.

Beispiel:

1									10
	12							19	
		23					28		
			34			37			
				45	46				
				55	56				
			64			67			
		73					78		
	82							89	
91									100

$1 + 91 = 92$
$12 + 82 = 94$
$23 + 73 = 96$
$34 + 64 = 98$
$45 + 55 = 100$
$56 + 46 = 102$
$67 + 37 = 104$
$78 + 28 = 106$
$89 + 19 = 108$
$100 + 10 = 110$

Die Ergebnisse wachsen in Zweierschritten von 92 bis 110

Man kann aber auch diagonale Summen $1 + 100$, $12 + 89$, $23 + 78$, $34 + 67$, $45 + 56$, $91 + 10$, $82 + 19$, $73 + 28$, $64 + 37$, $55 + 46$ ausrechnen und rechnet immer um 1 über den Hunderter hinaus.

Gemeinsames Erstellen der Tafel von 101 bis 200:
Sicherlich ist es möglich, daß die Schüler gemeinsam analog zur Hundertertafel alle Zahlen des zweiten Hunderters von 101 bis 200 richtig in die leeren Felder einer 10 mal 10-Tafel eintragen und anschließend die Zahlen auch richtig lesen. Parallel zu jeder weiteren Aktivität sollten die Zahlen dabei an der Tafel und am Maßband verfolgt werden.

Zur Buchseite:
Aufgabe 1:
Die fehlenden Zahlen des zweiten Hunderters werden aufgeschrieben. Ggf. muß noch mündlich erklärt werden, in welcher Reihenfolge die Zahlen aufzuschreiben sind.
Aufgabe 2:
Zählen in 1er-, 5er- und 10er-Schritten vor- und rückwärts über die Schwelle 100. Das Maßband oder die Tafeln helfen hierbei.
Aufgabe 3 und 4:
Es werden jeweils die Zahlen 5 bzw. 50 addiert bzw. weitergezählt. Die Übertragung in die Tabelle verlangt besondere Aufmerksamkeit. Es empfiehlt sich, die Aufgabe 3 im Klassengespräch zu erarbeiten.

Wie könnte es weitergehen?
- Übungsheft Seite 43
- Auch mit Geld wird über den Hunderter hinaus gerechnet
- Auch mit dem Maßband wird über hundert Zentimeter hinaus gemessen

103 Ausblick auf den zweiten Hunderter

Mit Zehnerzahlen in den ersten beiden Hunderterfeldern addieren, einfache Malaufgaben mit 100, 50, 25 und 10

1. 200 = ... · 100   200 = ... · 50   200 = ... · 25   200 = ... · 10

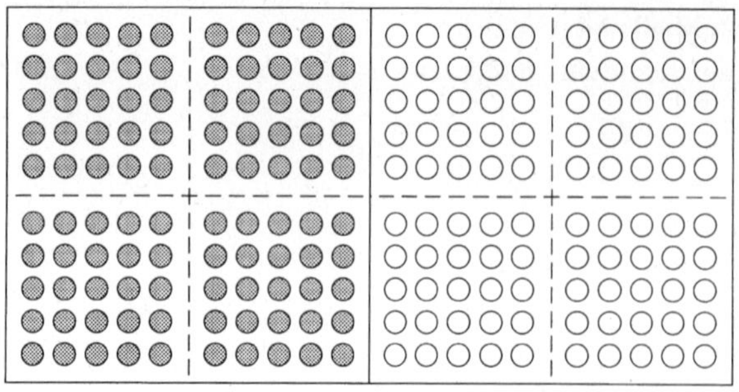

2.		**3.**	
100 + 100 = ...	130 + 70 = ...	100 + 10 = ...	100 + 60 = ...
150 + 50 = ...	170 + 30 = ...	100 + 20 = ...	100 + 70 = ...
110 + 90 = ...	140 + 60 = ...	100 + 30 = ...	100 + 80 = ...
190 + 10 = ...	160 + 40 = ...	100 + 40 = ...	100 + 90 = ...
120 + 80 = ...	180 + 20 = ...	100 + 50 = ...	100 + 100 = ...

4.		
2 · 50 = ...	2 · 25 = ...	5 · 10 = ...
3 · 50 = ...	4 · 25 = ...	10 · 10 = ...
4 · 50 = ...	6 · 25 = ...	15 · 10 = ...
1 · 50 = ...	8 · 25 = ...	20 · 10 = ...

5. Wechsle 200 DM.

	Scheine
100 100	2

.....

Wie kann man vorgehen?

Aufgabe 1 und 2:
Diese Aufgaben sollten offen vorbereitet werden: Die Lehrerin zeigt den Kindern zwei Hunderterfelder und bittet sie, möglichst viele Aufgaben mit dem *Ergebnis 200* zu suchen. Alle richtigen Aufgaben werden an der Tafel gesammelt, z. B.:
200 = 100 + 100
200 = 150 + 50
200 = 199 + 1
200 = 198 + 2
200 = 2 mal 100
200 = 4 · 50
Sicher werden hier schon einige der im Buch aufgeführten Aufgaben von alleine gefunden. Erst anschließend sollten die Zerlegungsübungen der Aufgaben 200 = 2 · 100, 200 = 4 · 50, 200 = 8 · 25, 200 = 20 · 10 am OHP vorgenommen und besprochen werden.
Aufgabe 3:
Addition von Zehnerzahlen. An Punktefeldern oder mit Geld verdeutlichen.
Aufgabe 4:
Einfache Multiplikationsaufgaben, die ebenfalls mit Punktefeldern oder Geld verdeutlicht werden können. Herauszuarbeiten sind Verdopplungsbeziehungen in den Ergebnissen.
Aufgabe 5:
200 DM wird verschieden in Geldscheine gewechselt. Die Schüler sollten angeregt werden, ihre Ergebnisse zu vergleichen und Vorgehensweisen auszutauschen.

Was wird benötigt?

Arbeits- und Demonstrationsmaterial: zwei Hunderterfelder wie auf der Schulbuchseite (Kopiervorlage 6), Rechengeld (alle Scheine bis 200 DM)

Worum geht es?

Es geht hier um Veranschaulichung und Strukturierung des Zahlenraums bis 200. Auf der vorhergehenden Seite wurde das Zählen in Schritten in dem erweiterten Zahlraum thematisiert. Nun geht es um additive und multiplikative Zerlegungen von 200 und um das Rechnen mit Zehnern, Fünfundzwanzigern, Fünfzigern im Zahlenraum bis 200.

Wie könnte es weitergehen?

– Erkundungsaufgabe: Kann man 200 DM in 1, 2, 3, 4, 5, 6, 7, 8, … Scheine wechseln? Was ist die größte Anzahl von Scheinen?

1 Schein: [200]
2 Scheine: [100] [100]
3 Scheine: [50] [50] [100]
4 Scheine: [50] [50] [50] [50]
5 Scheine: [10] [20] [20] [50] [100]
…
40 Scheine: [5] [5] [5] [5] [5] [5] [5] [5] [5] [5] [5] [5]
[5] [5] [5] [5] [5] [5] [5] [5] [5] [5] [5] [5] [5] [5]
[5] [5] [5] [5] [5] [5] [5] [5] [5] [5] [5] [5] [5] [5]

104 Legen und Überlegen

Operatives Verändern einer Sachaufgabe in einem ganzheitlichen Zusammenhang

Legen und überlegen

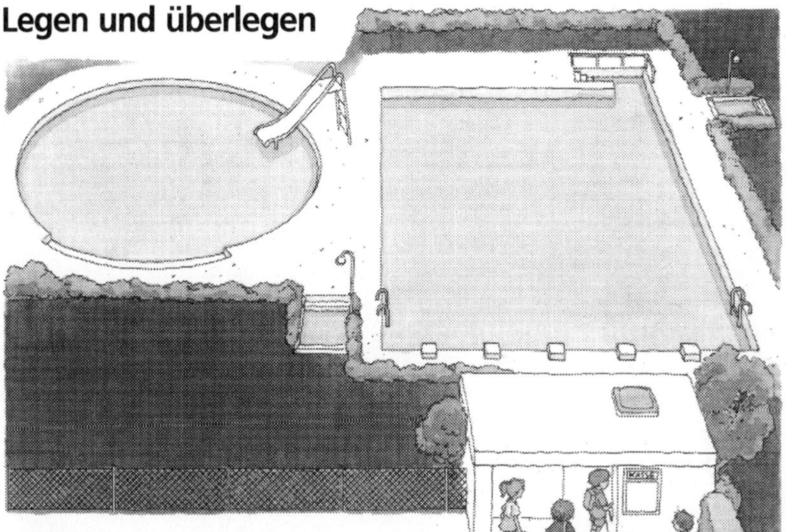

21 Kinder gehen ins Schwimmbad.
Lege für die Kinder Plättchen und schiebe.

1 a. 8 Kinder sind im kleinen Nichtschwimmerbecken.
7 Kinder sind auf der Wiese.
Wieviel Kinder sind im großen Schwimmbecken?

b. 3 Kinder wechseln vom großen ins kleine Becken.

2. Im großen und im kleinen Becken und auf der Wiese sind gleich viele Kinder.

3. 6 Kinder sind auf der Wiese. Im großen Becken sind doppelt so viele Kinder wie im kleinen Becken.

4. Alle Kinder sind im Wasser.
Im kleinen Becken sind 5 Kinder weniger als im großen Becken.

5. Erfinde selbst Aufgaben.

Was wird benötigt?

Arbeitsmaterial: Wendeplättchen
Demonstrationsmaterial: große Wendeplättchen an der Magnettafel oder auf farbigem Papier im Sitzkreis

Worum geht es?

Wie im 1. Schuljahr wird hier mit Plättchen eine Aufgabe nachgespielt, operativ bearbeitet und schließlich gelöst.
Das flexible Operieren mit Plättchen („Legen") wird dabei zur Grundlage für flexibles Operieren mit Zahlen („Überlegen") und später für flexiblen algebraischen Umgang mit Sachaufgaben (und eingekleideten Aufgaben).
Gegenüber dem 1. Schuljahr wurde sowohl der Zahlraum als auch die Anzahl der vorgegebenen Daten erweitert. Die Aufgaben 2–4 sind vom Typ „Vergleichsaufgaben", in denen die Wendungen „mehr als" und „weniger als" vorkommen.
In ihrem Aufsatz „Die Erweiterung des mathematischen Verständnisses mit Hilfe von Textaufgaben" (Grundschule 3/1994) beschreibt Elsbeth Stern die Schwierigkeiten der Kinder bei Vergleichsaufgaben. Diese Aufgaben erfordern ein höheres Sprachverständnis als die sonst üblichen Sachaufgaben und sind deshalb für viele Kinder nicht ohne Hilfsmittel (wie Plättchen) und nicht ohne systematisches Probieren zu lösen.
Der höhere Anspruch bei Vergleichsaufgaben liegt im wesentlichen darin begründet, daß Zahlen nicht nur wie sonst dazu benutzt werden, um bei Mengen konkrete Anzahlen und konkrete Operationen (konkrete Anzahlen wegnehmen bzw. dazutun) zu beschreiben, sondern mit Zahlen auch Beziehungen zwischen Mengen darzustellen.
Dieser Typ von Aufgaben ist auch für das algebraische Denken von allergrößter Wichtigkeit und muß deshalb bereits in der Grundschule an konkretem Material geübt werden. Mit Hilfe von „Legen und Überlegen" lernen wir hier in Fortsetzung der Übungen vom 1. Schuljahr diesen wichtigen Typ von Aufgaben weiter zu bearbeiten.
Situation im Buch: 21 Kinder gehen ins Schwimmbad.
Für jedes Kind wird ein Wendeplättchen gelegt. Alle Aufgaben können mit Legen und Verschieben von Plättchen gelöst werden.

Wie kann man vorgehen?

Zunächst werden Schwimmer-, Nichtschwimmerbecken und Wiese auf der Magnettafel gezeichnet oder drei Bogen Papier, die sich in Farbe und Form unterscheiden und diese Bereiche darstellen, im Sitzkreis auf den Boden gelegt.
Für die 21 Kinder werden dann 21 Plättchen gelegt.
Einführende Aufgaben, die ein operatives Verändern der Plättchen (Anzahlen) anregen:
1. Aufgabe:
8 Kinder sind im Schwimmerbecken,
6 Kinder auf der Wiese.
Wie viele Kinder sind im Nichtschwimmerbecken? Antwort: 7
2. Aufgabe:
Auf der Wiese sind 9 Kinder. Wie können sich die anderen Kinder auf das Schwimmer- und das Nichtschwimmerbecken verteilen?

Lösung:

Nichtschwimmer	Schwimmer
12	0
11	1
10	2
9	3
8	4

usw.

Die Zusatzinformationen, wie:

im Nichtschwimmer- und Schwimmerbecken sind gleich viele Kinder (je 6),

im Nichtschwimmer- sind doppelt so viele wie im Schwimmerbecken (8 und 4),

im Nichtschwimmer- sind 2 mehr als im Schwimmerbecken (7 und 5),

im Nichtschwimmer- sind 4 weniger als im Schwimmerbecken (4 und 8)

liefern jeweils eindeutige Lösungen.

Zur Buchseite:
Anschließend sollten die Kinder in Partnerarbeit die Aufgaben im Buch legen, Lösungen überlegen und im Heft aufschreiben.

Lösungen der Aufgaben im Buch in Form einer Tabelle:

Aufgabe	großes Becken	kleines Becken	Wiese
1 a.	6	8	7
1 b.	3	11	7
2	7	7	7
3	10	5	6
4	13	8	0

Wie könnte es weitergehen?
- Übungsheft Seite 44, Aufgabe 1
- Rechendreiecke

105 Wir werden älter

Berechnen von Altersunterschieden

Alle werden älter

1.

	vor 8 Jahren	vor 2 Jahren	heute	in 10 Jahren
Anja			8	
Mama			31	
Oma			63	

2. Wie viele Jahre ist Mama älter als Anja?

3. Wie alt ist Anja in 10 Jahren?

4. Wie alt ist dann Anjas Mama?

5. Wie viele Jahre ist Mama dann älter als Anja?

6. In einigen Jahren sind Mama und Oma zusammen 100 Jahre alt.

Wie alt ist dann Mama?
Wie alt ist dann Oma?

Was sagst du zu folgenden Aufgaben?

7. In der Klasse 2b sind 11 Jungen und 14 Mädchen. Wie alt ist die Lehrerin?

8. Ein 52 Jahre alter Hirte hat 63 Schafe und 37 Ziegen. Wie alt ist der Hirte?

Was wird benötigt?

Arbeits- und Demonstrationsmaterial: falls vorhanden Fotos von Personen zu verschiedenen Zeitpunkten

Worum geht es?

Ein beliebtes Gesprächsthema bei Kindern im Grundschulalter ist der Altersvergleich: „Als ich 2 Jahre alt war, war meine Schwester 5 Jahre. Wenn ich 10 Jahre alt bin, ist sie 13 Jahre."
Der Größenbereich Zeit wird auf dieser Seite noch einmal behandelt. Dabei werden erarbeitete arithmetische Gesetzmäßigkeiten und Zusammenhänge angewendet und vertieft.
Bei Altersunterschieden beschreibt das Gesetz von der Konstanz der Differenz eine *existentielle Erfahrung*: Der Altersunterschied zweier Personen bleibt konstant.
Die „Kapitänsaufgaben" 7 und 8 dienen als Gesprächsanlaß. Die Lehrerin erhält Aufschluß darüber, wie die Kinder mit textgebundenen Aufgaben umgehen, wie sie den Sinn erfassen, wie sie mit den Zahlen operieren. Die Kinder erkennen, wie wichtig es ist, die Texte *genau* zu lesen und zu bedenken.

Wie kann man vorgehen?

Vor der Besprechung der Buchseite werden die Kinder aufgefordert, wenn möglich Fotos von früher und heute mitzubringen.
Von selbst ergeben sich Fragen:
Wie alt warst du auf dem Foto? Wie alt war damals deine größere Schwester?
Vor wieviel Jahren war das?

Zur Buchseite:
Aufgabe 1:
Die Schüler beschreiben die drei Fotos. Wenn die Kinder nicht selbst darauf kommen, gibt die Lehrerin den Impuls: Die ersten drei Bilder sind Fotos.
Das vierte Bild enthält ein Fragezeichen, da noch niemand weiß, wie Anja in der Zukunft aussehen wird. Es wird herausgearbeitet, daß 3 Zeitstufen abgebildet sind.

Vergangenheit:
- Anja vor 8 Jahren
- Anja vor 2 Jahren

Gegenwart:
- Anja heute

Zukunft:
- Anja in 10 Jahren

Die Tabelle wird in Schritten an der Tafel aufgebaut, zuerst nur mit der Reihe „Anja". Das jeweilige Alter wird berechnet und eingetragen. Da Anja eine Mama und eine Oma hat, werden analog diese Altersangaben berechnet und in die erweiterte Tabelle eingetragen.
Folgende Übungen kontrollieren und sichern das Verständnis:
Die Lehrerin zeigt auf eine Zahl in der Tabelle, die Schüler sollen die Zahl mit ihren Worten interpretieren.

Beispiele:
- 55: Anjas Oma war vor 8 Jahren 55 Jahre alt.
- 41: Anjas Mama wird in 10 Jahren 41 Jahre alt sein.

Anschließend füllen die Kinder die Tabelle selbständig aus.
Aufgabe 2:
Der heutige Altersunterschied zwischen Anja und ihrer Mama ist zu bestimmen (23 Jahre). Die Lösung erfolgt durch Ergänzen oder Subtrahieren.
Aufgabe 3:
Das zukünftige Alter von Anja wird bestimmt (18 Jahre).

Aufgabe 4:
Das Alter von Anjas Mama in 10 Jahren wird errechnet (41 Jahre).
Aufgabe 5:
Der Altersunterschied wird erneut bestimmt. Die Kinder erfahren dabei, daß der Altersunterschied gleich bleibt. Vergleich mit dem Altersunterschied, der in Aufgabe 2 errechnet wurde.
Aufgabe 6:
Diese Aufgabe muß man durch *Ausprobieren* („Herausschnüffeln") lösen. Den Kindern muß erklärt und vorgemacht werden, daß auch die Lehrerin (oder der Igel!) nicht sofort die Lösung weiß.

Mögliche Strategie:
Heute: Mama ist 31, Oma ist 63, zusammen sind sie heute 94 Jahre alt.
In einem Jahr: Mama ist 32, Oma ist 64, zusammen sind sie 96 Jahre alt.

Wir nähern uns von Jahr zu Jahr schrittweise der Zahl 100. Jedes Jahr werden Mama und Oma zusammen um 2 Jahre älter.

Lösung: In drei Jahren sind Mama und Oma zusammen 100 Jahre alt. Mama ist dann 34 und Oma 66 Jahre alt.

Dieses *systematische Probieren* ist eine äußerst hilfreiche Lösungsstrategie und muß im Lauf der Schulzeit als bewußte Strategie entwickelt werden.
Aufgabe 7 und 8:
Hier sind jeweils textgebundene Aufgaben abgedruckt, die bekannt und leicht verständlich scheinen. Sie enthalten aber überflüssige Textteile oder nicht zu beantwortende Fragestellungen. Die Kinder sollen diese herausfinden und z. B. begründen, daß sie nicht mit der Anzahl der Jungen und der Mädchen das Alter ihrer Lehrerin bestimmen können.
Die Frage in Aufgabe 8 ist überflüssig, weil die Altersangabe schon im Text angegeben ist.

Wie könnte es weitergehen?
- Übungsheft Seite 44, Aufgabe 2
- Mit den Schülern eine „Kapitänsaufgabe" erfinden
- Wann ist meine Familie 100 und mehr Jahre alt?

Literatur
Christoph Selter: Jede Aufgabe hat eine Lösung (Grundschule 3/1994)
Stern, E.: Warum werden Kapitänsaufgaben gelöst? In: Der Mathematikunterricht 1992, 7–29

106 Zahlen aus der Klasse

Erfassen von Daten aus der Klasse und Schule

Zahlen aus der Klasse

1.

2. Welches sind eure liebsten Fächer?
Jedes Kind benennt seine drei Lieblingsfächer.

	Jungen	Mädchen	zusammen
Mathe			
Sprache			
Sachunterricht			
Musik			
Sport			
Kunst			

3a. Wie viele Kinder sind an eurer Schule?

Klasse	1	2	3	4
a				
b				
...				
zusammen				

Wie viele Klassen hat eure Schule?

b. Die größte Klasse ist die ......
Die kleinste Klasse ist die ......
Die meisten Kinder sind im ...... Schuljahr.

Was wird benötigt?

Arbeitsmaterial: Maßband, Personenwaage, Spiegel

Worum geht es?

Das Schuljahr geht seinem Ende entgegen, und die Kinder sollen Daten, mit denen sie in der Klasse umgegangen sind, sammeln und notieren sowie interessante Informationen über die ganze Schule einholen und auswerten. Bereits behandelte Themen wie Alter, Körpergröße werden wiederholt und mit den im Laufe des Jahres erhobenen Daten verglichen (Sind wir gewachsen? Alter im Vergleich zum Vorjahr?). Andere interessante Informationen über die Interessen der Mitschüler (Lieblingsfächer), andere Klassen in der Schule werden eingeholt. Daten erhoben haben die Kinder seit dem 1. Schuljahr mehrfach. Nun müssen sie Zahlen aus der ganzen Schule zusammentragen und auswerten. Der Vergleich mit anderen Klassen und der größere Zahlenraum sind ein neuer Anreiz.

Wie kann man vorgehen?

Aufgabe 1:
Die Kinder betrachten die Abbildungen. Das Zählen der Zähne mit Hilfe des Spiegels und das Messen der Körpergröße in Partnerarbeit sind schon bekannt. Die meisten Kinder werden auch ihr Gewicht auf einer Personenwaage ablesen können. Sonst hilft ein Mitschüler und im Notfall die Lehrerin.
Hinweis: Da wahrscheinlich nur eine bzw. wenige Waagen zur Verfügung stehen, sollte der Ablauf der einzelnen Aktivitäten mit den Kindern genau geplant werden.
Die Kinder notieren die erhobenen Daten und vergleichen diese mit den Daten der Mitschüler.
Aufgabe 2:
Die Kinder befragen sich gegenseitig nach ihren drei liebsten Fächern, sammeln die Angaben in Form einer Strichliste und addieren anschließend die Angaben. Das Gesamtergebnis wird in der Klasse besprochen.
Aufgabe 3:
Hier sind verschiedene Vorgehensweisen denkbar.
Arbeitsteilig befragen die Kinder die einzelnen Klassen, die Ergebnisse werden in einer großen Tabelle gesammelt und ausgewertet.
Die Schulleiterin wird von den Kindern gebeten, mit dem entsprechenden Zahlenmaterial in den Unterricht zu kommen, und die Kinder befragen sie. Die Kinder erfahren dann, daß die Schulleiterin in jedem Schuljahr diese Erhebung durchführen muß.
Vielleicht können einige Schüler schon die Gesamtschülerzahl der Schule ausrechnen.

Wie könnte es weitergehen?

- Das Thema „Zahlen der Schule“ kann erweitert werden, z. B.:
  __ Lehrerinnen sind an der Schule
  __ Lehrer sind an der Schule
  __ Kinder sind Fahrschüler
  __ Jungen sind an der Schule
  __ Mädchen sind an der Schule
- Zahnformeln
- Wir werden schwerer
- Wir werden größer
  (Vgl. zu den drei letzten Themen: Handbuch produktiver Rechenübungen, Band 1, S. 145–148, Kopiervorlage 2/21, 2/22)

107 „Indische Seite"

Mandala, der Mathematiker Srinivasa Ramanujan

1.

Srinivasa Ramanujan
1887 – 1920

Srinivasa Ramanujan wurde im Jahre 1887 nahe der Großstadt Madras in Indien geboren. Seine Eltern waren sehr arm. Schon als Kind liebte er die Zahlen und spielte mit ihnen. In der Schule war er in Mathematik ein As. Da er aber eine Aufsatz-Prüfung nicht schaffte, konnte er nicht auf die Universität gehen. So erforschte er für sich allein die Zahlenwelt und wurde ein auf der ganzen Welt berühmter Mathematiker.

2.

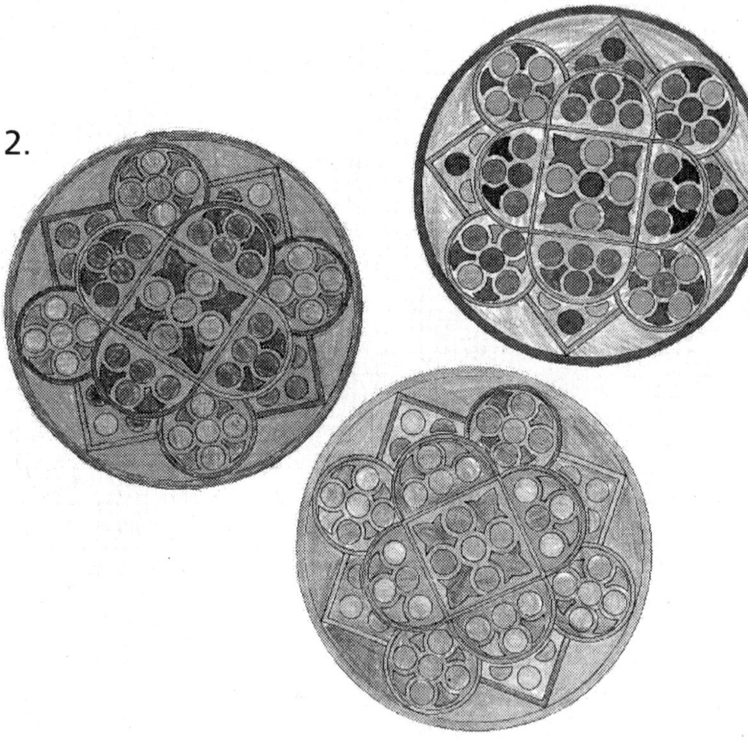

Was wird benötigt?

Buntstifte zum Ausmalen des Mandala, Kopiervorlage 28 und 29

Worum geht es?

1. Mandalas und der „meditative Hintergrund" sind vom 1. Schuljahr bekannt.
2. Die Kinder erfahren etwas vom Leben eines großen Mathematikers aus der Dritten Welt:

Srinivasa Ramanujan (gesprochen: Schri-ni-wá-sa Ram-máh-na-dschan) wurde am 22. Dezember 1887 in der südindischen Kleinstadt Erode, ca. 330 km südwestlich von Madras, geboren. Seine Familie gehörte zwar zur höchsten Kaste der Hindus, den Brahmanen, lebte aber in sehr ärmlichen Verhältnissen.

Ramanujan kam mit 5 Jahren in die Schule und konnte dank eines Stipendiums mit 7 Jahren auf die Höhere Schule der Bezirkshauptstadt Kumbakonam wechseln. Seine außergewöhnliche mathematische Begabung wurde sofort erkannt. Er war ein ruhiger, nachdenklicher Schüler und hatte ein außergewöhnliches Gedächtnis. Es machte ihm Spaß, seinen Mitschülern mathematische Lehrsätze und Formeln vorzuführen und die Dezimalbruchentwicklungen von π und $\sqrt{2}$ beliebig weit aufzusagen.

Als er 15 Jahre alt war und in die Oberstufe aufrückte, beschaffte ihm ein Freund aus der Leihbücherei des staatlichen College in Kumbakonam das Buch „Synopsis der Reinen Mathematik" des englischen Mathematikers Carr.

Dieses Buch, eine Sammlung von etwa 5000 Lehrsätzen und Formeln, die zum größten Teil ohne Beweise, allenfalls mit spärlichsten Beweisandeutungen, aufgeschrieben waren, inspirierte Ramanujans Genie. Ohne jede Hilfe entwickelte er die zugehörigen Beweise und entdeckte neue Zahlbeziehungen.

Auf diese Weise legte er den Grundstein für eigenständige mathematische Forschungen, die in der Folge sein Leben vollständig bestimmen sollten. Er konstruierte magische Quadrate, spielte mit Primzahlen und erforschte Probleme der Algebra, Trigonometrie und Differential- und Integralrechnung. Er war von der Mathematik so gefangen, daß er die anderen Fächer stark vernachlässigte. Mehrere Versuche, eine bestimmte Prüfung zu bestehen, die ihm sein Stipendium und den Verbleib am College bzw. an der Universität gesichert hätte, scheiterten wegen offenkundiger Schwächen in einzelnen Fächern. Ramanujan konnte im damaligen Universitätssystem keinen Platz finden. Dieses System war viel zu starr, als daß es einem Hochbegabten wie Ramanujan hätte gerecht werden können.

Völlig auf sich selbst gestellt und mittellos vertiefte er sich einige Jahre in die Welt der Zahlen, bis er im Alter von 25 Jahren durch Vermittlung einflußreicher Regierungsbeamter, die auf seine außergewöhnlichen Fähigkeiten aufmerksam geworden waren, Angestellter in der Hafenverwaltung von Madras wurde. Diese Position ließ ihm genügend Zeit für seine Forschungen, deren Ergebnisse er in den (heute berühmten) „Notizbüchern" festhielt und teilweise in indischen Zeitschriften veröffentlichte.

1913 sandte er einige seiner Entdeckungen an den berühmten englischen Mathematiker G. H. Hardy in Cambridge und bat ihn um Unterstützung.

Hardy erkannte Ramanujans Genie trotz der ungewöhnlichen Symbolsprache, die Ramanujan in seiner Abgeschiedenheit für sich entwickelt hatte, und setzte alle Hebel in Bewegung, um Ramanujan nach England zu bringen, was 1914, kurz vor Ausbruch des 1. Weltkriegs, auch gelang.

Im wissenschaftlichen Austausch mit führenden Mathematikern der west-

lichen Welt entfaltete sich Ramanujans Begabung zur vollen Blüte.
Er fand die verdiente wissenschaftliche Anerkennung, die sich insbesondere in seiner Wahl zum Mitglied der Royal Society und des Trinity College Cambridge ausdrückte.
Für den strengen Hindu Ramanujan war der Aufenthalt in England aber mit großen Problemen verbunden. Als Vegetarier kam er mit dem englischen Speisenangebot nicht zurecht. Infolge des Krieges stockte der Nachschub von Nahrungsmitteln aus der Heimat. Auch das englische Klima bekam Ramanujan nicht gut. 1917 erkrankte er, vermutlich an Tuberkulose, und verbrachte viele Monate in Spitälern. Erst nach Ende des Weltkrieges, Anfang 1919, konnte er nach Indien zurückkehren und wurde begeistert empfangen. Sein Gesundheitszustand war aber bereits so angegriffen, daß er sich auch in seiner Heimat nicht mehr erholte. Ein Jahr später verstarb er im Alter von nur 33 Jahren.
Heute noch studieren Mathematiker Ramanujans „Notizbücher" und rätseln über seine Kreativität und deren Entfaltung in so ungünstigen äußeren Umständen.

Ramanujan selbst war Zeit seines Lebens überzeugt, daß er seine mathematische Begabung der in seiner Familie verehrten Göttin Namagiri zu verdanken habe und daß sie ihm seine Entdeckungen im Traum offenbare.
G. H. Hardy äußerte sich über Ramanujans Begabung folgendermaßen:
„Ich bin oft gefragt worden, ob Ramanujan irgendeine geheime Methode oder irgendeine Besonderheit in seinem Denken hatte, die ihn von anderen Mathematikern unterscheidet. Ich kann das nicht mit Sicherheit ausschließen, glaube es aber nicht. ... Sein Gedächtnis und seine Rechenfertigkeit waren ungewöhnlich entwickelt, aber keineswegs abnorm. Wenn er zwei große Zahlen multiplizieren mußte, tat er das auf gewöhnliche Weise, aber ungewöhnlich schnell und genau. ... Er konnte sich Besonderheiten und Merkwürdigkeiten von Zahlen merken. Jede Zahl war sozusagen sein persönlicher Freund. Als ich ihn einmal im Krankenhaus besuchte, sagte ich ihm, ich sei mit dem Taxi Nr. 1729 gekommen und hoffe, daß diese nichtssagende Zahl kein böses Omen sei. ‚Nein,' antwortete er, ‚1729 ist eine sehr interessante Zahl. Es ist die kleinste Zahl, die sich auf zwei verschiedene Weisen als Summe zweier dritter Potenzen ausdrücken läßt.' * ...
Am verblüffendsten war Ramanujans Einsicht in algebraische Formeln und unendliche Reihen. Er ging viel mehr als die meisten heutigen Mathematiker von umfangreichem Beispielmaterial aus. Aber mit seinem Gedächtnis, seiner Zähigkeit und seinem Rechengeschick verband sich eine Gabe für Verallgemeinerung, ein Gefühl für Form und die Fähigkeit, seine Vermutungen blitzartig anzupassen. In dieser Kombination von Fähigkeiten ist Ramanujan bis heute unerreicht."
E. H. Neville, ein anderer englischer Mathematiker, sagte in einem Nachruf:
„Ramanujans Laufbahn ist, gerade weil er ein Mathematiker war, von einzigartiger Bedeutung für die Entwicklung der Beziehungen zwischen Indien und dem Westen. Indien hat große Wissenschaftler hervorgebracht, aber niemand kann sagen, wieviel ihrer Inspiration sie von den großen westlichen Forschungseinrichtungen erhielten, in denen sie ihre prägenden Jahre verbrachten. Indien hat auch große Dichter und Philosophen hervorgebracht, aber es gibt natürlich stets eine leichte Subjektivität, wenn die Lehrmeister fremde Literatur empfehlen. Nur in der Mathematik sind die Standards unangreifbar, und daher war Ramanujan der erste Inder, von dem die westlichen Wissenschaftler wußten, daß er schon von Geburt an ihren größten Gelehrten gleich war.
Der in der westlichen Welt so weit verbreiteten Annahme, daß die Weißen den Schwarzen in den wesentlichen Dingen überlegen seien, dieser beleidigenden Annahme, die so viele humanitäre Argumente und politische Appelle überdauert hat und die so viele Versuche einer Zusammenarbeit zwischen dem Westen und Indien vergiftet hat – dieser wurde von Ramanujan ein tödlicher Schlag versetzt."

---

* $1729 = 12^3 + 1^3 = 1728 + 1$ und
$1729 = 10^3 + 9^3 = 1000 + 729$

Als Beispiel für Ramanujans Leistungen seien seine Studien der Partitionen genannt. Unter der *Partition* einer Zahl versteht man eine Darstellung dieser Zahl als geordnete Summe, z. B.:

Partitionen von 4	Partitionen von 5
	5
4	4 + 1
3 + 1	3 + 2
2 + 2	3 + 1 + 1
2 + 1 + 1	2 + 2 + 1
1 + 1 + 1 + 1	2 + 1 + 1 + 1
	1 + 1 + 1 + 1 + 1
Anzahl 5	Anzahl 7

Partitionen von 8
8
7 + 1
6 + 2
6 + 1 + 1
5 + 3
5 + 2 + 1
5 + 1 + 1 + 1
4 + 4
4 + 3 + 1
4 + 2 + 2
4 + 2 + 1 + 1
4 + 1 + 1 + 1 + 1
3 + 3 + 2
3 + 3 + 1 + 1
3 + 2 + 2 + 1
3 + 2 + 1 + 1 + 1
3 + 1 + 1 + 1 + 1 + 1
2 + 2 + 2 + 2
2 + 2 + 2 + 1 + 1
2 + 2 + 1 + 1 + 1 + 1
2 + 1 + 1 + 1 + 1 + 1 + 1
1 + 1 + 1 + 1 + 1 + 1 + 1 + 1

Anzahl 22

Allgemein bezeichnet p(n) die Anzahl der Partitionen der Zahl n. Diese Anzahl wächst mit n sehr schnell an. p(10) ist schon 42, p(50) = 204.226.
Ramanujan entdeckte und bewies in der Folge p(1), p(2), p(3), ... eine Reihe interessanter Muster, z. B.:
- Die Zahlen p(4), p(9), p(14), p(19), ... sind allesamt Vielfache von 5.
- Die Zahlen p(5), p(12), p(19), p(26), ... sind Vielfache von 7.

Zusammen mit Hardy kam er einer *Formel* für p(n) sehr nahe. Das fehlende Stück des Beweises wurde 20 Jahre später von Rademacher ergänzt.

Wie kann man vorgehen?

Kinder lesen und besprechen den Sachtext auf Seite 107. Die Lehrerin kann Informationen aus obigem Text ergänzen. Um den Kindern einen Eindruck von Ramanujans Forschungen zu geben, kann sie an Aufgabe 5, Seite 76, erinnern, wo die Kinder für einige kleine Zahlen die Anzahl der (nicht trivialen) Partitionen bestimmt haben.
Vorsicht: Bei dieser Aufgabe wurden die trivialen Partitionen $1 = 1$, $2 = 2$, $3 = 3$ usw. weggelassen, so daß z. B. für die Zahl 5 nur 6 „Aufgaben" (Partitionen) aufgelistet sind. Mathematiker rechnen die trivialen Partitionen jedoch mit: $p(5) = 7$.
Im Anschluß daran malen die Kinder Mandalas (Kopiervorlage 28 und 29) aus, die zum indischen Kulturkreis passen. Die „zauberhaften Kreise" können wie im 1. Schuljahr, etwa auch bei meditativer Musik, ausgemalt werden.

Wie könnte es weitergehen?

- Übungsheft Seite 45 (Rechnen wie der Blitz)
- Wiederholung der Aufgaben vom 2. Schuljahr

Literatur

Kanigel, Robert: Der das Unendliche kannte. Das Leben des genialen Mathematikers Srinivasa Ramanujan. Aus dem Amerikanischen übersetzt von Albrecht Beutelspacher. Vieweg, Braunschweig/Wiesbaden 1993

Dieses von einem Outsider, nämlich einem Wissenschaftsjournalisten ohne besondere mathematische Vorbildung, verfaßte und von dem Gießener Mathematiker Beutelspacher fantastisch übersetzte Buch beschreibt das Zusammentreffen der Kulturen des Ostens und des Westens im Umfeld der wissenschaftlichen Begegnung zweier Genies, Ramanujan und Hardy.
In der spannend erzählten Biographie, die sich an ein breites Publikum mit kulturgeschichtlichem Interesse wendet, wird die Zeit der ersten Jahrzehnte unseres Jahrhunderts im subtropischen Südindien und im kalten England lebendig. Der Autor entwirft ein scharfsinniges psychologisches Portrait der beiden Zentralfiguren und der Menschen in ihrem Umfeld und schafft das Kunststück, einen Eindruck von der mathematischen Leistung Ramanujans zu vermitteln, ohne beim Leser spezielle mathematische Kenntnisse voraussetzen zu müssen.

108 Räuber und Goldschatz

Mit 5 multiplizieren und geschickt Plus- und Minusaufgaben mit Fünferzahlen im Hunderterraum rechnen

Wie kann man vorgehen?

Die Lehrerin erinnert an die Geschichte vom 1. Schuljahr, wo sich zwei Räuber, der Minus- und der Plusräuber, um einen Goldschatz stritten. Diesmal wird zum Schlichten des Streites wieder der Goldschatz in die Mitte (50) gelegt, und es wird um den Schatz gewürfelt.
Diesmal wird aber die Würfelzahl zuerst mit 5 multipliziert, ehe der Schatz um entsprechend viele Felder zur Höhle des Plusräubers (100) oder zur Höhle des Minusräubers (1 und weniger) versetzt wird. Weil 1 etwas näher bei 50 liegt als 50 bei 100, darf der Plusräuber anfangen.
Das Spiel ist beendet, wenn einer der Partner auf Feld 1 bzw. 100 oder darüber hinaus landet.

Im Partnerspiel mit Rollentausch würfeln die Kinder:

Plusräuber	Minusräuber
⚃ $(4 \cdot 5 = 20)$ $50 + 20 = 70$	
	⚁ $(2 \cdot 5 = 10)$ $70 - 10 = 60$
⚂ $(3 \cdot 5 = 15)$ $60 + 15 = 75$	
	⚀ $(1 \cdot 5 = 5)$ $75 - 5 = 70$
⚄ $(5 \cdot 5 = 25)$ $70 + 25 = 95$	…

Da man bei der Fünferzahl 50 startet und immer nur Vielfache von 5 addiert bzw. subtrahiert, landet der Schatz immer bei einer Fünferzahl. Damit hat man eine gute Kontrolle für die Rechnungen.

Was wird benötigt?

Arbeitsmaterial: 1–2 Spielwürfel, Spielplan, 1 Spielfigur (Goldschatz)

Worum geht es?

Zum Abschluß des Schuljahres können die Kinder noch einmal in spielerischer Form die erlernten Fähigkeiten anwenden und vertiefen. Es geht diesmal um die Multiplikation mit 5 und um die Addition und Subtraktion von Fünferzahlen im Hunderterraum. Das Spiel festigt die Zahlkenntnisse im Hunderterraum, die zum Blitzrechnen gehören.
Spieldauer: ca. 5–10 Minuten. Wenn es der Zufall will, auch länger oder kürzer.
Mathematisch gesehen hat das Spiel die gleiche Struktur wie „Räuber und Goldschatz" im 1. Schuljahr. Die Zahlen sind nur alle mit 5 multipliziert.

Wie könnte es weitergehen?

- Die Würfelzahl wird *mit 6* multipliziert. Nun sind die Zahlen schwieriger zu errechnen. Das Spiel ist aber etwas schneller. (Auf welchen Zahlen kann der Schatz stehen? 50, 44, 38, 32, …)
- Die Würfelzahl wird *mit 4* multipliziert. Das Spiel dauert nun etwas länger. (Auf welchen Zahlen kann nun der Schatz stehen? 50, 46, 42, 38, …)
- Wer will, kann auch mit *zwei Würfeln* spielen und die beiden Würfelzahlen multiplizieren.

Z. B. 6 und 2 ergibt 12 zum Vorwärts- oder Rückwärtsgehen. Bei dieser Spielregel erfordert das Spiel aber manchmal zu viel Zeit. Man bleibt um 50 herum hängen.

- Wer Dodekaederwürfel mit den Zahlen 0, 1, ..., 10 zur Verfügung hat, kann mit *zwei Dodekaederwürfeln* spielen und die Anzahlen multiplizieren. Der Vorteil liegt darin, daß hierbei das ganze Einmaleins geübt wird und das Spiel auch nicht zu lange dauert, weil große Einmaleinszahlen große Schritte bewirken.
  Rechnerisch ist dieses Spiel sehr anspruchsvoll, weil neben dem Einmaleins auch Additionen und Subtraktionen im Hunderterraum ausgeführt werden müssen.

Kopiervorlagen und Lernzielkontrollen

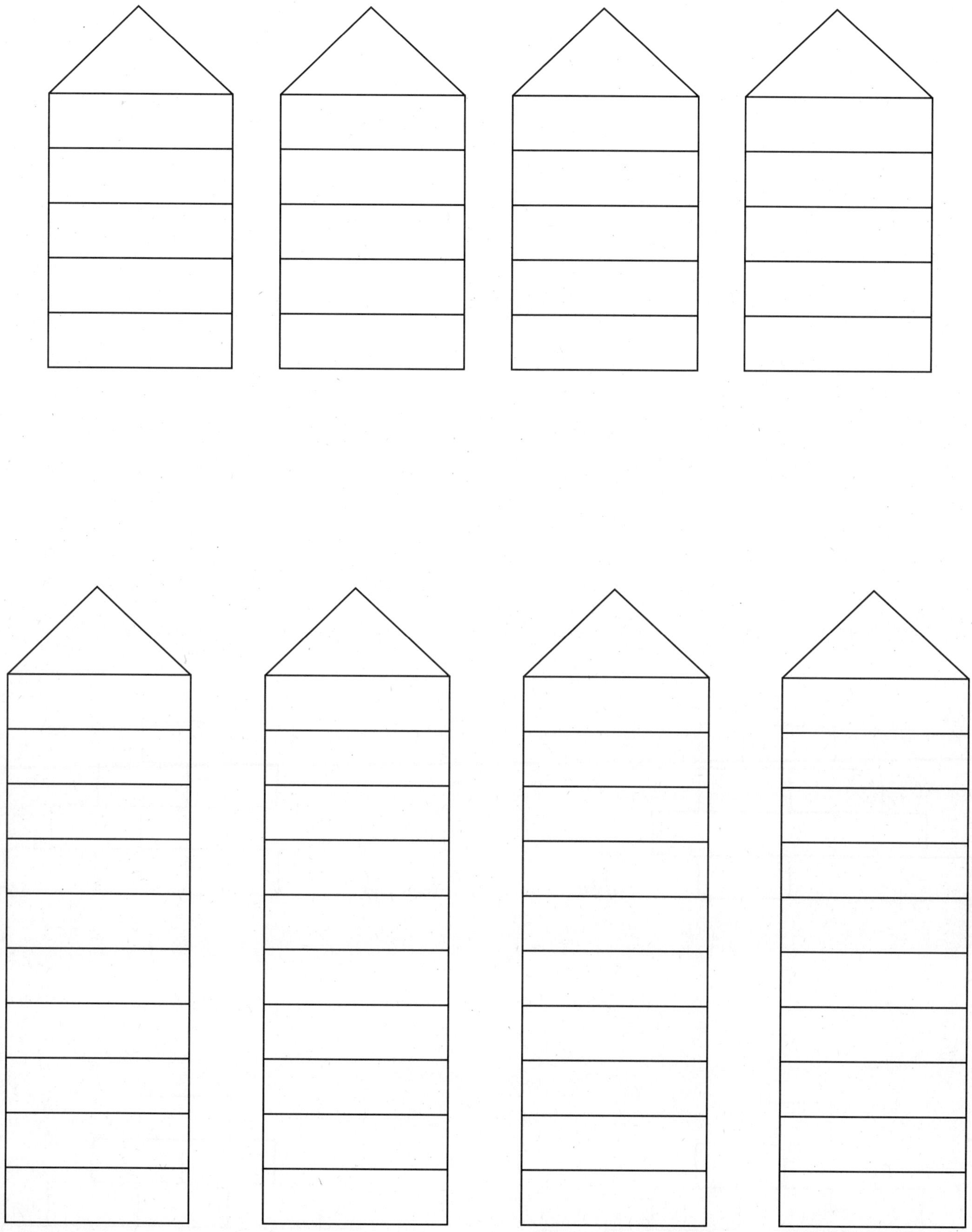

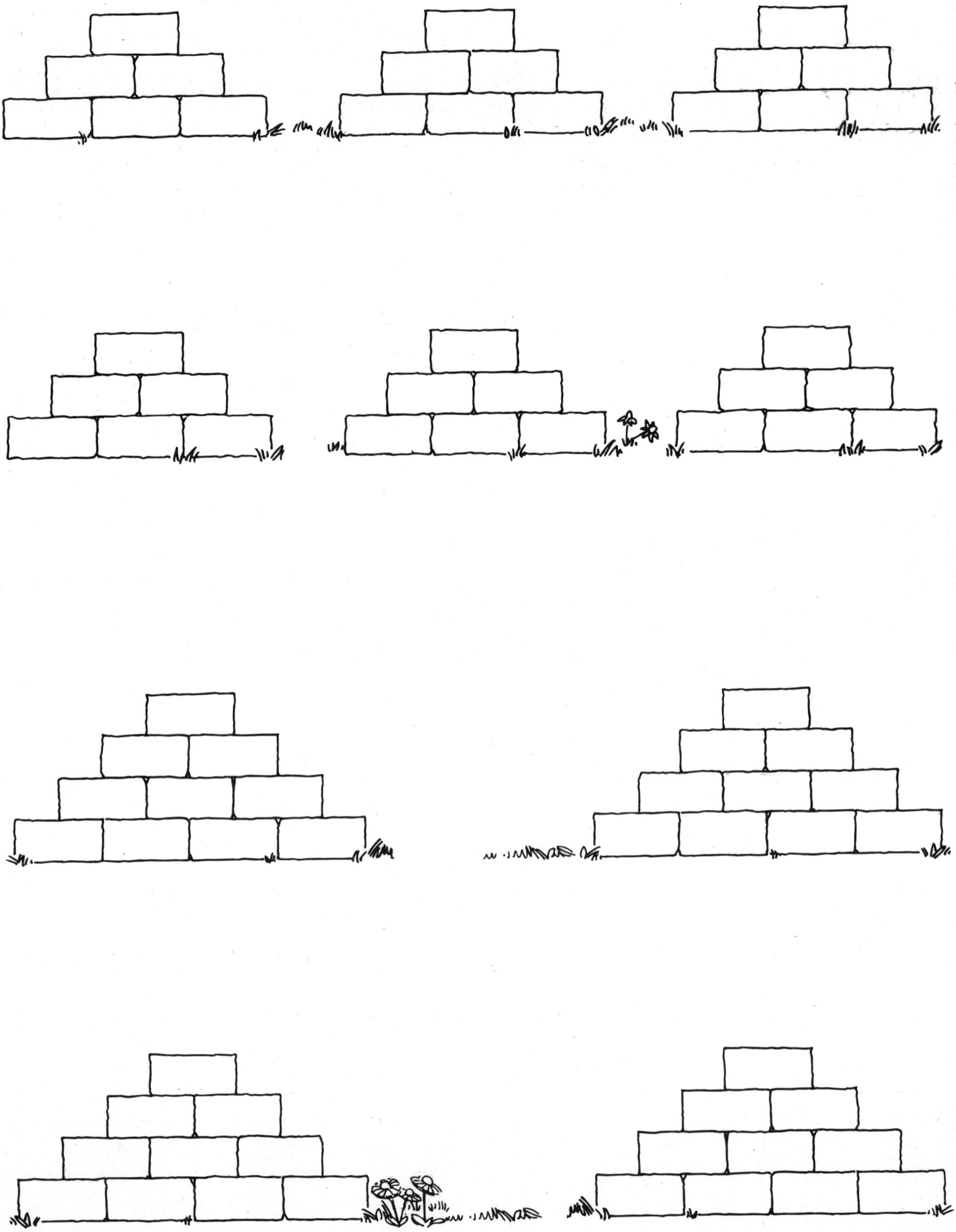

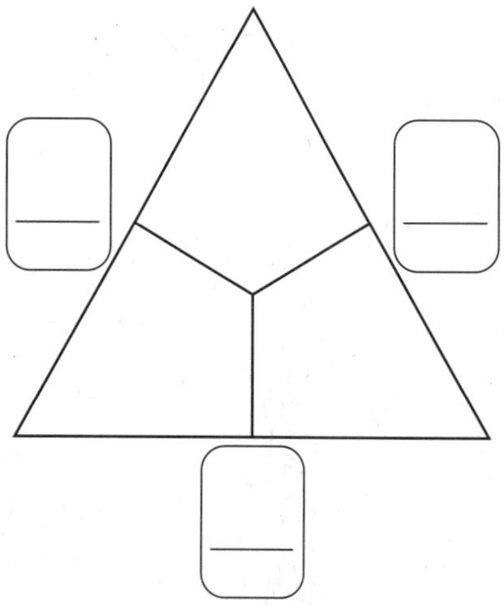
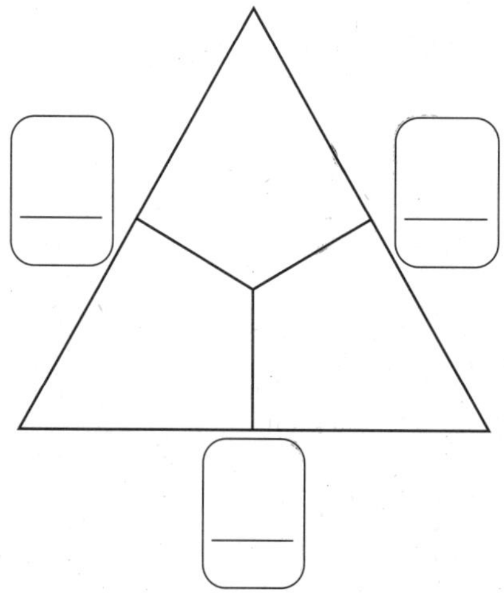
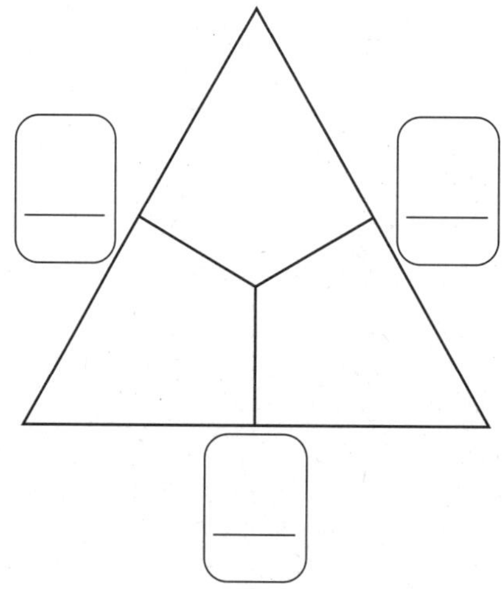
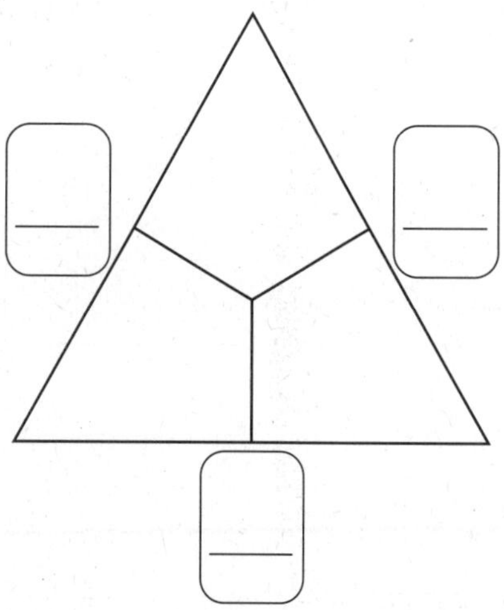
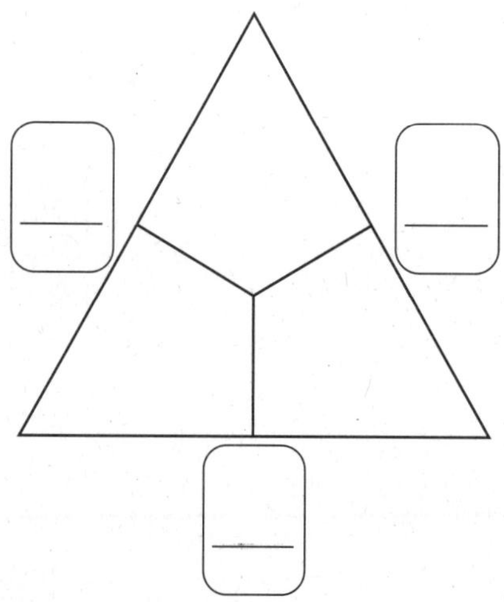
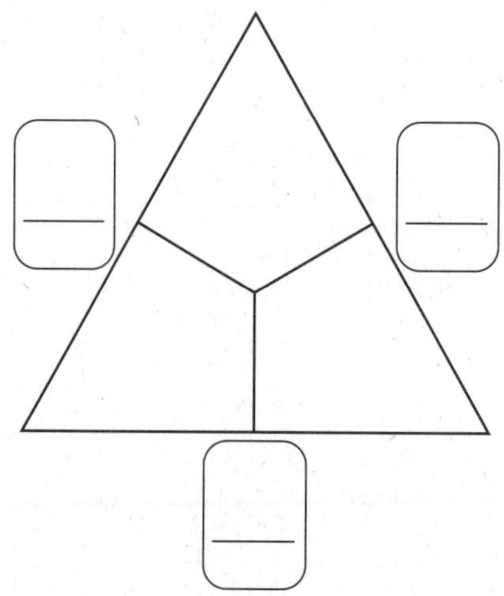
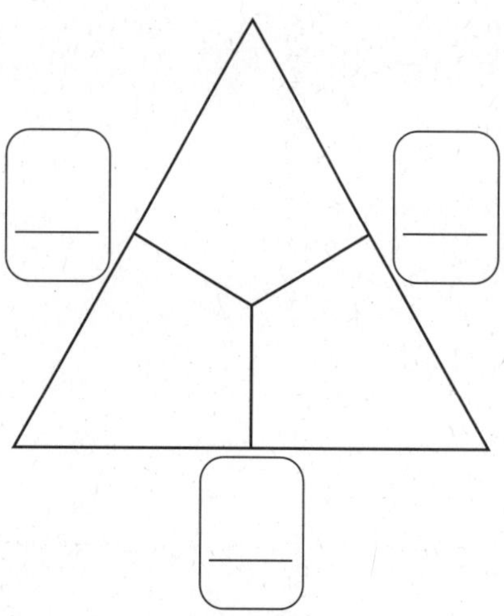
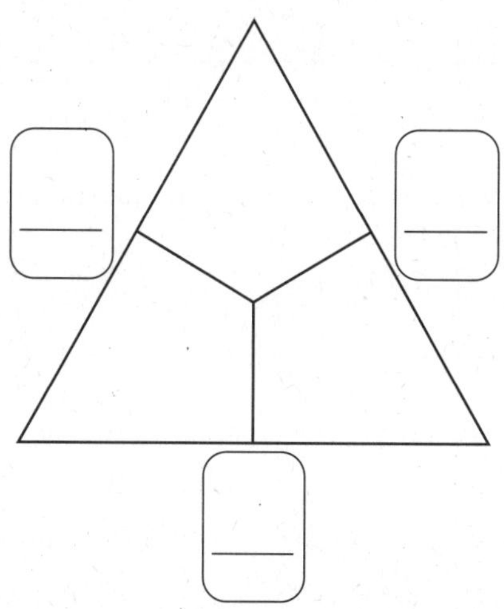
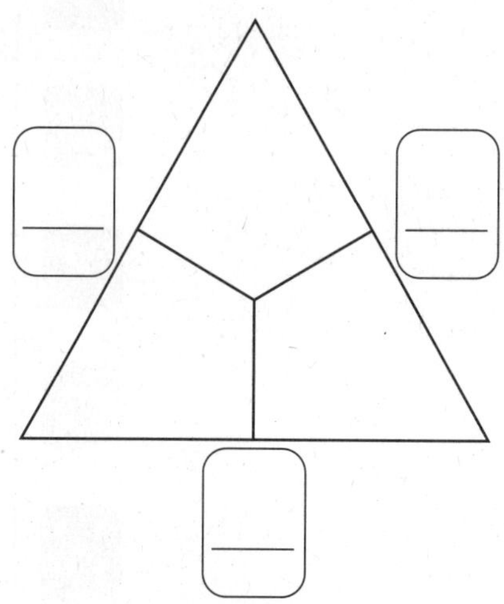

Augen-summe	
1	
2	
3	
4	
5	
6	
7	
8	
9	
10	
11	
12	
13	

Augen-summe	
1	
2	
3	
4	
5	
6	
7	
8	
9	
10	
11	
12	
13	

+	⚀	⚁	⚂	⚃	⚄	⚅
⚀						
⚁						
⚂						
⚃						
⚄						
⚅						

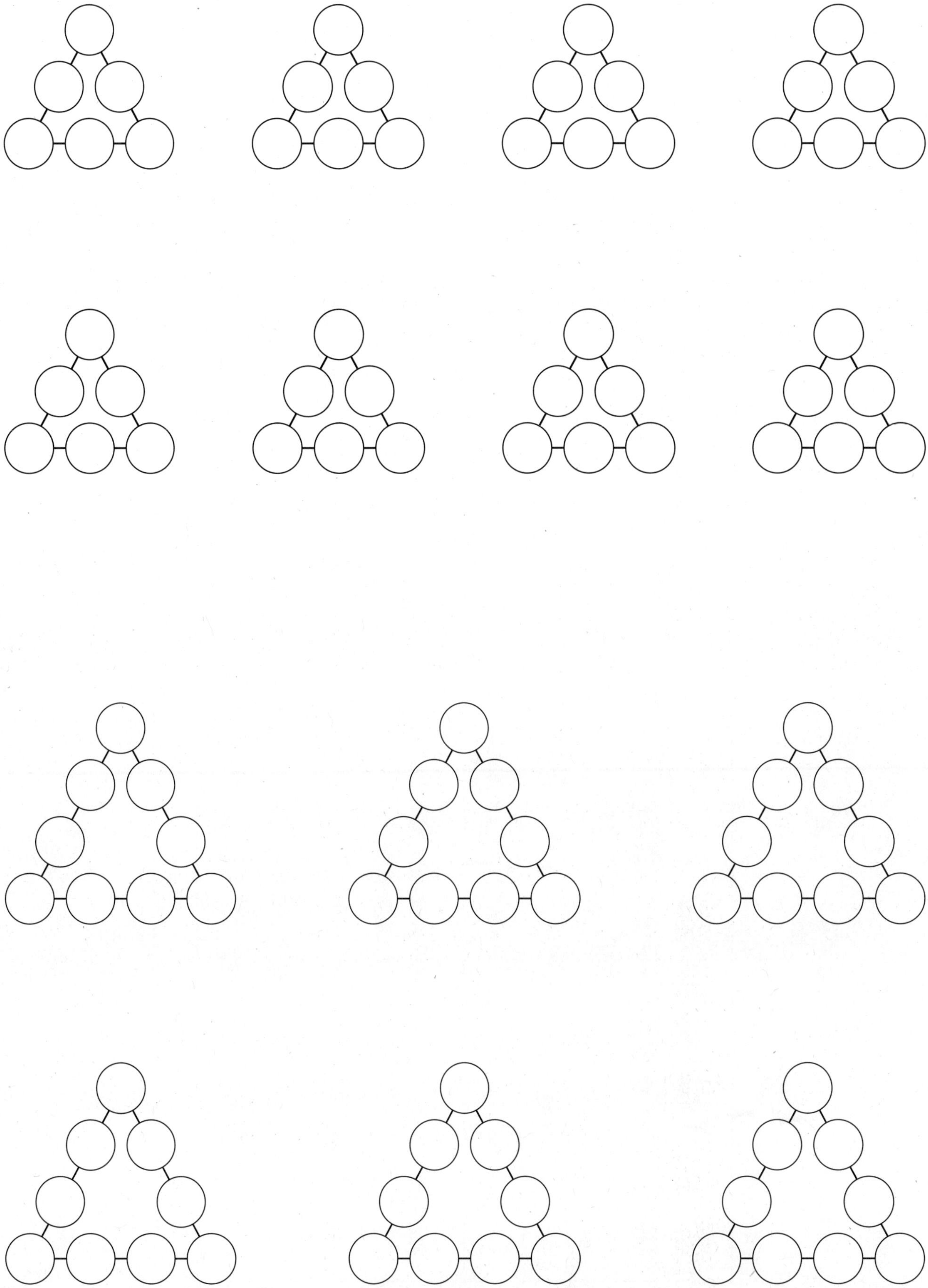

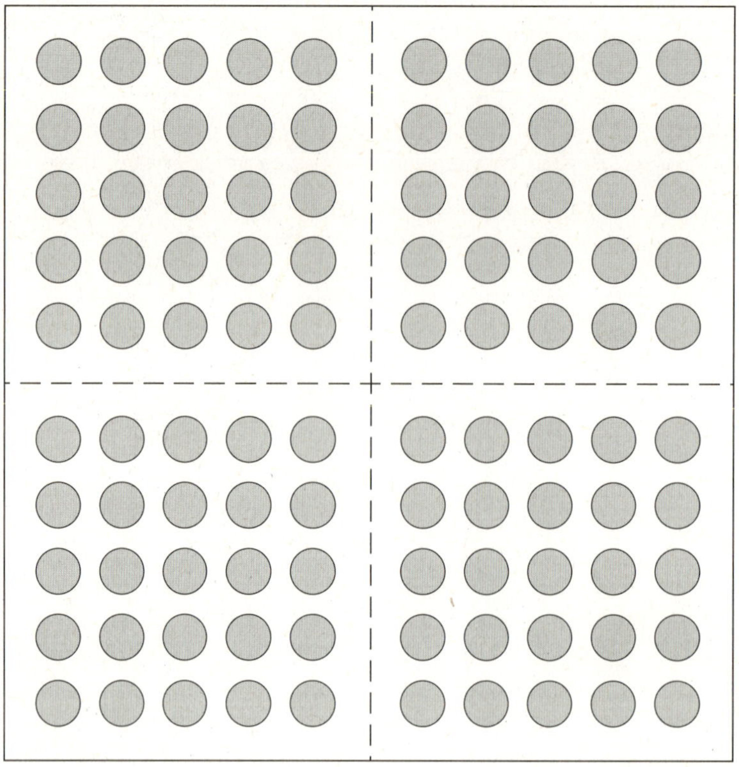

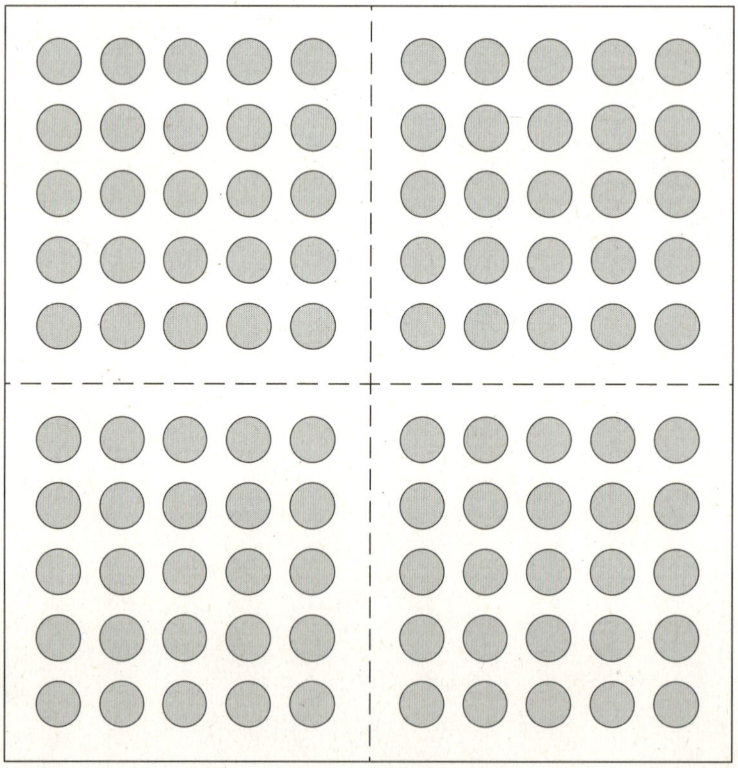

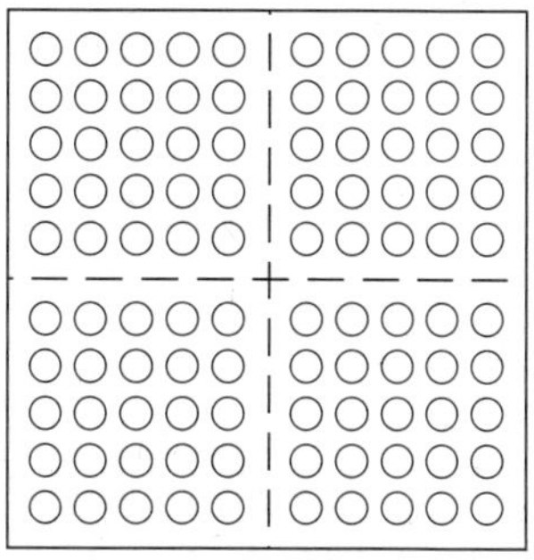

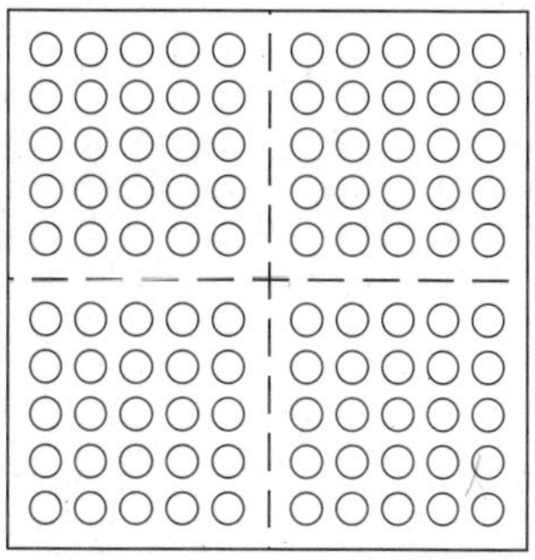

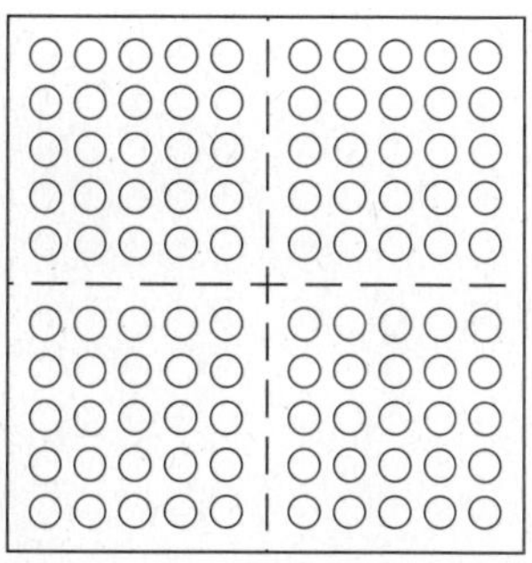

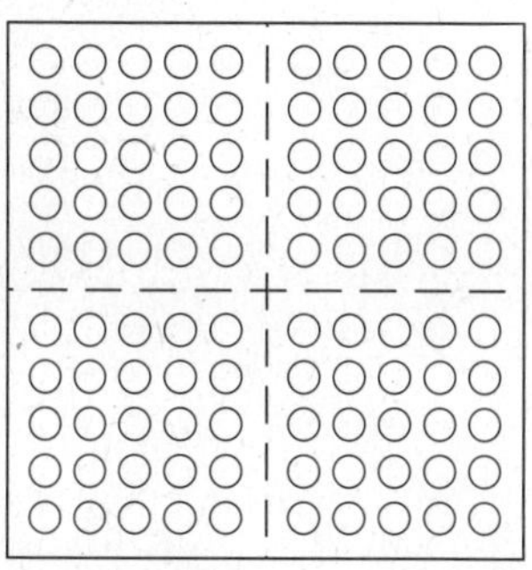

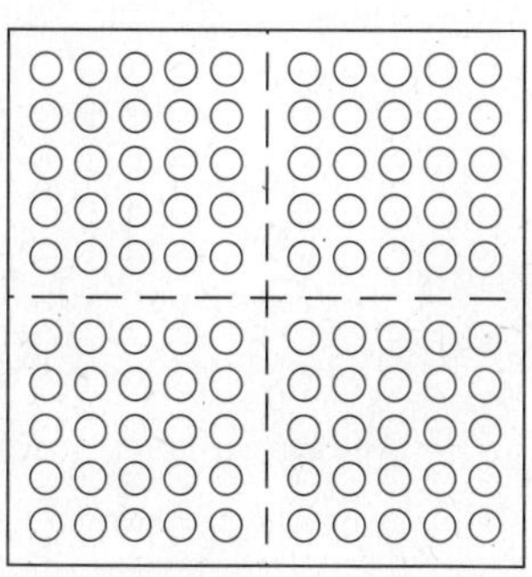

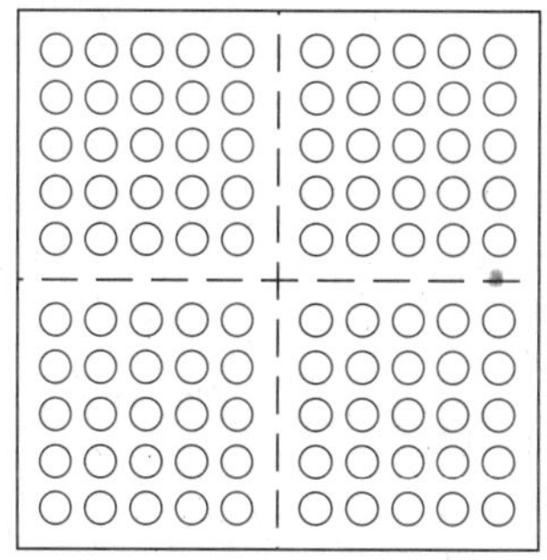

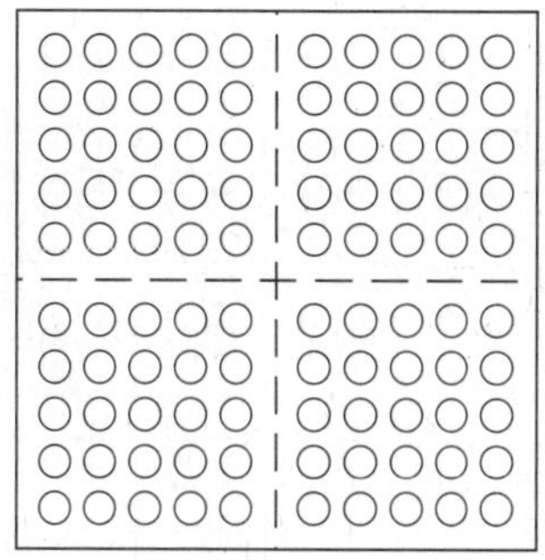

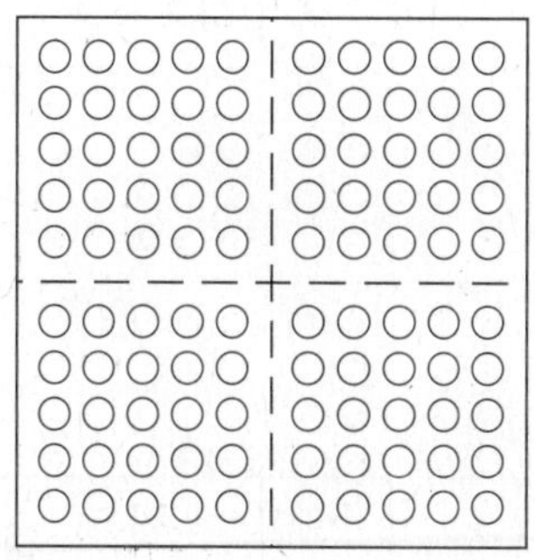

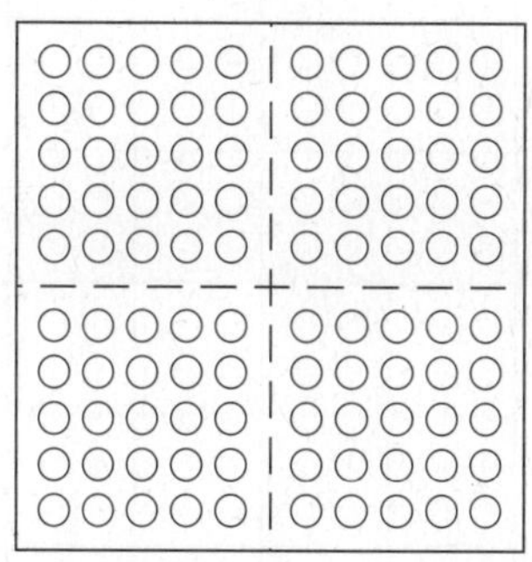

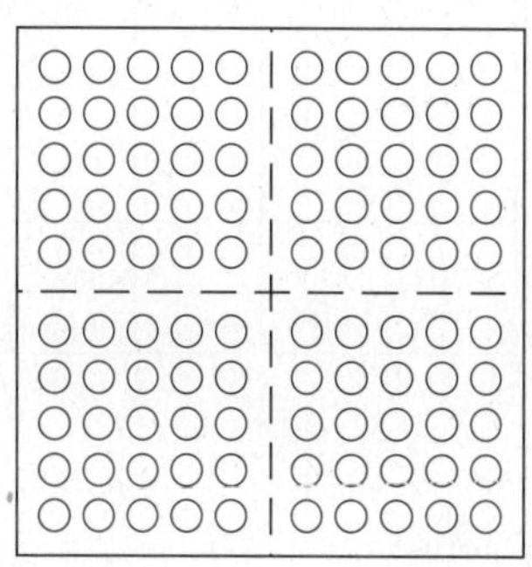

1	2	3	4	5	6	7	8	9	10
11	12	13	14	15	16	17	18	19	20
21	22	23	24	25	26	27	28	29	30
31	32	33	34	35	36	37	38	39	40
41	42	43	44	45	46	47	48	49	50
51	52	53	54	55	56	57	58	59	60
61	62	63	64	65	66	67	68	69	70
71	72	73	74	75	76	77	78	79	80
81	82	83	84	85	86	87	88	89	90
91	92	93	94	95	96	97	98	99	100

1	2	3	4	5	6	7	8	9	10
11	12	13	14	15	16	17	18	19	20
21	22	23	24	25	26	27	28	29	30
31	32	33	34	35	36	37	38	39	40
41	42	43	44	45	46	47	48	49	50
51	52	53	54	55	56	57	58	59	60
61	62	63	64	65	66	67	68	69	70
71	72	73	74	75	76	77	78	79	80
81	82	83	84	85	86	87	88	89	90
91	92	93	94	95	96	97	98	99	100

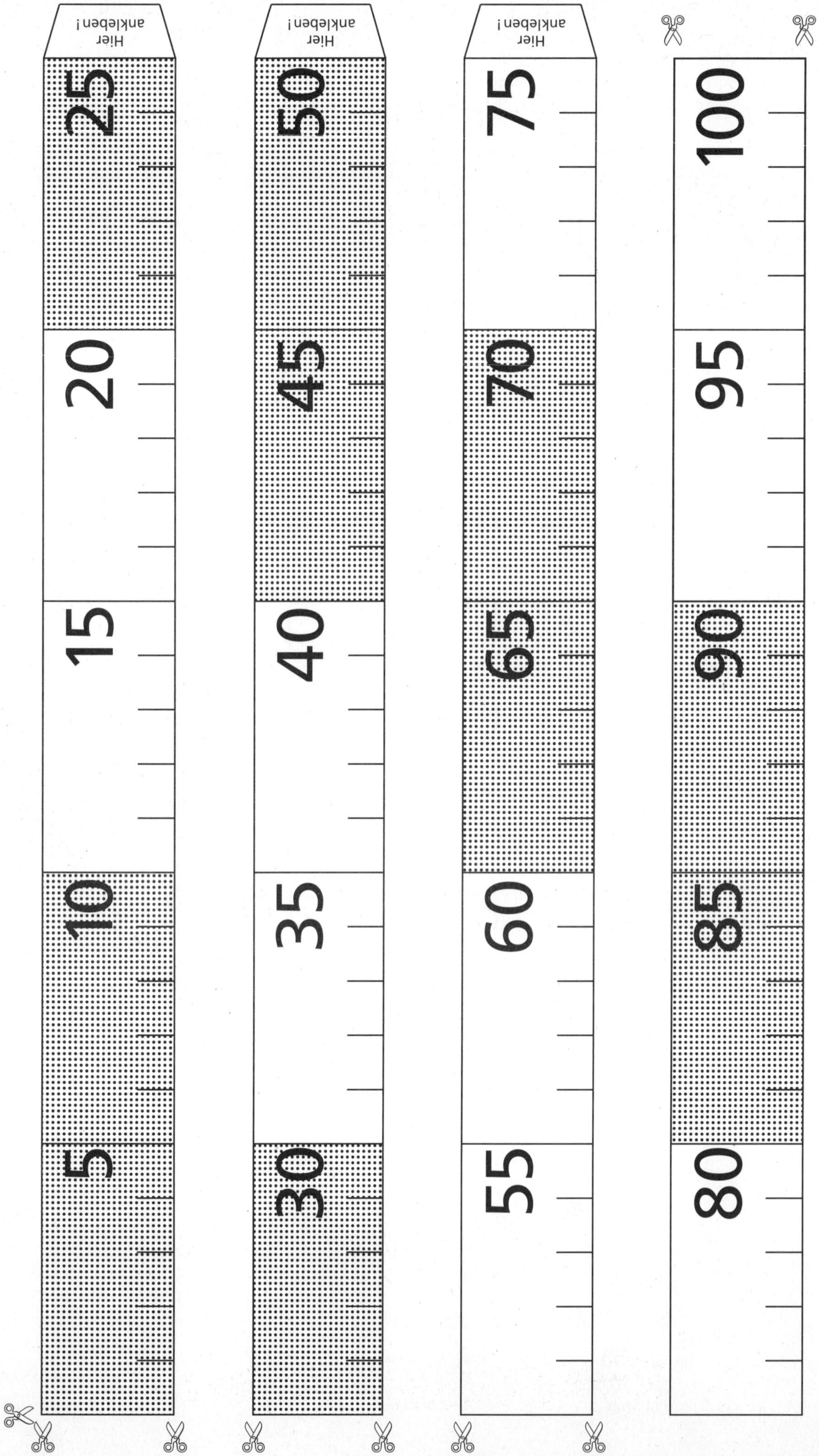
Hier ankleben!
Hier ankleben!
Hier ankleben!
5
10
15
20
25
30
35
40
45
50
55
60
65
70
75
80
85
90
95
100

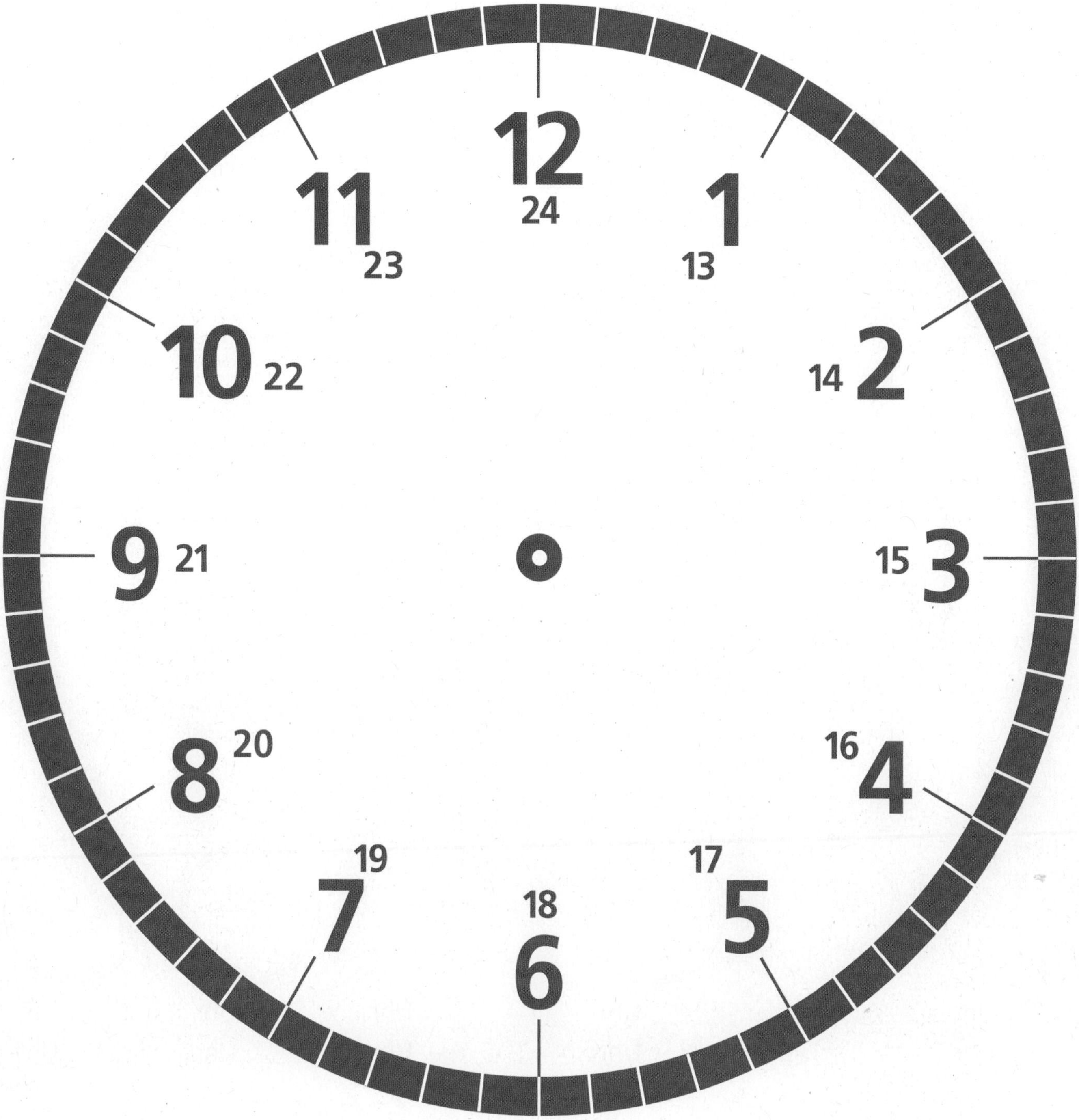
12
24
1
13
2
14
3
15
4
16
5
17
6
18
7
19
8
20
9
21
10
22
11
23

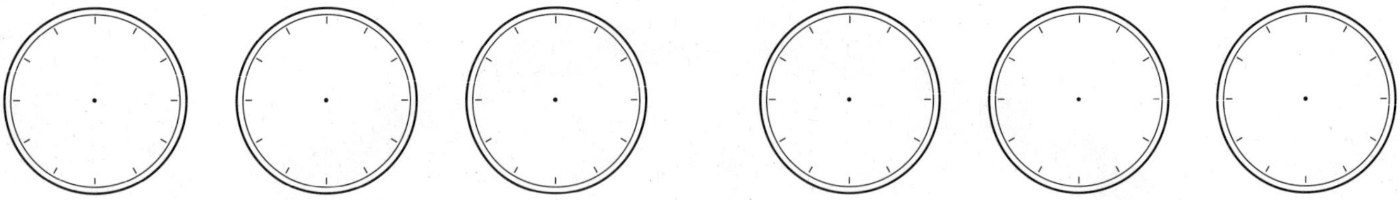

.... Uhr .... Uhr .... Uhr .... Uhr .... Uhr .... Uhr
.... Uhr .... Uhr .... Uhr .... Uhr .... Uhr .... Uhr

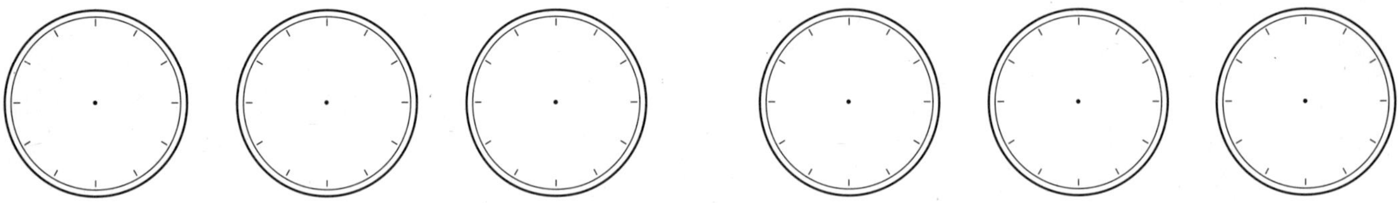

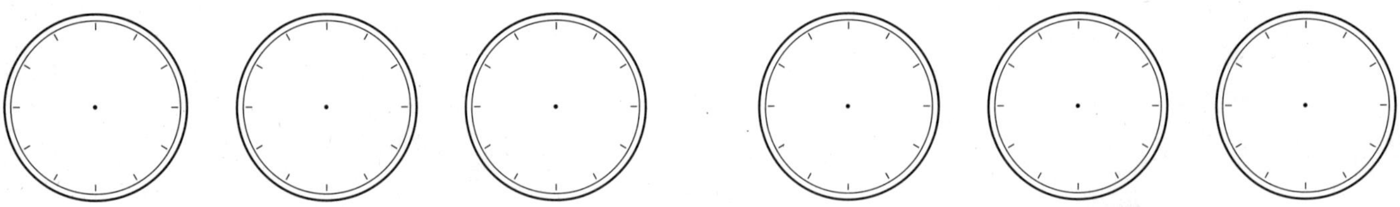

.... Uhr .... Uhr .... Uhr .... Uhr .... Uhr .... Uhr
.... Uhr .... Uhr .... Uhr .... Uhr .... Uhr .... Uhr

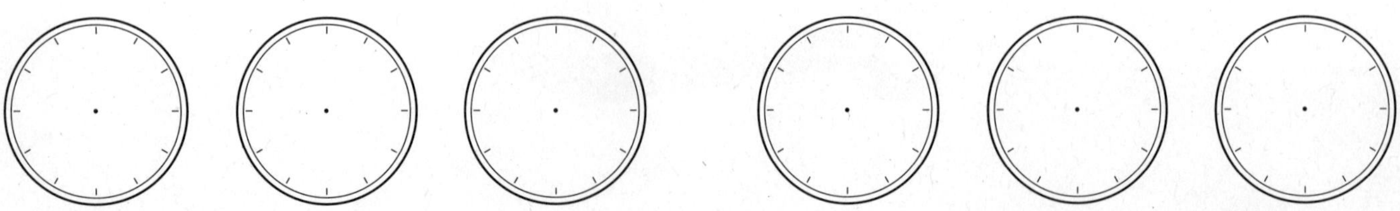

Mein Stundenplan

von | bis

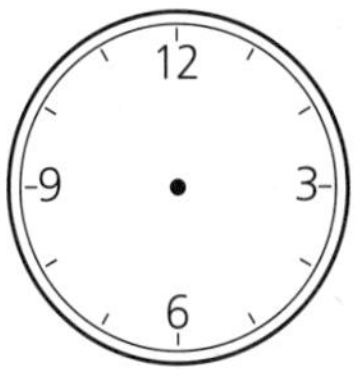

1. Stunde

Uhr – Uhr

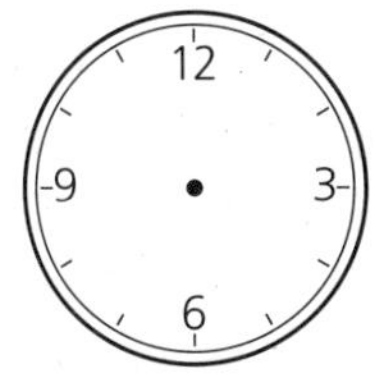

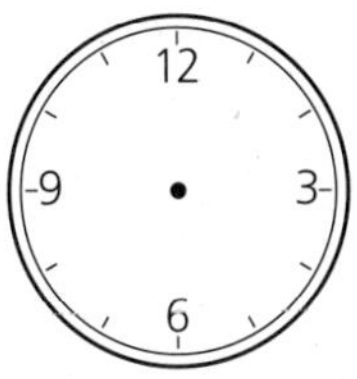

2. Stunde

Uhr – Uhr

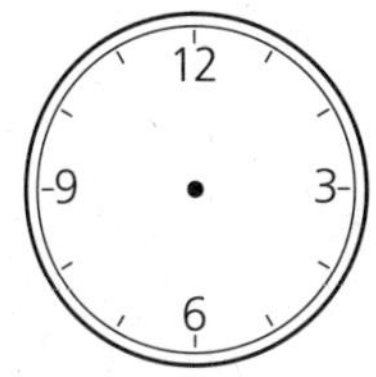

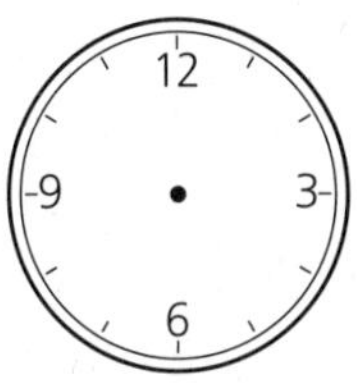

PAUSE

Uhr – Uhr

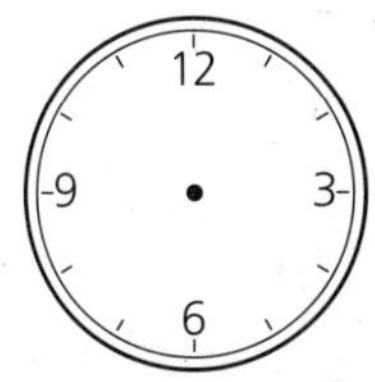

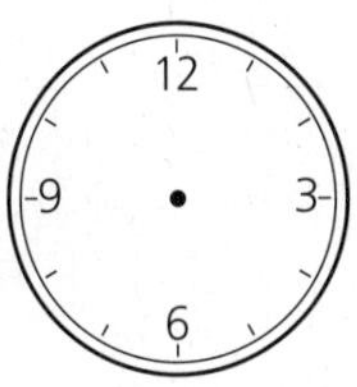

3. Stunde

Uhr – Uhr

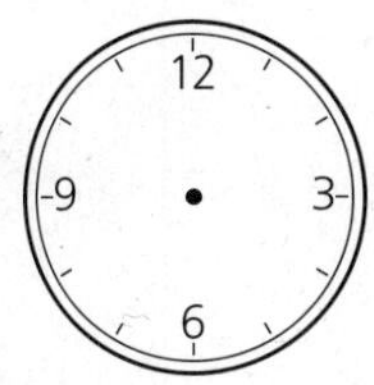

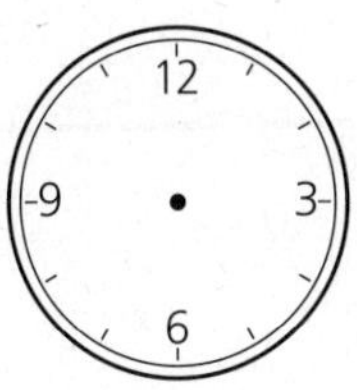

4. Stunde

Uhr – Uhr

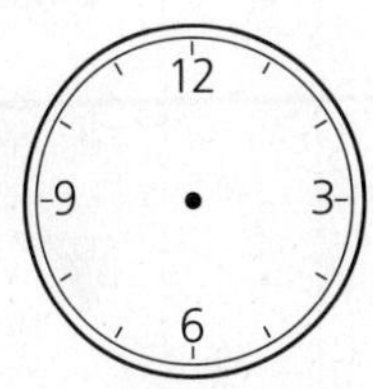

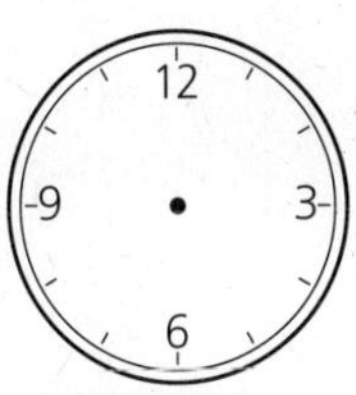

PAUSE

Uhr – Uhr

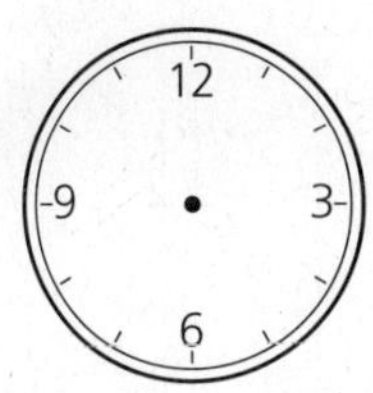

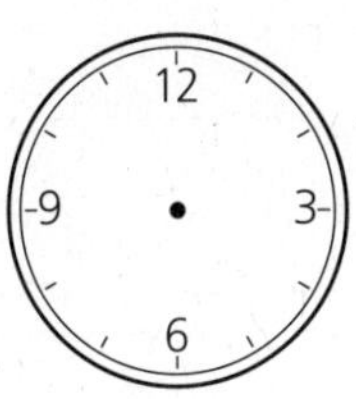

5. Stunde

Uhr – Uhr

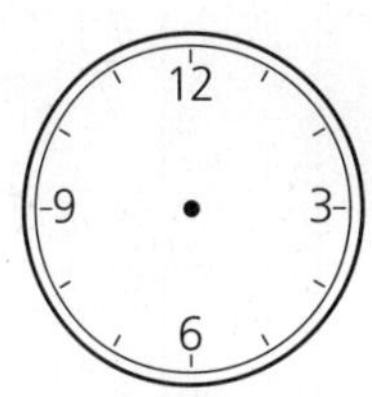

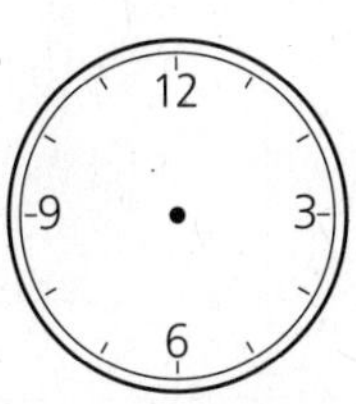

6. Stunde

Uhr – Uhr

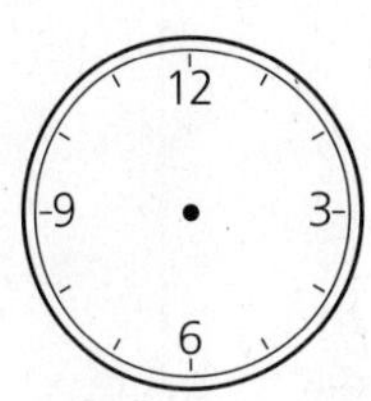

Mein Stundenplan

Name: ______________________ Klasse: __________

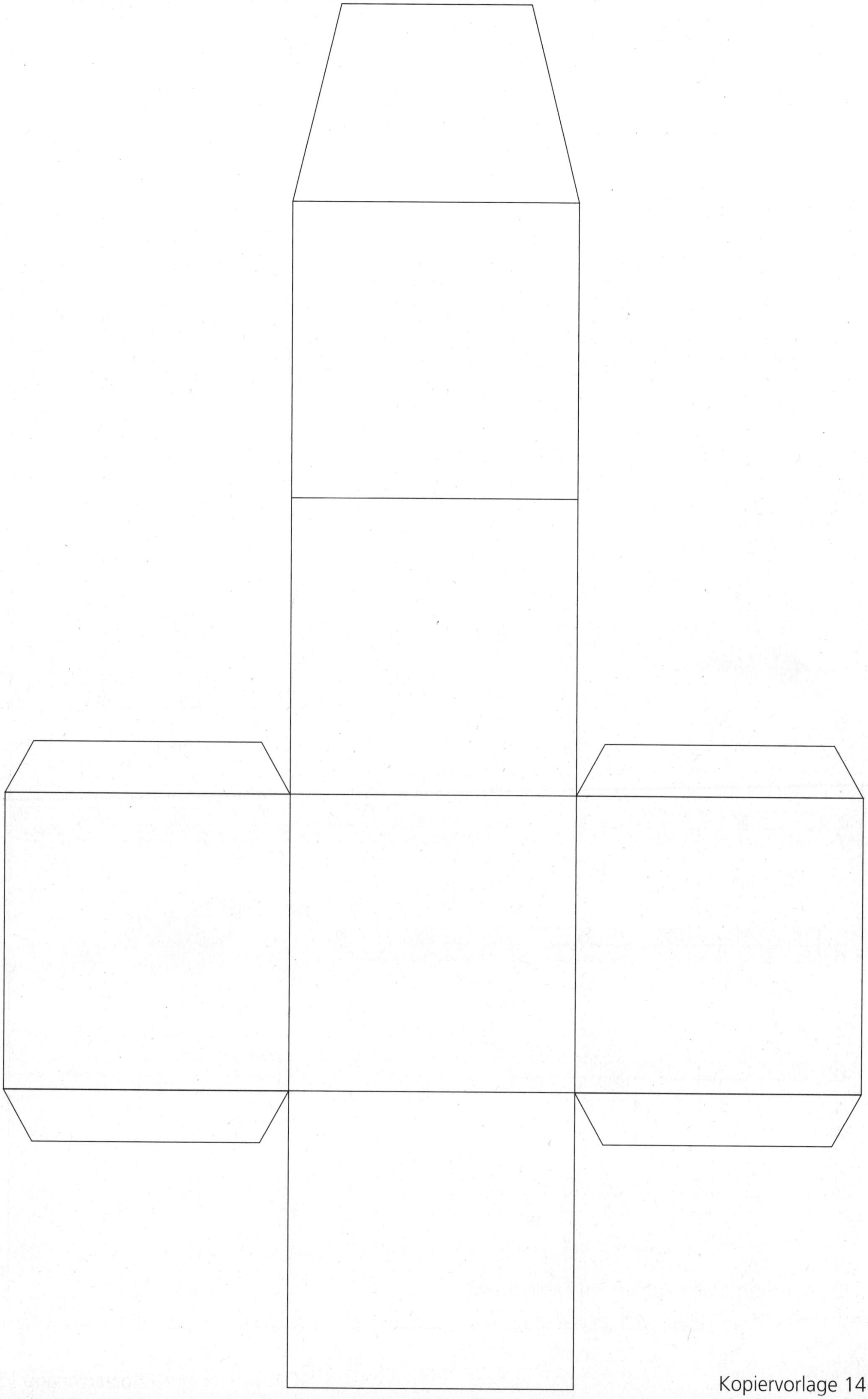

Einmaleins-Plan

Zahlenband

1	2	3	4	5	6	7	8	9	10	11	12	13	14	15	16	17	18	19	20	21	22	23	24	25	26	27	28	29	30	31	32	33	34	35	36	37	38	39	40	41	42	43	44	45	46	47	48	49	50

·10

5	10	15	20	25	30	35	40	45	50

10 20 50

·5

5	10	15	20	25	30	35	40	45	50

5 10 25 50

·2

5	10	15	20

2 4 10 20

·4

5	10	15	20	25	30	35	40

4 8 20 40

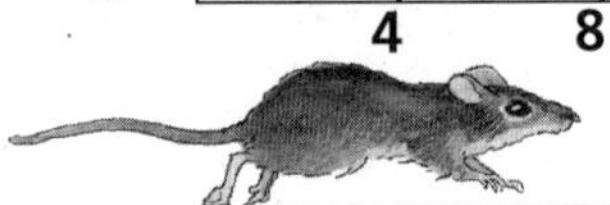

·8

5	10	15	20	25	30	35	40	45	50

8 16 40

·7

5	10	15	20	25	30	35	40	45	50

7 14 35

·3

5	10	15	20	25	30

3 6 15 30

·6

5	10	15	20	25	30	35	40	45	50

6 12 30

·9

5	10	15	20	25	30	35	40	45	50

9 18 45

Alle Einmaleins-Zahlen am Zahlenband

1	2	3	4	5	6	7	8	9	10		12		14	15	16		18		20	21			24	25		27	28		30		32			35	36				40		42			45			48	49	50

51 52 53 54 55 56 57 58 59 60 61 62 63 64 65 66 67 68 69 70 71 72 73 74 75 76 77 78 79 80 81 82 83 84 85 86 87 88 89 90 91 92 93 94 95 96 97 98 99 100

55 60 65 70 75 80 85 90 95 100

100

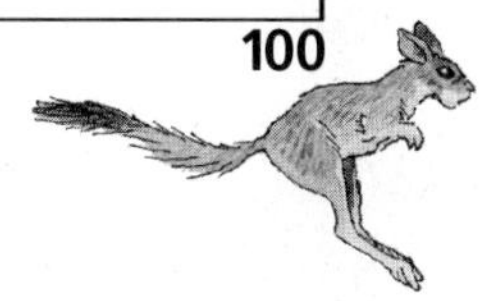

55 60 65 70 75 80

80

55 60 65 70

70

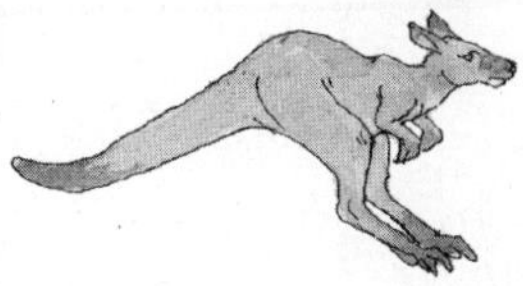

55 60

60

55 60 65 70 75 80 85 90

90

54 56 60 63 64 70 72 80 81 90 100

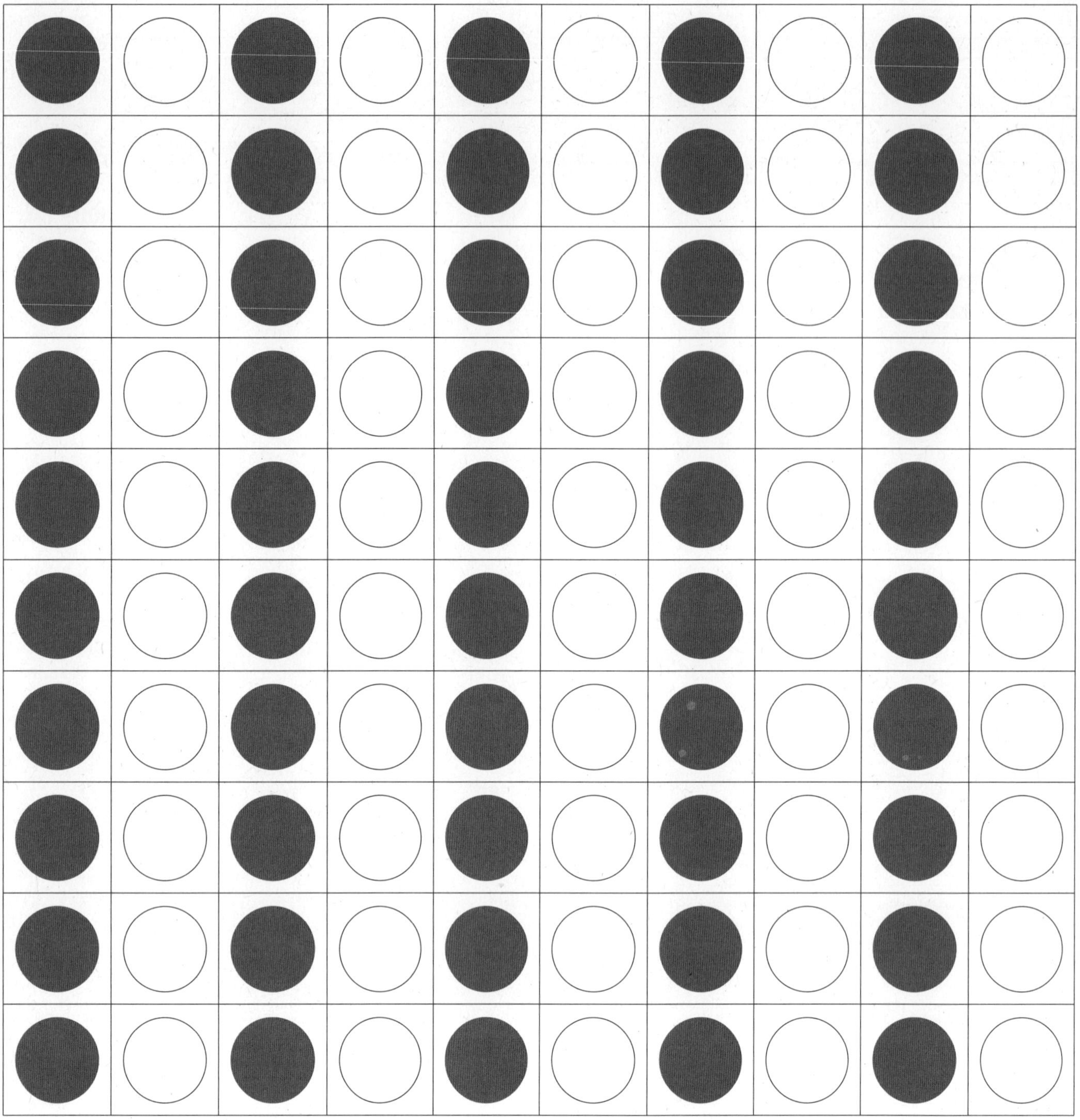

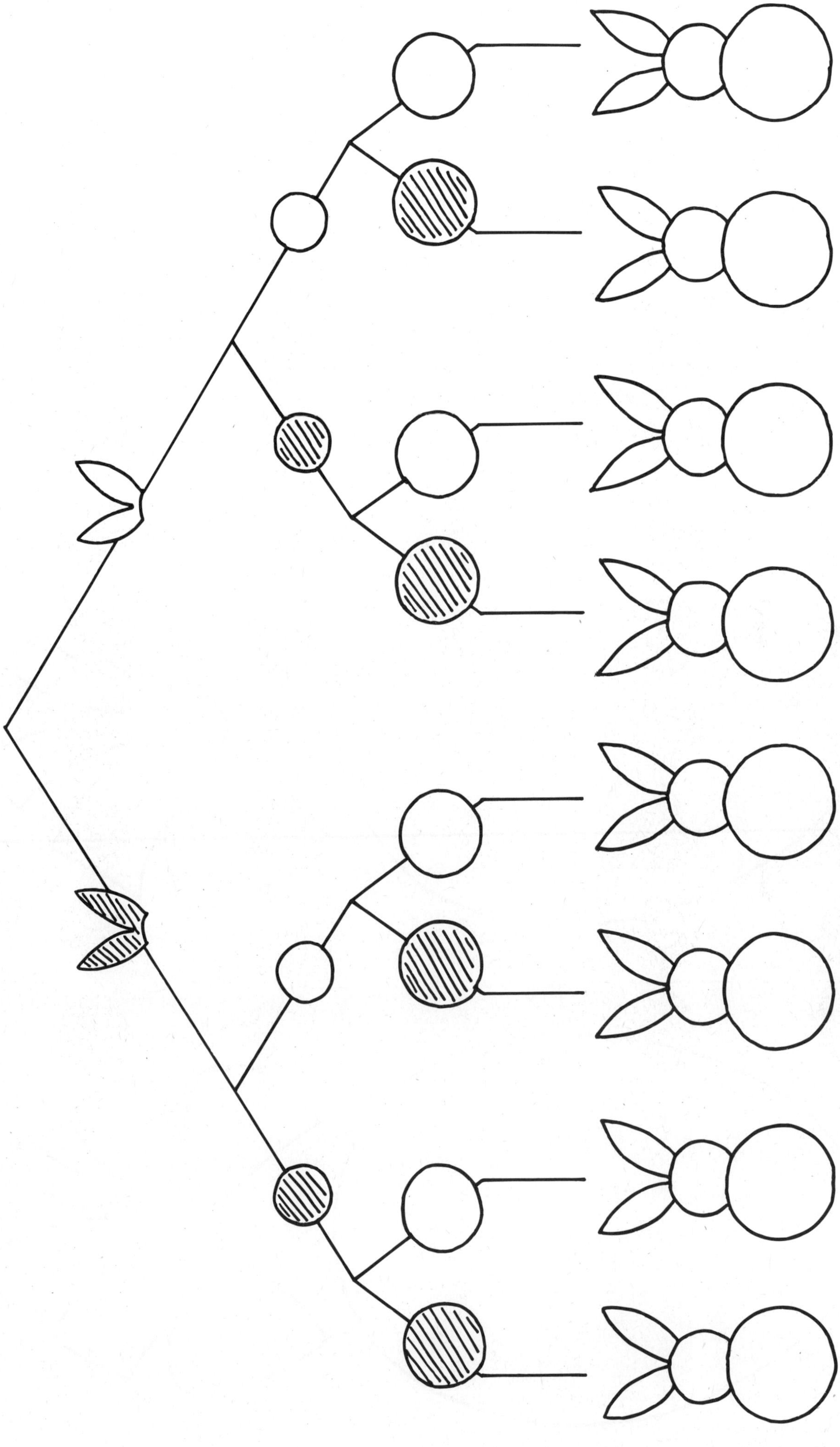

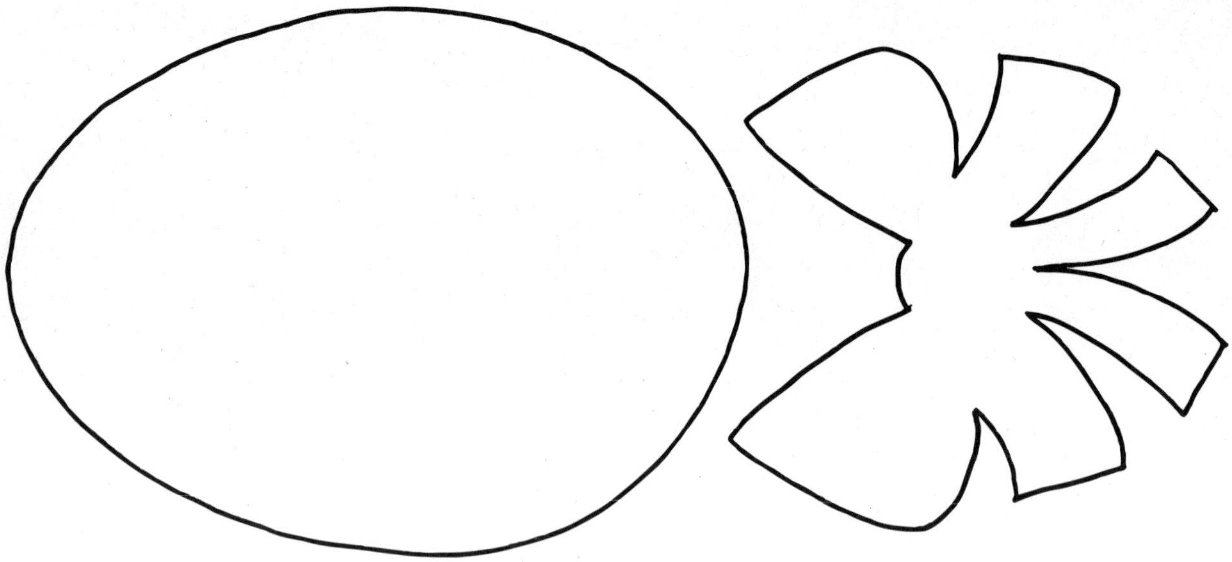

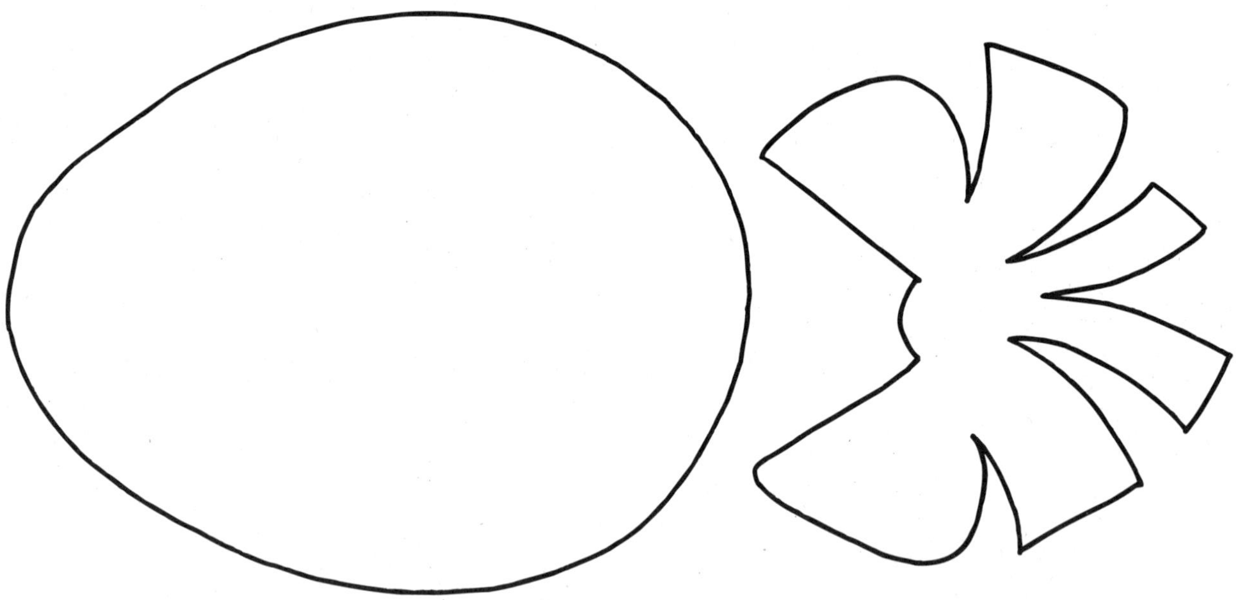

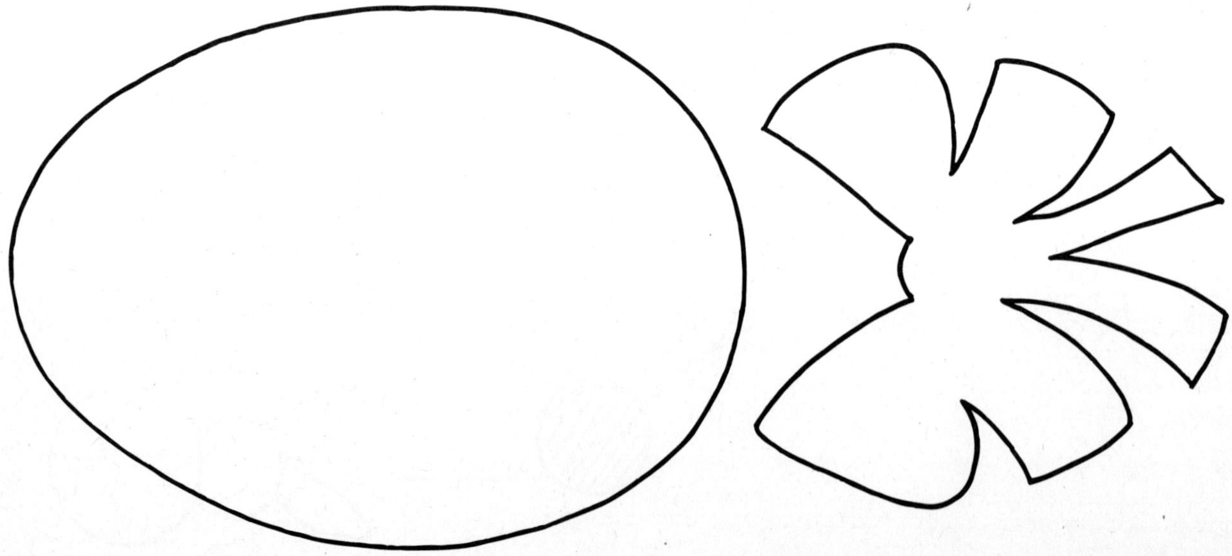

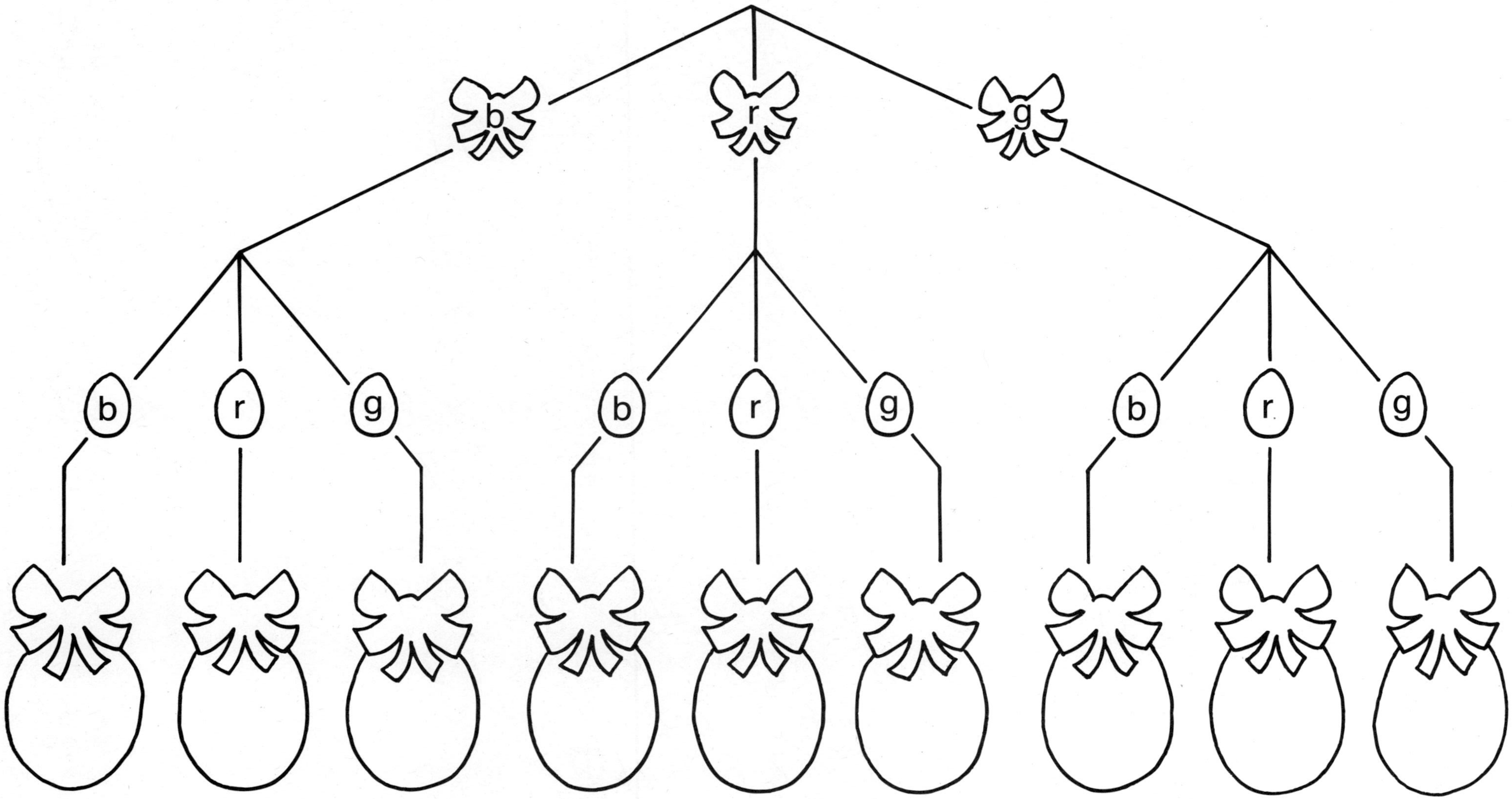
b
r
g
b
r
g
b
r
g
b
r
g

Einmaleins-Tafel

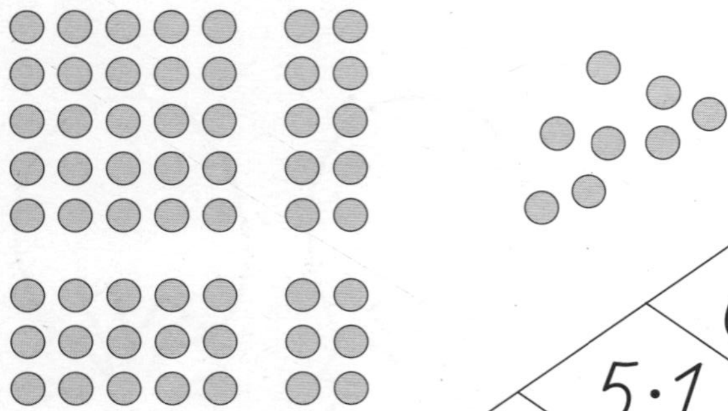

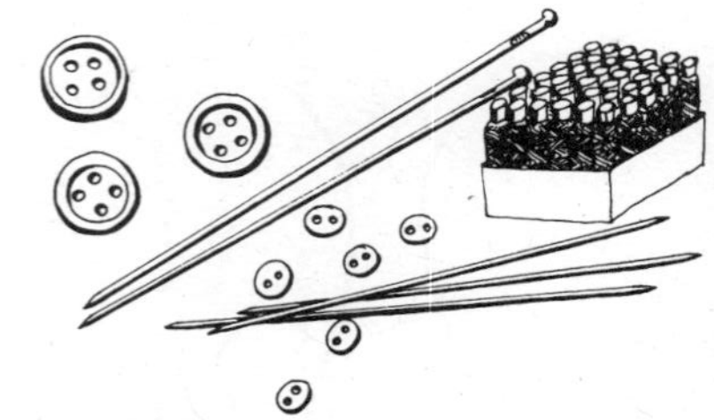

1·1	1·2	1·3	1·4	1·5	1·6	1·7	1·8	1·9	1·10
2·1	2·2	2·3	2·4	2·5	2·6	2·7	2·8	2·9	2·10
3·1	3·2	3·3	3·4	3·5	3·6	3·7	3·8	3·9	3·10
4·1	4·2	4·3	4·4	4·5	4·6	4·7	4·8	4·9	4·10
5·1	5·2	5·3	5·4	5·5	5·6	5·7	5·8	5·9	5·10
6·1	6·2	6·3	6·4	6·5	6·6	6·7	6·8	6·9	6·10
7·1	7·2	7·3	7·4	7·5	7·6	7·7	7·8	7·9	7·10
8·1	8·2	8·3	8·4	8·5	8·6	8·7	8·8	8·9	8·10
9·1	9·2	9·3	9·4	9·5	9·6	9·7	9·8	9·9	9·10
10·1	10·2	10·3	10·4	10·5	10·6	10·7	10·8	10·9	10·10

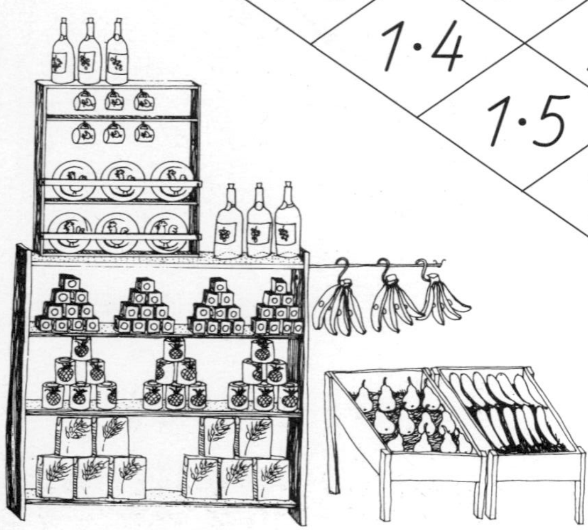

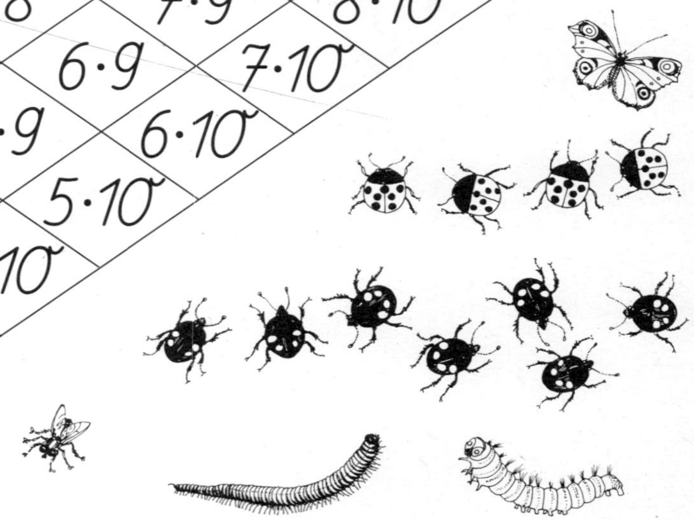

Meine Einmaleins-Tafel

1·1=	1·2=	1·3=	1·4=	1·5=	1·6=	1·7=	1·8=	1·9=	1·10=
2·1=	2·2=	2·3=	2·4=	2·5=	2·6=	2·7=	2·8=	2·9=	2·10=
3·1=	3·2=	3·3=	3·4=	3·5=	3·6=	3·7=	3·8=	3·9=	3·10=
4·1=	4·2=	4·3=	4·4=	4·5=	4·6=	4·7=	4·8=	4·9=	4·10=
5·1=	5·2=	5·3=	5·4=	5·5=	5·6=	5·7=	5·8=	5·9=	5·10=
6·1=	6·2=	6·3=	6·4=	6·5=	6·6=	6·7=	6·8=	6·9=	6·10=
7·1=	7·2=	7·3=	7·4=	7·5=	7·6=	7·7=	7·8=	7·9=	7·10=
8·1=	8·2=	8·3=	8·4=	8·5=	8·6=	8·7=	8·8=	8·9=	8·10=
9·1=	9·2=	9·3=	9·4=	9·5=	9·6=	9·7=	9·8=	9·9=	9·10=
10·1=	10·2=	10·3=	10·4=	10·5=	10·6=	10·7=	10·8=	10·9=	10·10=

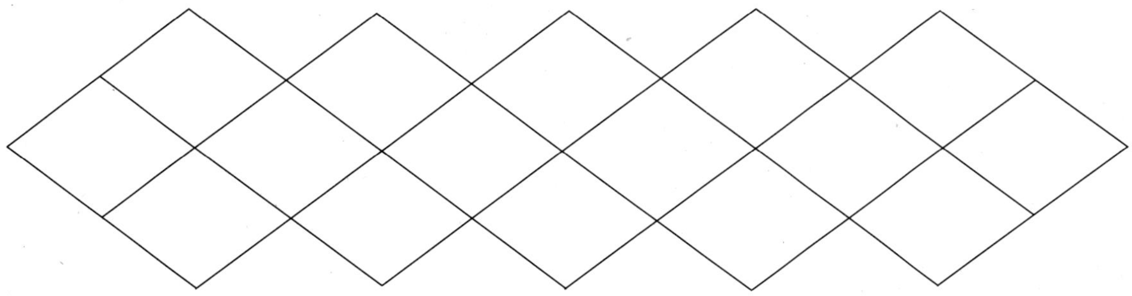

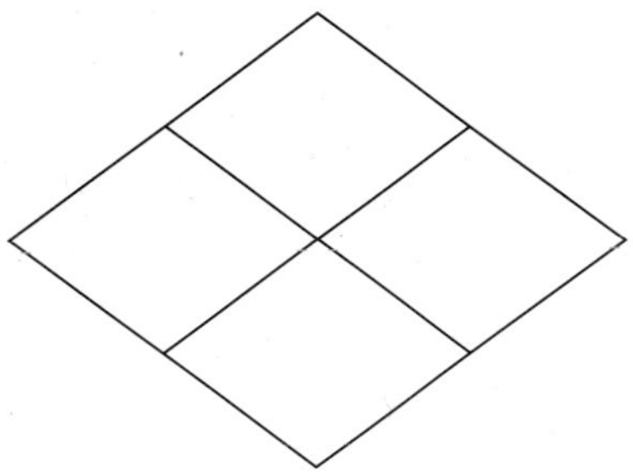

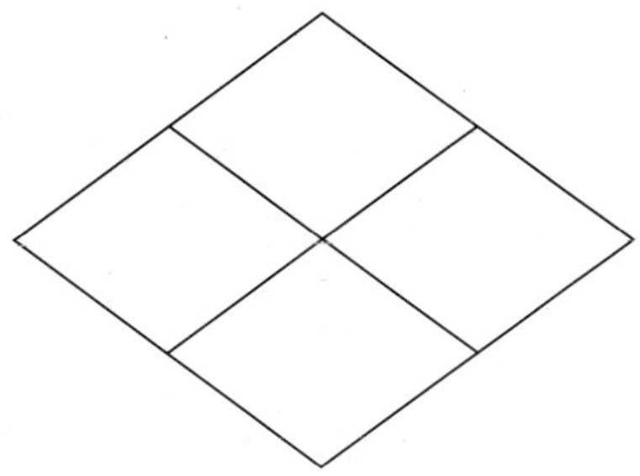

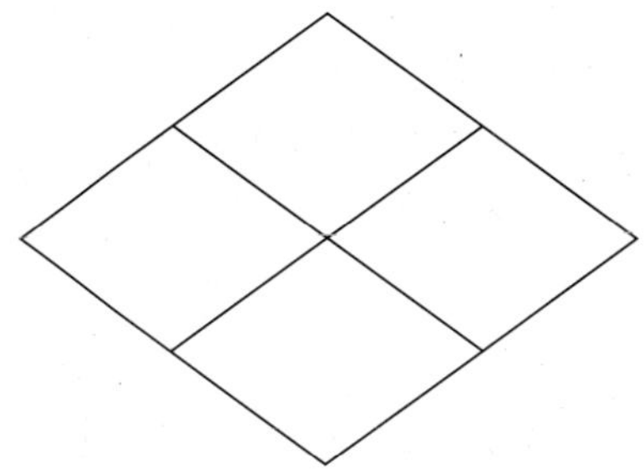

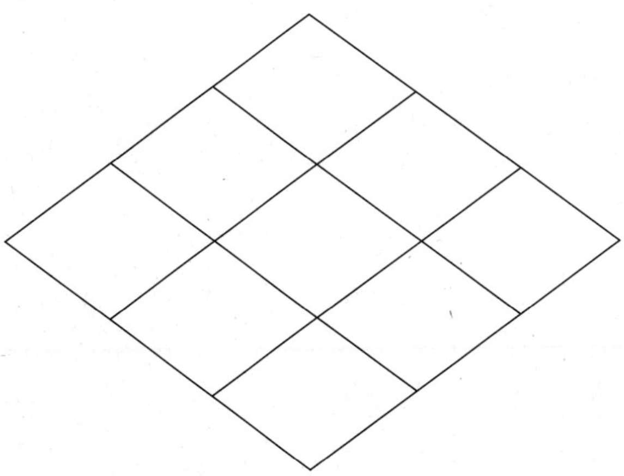

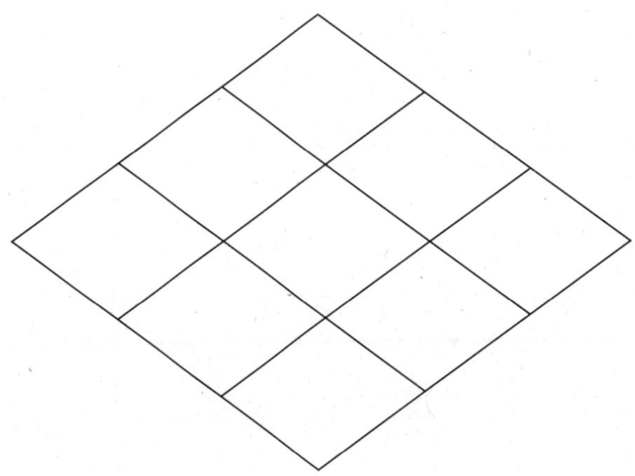

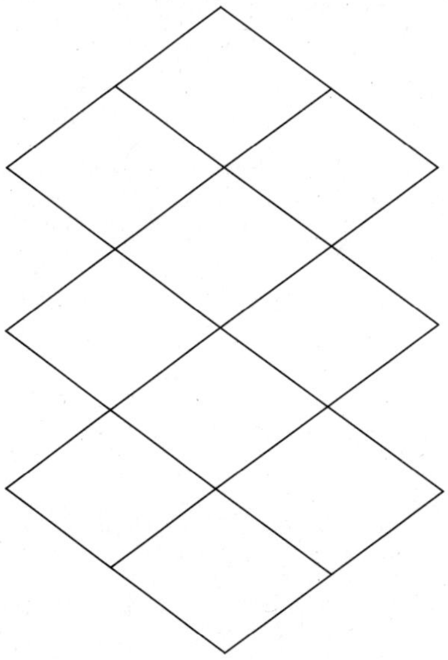

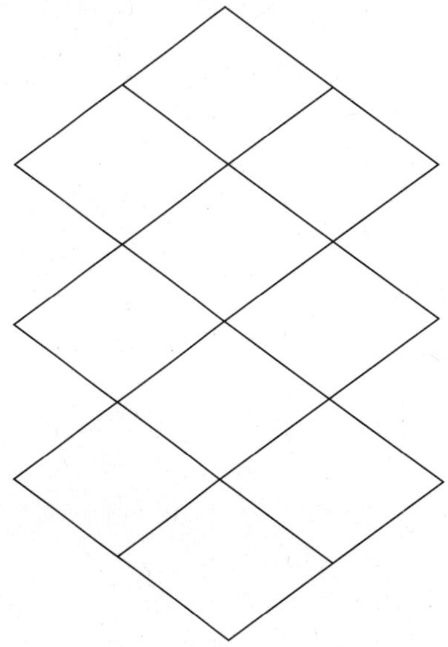

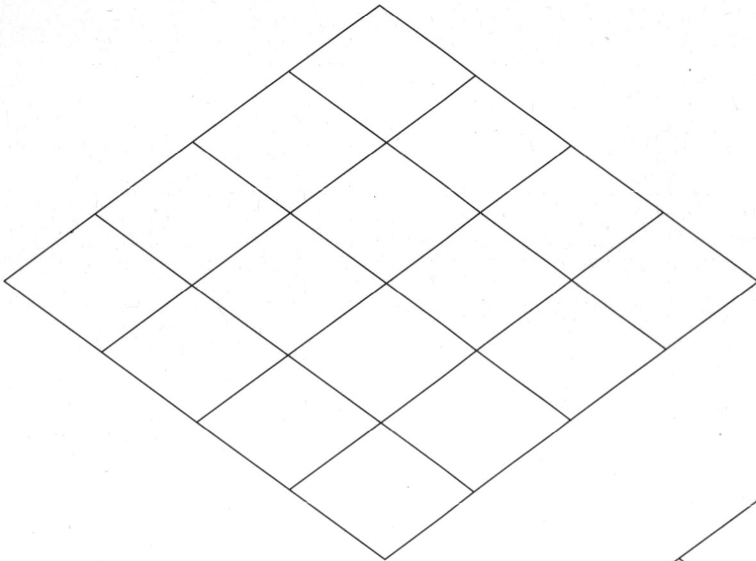

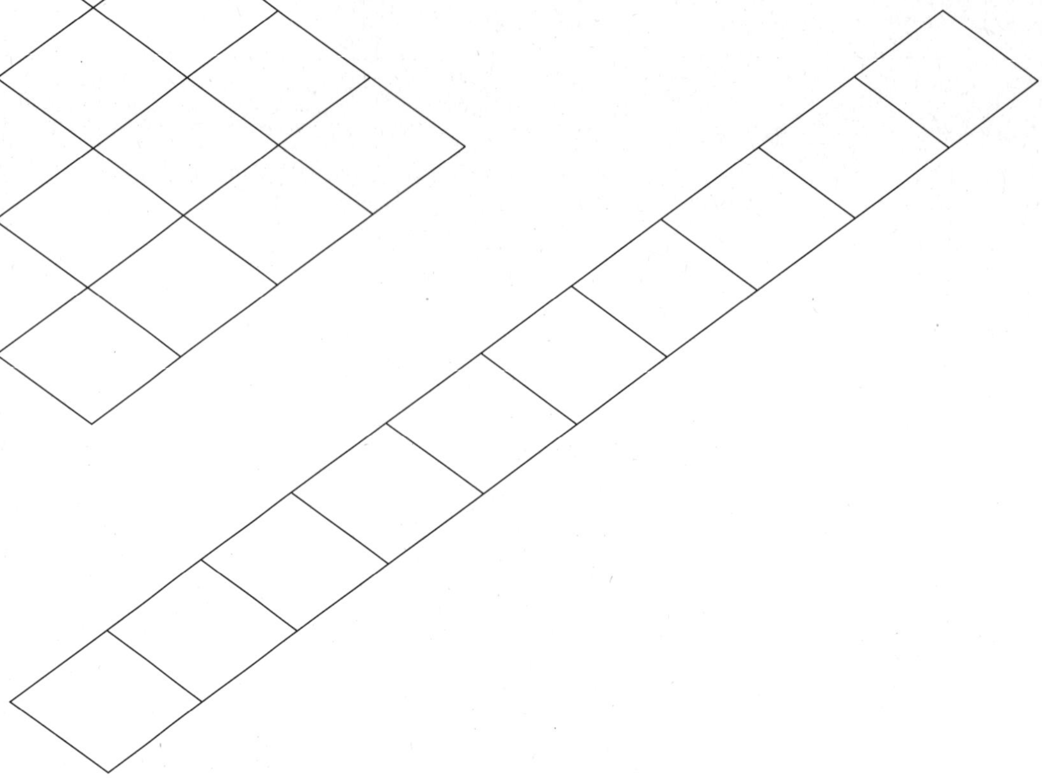

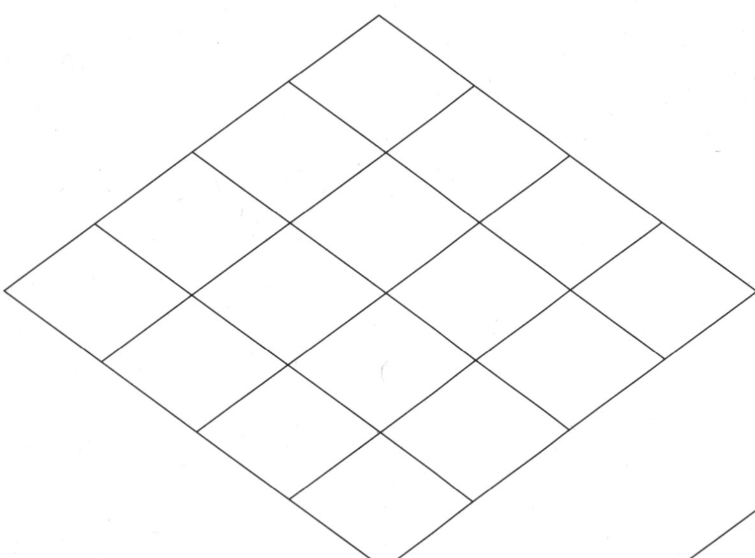

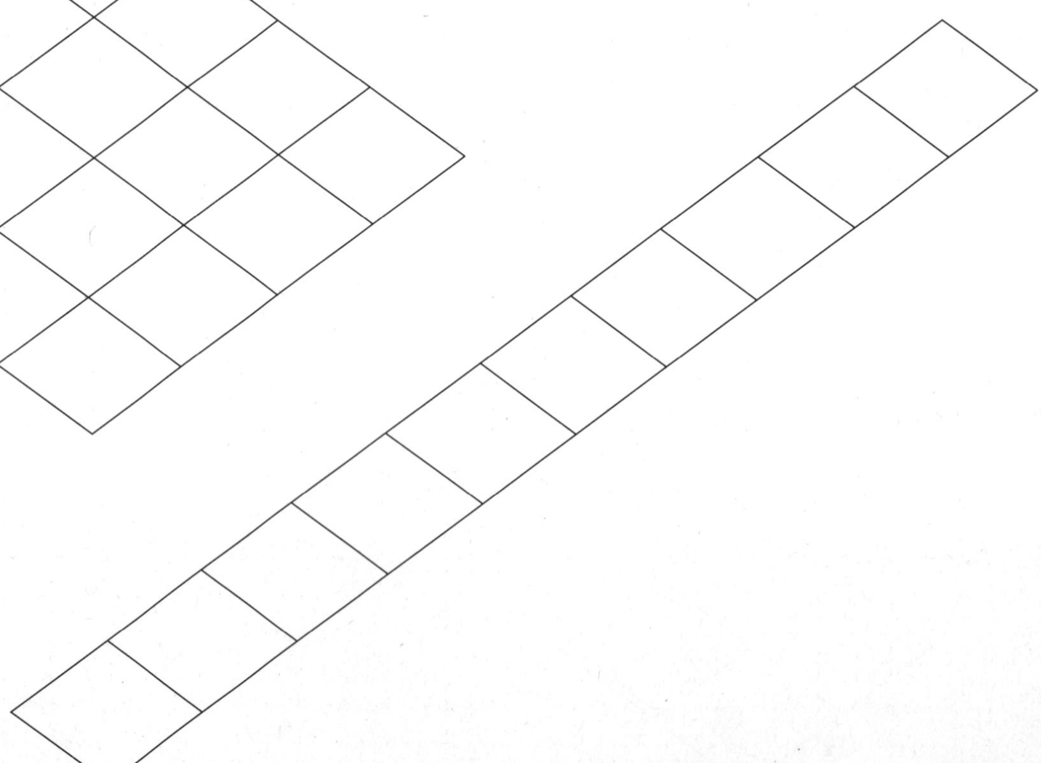

•			

•			

•			

•			

•			

•			

•			

•			

•			

•			

•			

•			

1+1 - Marathon

1 $\xrightarrow{+4}$ ☐ $\xrightarrow{+5}$ ☐ $\xrightarrow{-2}$ ☐ $\xrightarrow{+5}$ ☐ $\xrightarrow{-4}$ ☐ $\xrightarrow{+6}$ ☐ $\xrightarrow{-5}$

10 $\xrightarrow{-7}$ ☐ $\xrightarrow{+3}$ ☐ $\xrightarrow{+2}$ ☐ $\xrightarrow{+2}$ ☐ $\xrightarrow{+3}$ ☐ $\xrightarrow{+3}$ ☐ $\xrightarrow{-8}$ ☐ $\xrightarrow{-1}$ ☐ $\xrightarrow{+5}$ ☐ $\xrightarrow{-2}$

10 $\xrightarrow{-8}$ ☐ $\xrightarrow{-2}$ ☐ $\xrightarrow{+6}$ ☐ $\xrightarrow{+7}$ ☐ $\xrightarrow{-2}$ ☐ $\xrightarrow{-4}$ ☐ $\xrightarrow{+6}$ ☐ $\xrightarrow{+2}$ ☐ $\xrightarrow{-10}$ ☐ $\xrightarrow{+5}$

10 $\xrightarrow{+2}$ ☐ $\xrightarrow{-4}$ ☐ $\xrightarrow{+9}$ ☐ $\xrightarrow{-10}$ ☐ $\xrightarrow{+1}$ ☐ $\xrightarrow{+10}$ ☐ $\xrightarrow{-9}$ ☐ $\xrightarrow{+8}$ ☐ $\xrightarrow{-3}$ ☐ $\xrightarrow{-4}$

10 $\xrightarrow{-6}$ ☐ $\xrightarrow{+4}$ ☐ $\xrightarrow{+6}$ ☐ $\xrightarrow{-5}$ ☐ $\xrightarrow{+3}$ ☐ $\xrightarrow{-5}$ ☐ $\xrightarrow{+7}$ ☐ $\xrightarrow{-8}$ ☐ $\xrightarrow{+3}$ ☐ $\xrightarrow{+1}$

10 $\xrightarrow{-3}$ ☐ $\xrightarrow{+2}$ ☐ $\xrightarrow{+2}$ ☐ $\xrightarrow{-3}$ ☐ $\xrightarrow{+8}$ ☐ $\xrightarrow{-9}$ ☐ $\xrightarrow{+8}$ ☐ $\xrightarrow{-3}$ ☐ $\xrightarrow{-6}$ ☐ $\xrightarrow{+4}$

10 $\xrightarrow{-4}$ ☐ $\xrightarrow{+5}$ ☐ $\xrightarrow{+5}$ ☐ $\xrightarrow{-6}$ ☐ $\xrightarrow{-6}$ ☐ $\xrightarrow{+7}$ ☐ $\xrightarrow{-8}$ ☐ $\xrightarrow{+7}$ ☐ $\xrightarrow{+10}$ ☐

Name	Klasse	Datum	1

1.

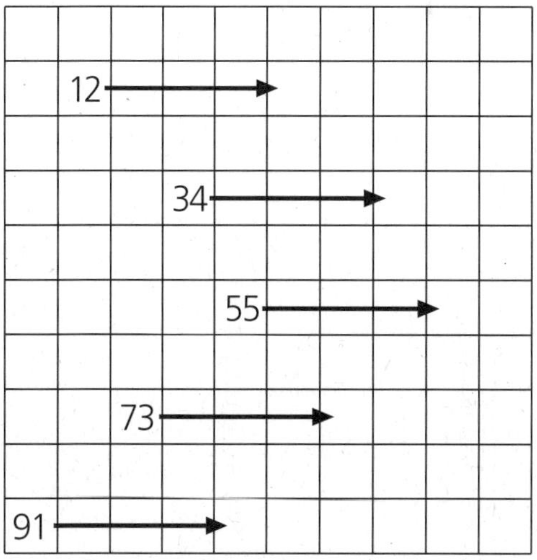

Start	12	34	55	73	91
Ziel					

2. Wieviel DM?

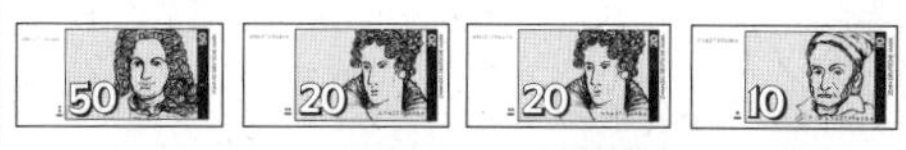	DM
	DM
	DM
	DM
	DM
	DM

3. Wie heißen die Zahlen?

Z	E

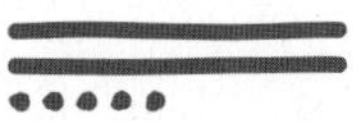

Z	E

Z	E

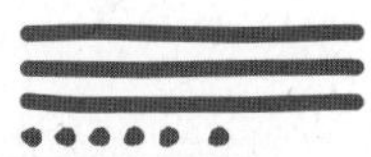

Z	E

4. Zeichne.

Z	E
4	3

Z	E
3	4

Z	E
5	2

Z	E
2	5

5. 53 − 3 = ______ 84 − 4 = ______ 92 − 2 = ______ 66 − 6 = ______

53 + 7 = ______ 84 + 6 = ______ 92 + 8 = ______ 66 + 6 = ______

6. Setze fort.

a. 95, 96, 97, ______, ______, ______

b. 100, 95, 90, ______, ______, ______

Name	Klasse	Datum	2

1. Zeichne und rechne.

54 + 23 = ___ 36 + 15 = ___ 42 + 24 = ___

2. 50 + 50 = ___ 65 + 14 = ___

50 + 49 = ___ 14 + 65 = ___

49 + 49 = ___ 64 + 15 = ___

48 + 48 = ___ 15 + 64 = ___

3. Zeichne und rechne.

57 − 32 = ___ 48 − 24 = ___ 63 − 31 = ___

4. 65 − 8 = ___ 39 − 13 = ___

55 − 8 = ___ 59 − 13 = ___

45 − 8 = ___ 79 − 13 = ___

35 − 8 = ___ 99 − 13 = ___

5. 37 $\xrightarrow{+4}$ ___ $\xrightarrow{+6}$ ___ 42 $\xrightarrow{-7}$ ___ $\xrightarrow{-3}$ ___

26 $\xrightarrow{+6}$ ___ $\xrightarrow{+4}$ ___ 72 $\xrightarrow{-3}$ ___ $\xrightarrow{-7}$ ___

6. 50 $\xrightarrow{+5}$ ___ $\xrightarrow{+5}$ ___ $\xrightarrow{+5}$ ___ $\xrightarrow{+5}$ ___ $\xrightarrow{+5}$ ___

100 $\xrightarrow{-5}$ ___ $\xrightarrow{-5}$ ___ $\xrightarrow{-5}$ ___ $\xrightarrow{-5}$ ___ $\xrightarrow{-5}$ ___

Name	Klasse	Datum	3

1. Rechne.

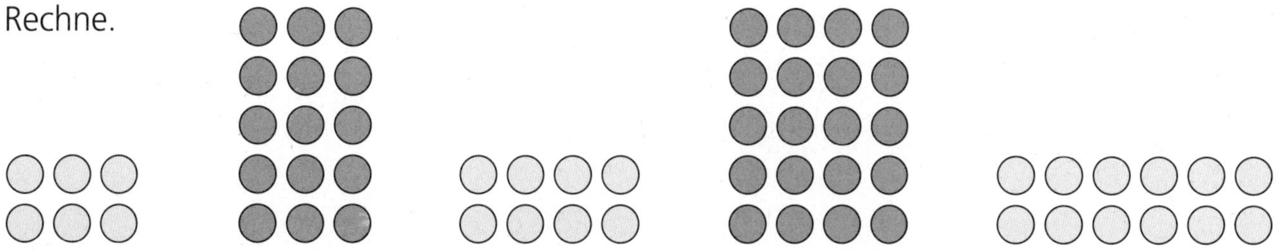

$2 \cdot 3 =$ ______   ______   ______   ______   ______

2. Merkaufgaben.

$1 \cdot 5 =$ ___	$1 \cdot 10 =$ ___	$1 \cdot 4 =$ ___	$1 \cdot 6 =$ ___
$2 \cdot 5 =$ ___	$2 \cdot 10 =$ ___	$2 \cdot 4 =$ ___	$2 \cdot 6 =$ ___
$5 \cdot 5 =$ ___	$5 \cdot 10 =$ ___	$5 \cdot 4 =$ ___	$5 \cdot 6 =$ ___
$10 \cdot 5 =$ ___	$10 \cdot 10 =$ ___	$10 \cdot 4 =$ ___	$10 \cdot 6 =$ ___
$1 \cdot 7 =$ ___	$1 \cdot 9 =$ ___	$1 \cdot 8 =$ ___	$1 \cdot 3 =$ ___
$2 \cdot 7 =$ ___	$2 \cdot 9 =$ ___	$2 \cdot 8 =$ ___	$2 \cdot 3 =$ ___
$5 \cdot 7 =$ ___	$5 \cdot 9 =$ ___	$5 \cdot 8 =$ ___	$5 \cdot 3 =$ ___
$10 \cdot 7 =$ ___	$10 \cdot 9 =$ ___	$10 \cdot 8 =$ ___	$10 \cdot 3 =$ ___

3.

1 Apfel
4 Stücke

2 Äpfel
___ Stücke

___ Äpfel
___ Stücke

4.

$40 + 16 =$ ___	$18 + 9 =$ ___	$90 - 18 =$ ___
$40 + 24 =$ ___	$18 + 18 =$ ___	$72 - 9 =$ ___
$48 + 8 =$ ___	$27 + 9 =$ ___	$81 - 18 =$ ___
$24 + 16 =$ ___	$45 + 18 =$ ___	$45 - 18 =$ ___
$16 + 16 =$ ___	$45 + 9 =$ ___	$54 - 27 =$ ___

Name	Klasse	Datum	4

1.

2 · 5 = ...	2 · 3 = ...	2 · 2 = ...	2 · 4 = ...
5 · 5 = ...	5 · 3 = ...	5 · 2 = ...	5 · 4 = ...
10 · 5 = ...	10 · 3 = ...	10 · 2 = ...	10 · 4 = ...

2.

3 · 5 = ...	5 · 4 = ...	3 · 6 = ...
5 · 6 = ...	4 · 3 = ...	6 · 6 = ...
7 · 5 = ...	3 · 2 = ...	7 · 6 = ...
5 · 8 = ...	2 · 1 = ...	4 · 8 = ...
9 · 5 = ...	1 · 0 = ...	8 · 8 = ...

3.

12
·
·
·
·
·

30
·
·
·
·
·

4.

•	2	4	8
3			
6			
9			

5.

40 + 16 = ...	90 − 18 = ...	42 + 12 = ...
30 + 15 = ...	80 − 16 = ...	56 + 16 = ...
35 + 14 = ...	70 − 14 = ...	72 + 9 = ...
45 + 18 = ...	70 − 12 = ...	49 + 14 = ...

6.

Lena kauft 6 Flaschen.

....

Lena bezahlt ...... DM.